U0126557

自序

　　凡涉獵過中國禪宗史的人，對黃龍慧南（1002-1069）之名應該都不會陌生，因為他是禪宗「黃龍宗」的始祖，而黃龍宗是所謂禪宗的「五家七宗」之一。「五家七宗」並不是「一花開五葉」的五家之外另有七宗，而是五家中的臨濟宗在北宋時期分成了黃龍與楊岐兩派，慧南始創黃龍派，而方會（992-1049）成立楊岐派。五家加上這兩派就成了「七宗」。慧南與方會兩人都是臨濟系石霜楚圓（987-1040）的弟子，兩人同出一門，為臨濟宗綿延不斷、歷久不衰的兩大柱石。一九八〇年代初期，筆者在博士班讀禪宗典籍之時，就為黃龍慧南所吸引，因為他與明教契嵩（1007-1072）及覺範惠洪（1071-1128）都有直接或間接之關係。他與契嵩曾互通尺書，而於惠洪則為師祖。而契嵩與惠洪，正是筆者日夜研究的課題。透過兩人之著作，筆者得知慧南有尺牘傳世，顯示他與若干禪師之間曾互通魚書，且為後世僧侶所知。但當時雖知慧南尺牘之存在，且知其尺牘被裒集成書，卻遍尋不著。嗣後，也未曾見任何研究禪宗史的學者提起，頗疑無人知其書之流傳。直至今日，兩岸三地知此書之存在者，恐仍寥寥無幾。筆者在一九八六年開始在美國任教之後，仍繼續搜尋慧南書尺，雖一直不見蹤跡，但搜尋之念頭始終堅持不懈。

　　二〇〇四年，筆者赴東瀛做研究，在京都大學附屬圖書館書庫裏尋獲明治四十四年（1911）久內大賢為代表的日本東京禪學大系編纂局的《禪學大系》，其中含慧南書尺集之排印本，名為《集洪州黃龍山南禪師書尺》。隨後又在京都花園大學校園裏的禪文化研究所印得延享元年甲子（1744）初秋，京師寺町松原下田中甚兵衛刊本（及本書所稱「延享本」）。此本在日本國會圖書館藏有兩冊。一九九三年，東京都不二出版社曾予縮印，收於波多野太郎編的《中國語文資料彙刊》第三卷第三冊，但出版社將作者慧南及編者守素誤為

明代人，不知何故？京都禪文化研究所也藏有此本之改訂本，是寶曆十三癸未年（1763）京師小川源兵衛所刊印（即本書所稱「寶曆本」）。

　　筆者印得此數種版本之後，本擬以此書及語錄為基礎，研考慧南之生平與禪風，撰寫成文，但因為其他研究計劃所羈絆，一時無暇顧及，只好暫時擱置。最近幾年，因撰寫南宋宰相史浩及史彌遠父子的佛教信仰，發現史浩的僧友心聞曇賁（孝宗朝人）是黃龍慧南之五世法孫，又見歷來有關慧南之論文都未徵引慧南之書尺，彷彿其作者於慧南書尺集之存在毫無所知，乃覺得有必要對慧南及黃龍禪重做研考與評估，於是細心研讀諸本《集洪州黃龍山南禪師書尺》，並予以標點，做成〈校注〉。同時參考諸禪籍，將慧南的生平、參學及傳法分期探究，敷衍成文，竟成〈黃龍慧南傳宗史〉六章。又作〈黃龍慧南禪師年譜〉一篇，以年繫事，將慧南的著作及行實按時間先後論述。茲集〈黃龍慧南傳宗史〉、〈校注〉及〈年譜〉三篇為《北宋黃龍慧南禪師三鑰：宗傳、書尺與年譜》一書付梓，庶幾使慧南之生平、為人、事跡及其門庭設施在北宋中期之歷史脈絡裏呈現出來，以匡正過去對黃龍慧南之若干誤解，並彌補目前對慧南認識之不足。

　　重建慧南的生平行業及傳法之詳情幾為不可能之事。筆者雖然有《集洪州黃龍山南禪師書尺》為助，或能見人所不能見，言人所不能言，但所有書信都無寫作年月，校注其書，為各書信繫年，連帶論述相關史實，實非易事。茲經旁搜博采，探賾索隱，考校禪籍，參酌外典，糾謬發覆，撰成此書，信有千慮之一得。至於其缺漏失誤之處，實有待方家之指正也。

　　由於慧南譽滿叢林，並且在叢林中建立宗盟，他的弟子與法孫也有多位與他一樣，享譽叢林，並為士林所重。不僅如此，這些黃龍派的子孫還成了著名士人結交或嗣法的對象。譬如慧南與其高弟雲庵克文（1025-1102）之於王安石，克文弟子兜率從悅（1044-1091）、覺範惠洪之於張商英（1043-1121），上藍順（1009-1093）、雲菴克文、黃檗道全（1036-1084）之於蘇轍，寶覺祖心

（1025-1100）之於王古、王韶、潘興嗣，[1]祖心及其門人死心悟新（1044-1115）、靈源惟清之於黃庭堅及徐禧（1035-1082）、徐俯（1075-1141）父子，東林常總（1025-1091）之於蘇軾，都是顯著的例子。慧南自己授法於清逸居士潘興嗣，並與程師孟、黃庭堅都有交往。這幾位士人中，黃庭堅尤其與黃龍派關係最深，實是因為他是江西分寧（今修水縣）人，而分寧又是黃龍山的所在，所以他與慧南弟子結下了不解之緣，不論在其家鄉，或是貶謫至黔州和戎州，都不斷地與慧南及其門弟子互通尺素，留下了不少與黃龍慧南及其弟子往返問候的詩文。蘇轍因為兩次貶到筠州，而筠州是洞山、黃檗之所在，也是黃龍子孫住持之處，所以黃庭堅與蘇轍之身影頗見於本書各章節。

　　黃庭堅曾作〈黃龍南禪師真贊〉，對慧南的禪風和門庭設施做了一個簡要的綜述。他說：「我手何似佛手，日中見斗；我腳何似驢腳，鎖却狗口。生緣在甚麼處，黃茆裏走。乃有北溟之鯤，揭海生塵。以長嘴鳥啄其心肝肺，乃退藏於密；待其化而為鵬，與之羽翼九萬里，則風斯在下矣。自為鑪而鎔凡聖之銅，乃將圖南也。道不虛行，是謂無功之功；徧得其道者，一子一孫而已矣。得其一者，皆為萬物之宗。工以丹墨，得皮得骨；我以無舌，贊水中月。」[2]這篇贊詞大談慧南之道，比之為莊子〈逍遙遊〉篇的鯤鵬，或不知幾千里之大，或展翼若垂天之雲；水擊三千里，扶搖而上則九萬里。他所說的「我手何似佛手」、「我腳何似驢腳」及「生緣在甚麼處」，就是慧南門庭設施的標記，所謂的「黃龍三關」。黃庭堅當然深知「黃龍三關」在叢林裏的盛名及作用，所以舉黃龍三關來做為黃龍寫真的象徵。

　　「黃龍三關」其實是叢林給慧南接引學人「三轉語」的一種稱呼，譬如《人天眼目》的作者智昭就說，慧南在黃檗時問弟子隆慶閑禪師云：「『人人有箇生緣，上座生緣在什麼處？』閑云：『早晨喫白粥，至晚又覺饑。』又問：『我手何似佛手？』閑云：『月下弄琵琶。』又問：『我腳何似驢腳？』

1　潘興嗣曾為黃龍祖心及其弟子靈源惟清根據《宗鏡錄》所編次的《冥樞會要》寫序。為節省篇幅計，本書徵引典籍之作者、編者及出版資訊均詳書末「徵引文獻」部分。

2　《黃庭堅全集・正集》卷22，頁582。

閑云：『鷺鶿立雪非同色。』」[3]智昭錄了慧南與隆慶閑的三問三答之後說：「黃龍每以此三轉語，垂問學者，多不契其旨。而南州居士潘興嗣延之常問其故。龍云：『已過關者，掉臂徑去，安知有關吏？從關吏問可否，此未過關者。』」復自頌云：『生緣有路人皆委，水母何曾離得蝦。但得日頭東畔出，誰能更喫趙州茶？』『我手何似佛手，禪人直下薦取。不動干戈道出，當處超佛越祖。』『我脚驢脚並行，步步踏著無生。會得雲收月皎，方知此道縱橫。』」[4]此外，還有個〈總頌〉曰：「生緣斷處伸驢脚，驢脚伸時佛手開。為報五湖參學者，三關一一透將來。」大概是慧南自己有「已過關者」及「未過關者」之說法，此三轉語就被稱為「黃龍三關」了。但是三關之語是從何時何處開始使用的呢？學者似乎並不關切，大概覺得追究此問題之答案並改變不了「黃龍三關」為慧南首創一事實之故。不過，為了理解慧南書尺提及「我手」及「我脚」之轉語，追究此問題之答案就有必要。此外宋元佛教史書及燈史對此事語焉不詳，甚至互相矛盾，釐清「黃龍三關」開始使用的時間及地點，實為析論慧南傳法生涯及過程所不能忽視。有鑑於此，筆者在本書中特別討論了「黃龍三關」的啟用時間與地點。

「黃龍三關」是慧南最受重視的宗統（legacy）之一，普遍為其法子法孫所發揚，而叢林的其他派禪師也紛紛揚聲應和。譬如他的早期弟子景福順曾作「黃龍三關頌」曰：「生緣斷處伸驢脚，驢脚伸時佛手開。為報五湖參學者，三關一一透將來。」「長江雲散水滔滔，忽爾狂風浪便高。不識漁家玄妙意，偏於浪裏颭風濤。」「南海波斯入大唐，有人別寶便商量。或時遇賤或時貴，日到西峰影漸長。」[5]他還舉三關語示弟子曰：「黃龍老和尚，有箇生緣語。山僧承嗣伊，今日為君舉。為君舉，猫兒偏解捉老鼠。」[6]其他弟子如照覺常總、

3　《人天眼目》卷 2，頁 310b。

4　《五燈會元》卷 17，頁 652a。《黃龍慧南禪師語錄續補》頁 639bc。按：語錄續補部分是錄自《五燈會元》，但將〈總頌〉之「生緣」誤成「至緣」。《人天眼目》將「生緣」一頌置於最後。

5　《禪宗頌古聯珠通集》卷 20，頁 486。按：惠洪之《林間錄》卷下未錄第一首。

6　《禪宗頌古聯珠通集》卷 38，頁 486；《林間錄》卷下，頁 643a。《大慧普覺禪師語錄》卷五亦引此頌，但第二句「有箇生緣語」作「有箇三關語」。

真淨克文、大溈懷秀等等都有三關頌，並以三關舉示弟子。甚至非黃龍派之禪僧亦於三關語有悟。譬如，北宋東京法雲寺佛國惟白禪師，係雲門宗法雲法秀（1027-1090）弟子，曾於熙寧初至慧南法席。惟白入慧南之室問道，知慧南以平生三轉語示天下學徒，遂得參叩於左右。其後惟白數見印行語錄者，其間或拈或頌，罔測其旨，乃嘆曰：「噫！去世未三十年，謬妄者傳習若此，良可傷哉。因而成頌，知師者可同味焉。」頌曰：「主賓相見展家風，問答分明箭拄鋒。伸手問君如佛手，鐵關金鎖萬千重。」「徧參知識扣玄微，偶爾相逢話道奇。我脚伸為驢脚問，平生見處又生疑。」「莫怪相逢不相識，宗師須是辨來端。鄉關風月俱論盡，却問生緣道却難。」[7]此三頌似可見慧南之三關語令惟白開始對其平生所見有所懷疑，但也頗有難以應答三關之問的感覺。又如，南宋楊岐派的領袖人物大慧宗杲（1089-1163），就曾舉景福順的三關頌為其上堂語，並說廬山開先的廣鑑英（常總法嗣，慧南法孫）認為景福順之頌「好則好，第恐學者作無事會去。」大慧同意其說，遂也作頌曰：「黃龍此語蓋天地，從來縝密不通風。後昆隨例承其響，總道猫兒解捉蟲。」[8]他所說的「後昆隨例承其響」應該是客觀的事實。當然慧南的遺業並不只是「黃龍三關」，他的教學及書尺的寫作也都啟發了他的子子孫孫。譬如，寶峰晦堂祖心在致其弟子草堂善清（1057-1142）的書尺中說：「住持之要，當取其遠大者，略其近小者。事固未決，宜諮詢于老成之人；尚疑矣，更扣問于識者。縱有未盡，亦不致甚矣。其或主者，好逞私心，專自取與。一旦遭小人所謀，罪將誰歸？故曰：『謀在多，斷在獨。』謀之在多，可以觀利害之極致；斷之在我，可以定叢林之是非也。」[9]這種對住持應該慎重行事的勸說，與其師慧南書尺對弟子出任住持後之勸導，明顯地是前後相承的，可以說是對慧南遺教的闡揚。當然就闡揚師教來說，也不限於祖心對弟子之書信勸說，還見於弟子之間與弟子致其再傳弟子之書尺中。譬如祖心之高弟靈源惟清（？-1117）也秉持其師祖之教，要其弟子勿有私心。他說：「善住持者以眾人心為心，未嘗私其心；以眾人耳

7　《禪宗頌古聯珠通集》卷38，頁718a。

8　《大慧普覺禪師語錄》卷5，頁831a。

9　《禪林寶訓》卷1，頁1020a。

目為耳目，未嘗弘其耳目。遂能通眾人之志，盡眾人之情。夫用眾人之心為心，則我之好惡乃眾人好惡。故好者不邪，惡者不謬，又安用私託腹心而甘服其諂媚哉？既用眾人耳目為耳目，則眾人聰明皆我聰明，故明無不鑒，聰無不聞，又安用私託耳目而固招其蔽惑耶？夫布腹心、託耳目，惟賢達之士務求己過，與眾同欲，無所偏私，故眾人莫不歸心。所以道德仁義流布遐遠者，宜其然也。而愚不肖之意，務求人之過，與眾違欲，溺於偏私，故眾人莫不離心。所以惡名險行，傳播遐遠者，亦宜其然也。是知住持人與眾同欲，謂之賢哲。與眾違欲，謂之庸流。大率布腹心、託耳目之意有殊，而善惡成敗相返如此，得非求過之情有異，任人之道不同者哉。」**10**惟清之語是否形諸書尺，已無可考，至少目前所流傳的《靈源和尚筆語》未見此書尺。**11**雖然如此，他在其筆語中屢對弟子做類似之開示，未嘗不是師、祖之遺業的發揚與延續。其法兄死心悟新也曾對其同門法弟草堂善清勸以住持之道：「凡住持之職，發言行事要在誠信。言誠而信，所感必深；言不誠信，所感必淺。不誠之言，不信之事，雖平居庶俗猶不忍行，恐見欺于鄉黨；況為叢林主，代佛祖宣化，發言行事苟無誠信，則湖海衲子，孰相從焉？」**12**同樣地，這些話雖未必形諸於書尺，但仍是確守慧南遺教的具體表現。待草堂善清自己開堂授徒，他也不忘祖訓，繼續把住持之道傳授予其徒。他在〈與山堂書〉中說：「住持無他，要在審察人情，周知上下。夫人情審，則中外和；上下通，則百事理。此住持所以安也。人情不能審察，下情不能上通，上下乖戾，百事矛盾，此住持所以廢也。其或主者，自恃聰明之資，好執偏見，不通物情。捨僉議而重己權，廢公論而行私惠。致使進善之途漸隘，任眾之道益微。毀其未見未聞，安其所習所蔽，欲其住持經大傳遠，是猶却行而求前，終不可。」**13**這是草堂寫給他弟子山堂道震（1079-1161）的書尺。山堂道震初學洞上宗旨，後見草堂於疎山，師資道合，

10　《禪林寶訓》卷2，頁1023c。

11　此書有數種版本，詳見本書第二部分黃龍書尺集前言。筆者使用日本國會圖書館、東大東文研之京都小川源兵衛刊本及禪文化研究所之京都寺町藤屋三郎兵衛刊本。

12　《禪林寶訓》卷3，頁1030a，引《黃龍實錄》。

13　《禪林寶訓》卷3，頁1030b。

因稟承其教。出世後，初居百丈，後住黃龍，其道大振，是為黃龍四世。[14]他必然是恪遵草堂之訓，故能振黃龍之道。他自己也以師、祖之道教人，甚至對楊岐派月庵善果（1079-1152）之弟子石亭野菴祖璇說：「住持存心要公行事，不必出於己為是，以他為非。則愛惡異同，不生於心；暴慢邪僻之氣，無自而入矣。」[15]凡此種種，皆可以證明黃龍「宗統」的深遠影響，實不僅限於「黃龍三關」而已。筆者作慧南年譜，不止詳述慧南，而且於其高弟及法孫都有論述，實是有其深意在的。

本書撰寫期間，獲知江西修水圖書館藏有清人黃隱華、黃道林纂修的《黃龍崇恩禪寺傳燈宗譜》一書兩大冊，號稱海內孤本，且含有不少「新資料」，深感好奇，遂函該館館長洽商複製，但一直未獲回音。後來閱讀修水縣教育局黃鑒齋君的〈論黃龍慧南〉一文，[16]見他從《宗譜》徵引之「新資料」，其實都可見於南宋大慧宗杲及竹庵士珪（1092-1142）所編的《禪林寶訓》，不禁對《宗譜》確含「新資料」之說法感到懷疑，可惜無緣得閱該書核查，殊感遺憾。另外本書所用的《靈源和尚筆語》是根據京都臨川寺曆應五年（1342）之刊本。《靈源和尚筆語》還有日本國會圖書館、京都禪文化研究所及東大東文研三處分別所藏之京古川三郎兵衛刊本、京都小川源兵衛刊本及京都寺町藤屋三郎兵衛刊本。其現代排印本，收於日本昭和四至五年（1929-1930）二松堂書店編印的《國譯禪學大成本》第十卷，筆者也一併參考使用。《靈源和尚筆語》與《集洪州黃龍山南禪師書尺》一樣，都是書尺集。但顯然不是完整的書尺集，因為它的內容與《禪林寶訓》所徵引的《筆帖》中的靈源書尺數首並無

14　《叢林盛事》卷下，頁88b。

15　《禪林寶訓》卷3，頁1031b，引《幻菴集》。按：野庵祖璇嗣月菴果，歷住溈、仰二山。佛照德光嘗為其首座。祖璇與超萬卷為昆仲。超，曜菴也。博通經史，與竹菴珪，雲臥瑩為友。見《叢林盛事》卷上，頁69a。又按：明僧道愍的《禪燈世譜》記野庵祖璇之師承為：楊岐方會─百雲守端─開福道寧─月菴善果─野菴祖璇，見《禪燈世譜》卷5，頁584a。而明僧大建的《禪林寶訓音義》則註說：「野庵，隆興府石亭野庵祖璇禪師，嗣大慧宗杲禪師。」見《禪林寶訓音義》卷1，頁287a。茲從《叢林盛事》及《禪燈世譜》。

16　黃君還著有《黃龍宗史稿》一書，但為未刊稿，筆者無法參閱。

重疊之處，而且據說原來是「巨編」的《筆語》，在南宋初已不復存在。[17]所以今本《靈源和尚筆語》並非原書尺集之全璧。不過，靈源之有《筆語》，正如慧南之有《書尺》。而靈源之師晦堂祖心也有書尺收於《禪林寶訓》中，雖然數量甚少，疑亦只是其全部書尺之部分。祖心是慧南之法嗣，與惟清師徒兩人，顯然亦深重以書尺開示學徒，對黃龍「宗統」的發揚，絕非歷史之偶然，討論黃龍慧南的歷史貢獻，能不在此方面多加措意乎？

總之，整個黃龍派的傳宗史是宋代佛教史不可忽視的課題，是很值得視的。筆者原有意為之，但因庶務繁重，心餘力絀，只能暫時以黃龍慧南之傳宗為論述之焦點。其挂漏紕謬之處，固在所難免，還祈高明之士不吝賜教。書稿既完，賦七律一首，勾勒慧南生平履歷之大概，並取其中六句作為本書第一部分六章之標題。詩云：

> 開山立派號黃龍，嗣法慈明道始崇。
> 筆設三關揚濟北，嚴書尺翰肅家風。
> 奚言鬧市傍蕭寺，寧伴煙霞沐梵鐘。
> 老宿高禪無畛域，兒孫奕世燦其宗。

此詩各句大致反映本書第一部分各章之大要，其「奚言鬧市傍蕭寺」一句，係對惠洪「奚必山林終勝朝市」之語而言。因惠洪為勸請黃龍法孫佛照杲出主京師天寧寺，在其勸請疏中寫了此句，其意自是說佛照杲雖無求於世，然寓世亦當考慮「循緣而行」，不必一定要視山林勝過朝市，因為「處山林」和「隱朝市」，未必有衝突，住在旁立朝市之佛寺，也是隱於清淨之地；也就是說「鬧

---

17 見臨川本《靈源和尚筆語》卷首，南宋乾道五年（1169）天童山住持了朴之題識。按：天童了朴於隆興元年（1163）即繼應庵曇華之後主天童山，一住二十年。所以乾道五年是他入天童之第六年。參看筆者《南宋六文學僧紀年錄》，頁132。了朴之題識說：「余初入眾，所至見衲子抄錄靈源老人筆語，動成巨編…。」又云：「自兵馬擾攘至今，無慮四十年，所謂巨編者，不復見。間有之，皆錯謬不成句讀。今得德進侍者所錄雖不多，僅為善本。或恐墜失，遂遣鏤版廣傳…。」

市叢中自禪寂」，[18]不須必住在山林方可言禪修。慧南自然有這種萬法唯心，空有不二、心色不二、性相不二之非二元論（non-duality）認知，深識只要心淨，則山林與朝市即無高下、染淨、噪寂之分別。故他自己也在給友人的信中說：「城居山寺，異地皆然。闡法安人，各得其所。」[19]同樣地，他也知道遵其師慈明所說「與其守道老死丘壑，不若行道領眾於叢林。」[20]更不敢「寧居逸體」，以長老身分自高而廢傳授。但他還是寧願與煙霞為伴，沐浴在深林禪寺的鐘聲裏，安享燕居之樂，故云「寧伴煙霞沐梵鐘」。這是筆者對慧南「煙霞幸得為鄰並」的延伸解讀，應當是雖不中亦不遠吧！南宋孝宗朝參政攻媿主人樓鑰（1137-1213）曾說「向來鬧市難行道」，[21]雖然未必為主張隨遇而安的惠洪及其他禪師所認同，但除了那些汲汲營營之徒外，多數禪師還是寧願離開鬧市，選擇慧南的煙霞之路，守其山林之操，[22]無拘無束地盡其行道之責吧。

　本書脫稿後，念電子書當道，紙本書已無市場；又感學術專著曲高和寡、付梓為難，心中不免惶然。爰強賦七律一首，次韻前詩，聊抒感慨。詩云：

> 靈山自古號黃龍，住錫南公位始崇。
> 累世傳薪弘法道，一燈渡海紹門風。
> 扶桑數梓翁書尺，漢寺長失振聵鐘。
> 舊史誠如煙過眼，能憑此卷憶其宗？

前四句的「南公」自然是指慧南。「一燈」一句指求法日僧榮西（1141-1215）返回東瀛創立宗派，紹續黃龍。第六、七句是說慧南之書尺在日本幾經刊印；對禪僧來說，它一如發聲振聵之寺鐘，但在中土漢地卻早已失傳。末兩句嘆舊

18　此句出饒節，〈送慧林化士〉，《倚松詩集》卷1，頁21b-22a。

19　見本書〈書尺〉部分第十二首。

20　慧南，〈與翠巖真書〉，《禪林寶訓》卷1，頁1021b。

21　此句出樓鑰，〈送一老住廬山歸宗〉六首之二，《樓鑰集》卷65，頁1165。

22　此句是契嵩描寫大德行紹法師之語。見契嵩，〈杭州石壁山保勝寺故紹大德塔表〉，《鐔津文集》卷15，頁20a。

史誠如過眼雲煙一般，欲憑此書來喚起讀者對黃龍慧南所創宗派的回憶，恐怕是種奢望了。

二〇一四年冬十二月莆陽 黃啟江 謹識

北宋黃龍慧南禪師三鑰：
宗傳、書尺與年譜

目　　次

壹、黃龍慧南禪師傳宗史

第一章 引言：開山立派號黃龍

　　黃龍慧南（1002-1069）在佛教史上是位非常傑出的禪師，禪宗的「五家七宗」，就含有臨濟宗分出的黃龍派，而慧南便是黃龍派的始創者。在北宋一朝，慧南與他的同門師兄弟楊岐方會（992-1049）各領叢林風騷，帶領其徒子徒孫，大闡濟北之道，使臨濟宗之傳，綿延日盛，可以說是北宋臨濟宗的大功臣之一。故南宋禪僧釋寶曇（1129-1197）說：「自五宗之分，惟臨濟之會斑斑猶在。雲門、曹洞率皆漫微。慈明之門又有楊岐、黃龍二宗。黃龍在當時諸子號為特盛，楊岐得人僅如祥麟一角矣。」[1] 這句話中的慈明指慈明楚圓（986-1039），是楊岐方會及黃龍慧南之師。寶曇之意是兩人各開楊岐、黃龍一派，但比起來，慧南於慈明門下出世後法席特盛，而方會之得人甚少，不過如祥麟之一角尖罷了。[2]

　　黃龍派的領銜情況，到了南宋，不能持續，得人之盛漸成歷史，光華為楊岐之傳人所遮掩。雖然如此，黃龍派在南宋時，經無示介諶（1080-1148）、心聞曇賁（生卒年不詳）、雪庵從謹（1117-1200）及虛庵懷敞（生卒年不詳）之

1　《大光明藏》卷 3，頁 899a。為節省篇幅計，本書徵引典籍之作者、編者及出版資訊詳書末「徵引文獻」。

2　按：「祥麟一角」出自雲門五世孫法昌倚遇〈盧陵米價〉一頌。原頌云：「烏龜三眼赤，祥麟一角尖。騰雲生暮雨，溪月夜明簾。」「盧陵米價」一語出自青原行思答僧問「如何是佛法大意」所說之「盧陵米作麼價」。慧南也有〈盧陵米價〉一頌，可以詮釋青原行思之意，其頌語曰：「盧陵米價逐年新，道聽虛傳未必真。大意不須岐路問，高低宜見本行人。」以上各見《法昌倚遇禪師語錄》，頁 485b；《景德傳燈錄》卷 5，頁 240c；《黃龍慧南禪師語錄》，頁 635a。

數代傳宗，傳至日僧明庵榮西（1141-1215），並經由明庵榮西傳至日本，成為最早傳入日本的宋代禪宗宗派，在日本禪宗二十四流派中居於領先之地位。它的傳人在日本有綿延不絕之勢，且陸續跟楊岐傳人分庭抗禮，使日本禪宗之流佈特別富有活力。而日本黃龍宗徒，以龍山德見（1284-1358）為代表，為追溯其師承，還提出了「黃龍十世」之說法，凸顯了黃龍宗影響之深遠。

身為黃龍宗之立派者，黃龍慧南之名號是因他晚年住於洪州的黃龍山之故。就大環境言，洪州是唐代馬祖道一（709-788）傳法之處，「洪州宗」的發源地。馬祖道一自大曆中隸名鍾陵（豫章）開元精舍後，[3]至其終於開元寺，荼毘於建昌（今江西靖安縣）石門，並建塔於其地，都在洪州。[4]馬祖在開元寺時，四方學者雲集座下，他以「自心是佛」、「此心即是佛心」、「平常心是道」授徒，遂以「洪洲宗」名天下。其入室弟子一百三十九人，各為一方宗主，轉化無窮。[5]就小環境言，黃龍山在北宋的洪州分寧，也是今日的江西南昌修水縣，是北宋大文學家黃庭堅的出生地，也是黃庭堅姊夫徐禧（1035-1082）及其外甥徐俯（1075-1141）的故鄉。慧南其實住在黃龍山的時間不長，大約僅有四年的時間，但他一生傳法之地都在江西，除廬山同安崇勝禪院及廬山歸宗寺之外，[6]就是筠州的黃檗山與修水的黃龍山，從未如有些文章誤傳在福建同安

---

3 按：唐代宗朝之鍾陵即是豫章或南昌，因避諱改名鍾陵。參看何明棟，〈江西禪宗遺跡辨誤〉，《佛教文化》（1991 年第 3 期），頁 69-71。

4 按：《景德傳燈錄》所說的「師於貞元四年正月中，登建昌石門山於林中經行」云云，其「建昌石門」當是南康軍之建昌石門山。建昌原屬洪州，後改隸南康軍。

5 《景德傳燈錄》卷 6，頁 246a。《江西馬祖道一禪師語錄》，頁 810ab、812a。

6 按：《黃龍慧南禪師語錄》只說「師初住同安崇勝禪院」，似同安是崇勝禪院之所在。揆諸《建中靖國續燈錄》，有「廬山同安崇勝幼宗禪師」及「廬山同安崇勝禪院慶通禪師」之名，則「同安崇勝」當為禪院之名，在廬山。《嘉泰普燈錄》卷 16 亦說牧庵法忠「乃之廬山，於同安枯樹中絕食清坐」，此同安當也是同安崇勝之簡稱。不過，善卿於《祖庭事苑》卷六注釋「同安〔察〕」一語，有「師名常察。居九江鳳棲之同安院」一說。今考宋燈錄自《景德傳燈錄》以下，即列有住洪州鳳棲山同安院禪師多人，如洪州鳳棲山同安和尚、洪州鳳棲山同安院常察禪師、洪州鳳棲山慧志禪師、洪州鳳棲山同安丕禪師、洪州鳳棲山同安威禪師及洪州鳳棲山同安院紹顯禪師等等，可見洪州另有同安院，宋初與廬山同屬南康軍，可能因此而有將

或其他地方傳法。[7]他是江西玉山縣人，一生雖然曾離江西入湖南，在南嶽福嚴隨石霜楚圓習法，並嗣法於楚圓，但在湖南的時間不長，且出世後即入廬山同安寺，開始他在江西的傳法生涯，最終示寂於黃龍山，可以說是生於江西、死於江西。即令如此，他的許多徒子徒孫，遍佈江南各地寺院，成為多處十方叢林的領袖，頗有馬祖道一的聲勢，在南北宋的禪宗史上都是舉足輕重之人物。南宋紹興朝，秀人錢密序《黃龍四家語錄》時說：「粵有黃龍四世孫惠泉禪師，手錄積翠、晦堂、死心、超宗四家語錄，俾予為序。夫四大士者，大江之西，禪宗之有光焰者也。或傳馬祖後身，或拒大潙師席，或雷電影響隨聲，或六根勝熱不壞；真風道響，天下仰之。」[8]所謂「或傳馬祖後身」，指的就是黃龍慧南，可見慧南在宋代叢林地位之特殊。

　　這麼一位重要的宋代禪師，留傳下來的傳記文獻資料卻相當有限，導致歷來對黃龍慧南生平、行實和禪法的研究成果與其巨大的影響不成比例。一般的相關研究多半援例依賴語錄、僧傳、燈史及叢林筆記，完全忽略了慧南所留下的書尺，也就是此書自序中所說的《集洪州黃龍南禪師書尺》。這可能多半是因為知道慧南書尺流傳之學者不多之故。或即令略有所知，也無從獲閱。此書

廬山同安崇勝禪院與鳳棲山同安院混為一談者。戰斗勇先生在〈黃龍慧南開法同安考〉一文，辨同安院非福建同安縣的崇勝寺，固然無誤，但以為慧南開法之地同安即是鳳棲山同安院，在今江西鳳棲山永豐縣艾城鄉境內，無法解釋「廬山同安」一語。亦無法解釋晦瑩「〔雲居舜禪師〕以皇祐間住棲賢，而與歸宗寶公、開先暹公、同安南公、圓通訥公，道望相亞。禪徒交往，廬山叢林於斯為盛」之說。此外，惠洪所云慧南「自雲居游同安」被視為同安即是鳳棲山同安院之理由，因雲居山離鳳棲山甚近之故，前者在建昌縣西南三十里，後者在縣西十五里，有雲居入鳳棲之同安，似為順其自然之事。然宋初建昌與廬山皆屬南康軍，前者在南康軍西南三十里，後者在西北二十里，由雲居山入廬山也不能算遠。一九五三年七月，據說時年 113 歲的虛雲老和尚即是從廬山大林寺入住雲居山的。參看岑學呂，《虛雲和尚自述年譜》。由於年譜對虛雲和尚之年齡所記有誤，故云「據說」。關於虛雲之真實年齡，參看王見川，〈還虛雲一個本來面目——他的年紀與事蹟新論〉，《圓光佛學學報》第 13 期（2014）。

7　戰斗勇，〈黃龍慧南開法同安考〉，《法音論壇》105 期（1993），頁 15-17。

8　錢密，〈《黃龍四家語錄》序〉，頁 187a。

尺集收了五十四通慧南與法友、弟子與俗士之私人書信，頗能見其性情與為人。可惜它早遺失於漢土，卻保留於日本，而且在日本還屢經刊刻，為幾個主要文庫所庋藏。它在日本的流傳，及江戶末期日本建仁寺兩足院高峰東晙所編輯的《黃龍慧南禪師語錄續補》，[9]加上屢經刊印的《靈源和尚筆語》，[10]在在都顯示日本禪僧對黃龍慧南及黃龍派的重視。筆者有鑑於此，覺得需要研讀慧南書尺，對慧南重新做一個歷史的回顧。在自序中，筆者提到蒐尋慧南書尺之經過，並對歷來有關慧南研究之未徵引其書信表示遺憾，但並無挾慧南書尺以自重之意思，不過覺得若能參考利用此書，必能更加彰顯慧南之生平為人、傳法及其門庭設施之全貌，了解黃龍傳燈網絡之形成，並補充及糾繆若干對黃龍生平、事蹟及禪法解釋的不足與偏差。

　　黃龍慧南雖在北宋極負盛名，但他住持過的四個寺院，包括廬山同安、廬山歸宗，筠州黃檗山，及洪州黃龍山等都在江西。他為人謙沖自牧，不樂交際，鮮少與禪院以外的士庶來往。他從未入京，不像其法弟大覺懷璉（1010-1090）之應朝廷召入主淨因禪院，也不像其法友明教契嵩（1007-1072）入京上奏書輔教衛道，更無機會與許多名公巨卿交遊結好，獲其陰庇。與他最熟的士人只有清逸居士潘興嗣（約 1022-1109）、名臣程師孟（1015-1092）及山谷道人黃庭堅（1045-1105）。潘興嗣曾以蔭授將作監主簿，後於二十二歲調江州德化縣尉，但以不能俯仰上官，棄官歸築室豫章城南讀書，自號清逸居士。他既不之官，遂問道於慧南，因而嗣法慧南，成為其門下。程師孟曾知洪州，又任過江南西路轉運使，在其知州及運使任內，都曾邀慧南入南昌分寧的黃龍山，慧南拗不過其召請，不得已，才由筠州黃檗山遷住南昌黃龍山，遂有日後以其所領之山為名的「黃龍派」禪。黃庭堅因家在分寧，正是黃龍山所在，與慧南結識也是一種緣會。他於熙寧元年赴汝州葉縣尉前，至黃龍山訪慧南，那時已是慧南在黃龍山之第三年。他之所以未先造訪慧南，或是因為正在準備禮部試，無暇與名禪交往。後來被派至汝州葉縣任縣尉，乃有心思造訪黃龍山。他

9　已併入「大正藏」本《黃龍慧南禪師語錄》之後。

10　見本書第二部分。

見慧南時，不過二十四歲，當時慧南已六十七歲，次年即示滅，所以兩人交遊之時間也不長。不過黃庭堅對慧南印象頗深，且相當尊重，雖然題詩「戲贈」之，詩句中充滿敬仰之情，其〈戲贈慧南禪師〉一詩有「庭前栢樹祖師意，竿上風幡仁者心。草木同霑甘露味，人天傾聽海潮音」之句，可以為證。[11]黃庭堅也頗稱道慧南之為人，他也曾說：「黃龍南禪師器量深厚，不為事物所遷。平生無矯飾，門弟子有終身不見其喜怒者。雖走使致力之輩，一以誠待之。故能不動聲氣，而起慈明之道，非苟然也。」[12]後來他與慧南的數位弟子交往，未嘗不是因尊禮慧南之故。這是談山谷與黃龍派禪師交往，不可不知的一面。南宋陸游（1125-1210）所說的「黃龍山方南公時，學者之盛名天下，而其居亦稱焉。」陸游是南宋人，但他是史官，對南北宋燈錄相當熟悉，還曾為《嘉泰普燈錄》作跋。他與乾道朝領黃龍山崇恩禪院的住持「升公」為厚交。此「升公」雖生平事跡不詳，但陸游說他起黃龍之法於將墜，當是黃龍派嫡系，必然深知崇恩禪院的歷史與慧南住山時之規模，故矢志恢復其寺。所以陸游對慧南及他所領的黃龍崇恩禪院應是知之頗深的；他說的話也是有充分根據的。[13]

陸游還說自紹興十年（1140）至乾道三年（1167）之二十餘年，黃龍山崇恩寺「乃能粲然復興，樓塔殿閣，空翔地踴，鐘魚之聲，聞十餘里，法席之盛，殆庶幾南公時。」[14]慧南領黃龍時，法席之盛自不在話下，但陸游言下之意，其住持期間的「樓塔殿閣」也是很可觀的，如今經過重建，有恢復舊觀之勢。這種恢復，其實是經過一段時間之沒落才發生的。依張商英（1043-1122）之所見，慧南歿後，其弟子黃龍祖心繼其席，更三代而名具而實亡。[15]但在哲宗紹聖四年（1097），張商英在洪州守任內的第二年，[16]聞慧南弟子元肅禪師在百

11　《山谷詩集注》，頁 1241。

12　《禪林寶訓》卷 4，頁 1036a。

13　陸游，〈黃龍山崇恩禪院三門記〉，《陸放翁文集》之《渭南文集》卷 17，頁 99。

14　同前註。

15　張商英，〈黃龍崇恩禪院記〉，《宋蜀文輯存》卷 30，頁 20。

16　按：張商英其實於紹聖三年十月權知洪州，至紹聖四年閏二月。見《皇宋通鑑長編紀事本末》卷 131，頁 2209；《續資治通鑑長編拾補》卷 13，頁 529；《宋兩江郡守易替考》，頁 307。

丈山，又逢黃龍山寺主求去，認為繼慧南者非元肅不可，遂命他領黃龍山，重整其基構。[17]後因盜賊大亂，學者散去，前之閎壯鉅麗者，遂委地矣。[18]陸游將「樓塔殿閣」及三門之重建歸功當時的寺主升公，並說他「以身任道，起黃龍之法於將墜」。可見自慧南之歿，至乾道三年陸游記述升公事跡之時，崇恩禪院雖時盛時衰，黃龍之法亦不絕如縷，但仍是後繼有人的。

　　儘管如此，乾道之後，黃龍派人才日漸凋零，後繼乏人，其盛況漸為楊岐派所取代。淳熙十四年（1187）日僧明庵榮西（1141-1215）再次入宋求法，來天台萬年參虛庵懷敞（生卒年不詳），[19]將黃龍宗傳至日本，而日本黃龍派出身的龍山德見（1284-1358）為追溯日本黃龍宗之淵源及承續，編成了《黃龍十世錄》，流傳至今。有鑒於此，宋代的黃龍宗傳之歷史實為宋代佛教史不可忽視的一環。本書之作只是為闡述這段歷史揭開序幕罷了。

　　黃龍山固然是慧南最後的駐錫卓菴之地，而慧南住此的時間並不長，那麼若干禪宗典籍所述的「黃龍三關」始創地為黃龍山就有問題。以燈史言，慧南之後的第一部燈史《建中靖國續燈錄》，在有關慧南始用「黃龍三關」之記載上，雖於時間地點都無具體交待，但大約可以推算出來。《建中靖國續燈錄》是這麼描述的：「師室中常問僧出家所以，鄉關來歷。復扣云：『人人盡有生緣處，那箇是上座生緣處？』又復當機問答，正馳鋒辯，却復伸手云：『我手何似佛手？』又問諸方參請宗師所得，却復垂脚云：『我脚何似驢脚？』三十餘年，示此三問，往往學者多不湊機。叢林共目為『三關』。」[20]此段話所謂的「三十餘年，示此三問」，疑是誤說。因為慧南從宋仁宗慶曆三年（1043）四十二歲時在廬山同安寺開始傳法，至宋神宗熙寧二年（1069）六十八歲時示滅於黃龍山，前後共二十六年，無「三十餘年」之可能。如果說「三十餘年」是「二十餘年」之誤，則較合理。那麼《建中靖國續燈錄》是否在說他從同安開

17　元肅禪師之名後來見於《建中靖國續燈錄》卷 13，頁 203。但《建中靖國續燈錄》並未說他曾主百丈山。

18　陸游，〈黃龍山崇恩禪院三門記〉，《陸放翁文集》之《渭南文集》卷 17，頁 99。

19　參看筆者《南宋六文學僧紀年錄》，頁 188。

20　《建中靖國續燈錄》卷 7，頁 116a。

始傳法之時，就是「三關」開始之日。也就是說，他在所住持過的四個道場，都用「三關語」來考驗學者之能，這是有問題的。《建中靖國續燈錄》之後的《嘉泰普燈錄》則是如此描述「三關」的：「室中舉手問僧：『我手何似佛手？』垂足曰：『我脚何似驢脚？』『人人盡有生緣，上座生緣在何處？』學者莫有契其旨，叢林目之為「黃龍三關」。脫有酬者，師未嘗可否，人莫涯其意。有問其故，師曰：『已過關者，掉臂徑去。安知有關吏？從吏問可否，此未透關者也。』」[21]《嘉泰普燈錄》並未說「三十餘年示此三問」，但是把這段敘述放在入黃龍山上堂語之後，[22]似乎是黃龍山才是開始用「三關」的地點。這也是不太可能的，原因見下文說明。其先的《聯燈會要》則如此記載：「〔黃〕龍問〔隆慶閑〕：『人人盡有生緣，上座生緣甚處？』師云：『早辰喫白粥，而今肚裏飢。』龍云：『我手何似佛手？』師云：『月下撥琵琶。』龍云：『我脚何似驢脚？』師云：『鷺鷥立雪非同色。』」[23]這段記載，是慧南對其徒隆慶慶閑（1029-1081）禪師所設的「三關語」，為《聯燈會要》所錄慧南與慶閑禪師的四則對話之一，時間地點也都未說明清楚。不過根據惠洪的《禪林僧寶傳》，隆慶閑是慧南在黃檗時所收的弟子，並以父事慧南，頗受慧南之鍾愛。慧南在黃檗時，曾因事至洪州西山雙嶺，慶閑正在西山翠巖，遂往拜謁，因而有上述對話。[24]可見「三關語」出現於此時。《五燈會元》之記載是最完整的，但它大致是綜合前三燈之文稍加潤飾而成：「師室中常問僧曰：『人人盡有生緣，上座生緣在何處？』正當問答交鋒，却復伸手曰：『我手何似佛手？』又問：『諸方參請宗師所得。』却復垂脚曰：『我脚何似驢脚？』三十餘年，示此三問，學者莫有契其旨。脫有酬者，師未嘗可否。叢林目之為『黃龍三關』。師自頌曰：『生緣有語人皆識，水母何曾離得鰕。但見日頭東畔上，誰能更喫趙州茶。』『我手佛手兼舉，禪人直下薦取。不動干戈道出，

21　《嘉泰普燈錄》卷 3，頁 68a。

22　在此段引文前數十行，有記載僧問「如何是黃龍境？曰：昨日方到此，未曾仔細看」一段。見《嘉泰普燈錄》卷 3，頁 68a。

23　《聯燈會要》卷 15，頁 668a。

24　《禪林僧寶傳》卷 25，頁 539b。

當處超佛越祖。』『我脚驢脚竝行，步步踏著無生。會得雲收日卷，方知此道縱橫。』總頌曰：『生緣斷處伸驢脚，驢脚伸時佛手開。為報五湖參學者，三關一一透將來。』[25]以上敘述，也未明說「三關」的始用時間，僅僅沿用《嘉泰普燈錄》「三十餘年，示此三問」之誤說，同樣視三關之問始於同安開法之後。明僧通容的《五燈嚴統》，記載同於《五燈會元》，等於是其翻版。但明僧居頂之記載則不然，他在《續傳燈錄》說：「〔師〕生〔按：當作住〕黃檗，結菴於溪上，名曰積翠。既而退居曰：『吾將老焉。』方是時，江湖閩粵之人聞其風，而有在於是者，相與交武，竭蹶于道，唯恐其後。雖優游厭飫，固以為有餘者。至則憮然自失，就弟子之列。南州高士潘興嗣延之嘗問其故。公曰：『父嚴則子孝，今日之訓，後日之範也。譬諸地爾，隆者下之，窪者平之。彼將登于千仞之上，吾亦與之俱；困而極于九淵之下，吾亦與之俱。伎之窮，則妄盡而自釋也。又曰：『煦之、嫗之，春夏之所以生育也。霜之、雪之，秋冬之所以成熟也。吾欲無言得乎？以佛手、驢脚、生緣三語問學者，莫能契其旨，天下叢林目為『三關』。脫有酬者，公無可否，斂目危坐。人莫涯其意。」[26]證諸以下《禪林僧寶傳》之文，可知居頂之文的出處；他其實就是沿用惠洪之說法罷了，自己並無什麼新發現。

　　雖然「三十餘年，示此三問」在時間上有問題，但燈史對慧南在何處開始使用「黃龍三關」的說法大致可分為兩種。其一即是他在同安開始傳法之時，其二是他入積翠黃檗山之後。這種分別，在僧傳的記載上也明顯可見。譬如，慧南之後的第一本僧傳《禪林僧寶傳》在有關三關之敘述是這樣的：「〔慧南〕以佛手、驢脚、生緣三語問學者，莫能契其旨。天下叢林，目為『三關』。脫有誵者，公無可否；斂目危坐，人莫涯其意。延之〔按：即南州高士潘興嗣〕又問其故。公曰：『已過關者，掉臂徑去，安知有關吏？從吏問可否，此未透關者也。』住黃龍法席之盛，追媲溈潭、馬祖、百丈大智。」[27]惠洪雖然沒有詳說慧南始設「三關語」的時間與地點，但他這段有關「三關語」之

25　《五燈會元》卷 17，頁 652a。
26　《續傳燈錄》卷 7，頁 506c。
27　《禪林僧寶傳》卷 22，頁 527b。

敘述,如上文揭露,是緊接於敘述「江湖閩粵之人聞風而至黃檗」之後,似乎暗示黃檗山是慧南開始以「三關語」考驗學者之地點。他未如燈史說「三十餘年,示此三問」,或是因為他知道慧南從住黃檗山開始至遷住黃龍山後,不及二十年,無須誇大其詞之故。因為惠洪身為慧南法孫,應該最了解慧南何時開始以「三關語」示學人。雖然他在《僧寶傳》語焉不詳,但在《林間錄》裏,他則是毫不含糊地說:「南禪師居積翠時,以佛手、驢腳、生緣語問學者,答者甚眾,南公瞑目如入定,未嘗可否之。學者趨出,竟莫知其是非。故天下謂之三關語。」[28]所謂「居積翠時」就是居積翠黃檗山時。所以惠洪是認為三關語是從慧南住黃檗山後開始示學者,他沒有說「三十餘年,示此三問」,原因是很清楚的。

南宋寶曇(1129-1197)的《大光明藏》大致根據《禪林僧寶傳》之文敘述「三關」之背景,但是卻說「住黃龍,結庵溪上曰積翠。時南州高士潘興嗣延之,嘗問其故⋯⋯」[29]由於積翠庵在黃檗,寶曇八成是將黃檗誤成黃龍了。若真是無心之誤,那麼惠洪的黃檗山設三關之問的說法,就是後來僧傳的根據了。南宋祖琇(生卒年不詳)在其《僧寶正續傳》的潛庵清源(1032-1129)傳說:「初南州高士潘延之問道於積翠,與師定交為方外友。」[30]如果他的記載無誤,那麼潘興嗣問道於慧南並詢問設「三關」之緣由,地點正是在黃檗山。也就是說,慧南入黃檗山後開始用「三關語」考驗學者。但是明僧憨山德清(1546-1623)在其《八十八祖道影傳贊》卻說:「〔慧南〕後開法于同安,機辯自在。室中嘗問僧曰:『人人有個生緣,上座生緣在甚麼處。』正當問答時,却伸手曰:『我手何似佛手?』又問諸方參請,宗匠所得。復垂腳曰:『我腳何似驢腳?』如此三十餘年,衲子少有契其機者,謂之黃龍三關語,大振臨濟之道。」[31]此段敘述很肯定而明白地指出三關語之設是始於同安,從而也接受了「如此三十餘年」的說法,不查「三十餘年」其實是錯誤的。

---

28 《林間錄》卷上,頁 588a。

29 《大光明藏》卷 3,頁 900b。

30 《僧寶正續傳》卷 1,頁 575a。

31 《八十八祖道影傳贊》卷 4,頁 984b。

　　就佛教史書言，慧南之後的幾部宋代佛教史書，如《隆興編年通鑑》、《釋門正統》及《佛祖統紀》等都無三關之記載。元僧念常（1282-1341）編的《佛祖歷代通載》是佛教史書最先述及「三關」之事者，念常摘錄張商英（1044-1122）的〈荊門玉泉皓長老塔銘〉說：「惠〔慧〕南居黃龍，設三關語以接物，罕有契其機者。師〔按：即玉泉皓〕教一僧往，南曰：『我手何似佛手？』答曰：『不相似。』南曰：『我腳何似驢腳？』答曰：『不較多。』南笑曰：『此非汝語，誰教汝來？』僧以實告。南曰：『我從來疑這漢。』」[32]玉泉皓即是玉泉承皓（1011-1091），叢林稱「皓布裩」。張商英與他關係不淺，對他的生平事跡知之甚詳，但他大概僅知道慧南居黃龍山設三關語以接物，未必知道黃龍三關語是何時開始的。但念常引述其語而謂慧南居黃龍設三關語，有可能被解釋成三關語是在黃龍山開始設的，這對後來的佛教史書多少有點影響。稍晚的元僧覺岸（1286-？）編的《釋氏稽古略》或有可能襲其說而言之如下：「師住黃龍，室中設三轉語。『人人有箇生緣。』舉手曰：『我手何似佛手？』垂足曰：『我腳何以驢腳。』叢林目曰『黃龍三關』，遷黃檗。」[33]這段敘述，脈絡不清，慧南垂示之弟子也不明，但指出慧南住黃龍山時設「三轉語」，故叢林目為「黃龍三關」，然後遷黃檗。這等於是言設「三關語」於住黃龍山之時。而從黃龍山遷至黃檗山後，繼續使用之。這是把他先住黃檗後住黃龍的次序顛倒了，謬誤之甚。

　　除了《佛祖歷代通載》及《釋氏稽古略》外，元代的其他佛教史籍，都無「三關」之記錄，反而明代的佛教史籍都有記錄，但大致都是抄錄燈史的。譬如，明僧如巹的《禪宗正脈》之記載就是綜合《建中靖國續燈錄》與《嘉泰普燈錄》而寫成的，所以還是有「三十餘年，示此三問」之說。[34]明居士朱時恩（1563）的《佛祖綱目》亦然，以抄錄《嘉泰普燈錄》之文為主，仍是延續「三十餘年，示此三問」之說法。[35]明居士瞿汝稷（1548-1610）《指月錄》的

32　《佛祖歷代通載》卷19，頁674b。

33　《釋氏稽古略》卷4，頁871c。按：「我腳何似驢腳」原誤作「我腳何以驢腳」。

34　《禪宗正脈》卷9，頁290b。

35　《佛祖綱目》卷36，頁682b。

記載是抄錄《嘉泰普燈錄》而成的。他還引述潛庵清源之語說：「先師初侍棲賢湜、泐潭澄歷二十年。宗門奇奧，經論玄要，莫不貫穿。及因雲峰指見慈明，則一字無用，遂設三關語。」[36]這等於是說慧南見了慈明楚圓並嗣其法之後，遂設三關語；也就是在開法同安時，即以三關語接學人。其他如明居士黎眉的《教外別傳》也是本《嘉泰普燈錄》之說而記載，都是重申「三十餘年，示此三問」之說，沒有例外。[37]

值得注意的是雲臥曉瑩（1128-1220）對「三關語」在叢林流傳的個人觀察。他說：「黃龍南禪師平時見學者來，必問生緣、佛手、驢腳，故叢林目為三關，亦嘗自作三頌，發明其旨。世只傳其佛手、驢腳，而遺却生緣。廬山圓通旻公，乃黃龍法孫，於南嶽廣辯首座處，見南公親筆三頌曰：『我手佛手兼舉，禪人直下薦取。不動干戈道出，當處超佛越祖。』『我腳驢腳並行，步步踏著無生，會得雲收日卷，方知此道縱橫。』『生緣有語人皆識，水母何曾離得蝦。但見日頭東畔上，誰能更喫趙州茶。』」[38]這段話裡的「世只傳其佛手、驢腳，而遺却生緣」一句，頗值得玩味。由於以上所舉的宋以後燈史、僧傳及佛教史書都是根據宋僧之著作傳抄，沒去考慮三關在叢林的實際流傳過程，所以不會注意到「遺却生緣」的情況。曉瑩見多識廣，對叢林的掌故曾下一番工夫認真探賾，所以發現到「遺却生緣」的事實。筆者閱讀慧南寫給圓通居訥的書尺，也發現了「遺却生緣」的情況。雖然慧南親筆之「三頌」可證實「三關」之確立，但無法解釋世傳「遺却生緣」的認知。吾人可以據以推測，「三關語」之問並不是同時成立的，而是「佛手」、「驢腳」二問出現於先，「生緣」續加於後，三者遂合一而成所謂的「三關」。也就是說「三關」之確立是在黃蘗，而黃蘗之前只有「佛手」、「驢腳」二問。所以惠洪在《林間錄》裏有這麼一段描述：「英邵武開豁明濟之姿，蓋從上宗門爪牙也。嘗客雲居，掩室不與人交。下視四海，莫有可其意者。曰：『吾將老死於此山。』偶夜讀李長者《十明論》，因大悟。久之，夜經行，聞二僧舉老黃龍佛手、驢腳因緣，

36　《指月錄》卷25，頁563a。
37　《教外別傳》卷9，頁213b。
38　《雲臥紀談》卷上，頁5a。

異之,就問『南公今何所寓?』對曰:『在黃檗。』黎明,徑造南公,一見與語,自以謂不及。」[39]這段記載的英邵武是泐潭洪英(1012-1070),惠洪的記載只說二僧舉「老黃龍佛手、驢腳因緣」,而不是「三關語」,似乎當時三關之「生緣」一問還未出現。而洪英隨後即入黃檗依慧南,雖然與慧南「夜語達旦」,且慧南對他只是「加敬而已」,但似乎並未有三關之問,甚至連佛手、驢腳之問都無。[40]雖然如此,根據上文所引惠洪在《林間錄》之說法,「三關」確實在黃檗時成立,但「生緣」一問是何時加入的呢?據《禪林僧寶傳》對隆慶慶閑經歷的描述,可以看出慧南是因事到雙嶺後才開始設「生緣」一問的。惠洪是如此描述這個過程的:「南公嘗以事至雙嶺,〔慶〕閑自翠巖來上謁。南公問:『什麼處來?』對曰:『百丈來。』又問:『幾時離?』對曰:『正月十三日。』南公曰:『腳跟好痛,與三十棒。』對曰:『非但三十棒。』南公喝曰:『許多時行腳,無點氣息。』對曰:『百千諸佛,亦乃如是。』曰:『汝與麼來,何曾有纖毫到諸佛境界?』對曰:『諸佛未必到慶閑境界。』又問:『如何是汝生緣處?』對曰:『早晨喫白粥,至今又覺飢。』又問:『我手何似佛手?』對曰:『月下弄琵琶。』又問:『我腳何似驢腳?』對曰:『鷺鷥立雪非同色。』南公咨嗟⋯。」[41]這段記載的「雙嶺」,在洪州西山,是叢林號稱「順婆婆」的慧南法嗣景福順禪師的道場。景福順早從慧南,「得法於南,為南長子」,[42]應該是慧南在同安時期所收的弟子。慧南後來的兩位弟子黃檗惟勝、泐潭洪英都曾棲雙嶺。[43]所以慧南到雙嶺是有原因的。慶閑原已在黃檗,後因慧南到雙嶺去,他又正好在景福順住持過之西山翠巖,遂就近入雙嶺謁之,而遇慧南問以「三關語」,這應該就是「生緣」一問出現的時機。

　　不管如何,「黃龍三關」盛極一時,慧南的弟子多以三關驗學人,凸顯了黃龍弟子的特色,在慧南弟子陸續繼其席之情況下,遂有黃龍派禪宗的出現,

---

39　《林間錄》卷上,頁606b。

40　《禪林僧寶傳》卷30,頁561a。

41　《禪林僧寶傳》卷25,頁539b。

42　《林間錄》卷下,頁642b。

43　《禪林僧寶傳》卷28,頁551a。

愈傳愈盛，使黃龍山也因此受到重視。於是原為禪宗的名山也被附會出道教神仙許真君煉丹的傳奇故事。此雖然不是本書敘述及討論之範圍，但因為佛教典籍有相關之記載，不妨在此附帶說明。許真君即是晉人許遜（239-374），一般被視為道教流派「淨明道」的創始人。[44]佛教典籍最早將許遜與黃龍山掛鉤的是南宋天台僧志磐的《佛祖統紀》，該書有此記載：「豫章西山真君許遜拔宅升天。君生於吳，赤烏二年，師至人吳猛傳神方，入西山修煉。晉太康元年，為蜀郡旌陽令。民服其化，至於無訟。歲大疫，標竹江濱置符水中，令病者飲之，無不愈。及解官東歸，有女童五人，持寶劍為獻。聞丹楊〔陽〕女師諶姆有道，往叩之。授金丹、寶經，並正一斬邪之法。君煉丹艾城黃龍山，既成，登秀峯，為壇醮謝上帝。」[45]這段記載提到的「艾城黃龍山」就是慧南所住的黃龍山。艾城在明代以後屬江西南昌的寧州，在修水縣西百里。修水即是宋代的分寧，其西的黃龍山就是慧南駐錫的黃龍山。這個「許真君旌陽煉丹黃龍山」的故事，在較早期記載許真君故事的《許遜真人傳》、唐高宗時道士胡慧超（？-703）著的《十二真君傳》，及唐末天台道士王松年著的《仙苑編珠》皆無所見。[46]此三書含許真君故事的最早記錄，既然都無「許真君旌陽煉丹黃龍山」的故事，志磐之記載就不知是何所本？南宋吳曾的《能改齋漫錄》也有關於許遜的傳奇故事，但它的標題是〈許旌陽作鐵柱鎮蛟〉，故事著重在「鎮蛟」，沒有「許真君旌陽煉丹黃龍山」之說。其描述「鎮蛟」事蹟如下：「晉許真君為旌陽令，時江西有蛟為害，旌陽與其徒吳猛仗劍殺之，遂作大鐵柱，以鎮壓其處。今豫章有鐵柱觀，而柱猶存也。臨川謝逸（1066？-1113）嘗賦詩云：『豫章城南老子宮，堦前一柱立積鐵。云是旌陽役萬鬼，夜半舁來老蛟穴。插定三江不沸騰，切莫撼搖坤軸裂。蒼苔包裹鱗皺皮，我欲摩挲肘屢掣。』『旌陽挈家上天去，只留千夫應門戶。西山高處風露寒，茲事恍惚從誰語。安得猛士

---

44 參看丁培仁譯，秋月觀英著《中國近世道教的形成——淨明道的基礎研究》第一章。

45 《佛祖統紀》卷36，頁348a。

46 前引《中國近世道教的形成——淨明道的基礎研究》第一章。

扶鼇極，屹然移此相撐拄。』」[47]此「鎮蛟」故事的原型可能是《太平廣記》所引《豫章記》的「殺蛟」故事。「殺蛟」故事是這樣的：「永嘉末，豫章有大蛇，長十餘丈，斷道。經過者，蛇輒吸取之，吞噬已百數。道士吳猛與弟子殺蛇，猛曰：『此是蜀精，蛇死而蜀賊當平。』既而果杜弢滅也。」[48]但這個故事只說「吳猛與弟子」殺蛇，並未說弟子是許遜，而且也未提及「鎮蛟」故事裏謝逸詩中的西山。不過《太平廣記》所引的《朝野僉載》有類似故事說：「西晉末，有旌陽縣令許遜者，得道于豫章西山。江中有蛟蜃為患，旌陽沒水，拔劍斬之，后不知所在。頃魚人網得一石，甚鳴，擊之，聲聞數十里。唐朝趙王為洪州刺史，破之，得劍一雙。視其銘，一有『許旌陽』字，一有『萬仞』字，一有『萬仞師』出焉。」[49]雖然這故事雖然跟「許真君煉丹黃龍山」之故事不相干，但有「得道于豫章西山」之說，可以解釋謝逸詩中「西山」意象之所指。這些故事結合起來，或許就形成了「許真君煉丹黃龍山」的故事，而得道西山，就變成「煉丹黃龍山」了。明人陳耀文撰的《天中記》就結合這些故事說：「晉永嘉中，旌陽令許遜嘗煉丹於艾城之黃龍山，有蛟魅為淵藪，輒作洪水，欲漂丹室。遜擒之，釘于石壁。還郡時，海昏有巨蛇據山為穴，吐氣為雲，遜誅之，法北斗七星，每擒置一靖井以鎮之，讚曰：『海昏之地府』。」[50]此可以說是「許真君旌陽煉丹黃龍山」故事的擴大。明人郭子章的《豫章書》亦有類似記載：「相傳晉永嘉中許遜嘗煉丹於黃龍山，有蛟魅為祟，輒作洪水，欲漂丹室。擒之，釘於石壁。還郡時，海昏有巨蛇據山為穴，吐氣為雲，遜復誅之，法北斗七星，作七井以鎮。」[51]同書又說：「〔許真君〕煉丹於艾之黃龍山，得寶劍梅山之下，登水東小峰，築壇醮星焉。永嘉末，海昏有巨蛇，噓氣噆人，吞噬甚眾，乃仗劍行斬之。後於豫章遇一美少年，與語，遽告去，

47　《能改齋漫錄》卷 11，頁 12ab。末兩句《墨海金壺》本作「安得猛士若朱亥，移向橫山作干鹵。」

48　《太平廣記》卷 456，頁 3423。

49　《太平廣記》卷 231，頁 1674。

50　《天中記》卷 10，頁 51b。按：《天中記》之記載係徵引《地理志》而來，但似非史書之〈地理志〉，因《宋史》以前之諸史〈地理志〉都無此記載。

51　《江西通志》卷 12，頁 26ab。

謂弟子曰：『此老蛟精也。』試跡其所之，化黃牛臥沙磧。命弟子施岑揮劍，中其左股，奔入城西井，從長沙井出，尋滅之。慮豫章為浮州蛟龍所穴，因於牙城南井鑄為鐵柱，下施八索，鉤鎖地脈。又周行江湖諸郡，殄滅毒害，乃歸舊隱，於寧康二年八月一日，拔宅上昇。」[52]此記載為清雍正朝謝旻所監修的《江西通志》所徵引。[53]後來許應鑅、王之藩修，曾作舟、杜防纂的《同治南昌府志》也有「許真君旌陽煉丹黃龍山，山湫有蛟，輒作洪水，欲漂丹室。真君遣神兵擒之，釘於石壁」之描述，[54]應該都是承襲宋以來逐漸形成的煉丹鎮蛟之傳說吧。

日僧龍山德見的《黃龍十世錄》，雖記慧南及其以下弟子至龍山德見的十世傳承，但並不是黃龍崇恩禪寺的歷代住持記錄，這十世的傳承依次如下簡表：

(1)黃龍慧南→(2)晦堂祖心→(3)靈源惟清→(4)長靈守卓→(5)育王介諶→(6)心聞曇賁→(7)雪庵從瑾→(8)虛庵懷敞→(9)明庵榮西→(10)龍山德見

撇開日僧明庵榮西及龍山德見而論，黃龍四世之長靈守卓雖隨侍靈源於黃龍山十年之久，但出世後從未入黃龍山崇恩禪寺任住持。[55]守卓法嗣育王介諶也未曾住黃龍山，其弟子心聞曇賁及以下之雪庵從瑾、虛庵懷敞都未住過黃龍山。若以黃龍山在黃龍三世後之歷史來論，長靈守卓以下對黃龍崇恩寺傳統之維續並無多大關係。與黃龍山關係較深者，除了二世祖心、三世惟清外，慧南之嫡子黃龍元肅，祖心之弟子死心悟新、草堂善清及黃龍如曉都曾領過黃龍。[56]當然黃龍山並非一直都由黃龍系禪師住持。譬如，南宋牧庵法忠（1084-1149）即曾住黃龍寺，故又稱黃龍法忠。[57]他是佛眼清遠（1067-1120）法嗣，五祖法

---

52 《豫章書》卷103，頁3ab。
53 《江西通志》卷103，頁3ab。
54 《同治南昌府志》卷97，頁13a。
55 《長靈守卓禪師語錄》無他住黃龍之記錄。其他各燈錄，包括《聯燈會要》、《嘉泰普燈錄》及《五燈會元》亦皆無。
56 按：黃龍如曉生平事蹟不詳，僅有法語見《建中靖國續燈錄》卷20。
57 《嘉泰普燈錄》卷16，頁244a。

演（？-1104）法孫，屬楊岐系。雖然如此，本書還是會述及四世的長靈守卓，因為他是靈源惟清的高弟，也是靈源書尺書寫的主要對象之一。其他曾主黃龍山之非黃龍系禪師，譬如上文所說的陸游好友升公，本書也盡可能不予遺漏。

　　由於歷來對黃龍慧南的生平事跡無一較可靠的描述，筆者在本書中分期傳述的方式將慧南的傳宗史分章呈現出來，並以自序中第一首詩之六句來做各章之標題，希望能勾勒其大概輪廓。本章題為「開山立派號黃龍」，當然是討論慧南為黃龍派之開山立派者，其所創黃龍派禪系，由北宋傳至日本鎌倉時期，有「黃龍十世」之目，不可忽視。第二章「嗣法慈明道始崇」，介紹他的師承及參學經歷，討論他在江西信州玉山成長、出家，至蘄州及江西渺潭參懷澄，後入南嶽福嚴改投慈明楚圓而嗣法稱弟子之過程。由於跟隨慈明而「改嗣」，使其法道大崇。第三章「肇設三關揚濟北」，析論慧南於石霜楚圓門下出世後，在江西傳法之過程。他歷經廬山同安、廬山歸宗、筠州黃檗山，及豫章分寧的黃龍山四道場，雖然都在江西，但以三關勘驗學人，接引弟子，各地學人聞風而來，弟子、法孫分佈江浙閩贛及西蜀各地，振興臨濟之傳。第四章「嚴書尺翰肅家風」，主要討論慧南如何以書尺諄諄教誨其弟子住持之道，嚴厲要求其傳人承續其教法，維繫黃龍宗風命脈，使黃龍弟子叱咤北宋叢林，黃龍宗旨風靡數代，而「黃龍宗」為一代宗派之冠。第五章「老宿高禪無畛域」，討論不同宗派禪友與慧南及其弟子論交，其言行闊奧，不見畛域，無形中結成「宗盟」關係的情形。第六章「餘論：兒孫奕世燦其宗」，總結各章大意，回顧慧南參學時期之有教無類、兼容並收，傳法時之超越門戶、無宗派成見，交遊論道之與人無町畦，對自己的弟子則盡其為師之責，再三提撕警惕弟子而不殫其煩，使其累世子孫都能遵守師訓，大闡黃龍宗旨。黃龍派之盛極一時，實由於此種種原因，不可不知。

第二章 嗣法慈明道始崇

　　黃龍慧南的生平與事跡，中文介紹的文字甚多，大概都不出楊曾文教授在其文〈慧南與臨濟宗黃龍派〉一文所敘述之大概。[1]楊教授之論文，基本上根據惠洪的《禪林僧寶傳》中的〈慧南傳〉、《黃龍慧南禪師語錄》、惟白的《建中靖國續燈錄》卷七、悟明的《聯燈會要》卷十三、正受的《嘉泰普燈錄》卷三、及普濟的《五燈會元》卷十七等有關慧南的相關記載而寫。這些資料中，《禪林僧寶傳》及《黃龍慧南禪師語錄》時間最早，但是後者的續補部分，資料是得自《林間錄》、《建中靖國續燈錄》、《嘉泰普燈錄》、《五燈會元》、及《雲臥紀談》等書，所以事實上資料有重複之處。雖然如此，主要的資料在惠洪的《禪林僧寶傳》及《林間錄》及《黃龍慧南禪師語錄》都可找到，只是彼此之間有若干互相矛盾之處，楊教授並未指出。尤其對黃龍的早期成長和出家，離鄉參學、求法與換師之過程敘述太簡，忽略了學習過程對塑造禪師人格及學養所能發生的作用。當然楊教授也未參考《集洪州黃龍南禪師書尺集》，對慧南在住山時期與弟子、禪友、信士之間的交流、勸說所表現的大禪匠的宗師風骨與典型，語焉不詳，無法深入考究黃龍派形成的必要條件。

　　要論黃龍慧南的生平行實，必須將其經歷分成兩個主要時段來談。這兩個時段是參學期與傳法期。就參學期而言，慧南與多數禪師有不同之處。他原是跟隨雲門宗的洞山自寶、法眼宗的棲賢澄湜，和雲門宗的泐潭懷澄，但由於臨濟宗雲峰文悅（997-1062）之勸，改投臨濟宗的慈明楚圓，成為臨濟宗的傳人。這種改投異宗禪師的參學過程，其實也不能說是沒有先例，譬如明教契嵩便是先投臨濟宗的神鼎洪諲，因為無所契悟，而改投雲門宗的洞山曉聰。所不同的是，慧南在洞山自寶和泐潭懷澄門下有二十年的時間，已經被泐潭懷澄視為其傳人，但忽然改投慈明楚圓，並公開拈香嗣法，可以說是相當特殊的。

1　楊曾文，〈慧南與臨濟宗黃龍派〉，《普門學報》第 13 期（2003 年 1 月）。

　　由於慧南有這種不尋常的經歷，他的師承與參學過程就特別值得重視。為了避免重複僧傳與燈史的敘述，以下將慧南的師承與參學過程，依他參學的地點分以下五期說明：

一、信州玉山期：十九歲之前，在信州玉山隨懷玉定水院智鑾。
二、筠州洞山期：十九歲後之遠遊；二十九歲之後，在洞山隨雲門宗的洞山自寶。
三、廬山棲賢期：三十一歲左右，在廬山棲賢寺依法眼宗的棲賢澄諟（或作澄湜）。
四、蘄州三角與洪州泐潭期：三十二歲後，入蘄州三角山依雲門宗的三角懷澄，後並隨懷澄入洪州泐潭。
五、南嶽福嚴期：三十五歲後在南嶽衡山依號稱賢叉手的法眼宗禪師福嚴賢，接著追隨繼福嚴賢領山的臨濟宗慈明楚圓，並成為其法嗣。

一、信州玉山期：

　　根據惠洪的記載，慧南「十一歲棄家」，隨即在其家鄉玉山依懷玉定水院僧智鑾為師，至十九歲落髮受具足戒。這段時間是他的啟蒙時期，對他未來人格的成長與學禪的經歷應該有相當大的影響，但是因為智鑾的出身及法系不明，是否為禪僧，惠洪也沒交待，所以究竟他在智鑾門下學到了什麼，無從得知。

　　慧南的家鄉信州（今江西上饒）玉山縣在南北宋頗有名氣，是人文薈萃之地。惠洪曾說「江南山水冠天下，而上饒又冠江南。鵝湖、博山、龜峰、懷玉號稱形勝，而靈山尤秀絕。」[2]玉山就是因懷玉山而得名，它是北宋太宗、真宗朝才子楊億（974-1020）的出生地。楊億祖父文逸及父親都在玉山縣居住，楊億

2　惠洪，〈信州天寧寺記〉，《石門文字禪》卷 21，頁 23a-25a。

也在該地出生,後舉家遷至福建浦城,遂為浦城人。[3]南宋大儒朱熹(1130-1200)曾在懷玉山講學,著有《玉山講義》。孝宗淳熙二年(1175)朱陸鵝湖之會後,朱熹曾沒挽留安排鵝湖之會的東萊呂祖謙(1137-1181),「或更自鵝湖追逐入懷玉深山,坐數日也」,而感到後悔。[4]這雖然是後話,但懷玉山的山水人文是不尋常的。慧南之師智巒的住錫地懷玉山定水院,應該還有智巒的師兄,慧南也跟他參學,所以他後來曾作〈送師伯歸玉山〉云:「來時秋風生,去時春風起。風性本無著,師心亦復爾。舊寺歸懷玉,迢迢千百里。送別何所談,浩渺空江水。」[5]此詩著作的時間不詳,有可能是他住持廬山同安崇勝禪院時所作,[6]因為他出世首度任住持是在同安,而在同安傳法時,公開宣稱自己為慈明法嗣,隨他至同安的渤潭法侶,多棄之而去,引起各方關切,而在懷玉山的智巒可能也感到不安,因此遣其師伯來問訊。其師伯在同安由秋天住至次年春天,深知慧南懷抱而辭去,慧南乃贈詩送他歸懷玉山。

　　總之,慧南的啟蒙教育及青少年教育是在懷玉山定水院完成的。該院主僧智巒除教他內典之外,必定也教他外學,而奠定他寫作詩文的基礎。智巒的師兄也在懷玉山,對慧南內外學的成長亦可能給予相當程度的啟發。十九歲時,慧南終於在懷玉山落髮受具足戒,正式為僧,並很快地開始了他四處行腳訪師的問學生涯。

二、筠州洞山期:

　　慧南於十九歲離懷玉山,然後就開始四處遠游。《禪林僧寶傳》說「遠遊,至廬山歸宗,老宿自寶集眾坐。而公却倚寶,時時眴之。公自是坐必跏

3　楊文逸曾任玉山令,約於楊億二歲前遷浦城。參看《同治玉山縣志》卷 1 下,頁 314。

4　朱熹,〈答呂伯恭〉,《晦庵先生朱文公文集》卷 33,頁 29b-30a。

5　慧南,〈送師伯歸玉山〉,《黃龍慧南禪師語錄》頁 635c。按:《同治玉山縣志》無定水院之記錄。

6　關於同安崇勝寺之所在,見上一章之說明。

跗，行必直視。」[7]這段敘述，把慧南參自寶的地點說成廬山，頗有問題。其一，慧南若離懷玉山後直接到廬山歸宗，或有可能，但當時自寶並不在廬山歸宗，而是在筠州洞山。其二、自寶於慶曆元年（1041）或稍前應江州刺史祖無擇之請入廬山歸宗，其時已六十三、四歲，可以說是老宿。但慧南也已四十歲，而且已經於三十二歲時參洪州渤潭懷澄，並又於三十五、六歲入南嶽衡山拜慈明楚圓為師，成為其法嗣，於理不會在四十歲時再至歸宗自寶門下參學。[8]何況，按惠洪的說法，他參學拜師的次第可簡示如下：

(1)智鑾→(2)自寶→(3)澄諟→(4)懷澄→(5)福嚴賢（賢叉手）→(6)楚圓

因此，慧南不會在跟隨楚圓並嗣其法之後，又回參在歸宗的自寶。至於自寶在洞山何處？時間有多長，所學如何，惠洪並未詳說。茲考唐以來所謂之洞上，都指筠州洞山。[9]自寶所住之禪院是洞山普利禪院，有相當長之歷史。它是唐咸通中悟本禪師所創，之後一直傳法未斷。普利禪院其歷代住持可簡示如下：

(1)洞山悟本→(2)中山道全→(3)道虔→(4)道延→(5)惠敏→(6)嗣和尚→(7)文坦→(8)清稟→(9)彥聞→(10)九峰守詮[10]→(11)洞山曉聰→(12)洞山自寶

洞山悟本（807-869）就是「權開五位，善接三根。大闡一音，廣弘萬品」的洞宗創始人洞山良价，悟本是其賜號。從他開山到九峰守詮，洞山普利院已歷經十任住持，而繼守詮主洞山法席的即是守詮之首座洞山曉聰（？-1030）。曉聰有名江左，是明教契嵩之師。《禪林僧寶傳》說契嵩離神鼎洪諲（生卒年不詳）之後，「游袁筠間，受記莂於洞山聰公」，即是嗣法於洞山曉聰之意。

7　《禪林僧寶傳》卷22，頁526a。
8　關於慧南的參學及拜師經歷，參看本書第三部分的年譜。
9　余靖，〈廬山歸宗禪院妙圓大師塔銘〉，《武溪集》卷七，頁16b。
10　余靖，〈筠州洞山普利禪院傳法記〉，《武溪集》卷九，頁14b-15a。

曉聰於天聖八年（1030）去世，繼其席者即是自寶，故自寶入洞山時應在此年，當時他五十三歲，慧南二十九歲，此時來洞山歸自寶，比四十歲再入歸宗依自寶時間上較說得通。據《建中靖國續燈錄》說，自寶「頭陀苦行，糲食垢衣，參戒禪師發明心地，天人密護，神鬼莫測。所至叢林，推為導首。出世三十年，居四大剎。道風遐布，朝野欽聞。都尉李侯遵勗特奏章服、師名，以嘉德望」，[11]顯然是位大禪匠。他入洞山是其師五祖師戒及曉聰之推薦，慧南聞風而來洞山，正是時候。仁宗朝大臣余靖（1000-1064）也說自寶既受傳曉聰法席，「四方禪學，聞風遠至，戶外待次每至宵分。檀施委積，庫司常餘百萬。」[12]又說他「開堂十六年，未嘗出院門。自江湖之南及嶺之南二十餘州，聞其名者，歲奉錢共數十萬，以供其堂，其為人信向如此。」[13]余靖還曾為他作塔銘曰：「彼上人者，叢林獨步。激揚宗旨，慈心廣度。言發其機，俾之自悟。人得其要，直趣覺路。橫杖而來，捨筏而去。吁嗟妙圓，人天仰慕。」[14]余靖之說，或有誇大之處，但多少可證明洞山自寶聲望之隆。他得到五祖師戒之真傳而為其高弟，應是事實，所以洞山曉聰示寂之前，希望自寶能繼其席，而其師五祖師戒也應筠州守之請，舉薦自寶入洞山，遂成了叢林領袖人物之一。慧南依他，應是理所當然之事。唯他跟隨自寶的時間似乎並不長，是否有特殊原因，吾人無從得知。余靖說自寶於景祐四年（1037）應筠州守之請，遷居同郡黃檗山。[15]此山是唐宣宗朝宰相裴休（791-864）所施，過去有莊田，法眾五百餘，此時因被主事者侵牟，僧眾僅剩數十，而且「饘粥弗充」。自寶來後，「清眾日增，而資用豐足。」其為人信向，可見一斑。故余靖又說他入黃檗

11　《建中靖國續燈錄》卷 3，頁 66a。

12　余靖，〈廬山歸宗禪院妙圓大師塔銘〉，《武溪集》卷七，頁 17a。

13　余靖，〈筠州洞山普利禪院傳法記〉，《武溪集》卷九，頁 17b。按：「開堂十六年」若指在洞山，不太可能，因為他從入洞山至赴黃檗前後才七年。

14　余靖，〈廬山歸宗禪院妙圓大師塔銘〉，《武溪集》卷七，頁 18a。

15　按：此時筠州郡守為張可久。張可久官聲不佳，慶曆初任淮南轉運使，歐陽修認為是庸常齷齪而可黜之輩，包拯指出他在淮南轉運使任內，「以自販私鹽、剩收職田黜削」，議不予敘用。見歐陽修〈再論按察官吏狀〉，《歐陽修全集》之《奏議集》，頁 147；包拯，〈請職吏該恩未得敘用奏〉，《包拯集》卷 4。

「末十日，四方至者僅百人，蓋其道可師者邪？」[16]慧南初見他時，法眾皆正襟危坐，而慧南却倚而偏坐，自寶時時向他使眼色，慧南才「坐必跏趺，行必直視」。[17]可見他不以疾言厲色御眾，不難侍其左右。不過，僧傳對自寶之為人，仍有若干較負面的記載，是否自寶的僧行之有缺，為造成慧南離去的原因？頗堪玩味。譬如，惠洪在其〈華嚴隆禪師傳〉中有此一段云：「有僧曰：『洞山寶公譏五祖戒禪師行藏落人疑似。其至洞山，乃上堂說偈曰：『嗟見世聱訛，言清行濁多。若無闍老子，誰人奈你何？』隆曰：『寶塵行不遜，賣師取名，不可取也。曹谿曰：『真實修道人，不見世間過。來說他人短，自短先在我。』寶暴其師之失，教誰撿點？凡沙門釋子。寂默為要。」[18]惠洪在《林間錄》也說：「〔五祖〕戒暮年棄其徒來游高安，洞山寶禪師其法嗣也；寶好名，賣之不為禮。〔戒〕至大愚，未幾倚拄杖於僧堂前，談笑而化。五祖〔山〕遣人來取骨石歸塔焉。」[19]明代的《補續高僧傳》曾如此說自寶：「然好名、事邊幅，故所至必選名僧自隨，為其羽翼。寶實得法于五祖。祖暮年棄眾造焉，寶以其行藏落人疑似，弗為禮，且說偈譏之，祖遂造大愚。一日於僧堂前，倚拄杖談笑而化。寶雖有盛名，叢林亦以是少之。」[20]慧南是不是因為對此面慈心冷，「賣師取名」，「塵行不遜」，又「好名事邊幅」的作風不敢苟同，遂離自寶而去？

16　余靖，〈筠州洞山普利禪院傳法記〉，《武溪集》卷九，頁18a。按：「僅百人」之「僅」，在此當作「將近」解，「近百人」也。

17　《禪林僧寶傳》卷22，頁526a。

18　《禪林僧寶傳》卷20，頁521b。按：「聱訛」一詞，或作「譸訛」，常見於禪籍，有混淆訛誤、疑問、疑惑、玄妙、深密及依倚、依傍等多重意思，視其上下文而定。

19　《林間錄》卷下。按末尾一句：「五祖遣人來取骨石歸塔焉」之五祖應該是指五祖山，否則疑為衍文，因為死者是五祖師戒而不是自寶，惠洪說「五祖遣人來取」云云，有點混亂。

20　《補續高僧傳》卷7，146b。

三、廬山棲賢期

慧南離洞山之後，遊歷江湖約兩年，於三十一歲左右北行至廬山從棲賢澄諟。棲賢澄諟生平事蹟不詳，但他是法眼宗百丈道恆（或作道常，生卒年不詳）的法嗣，與洞山自寶不同系。棲賢寺之歷史較洞山普利院更悠久，它「始創於齊，盛於唐，賜名於皇朝。居之者，不以昭穆伯、仲相繼，自智常至澄諟，皆海內有名高僧統其眾。」[21] 可見棲賢寺禪名頗盛，是個十方禪院。據說澄諟「涖眾進止有律度」，[22] 故慧南在其門「規摸之三季」才辭去，大約從三十一歲到三十三歲。惠洪對澄諟的評價甚高，說他「性高簡，律身精嚴。動不違法度。暮年，三終藏經，以坐閱為未敬，則立誦行披之。黃龍南禪師初游方少，從之累年。故其平生所為，多取法焉。嘗曰：『棲賢和尚定從天人中來，叢林標表也。』」[23] 從慧南日後之行事與為人來看，他確實頗取法於棲賢諟。慧南弟子潛庵清源（1032-1129）曾說：「先師初事棲賢諟、泐潭澄，歷二十年。宗門奇奧，經論玄要，莫不貫穿。」[24] 潛庵清源所說的「歷二十年」或有問題，但我們可以說在棲賢諟之門下，是慧南開始登入宗門與佛學堂奧的時期。但他真正登堂入室，頭角崢嶸，還是要等到追隨泐潭懷澄（仁宗朝人）後才完成。

四、蘄州三角與洪州泐潭期

慧南離廬山棲賢後，北行渡淮至蘄州三角山從雲門宗的懷澄，時年約三十二歲。懷澄頗有時名，一見器許之。隨後懷澄入洪州泐潭山寶峰院，慧南隨

---

21 余靖，〈廬山棲賢寶覺禪院石浴室記〉，《武溪集》卷 9，頁 10b。按：智常，唐大曆中得法於江西馬祖道一禪師。目重瞳，以毒藥自按摩之，使目皆俱赤，世號「赤眼歸宗」。唐寶曆初。刺史李渤以僧智常居棲賢禪院，學者數百人。智常春夏居棲賢，秋冬居歸宗。見《廬山記》卷 2，頁 1325a。

22 《禪林僧寶傳》卷 22，頁 526a。

23 《林間錄》卷上，頁 586b。

24 惠洪，〈潛庵禪師序〉，《石門文字禪》卷 23，頁 14b。

之，懷澄遂使之分座說法，接納禪徒。[25]

上文說潛庵清源敘其先師在棲賢諟及懷澄門下「歷二十年」之說或有問題，是因為他在棲賢諟門下有三年時間，其餘十七年則跟隨先在蘄州三角山後在石門泐潭的懷澄。以慧南至棲賢門下時年二十九歲來算，三年之後是三十二歲。若在懷澄門下十七年，則已四十九歲，是在四十二歲住持同安之後七年，這等於說他根本沒時間至福嚴從石霜楚圓。[26]事實上他在懷澄門下大約十年左右，因臨濟宗的雲峰文悅也來泐潭懷澄法席，與慧南相遇，遂為道契。[27]發生了決定慧南改投慈明楚圓的一大公案，揭開了黃龍傳法系形成的序幕，值得特別重視。

雲峰文悅是南昌人，與慧南是江西大同鄉，嗣大愚守芝，[28]師承大致可以簡示如下：

(1)臨濟義玄→(2)興化存獎→(3)寶應慧顒→(4)風穴延沼→ (5)首山省念→(6)汾陽善昭→(7)大愚守芝→(8)雲峰文悅

據惠洪說，慧南至蘄州見三角懷澄禪師時，懷澄已頗有時名。他一見慧南即器許之。及懷澄移居泐潭，慧南又與俱，懷澄遂使分座接納。南昌文悅來泐潭法席時，與慧南頗相投，「每歸臥歎曰：『南有道之器也，惜未受本色鉗鎚耳。』會同游西山，夜語及雲門法道。悅曰：『澄公雖雲門之後，然法道異耳。』公〔慧南〕問所以異。悅曰：『雲門如九轉丹砂，點鐵作金。澄公藥汞銀，徒可玩，入鍛即流去。』公怒以枕投之。明日悅謝過，又曰：『雲門氣宇如王，甘死語下乎？澄公有法，受人死語也；死語其能活人哉？』即背去。公挽之曰：『即如是，誰可汝意者？』悅曰：『石霜楚圓，手段出諸方，子欲見之，不宜後也。』公默計之曰：『此行腳大事也。悅師翠嵓，而使我見石霜，

25　《禪林僧寶傳》卷 22，頁 526a。

26　關於慧南入同安的時間，見本書第三部分年譜。

27　《建中靖國續燈錄》卷 8，頁 136b。

28　同前註。

見之有得，於悅何有哉？』即日辨〔辦〕裝。」**29**

惠洪之記載，與惟白在《建中靖國續燈錄》之記載稍異。後者說，文悅至泐潭後，「一日，謂慧南曰：『觀吾師法器異常，何滯於此？』南不喜師語。師從容曰：『吾師若去參慈明，他日必為臨濟下宗主也。』南遂諾之，遙往慈明，果然發悟。」**30**合惠洪和惟白之記錄看，南昌文悅的意思很明顯。第一，他認為懷澄已與雲門的法道出現了歧異，使雲門原來具有「九轉丹砂」、「點鐵作金」的效用，變成入鍛即流而全無功效的「藥汞銀」了。用煉丹來比喻的話就是九轉丹成與失敗之分別。第二，雲門「氣宇如王」，不是用「死語」來點化人的。第三，慧南需要去找石霜楚圓，經過他的「本色鉗鎚」方式的嚴厲教誨與鍛鍊，才會有化為真金之日。兩記錄也顯示慧南初聽文悅之語，雖然很不高興，但是經文悅再三勸導，覺得文悅並不是要他去投其師大愚守芝，而是跟他無師承關係的石霜楚圓，萬一有所得，跟文悅之所學也不會有什麼瓜葛，所以就姑且一試，整裝西向潭州石霜出發了。

慧南與文悅的對話有兩個關鍵的問題，其一是懷澄的傳法出了問題，已達不到雲門點鐵成金的效果。其二是文悅出大愚守芝之門，他是在大愚守芝歿後離大愚而遊東吳各地而至泐潭遇慧南的。**31**他卻推薦慧南去見石霜楚圓而不是其師大愚守芝，一方面固是其師已歿，另一方面應是聞知楚圓的名望。他的勸說其實是導致慧南決定去找石霜楚圓的因素，不過我們還是要問文悅何以獨鍾楚圓，而不考慮其他與大愚同輩的師資，如芭蕉谷泉（965-1056）或滁州的瑯琊廣照慧覺？這兩人都與大愚守芝及石霜楚圓結伴去參汾陽善昭（947-1024），**32**而且都知名於叢林，**33**文悅在守芝門下應該耳有所聞，但他為何推薦楚圓一人呢？他所謂楚圓「手段出諸方」究竟何所指呢？

---

29 《禪林僧寶傳》卷 22，頁 526b。

30 《建中靖國續燈錄》卷 8，頁 136b。

31 惠洪《禪林僧寶傳》的〈雲峰悅禪師〉傳，並未詳述此經過，而逕說他「聞南禪師住同安，自三衢入鄱陽。」其實，他與慧南於泐潭相遇時，慧南還未出世。入同安見慧南是後事，不應在他離大愚之後立即發生。

32 《禪林寶訓》卷 3，頁 1032c；卷 4，頁 1035a。《古尊宿語錄》卷 11，頁 176。

33 《古尊宿語錄》卷 10，頁 162。

　　文悅既然對楚圓之評價那麼高，他一定對楚圓有相當深的認識。至少，他應該知道楚圓是汾陽善昭座下最傑出的弟子。南宋陽岐派圓悟克勤（1063-1135）的法孫禪師水菴師一（1108-1177）曾說：「昔大愚、慈明、谷泉、瑯琊結伴參汾陽。河東苦寒，眾人憚之。惟慈明志在於道，曉夕不怠。夜坐欲睡，引錐自刺。嘆曰：『古人為生死事大不食不寢，我何人哉，而縱荒逸？生無益於時，死無聞於後，是自棄也。』一旦辭歸。汾陽嘆曰：『楚圓今去，吾道東矣！』」[34]「吾道東矣」是東漢經學家扶風馬融（79-166）於弟子鄭玄（127-200）辭去後，有感而對其門人所發之語，所謂「鄭生今去，吾道東矣！」足以見馬融對鄭玄之器重。汾陽正是表達同樣的感嘆，可以說是對楚圓的深深認可與期許。事實上，楚圓在汾陽座下服勤七年之後離去，而在入石霜之前，曾謁汾陽的同門兄弟唐明嵩（三交智嵩）及神鼎洪諲。還遵其師之囑去見過雲門宗的名禪洞山曉聰。[35]此外，他還登楊億（974-1020）及李遵勖（988-1038）之門，並與他們機語契投，而告法道大振。[36]

　　由此可見，文悅推薦慧南去見石霜楚圓並不是隨興而發的。他還向慧南保證，若慧南去參慈明，「他日必為臨濟下宗主也」。[37]他自己跟隨大愚守芝於筠州大愚及洪州西山翠巖兩地，服勤八季，做的都是乞飯充饑、營炭取暖之事，後來又負責堂司之職，也不樂之甚。一日因「地坐後架，架下束破，桶盆自架而墮」，於是忽然開悟，而「頓見守芝從前用處」，[38]叢林因而有「文悅盆傾」之說。[39]對於慧南滯留於泐潭，而未能受本色鉗鎚，深覺不值，所以力勸慧南投石霜楚圓，終於改變了慧南的命運。

34　《禪林寶訓》卷3，頁1032c；卷4，頁1035a。

35　《禪林僧寶傳》卷11，頁487a。惠洪說：「予留洞山最久，藏中有《〔洞山曉〕聰語要》一卷，載雲水僧楚圓請益、楊億大年百問語。皆赴來機，而意在句語之外。圓即慈明也，初受汾陽祝，令更見聰。故慈明參扣餘論，尚獲見之。」

36　《古尊宿語錄》卷10，頁176。

37　《建中靖國續燈錄》卷8，頁136b。

38　《禪林僧寶傳》卷22，頁528b-529a。

39　《禪苑蒙求瑤林》卷2，頁237b。

五、衡山福嚴期：

慧南是帶著幾位同門離開瀉潭的，離開之後，目標應是西行到潭州石霜山的崇勝禪院去找慈明楚圓。但是惠洪記錄此事，前後有點矛盾混亂，令人覺得糾纏不清。他在《禪林僧寶傳》說，慧南在途中聽說「慈明不事事，慢侮少叢林」，所以感到後悔而裹足不前。不過還是與隨他從瀉潭來的同門到了稍偏西南的萍鄉逗留了數日，然後「結伴自收縣登衡岳，寓止福嚴」。[40]也就是說，他改變目標，未到石霜，而到南嶽衡山的福嚴禪院去。但是惠洪又在《林間錄》說：「既至石霜，憩於山前莊。聞其坦率之風，悔來，因不復過門，徑造南岳福嚴。」[41]也就是他已到了潭州石霜楚圓住地之山前莊，卻因「聞其坦率之風」而後悔來此，不願入門。這種說法，有點不可思議。尤其聞楚圓之「坦率之風」，而後悔來石霜，更令人不解，不如《禪林僧寶傳》的記載合理。

福嚴禪院是南嶽慧思（515-577）的道場，慧思時稱為般若寺。唐玄宗開元元年（713）南嶽懷讓（677-744）亦來此駐錫，仍稱般若寺。唐開元中，馬祖道一（709-788）來此向懷讓執弟子之禮，盡得其奧要。慈明來此前不久，契嵩的第一位老師神鼎洪諲嘗住此山。它在南嶽中，形勝如畫，與天柱山爭鋒，被形容為「福嚴直上看天柱，樓殿靠微倚翠空。却望福嚴如畫出，更憐煙雨巧朦朧。」[42]惠洪後來游其地，回憶其事而自謂：「予嘗游福嚴，覽其山川之形勝，讀思大所記曰：『此山增人之志力，居之者多得道。』故祖宗授法，莫不因之。」[43]他還寫了〈游南嶽福嚴寺〉長詩一首，雖然是投老南歸之作，但見其景致，心中也頗受撼動。其詩曰：「忽驚梵宇墮林梢，寶勢飛翔照深壑。欹斜萬礎盤蒼崖，十步一樓五步閣。」[44]可見福嚴禪院規模宏偉，樓閣毗連，非一般小

---

40 《禪林僧寶傳》卷 22，頁 529a。

41 《林間錄》卷上，頁 601b。

42 《南嶽總勝記》卷 2，頁 1076b，葆真居士詩。

43 《林間錄》卷上，頁 602a。按：「思大」即是南嶽慧思，因陳宣帝頒鐵券，封以勅印，餞行還山，稱大禪師，遂有「思大」之名。

44 《石門文字禪》卷 3，頁 2a。

寺院可比。

　　根據惠洪之記載，福嚴禪院當時的住持是洞宗大陽明安（943-1027）的法嗣福嚴賢（生卒年不詳），叢林號稱賢叉手。大陽明安就是以平生所穿之「直裰皮履」託浮山法遠（991-1067）代尋傳人以傳洞宗法脈的太陽警玄。浮山法遠是臨濟宗禪僧，但與大陽警玄交情相契，他應大陽之請，代求法器，付以衣履，以續洞上之傳，終於找到了投子義青（1032-1083），成了叢林一段佳話。[45]大陽的弟子中確實有福嚴賢其人，雖以賢叉手稱，但名不著於叢林，事跡也不詳，故不知慧南為何來投他？還有一位福嚴省賢，是上文樓賢澄諟法嗣，也是仁宗朝大臣宋祁（998-1061）之好友，慧南若投他可能較為合理，問題是他活躍於慶曆朝，任慶曆初年的福嚴長老。而那時慧南早已見過楚圓，而且不久後即開法廬山同安，而賢叉手見慧南後，命他掌書記，未幾即卒，與福嚴省賢非同一人可知。[46]令人感興趣的是，慧南為何改投洞宗的老宿福嚴賢，而不去投同在南嶽而以「泉大道」之號知名叢林的芭蕉谷泉（965-1056）呢？至少後者也是臨濟宗汾陽善昭（946-1023）的法嗣，又是楚圓的師兄弟。比較可能的解釋是慧南並不知道福嚴之住持是誰，也不知道泉大道在附近的芭蕉菴。他到福嚴多半是因為熟知福嚴為慧思、懷讓、道一等唐代尊宿的道場，以緬懷古德的心情上山去朝拜前人傳法之地，沒想到福嚴住持賢禪師請他掌書記，就暫時留在福嚴。當時渤潭法侶還因為他沒依前言去石霜，而改赴福嚴，遣人來問詢原因。惠洪雖沒記錄慧南之回答，但大概不出他對楚圓「慢侮少叢林」之印象。

　　慧南雖然沒去較遠的潭州石霜，而改赴南嶽福嚴，他還是命中註定要遇到慈明楚圓。這是因為福嚴賢死後，衡陽郡守命楚圓領福嚴。楚圓奉命而往，遂主福嚴之席。[47]對於慧南聞楚圓來主福嚴的反應及表達跟隨楚圓的用心，惠洪有一段很戲劇化的描述，與他寫慧南聞楚圓「不事事，慢侮少叢林」之反應恰成對比，令人對楚圓的性格感到難以捉摸。慧南的反應，他是這樣描述的：「郡以

45　《禪林僧寶傳》卷 17，頁 510a,511b；《投子義青禪師語錄》卷 2，〈投子義清行狀〉，頁 475b-476a。

46　《南嶽志》第一章，頁 177。

47　《禪林僧寶傳》卷 22，頁 526b。

慈明領福嚴，公心喜之，且欲觀其人，以驗悅之言。慈明既至，公望見之，心容俱肅。聞其論，多貶剝諸方。而件件數以為邪解者，皆渤潭密付旨決，氣索而歸。念悅平日之語，翻然改曰：『大丈夫心膂之間，其可自為疑礙乎？』」**48**

惠洪的描述顯示慧南聽說楚圓要領福嚴，心裡有些興奮，想觀察其人，來證實文悅之言是否正確。他似乎忘了先前所聞楚圓不理寺事、慢侮叢林的說法。而楚圓既已到福嚴，慧南望見之時，不禁「心容俱肅」。這句話，楊曾文先生解釋成「慧南見他儀態嚴肅」，恐失其原意。根據《晉書》〈王湛傳〉，王湛（249-295）兄王渾（223-297）次子王濟，才華橫逸，文詞俊茂，伎藝過人，有名於當世，為晉武帝司馬炎選為女婿，配常山公主。他善清言，喜老、莊、《易經》，輕其叔父王湛，而無子侄之禮。後聽王湛談《易》，「剖析玄理，微妙有奇趣，皆其所未聞」，乃「不覺懍然，心形俱肅。」**49**惠洪所寫的「心容俱肅」應該是指慧南而言，因為他原來未見其人，又偏聽人言，對他有成見。既見之，與心中之印象不同，遂肅然起敬。接著再聽他的言論，多是對諸方禪師教學的批判，而所舉的種種他認為是「邪解」的例子，都是渤潭懷澄私下傳授給他的要訣。這對慧南來說是一大震撼，因而大感沮喪而歸其住處，對自己的所學及懷澄的所傳深感疑惑。接著又翻然改變心意，自謂大丈夫心懷坦蕩，不能因為心有所疑而窒礙不前。

根據惠洪在《禪林僧寶傳》裏之說法，慧南於是「趨詣慈明之室曰：『惠南以闇短，望道未見。比聞夜參，如迷行得指南之車。然唯大慈，更施法施，使盡餘疑。』慈明笑曰：『書記已領徒游方，名聞叢林。借有疑，不以衰陋鄙棄，坐而商略，顧不可哉？』呼侍者進榻，且使坐。公固辭，哀懇愈切。」**50**也就是說，慧南到楚圓之寢室，向楚圓誠懇地表達自己的淺陋不能見道，而聽了楚圓的夜參之後，才像迷途之旅客找到了正確方向。更希望楚圓能大開慈悲，進一步開導，以盡掃他心中還存有之疑惑。楚圓聽了之後，客氣地說，慧南已

---

48 同前註。

49 《晉書》卷 75，〈王湛傳〉，頁 959。此事亦載於《世說新語》卷下，〈賞譽〉篇，頁 428。

50 《禪林僧寶傳》卷 22，頁 526b。

領徒遊方，而且名聞叢林，若對他的傳法心中有疑，又不鄙棄他的衰老陋質，大可坐下來與他商榷，不用那麼客套。言下並無以師自居之意。在《林間錄》裏，惠洪也說，慧南久依泐潭懷澄禪師，而懷澄已稱其悟解，使分座說法，故「南書記」之名一時籍甚。但到慈明席下後，「聞夜參，氣已奪矣。謀往咨詢，三至寢堂三不進。」於是慨然曰：「大丈夫有疑不斷，欲何為乎？即入室。」表示他還是有疑義，願投誠求決。希望楚圓發大慈悲，「不惜法施」。⁵¹而楚圓也笑著回答說，慧南已領眾行腳，名傳諸方，若有未透之處，可以商略，何必復入室呢？只是表示謙虛，不欲讓慧南有屈尊其前之感覺。南宋的《大光明藏》、《聯燈會要》及《五燈會元》等史料，大致都襲用惠洪在《禪林僧寶傳》之說法描述慧南此段經歷，《嘉泰普燈錄》雖僅說慧南「造室求發藥，明揖坐。」⁵²但與各書一樣，並無未顯示楚圓有拒慧南問訊之意，若說楚圓「在開始並不想立即接納他」，⁵³原因何在？又有其必要否？以此解讀惠洪描述楚圓之反應為有拒之之意，似有點過度。

　　慧南是很誠懇來請教楚圓的，所以楚圓還是「呼侍者進榻，且使坐。」⁵⁴慧南對楚圓之賜坐，當然不敢接受，只能「固辭」，而且「哀懇愈切」或「再三懇求不已」，於是楚圓才開始與慧南正式對話，先問慧南「雲門放洞山三頓棒」之旨，⁵⁵對慧南洞山「應打」或「該吃棒」之回答不滿，《禪林僧寶傳》與《林間錄》記載楚圓之反應分別如下：

51　《林間錄》卷下，頁 639b。

52　《嘉泰普燈錄》卷 3，頁 66b。

53　見楊曾文，〈慧南與臨濟宗黃龍派〉，頁 2。

54　《禪林僧寶傳》卷 22，頁 527a。

55　關於雲門「放洞山三頓棒」一事，見《雲門匡真大師廣錄》卷下，頁 572。但是語錄中之對話，看不出是針對洞山放棒。《景德傳燈錄》中則記載較詳：「襄州洞山守初崇慧大師，初參雲門，雲門問：『近離什處處？』師曰：『楂渡。』門曰：『夏在甚處？』師曰：『湖南報慈。』曰：『甚時離彼？』師曰：『〔去年〕八月二十五。』門曰：『放爾三頓棒。』師至明日却上問訊：『昨日蒙和尚放三頓棒，不知過在什麼處？』門云：『飯袋子，江西湖南便與麼〔去〕。』師於言下大悟。」

《禪林僧寶傳》	《林間錄》
吾始疑不堪汝師，今可矣，即使拜，公拜起。[56]	書記解識止此，老僧固可作汝師，即遣禮拜。南公平生所負至此伏膺。[57]

依《禪林僧寶傳》之描述，楚圓起先疑自己不堪為慧南之師，經問「雲門放洞山三頓棒」之旨之後，才敢稱師。《林間錄》之描述也大致類似，顯示楚圓見慧南之「解識止此」，覺可以為其師，遂正式收慧南為弟子。此時慧南三十五歲，平生頗為自負，如今不僅拜楚圓為師，而且衷心對時年五十一歲的楚圓表示信服，不敢再妄自尊大了。

慧南與楚圓之後續問答，叢林後來有以「區頭被罵」來形容者。因為慧南離楚圓後，奉命去見芭蕉谷泉，谷泉與之語，驚曰：「五州管內，乃有此區頭道人耶！」[58]叢林遂目之曰「南區頭」。[59]他答覆楚圓之問，屢次遭罵，故有「區頭被罵」之說。此事《禪林僧寶傳》與《林間錄》描述略有不同，可比較如下：

《禪林僧寶傳》	《林間錄》
慈明理前語曰，脫如汝會雲門意旨，則趙州嘗言：「臺山婆子，被我勘破。」試指其可勘處。公面熱汗下，不知答，趨出。明日詣之，又遭詬罵。公慍見左右，即曰：「政以未解求決耳，罵豈慈悲法施之式？」慈明笑曰：「是罵耶？」公於是默悟其旨，失聲曰：「泐潭果是死語。」獻	即投誠問道，三往三被罵而退，不勝忿。業已歸之，明日復往，慈明罵如故。因啟曰：「某唯以不解故來問，善知識宜施方便，不蒙開示，專以罵為，豈從上所以授法之式耶？」慈明驚曰：「南書記，我謂汝是箇人，乃作罵會耶？」黃龍聞其語，如桶底脫，拜起汗下。從容論趙州因緣，呈

56　《禪林僧寶傳》卷22，頁 527a。
57　《林間錄》卷下，頁 639b。
58　《禪林僧寶傳》卷15，頁 503b。
59　《禪苑蒙求瑤林》卷3，頁 268。

| 偈曰：「傑出叢林是趙州，老婆勘破沒來由。而今四海清如鏡，行人莫以路為讎。」慈明以手點沒字顧公，公即易之，而心服其妙密。**60** | 偈曰：「傑出叢林是趙州，老婆勘破沒來由。如今四海清如鏡，行人莫與路為讎。」慈明閱之，笑曰：「偈甚佳。」但易一字曰：「老婆勘破有來由。」其機智妙密又如此。**61** |

　　比照惠洪這兩段記載，我們對慧南在楚圓門下之悟道過程可以得到較全面的理解。首先，慧南先有三次往返問道，而師徒之間也有三問三答，慧南每次都遭楚圓之罵，後再往問，復遭罵，等於被罵四次。其次，楚圓有趙州所云臺山婆子被他勘破究竟是勘破什麼之問，慧南竟然面熱汗下，無法回答。又其次，慧南被罵後，心中不平，表示他就是因不解師意而問，而不但未蒙老師開示，反而覺得老師有意罵他，認為非慈悲授法之式。有趣的是，楚圓聽了慧南之語，也很驚訝地說難道你竟把我的話當作「罵」來領會了，那豈是「罵」呀！就在這時候，慧南忽默悟楚圓之旨，豁然大悟，「如桶底脫，拜起汗下」。

　　惠洪之意是慧南經過幾次「罵而非罵」的教學過程，頓時覺悟到他在泐潭懷澄處之所學之不足，失聲叫道：「泐潭果是死語。」把泐潭之教學完全否定了！他於是從容論趙州因緣，回顧「趙州勘破台山婆子」之故事，而獻偈一首給楚圓曰：「傑出叢林是趙州，老婆勘破沒來由。而今四海清如鏡，行人莫以路為讎。」表示他對趙州與台山婆子一公案之體悟，楚圓頗認可之，只將第二句的「沒來由」改成「有來由」。此後，慧南在福嚴逗留月餘辭去，開始了他從遊方過渡至傳法的另一階段人生。

　　「趙州因緣」究竟何指？根據《景德傳燈錄》之記載，是這樣的：「有僧遊五臺，問一婆子云：『臺山路向什麼處去？』婆子云：『驀直恁麼去。』僧便去。婆子云：『又恁麼去也。』其僧舉似師。師云：『待我去勘破遮婆

60　《禪林僧寶傳》卷 22，頁 527a。
61　《林間錄》卷上，頁 601b。

子。』師至，明日便去問：『臺山路向什麼處去？』婆子云：『驀直恁麼去。』師便去。婆子云：『又恁麼去也。』師歸院謂僧云：『我為汝勘破遮婆子了也。』」[62]此則公案顯示婆子的話，其實很簡單，不外是說往臺山之路並不止一條，可以「驀直恁麼去」，也可以「又恁麼去」，趙州雖與遊僧之反應同，但他能看透婆子的意思，不為之糾結。慧南忽然遇楚圓之問，把一簡單之問題往複雜處想，陷入「死語」的思維中尋找答案，所以面熱汗下，不知如何回答。等他覺悟過來，才知道是自我設限，為「死語」所困，因此失聲叫道：「泐潭果是死語」。這究竟是慧南自己之錯，還是泐潭懷澄傳授之誤？耐人尋味。對敘事者惠洪來說，慧南困於死語，實是泐潭傳授錯誤的結果，所以借慧南之口來指出懷澄之謬，以彰顯臨濟之道的優勝。但泐潭門下出現了九峰鑑韶及大覺懷璉等著名禪匠，他們難道都是泐潭「死語」下的犧牲品？尤其懷璉師事泐潭十餘年，後遊廬山入圓通居訥（1010-1071）之室，為其掌書記。居訥認為他「禪學精深」，於仁宗皇祐二年（1050）皇帝詔他入京師十方淨因禪院時，舉懷璉以自代。[63]慧南曾在信中表示見他與仁宗唱和句偈「不勝欽仰之極」，[64]這豈是對一位在「死語」法門之下得法的師兄弟所應有的讚賞？惠洪並沒為泐潭立傳，也未詳其生平，而借文悅及慧南之口說他以「死語」傳授，果其然哉？明僧明河（1588-1640）因襲惠洪之說法形容懷澄說：「然雲門法道，至師小變，故雲峰悅公方之藥汞銀，鍛則流去。」並說：「大覺璉和尚其嗣也，所謂青出于藍者。」[65]「青出于藍」或有可能，但觀慧南後來常引雲門之語教人，「雲門法道，至師小變」之說，恐亦未必為真也。

六、小結

　　本章討論慧南之籍里與行腳求法之過程，將其參學之經歷分為五個階段，

62　《景德傳燈錄》卷 10，頁 277a。
63　《禪林僧寶傳》卷 18，頁 514a；卷 26，頁 542b。
64　見本書第二部分書尺校注。
65　《補續高僧傳》卷 7，頁 146b。

分別為（一）信州玉山期，（二）筠州洞山期，（三）廬山棲賢期，（四）蘄州三角與洪州泐潭期，（五）南嶽福嚴期。信州玉山期是慧南人格教育及內外學基礎教育開始之地，雖然其詳情無足夠的資料可以重建，無法細談，但也不能完全不顧。尤其信州玉山是個人文淵藪，慧南的啟蒙老師定水院智巒及其師叔，對他未來參學的方向一定有不小的影響。他離鄉後到筠州洞山參洞山自寶，為期甚短，過程也無詳細記錄可稽，無從了解他在洞山參學之大概，但可以確定僧傳所謂入歸宗依自寶一事，在時間上其實是錯誤的。在廬山棲賢期間，他跟隨棲賢澄諟禪師，學的是法眼宗風，對他影響似乎不小。所以惠洪說：「黃龍南禪師初游方，年方少，從之累年。故其平生所為，多取法焉。嘗曰：『棲賢和尚定從天人中來，叢林標表也。』」**66**三年後，他行腳至湖北蘄州的三角山投三角懷澄，隨後並跟著他遷住洪州石門山之泐潭約十餘年，頗受懷澄之賞識而讓他分座說法，開始嶄露頭角。

　　由於深受懷澄之重視，慧南有接掌其法席之希望，但逢雲峰文悅從筠州大愚山來泐潭謁懷澄，與慧南交契，乃勸慧南赴潭州石霜投臨濟宗的慈明楚圓，隨後陰錯陽差，竟在南嶽福嚴拜楚圓為師，成為楚圓的傳人，並於出世後不久，拈香嗣法楚圓，先後住廬山同安、歸宗，筠陽黃檗及分寧黃龍等四山，法道與時俱盛。故黃庭堅在〈題雲峰悅禪師語錄〉有文悅「激惠南老子出泐潭死水而印慈明」之句。其詳情，容於下一章細表。

66　《林間錄》卷上，頁 586b。

第三章 肇設三關揚濟北

　　根據惠洪之說法，慧南離福嚴之後，游南嶽的方廣寺及後洞山。方廣寺是古寺，在衡嶽西後洞四十里蓮花峰下，有所謂「八山四水，周回環匝。」[1]昔人題詩略云：「寺在蓮花裏，群峯附花葉。」此寺東望芭蕉菴，乃南朝劉宋畫家宗炳（375-443）修行之所。惠洪自海南歸後，曾入衡嶽福嚴，也曾游此寺，並賦〈次韻游方廣〉一首，係次韻其友卻子中（生卒年不詳）之作。[2]詩中有句云：「萬峰纏煙靆，一線盤空路。丹檻出翔舞，半在生雲處。」[3]可略看出方廣寺之勝景。其寺東之芭蕉菴即是慧南師叔泉大道所住之處。慧南游後洞、方廣，遂遇泉大道，並與他同夏。泉大道被惠洪形容為「凡聖不測，而機辯逸羣。」他與慧南交談之後，拊其背說：「汝脫類汾州，厚自愛。」[4]汾州即是泉大道之師汾陽善昭，因在汾州大中寺太子禪院傳法，故稱汾州。[5]泉大道說慧南類似汾州，對他讚揚之至，故要他「厚自愛」。慧南見泉大道看似偶然，但實是遵其師石霜楚圓（987-1040）之囑去謁見他的。惠洪在泉大道傳就說：「〔慈明〕乃令南公更謁泉，泉與語，驚曰：『五州管內，乃有此區頭道人耶？』」慧南坐夏於法輪，泉因寫偈招之曰：『一自與師論大道，別來罕有同人到。如今拋却老狂僧，却去岣嶁峰頭坐。大雪漫漫，猿聲寂寂。獨吟咏、自歌曲，奇哉

1　《南嶽總勝記》卷 1，頁 1061b。

2　關於卻子中，參看周裕鍇，《宋僧惠洪行履著述編年總案》，頁 261。按：此詩題為「次韻」，與列於其前之數首前後相關，譬如〈次韻游衡嶽〉即是次韻卻子中游衡嶽詩。此首〈次韻游方廣〉亦然。其中有句云：「夫子英特人，自是幹國具」與〈卻子中贊〉之「超然挺特，華裾逸群。富貴之氣已如透花之春色，功名之志又如欲雨之層雲。」亦相表裏，顯為次韻卻子中之作。

3　《南嶽總勝記》卷 1，頁 1061b。

4　《禪林僧寶傳》卷 22，頁 527a。

5　《汾陽無德禪師語錄》卷 1，頁 595a。按：惠洪《禪林僧寶傳》之〈善昭傳〉說是「太平寺太子院」，「平」疑為「中」之誤植。

大道，知音難得。孤雲何日却歸山，共坐庵前盤陀石。』」[6]「法輪」指的是「法輪禪寺」，在南嶽西南七十里，隸衡陽岣嶁峰下，[7]故泉大道之偈有「却去岣嶁峰頭坐」之句。慧南見其偈，譏其坦率，戲酬以偈曰：『飲光論劫坐禪，布袋經年落魄。疥狗不願生天，却笑雲中白鶴。』[8]慧南的偈，句句都有來歷。「飲光」就是佛陀弟子大迦葉。「飲光論劫坐禪」應是暗指飲光見佛涅槃一故事。據《涅槃經》云：「爾時世尊欲涅槃時，迦葉不在眾會。佛告諸大弟子，迦葉來時可令宣揚正法眼藏。爾時迦葉在耆闍崛山畢鉢羅窟，覩勝光明，即入三昧。以淨天眼，觀見世尊於熙連河側，入般涅槃。乃告其徒曰：『如來涅槃也，何其駃哉。』即至双樹間，悲戀號泣。」[9]「布袋經年落魄」一句，指唐明州奉化縣布袋和尚之落魄行乞。據說布袋和尚自稱名契此，他「形裁腲脮，蹙頞皤腹，言語無恒，寢臥隨處。」又「常以杖荷布囊入鄽肆，見物則乞，至于醯醬魚葅纔接入口，分少許入囊，號為長汀子布袋師。」[10]這應該就是「布袋經年落魄」之意。「疥狗不願生天，却笑雲中白鶴」係唐南泉普願（748-834）法嗣茱萸和尚所說。[11]茱萸和尚是在打某僧一掌後，以「燕金塞海，蝍蚋搖山」答該僧「欲透龍門，却遭點額」之語。該僧聽其語後，撫掌大笑而出，茱萸和尚遂說「疥狗不願生天，却笑雲中白鶴」，言下似有比該僧為「疥狗」而自己為「雲中白鶴」之意。「疥狗」一詞出自《雲門匡真禪師廣錄》，是雲門文偃（864-909）上堂開示之語，所謂：「我今日共汝說葛藤，屎灰尿火，泥豬疥狗，不識好惡，屎坑裏作活計。…」[12]可見「泥豬」與「疥狗」同屬一類，

---

6 《禪林僧寶傳》卷 15，頁 503b。

7 《南嶽總勝集》卷 2，頁 1077b。

8 《禪林僧寶傳》卷 15，頁 503b。慧南，〈和全〔泉〕大道〉《黃龍慧南禪師語錄》，頁 635b。按：惠洪所云「南公譏其坦率」一語，令人奇怪。「坦率」怎麼會是可譏之由？《指月錄》可能認為不妥，改為「南公以師坦蕩忽繩墨」，似較合理。

9 《景德傳燈錄》卷 1，頁 206a。

10 《宋高僧傳》卷 21，頁 553。

11 《拈八方珠玉集》卷 3，頁 294a。

12 《雲門匡真禪師廣錄》卷 1，頁 550c。

與「屎灰尿火」亦無分別。「雲中白鶴」一語，出《三國志・魏書》之〈邴原傳〉公孫度所云：「邴君，所謂雲中白鶴，非鶉鷃之網所能羅矣。」[13]所以「雲中白鶴」有品格高尚，志向高遠，非網罟之所能羈之意。從禪宗悟道的立場來看，「泥豬疥狗」與人一樣，都有佛性，都可以成佛。所以雲居曉舜（？-1064）之弟子蔣山法泉（宋神宗朝人）在其《證道歌頌》有「幻化空身即法身，若了法身無內外；疥狗泥豬却共知，三世如來曾不會」之句，或正是此意。[14]慧南之偈意在揶揄泉大道，說他明知飲光祖師及布袋和尚都是超凡人物，非泥豬疥狗卑下之物可比，但他卻寧屈己卑下如泥豬疥狗來取笑他，將他比做孤雲中之白鶴。言外之意或是：其實，泥豬疥狗也能得生天之報，只是牠們不願罷了。泉大道凡聖莫測，是布袋和尚之流，何必對他如此卑屈呢。這時的慧南大約三十六歲，已頗具叢林新銳之相，但他知泉大道謙沖為懷，又是自己的師叔，雖然被他當作「知音」，也不能跟他比肩而坐啊。

次年，慧南下衡山後，北游荊州，又與雲峰文悅會于荊州金鑾。該寺原是慈明楚圓高弟善侍者之道場，文悅行腳四方尋師時，打算先造筠州大愚守芝，若不契則投金鑾善。沒想到入大愚一住八年，此時與慧南相遇，應是泐潭初遇之後的第二次，慧南已得法於楚圓之門，正出世應用所學。故兩人再遇，相視一笑，慧南遂說：「我不得友兄及谷泉，安識慈明？」[15]於是結伴夏居荊南鳳林。文悅雅好辯論，一日與衲子作喧，慧南則閱經自若，如不聞見。已而，文悅詣慧南案頭，瞋目責之曰：「爾在此習善知識量度耶？」慧南稽首謝之，閱經如故。[16]慧南之為人之沈著鎮定，可見一斑。又據說兩人在湖湘游歷間，避雨樹下。文悅箕踞相對，慧南獨危坐。文悅亦瞋目視之曰：「佛祖妙道不是三家村古廟裏土地作死模樣。」慧南稽首謝之，危坐愈甚。這種見瞋責而不動於心

13　《三國志》卷 11，〈邴原傳〉，頁 353。

14　《證道歌頌》，頁 871b。

15　《禪林僧寶傳》卷 22，頁 527a。

16　《禪林寶訓》卷 1，頁 1020c。此是根據已失傳的《靈源拾遺》所錄慧南弟子晦堂祖心之語。

之鎮靜，與「匾頭被罵」時的慧南真是判若兩人。後來黃庭堅（1045-1105）聽說此事，稱之曰：「南公動靜不忘恭敬，真叢林王也。」[17]

當年秋，慧南歸泐潭訪懷澄，見其在泐潭之舊侶都已離去。遂至雲居，而由雲居入廬山同安崇勝禪院，[18]當時他大約四十二歲。崇勝寺有老宿號神立者，生平法系不明，他察覺慧南倦於行役，對慧南說他住山已久，無補宗教，願以院事託付慧南，而郡將也雅知慧南之名，聽從神立之請，慧南遂不得已而受之，開始了他從遊方尋師進入住持傳法的另一新階段人生。

同安崇勝寺是慧南傳法生涯的第一座道場。在同安之後，他接連在廬山歸宗、筠州黃檗山及洪州黃龍山傳法，可以說有「黃龍四會」之經歷。他在黃檗的時間最長，晚年才到洪州分寧的黃龍山。但他在黃檗之前後，已負盛名，所以他的師兄清素曾說「南匾頭見先師不久，後法道大振如此。」[19]清素依慈明十三載，年八十寓潭州鹿苑，遇來鹿苑的兜率從悅（1044-1091），[20]知其師是真淨克文（1025-1112），而克文又師承慧南，故覺慧南出世楚圓之門後，「法道大振如此」。當時大約還在神宗熙寧或元豐朝，而慧南確已子孫遍佈各地，故清素之贊嘆，亦無足怪。

17　《禪林寶訓》卷4，頁1036c。此是根據已失傳的《幻庵集》所錄佛照德光之語。

18　按：《禪林僧寶傳》並未說慧南所住之同安在何處。黃龍語錄亦只云「同安崇勝禪院」。其後之燈錄皆只說同安。北宋舒州（在今安徽）有同安郡，泉州有同安縣，皆非慧南所住之地。茲據曉瑩《羅湖野錄》所說：「雲居舜禪師，世姓胡，宜春人。以皇祐間住棲賢，而與歸宗寶公、開先暹公、同安南公、圓通訥公，道望相亞，禪徒交往，廬山叢林於斯為盛。」可見同安與棲賢、歸宗、開先、圓通都在廬山。上引楊曾文之〈慧南與臨濟宗黃龍派〉先說是高安縣同安崇勝禪院，又說是建昌縣。高安在筠州，建昌在南康軍，其說自相矛盾，其實都是錯的。還有認為慧南在泉州的同安傳法者，亦誤。

19　《大慧普覺禪師宗門武庫》，頁950a；《嘉泰普燈錄》卷7，頁120b。

20　《大慧普覺禪師宗門武庫》云：「清素首座，閩人。依慈明十三載，年八十寓湖湘。」見《武庫》，頁950a。按：鹿苑寺在長沙，又叫鹿山寺、岳麓寺。《嘉泰普燈錄》說，清素自云其師為慈明，且「喬執侍十三年」。他見從悅時，已年愈八旬，可見是楚圓早期之弟子。見《普燈錄》卷7，頁120b。又《羅湖野錄》說兜率悅在鹿苑與清素相遇時，尚未出世，而與清素比鄰而居。見《羅湖野錄》卷下，頁996a。《嘉泰普燈錄》則說他「領徒至鹿苑」，似是已出世而領鹿苑寺。

　　慧南的「法道大振」當然是有其原因的，雖然那並不是特別稀見的現象。他的老師石霜楚圓在汾陽善昭（947-1024）門下「服役七稔，去謁唐明嵩、神鼎諲、洞山聰，暨登楊〔億〕、李〔遵勗〕二公之門，機語契投」，於是也「法道大振」起來。[21]慧南能夠如其先師一樣「法道大振」，說明他能恪守師訓，繼續發揚慈明之道，他雖然僅住四個道場，但其法道從江西傳至浙閩湖湘等地，可謂盛極一時。故南宋道融在《叢林盛事》中說：「黃龍、楊岐二宗皆出於石霜慈明。初，黃龍之道大振，子孫世之，皆班班不減馬大師之數，自真淨四傳而至塗毒……」[22]以下依其所住道場論其傳法大略。

一、盧山同安崇勝禪寺

　　慧南大約四十二歲時入盧山同安崇勝禪寺開始傳法。此時，泐潭懷澄遣僧來詢問他提唱之語，慧南回答說：「智海無性，因覺妄以成凡；覺妄元虛，即凡心而見佛。便爾休去，謂同安無折合，隨汝顛倒所欲，南斗七北斗八。」[23]此話中的前半段「智海無性」等語，並不是慧南所發明，而是宋初開封府沙門慧研（生卒年不詳）最先倡說。他在宋太祖乾德五年（967）五月望日所寫的〈《華嚴經合論》序〉中，曾標釋毗盧遮那如來開華嚴十會法門及各會宣法之因緣，認為佛「又以智海無性，因覺妄而成凡；達妄原虛，即凡心而見佛。故第二會普光明殿，以佛果為凡心信因，三會妙峯山凡心相盡成佛住。」[24]其「達妄原虛」一語雖與慧南所說之「覺妄元虛」略異，但意思應該相同，都是承上句「覺妄以成凡」或「覺妄而成凡」而言，強調「即凡心而見佛」之作用。其實是得華嚴清涼澄觀（738-839）的啟發。澄觀在其為《華嚴經疏》所寫的序文

21　《嘉泰普燈錄》卷2，頁50b。

22　《叢林盛事》卷下，頁90a。

23　《禪林僧寶傳》卷22，頁527b。此語後出現於南宋師明著的《續古尊宿語要》卷1的〈黃龍南禪師語〉及《黃龍慧南禪師語錄》的續補部分。後者說是出《聯燈會要》，其實已先見於《禪林僧寶傳》卷22。

24　《華嚴經合論》卷首，慧研撰〈華嚴經合論序〉，頁651b。

曾說：「真妄交徹，即凡心而見佛心；事理雙修，依本智而求佛智。理隨事變，則一多緣起之無邊；事得理融，則千差涉入而無礙。」[25]澄觀自云，若約三性之說（按：即遍計所執性、依他起性、圓成實性）來釋真妄，則「圓成是真，遍計為妄，依他起性通真通妄。」[26]是則三性具有不即不離之關係，故雖各有二義，如「遍計」之「情有」、「理無」義，「依他」之「緣生」、「無性」義，及「圓成」之「性有」、「相無」或「不變隨緣」義，實是「三性一際，無有異也。」[27]澄觀所說的「依他性」之「緣生」、「無性」二義，宋僧師會和善熹之解為：「依他無性者，緣生即無性，無性即緣生。若不推此無性，安知無生？」[28]此「無性」說，似可解釋慧研及慧南的「智海無性」之語，是從華嚴的三性說來的，已表現了「執經說法」之態度。慧南又把懷澄所遣之僧打發走，說什麼「同安無折合，隨汝顛倒所欲，南斗七北斗八。」[29]「南斗七北斗八」是雲門文偃答「如何轉動即得不落階級」之語，而慧南之意似是學雲門教學方式，不落窠臼，不必理會南斗六星或北斗七星，而可「隨汝顛倒所欲，南斗七北斗八。」故當懷澄所遣僧歸泐潭，將此說舉似懷澄，懷澄大概認為這是暗示他脫離了雲門教法，甚為不悅。後來又聽說他嗣石霜，更加不滿，而跟隨他去石霜求法而一起折向南嶽福嚴的泐潭法侶，也多棄之而去了。也就是這個時候，慧南正式脫離泐潭懷澄之門，而公開宣佈嗣法石霜楚圓，由雲門宗法系之傳人，搖身一變為臨濟宗法系傳人。這在當時叢林中是一件大事，叢林必有議論，但是僧傳和燈史似都無動於衷，反而多視為理所當然。譬如，南宋橘州寶曇（1129-1197）在其《大光明藏》之慧南傳後便贊說：

　　積翠已佩泐潭左券，雲峰一見而使焚之，俾見慈明。南素孤高，聞慈明

25　《大方廣佛華嚴經疏》卷首，頁 503a。

26　同前註。

27　參看《華嚴一乘教義分齊章復古記》卷 3，頁 532b-533a。

28　同前註。

29　《黃龍慧南禪師語錄》，頁 637a，兩足院續補部分。按：「折合」之意甚晦澀。雲門曾說「現成公案，不能折合」，「已是葛藤，不能折合得」，與「同安無折合」，似皆有「互換」之意。

之風,中道而止。適有福嚴奎會,驚喜半之。夜聞慈明呵斥諸方,皆其所寶惜者。竟夕不寢,黎明入室,遂為慈明所擒。矢盡弓亡,證入過量。黃龍頭角,見於此矣。**30**

寶曇之論可解析如下:「積翠」是慧南入筠州黃檗山以後之代稱,由於他在泐潭時已與懷澄分座說法,所以寶曇有「佩泐潭左券」之說。「雲峰」指雲峰文悅。由於他告訴慧南其師懷澄所授是死語,勸他去石霜見慈明,慧南也答應,故以象徵性的說法言之,即是文悅焚泐潭左券。慧南在泐潭時,已是領袖人物,所以給人以「孤高」之印象,去石霜途中,又聞慈明不理事,侮慢叢林,遂中道而止,轉投南嶽福嚴。正巧又逢慈明被遷至福嚴,不期而會,又驚喜參半。但是夜聞慈明之開示,都是貶剝批判諸方之語,而多為他自懷澄處學得者,深感震駭而疑惑,遂竟夕不能寐,而黎明即入慈明之室,經慈明之再三斥罵方有所悟,故言「為慈明所擒」。於是「矢盡弓藏」,再也無可驕人之處,而能證入「過量人」之境界,而開始頭角崢嶸,成一方之宗師。「過量人」出《六祖壇經》之〈機緣品第七〉中慧能對僧志道所說偈,**31**是指「非常人所能量度之人」,**32**「證入過量」一語應該就是證悟而能入過量人境界之意思。也就是說寶曇視慧南遇慈明而悟道之事並無可議之處。

明末清初被尊為中興福嚴祖師的臨濟僧費隱通容(1593-1661)也在其《祖庭鉗鎚錄》說:

> 慈明之為南公,乃師資相關,手段固出人。而雲峯為南公乃友道相與,有出格勉勵,於祖林中,亦不多見。蓋雲峯見道真,而擇法明,故能力排澄公,使老南寶惜悉棄去,而見慈明,得到大徹。**33**

---

30 《大光明藏》卷3,頁900b。

31 見《六祖大師法寶壇經》,〈機緣品第七〉,頁357a。

32 丁福保《六祖壇經箋註》,頁72。

33 費隱通容,《祖庭鉗鎚錄》卷1,頁766b。

通容這話意思也很明顯，他也是肯定慧南的棄師他學，還特別強調雲峰文悅能「見道真」、「擇法明」，是以能「力排澄公」，使慧南盡棄其所珍視愛惜之所學，而去見慈明，終於得以大徹大悟。這使人想到他們視慧南的學習過程有「別裁偽體親風雅，轉益多師是汝師」之效用，[34]是值得肯定的。

清康熙朝臨濟僧紀蔭榮譚在其《宗統編年》裏也說：

> 黃龍證三昧於獄中，以三關把斷天下要津。憧憧走英衲如驚，與楊岐祖號二甘露門。然非雲峯悅極力指之，幾何其不流為藥汞銀乎？噫，師友之成就，詎可泯也。[35]

這很明顯地是肯定慧南聽從雲峰文悅之勸，而離開泐潭懷澄，否則恐流為藥汞銀，而不可能與楊岐方會號二甘露門。他雖然沒明說改嗣的問題，但他與楊岐方會同出慈明楚圓之門，後來以黃龍宗旨與楊岐宗旨相頡頏，正是惠洪所說的「異人輩出，唯會與南，絕群超逸，號末法中，二甘露門。」[36]紀蔭所說之「二甘露門」，不就正是慧南嗣法慈明而產生的結果嗎？

雖然如此，為慧南作傳的惠洪還是說跟慧南同時赴石霜的法侶自此之後遂棄慧南而去，似乎是暗示他們對慧南「背叛師門」之舉表示抗議。南宋燈史作者正受及悟明也分別說「三角徒侶棄去者過半」、「自是泐潭舊好絕矣」。[37]所不同者是悟明把此事說成是慧南於福嚴徹悟之後隨即發生。

對泐潭懷澄來說，慧南之與他切斷嗣法關係，是很難想像的，所以他必定曾修書給慧南詢問究竟，遂有慧南的〈答泐潭澄和尚〉一書，此書內容如下：

---

34 杜甫，〈戲為六絕句〉之六，《杜詩詳註》卷 11，頁 901。

35 紀蔭，《宗統編年》卷 20，頁 309ab。

36 惠洪，〈夾山第十五代本禪師塔銘并序〉，《石門文字禪》卷 29，頁 13a。

37 《嘉泰普燈錄》卷 3，頁 66b；《聯燈會要》卷 13，頁 647b。普濟之《五燈會元》亦用《聯燈會要》之語，但也採納惠洪之說，敍述此事發生於慧南住同安之後。見《五燈會元》卷 17，頁 1106。

　　某啟：早年飄汎，曾侍座隅。常聆指月之談，兼聽安心之法。銘藏肺
腑，豈敢忘諸？此際豈謂不捨大慈，曲示真翰？退思不調之跡，何勝特
達之思？川陸尚遙，禮覲未卜。秋涼，伏惟為法自重。**38**

　　慧南在此書中並未解釋他叛離師門之原因，大概是因為他不想再次冒犯懷澄，
所以很客氣地表示老師竟然還是不捨其大慈大悲之懷，賜其手翰。所以退而回
想自己的失禮不周之處，真是擔不起老師的格外知遇之恩。他最後還表示距離
其師之泐潭太遙遠，不知何時才能去拜見老師，只能希望老師在秋涼時節為法
自重。其實，同安崇勝禪院在廬山，泐潭在其西南方的石門山，距離也不算
遠，慧南說「川陸尚遙，禮覲未卜」，恐怕只是推託之詞罷了，畢竟此時去拜
見懷澄，只會使師徒都感到難堪。南宋僧虛堂智愚有〈黃龍南禪師〉一首，略
云：「出泐潭之水，奮衡山之雲。三關多漏網，誰是負恩人？晦堂之下有清
新。」**39**這雖然未必在指斥慧南是「負恩人」，但泐潭的弟子一定有視之為「負
恩人」者。智愚似乎覺得因為慧南弟子晦堂祖心先參雲峰文悅，再參慧南，又
辭慧南而上雲峰，後又歸黃檗從慧南，遂為其法嗣，這種類似轉益多師的行
徑，使他門下最終還出了靈源惟清及死心晤新兩高徒（按：即「晦堂之下有清
新」之意），那麼祖心何曾是負恩人，而慧南又何曾是負恩人？

　　慧南一入同安，在答僧問「寶座已登於鳳嶺，宗風演唱嗣何人」之時，便
「畫一圓相」。**40**畫「圓相」是「溈仰」家風，但雲門文偃及汾陽善昭都曾教過
其弟子，所以慧南之動作，似在暗示他嗣法溈仰、雲門及臨濟。不過，他在開

38　《集洪州黃龍山南禪師書尺》頁 9b。按：本文使用日本延享元年（1744）刊本、寶
　　曆十三年（1763）改訂延享元年刊本，及明治四十四年（1911）日本東京禪學大系
　　編纂局的《禪學大系》排印本。所註頁碼則根據延享元年刊本頁碼。

39　《虛堂智愚和尚語錄》卷 6，頁 1031c-1032a。

40　按：「圓相」之作，始於南陽國師付授侍者耽源。耽源承讖記，傳于仰山，後遂目
　　為「溈仰」家風。又據耽源說，南陽國師傳六代祖師圓相九十七箇，耽源將他傳給
　　仰山慧寂，但慧寂焚之，後又憑記憶重錄，一無差失。耽源一日上堂，仰山出眾作
　　此○相，以手托作呈勢，却又手立。源以兩手交，作拳示之，仰山進前三步，作女
　　人拜。源點頭，仰便禮拜。此乃圓相所自出也。見《祖庭事苑》卷 2，頁 39a。

堂日拈香，便已宣佈「今日為湖南慈明禪師一炷爇却，令教充遍天下叢林，與一切衲僧，為災為禍去。」[41]嗣法何人的答案已很明顯，所以該問僧就接著說：「石霜一派迸入江西也。」而慧南則說：「杲日當天，盲人摸地。」意指楚圓之道雖入江西，但還有許多迷途之盲人不知杲日當天啊。對於此僧進一步追問的諸問題，譬如要他向「大眾證明真善知識」，他只好回答說：「未登此座，一事也無。纔登此座，便有許多問答。敢問大眾，只如一問一答，還當宗乘也無？若言當去，一大藏教豈無問答？為什麼道教外別行，傳上根輩？若言不當，適來許多問答，圖箇什麼？行腳人當自開眼，勿使後悔。若論此事，非神通修證之能到，非多聞智慧之所談。三世諸佛，只言自知。一大藏教，詮註不及。是故靈山會上，百千萬眾，獨許迦葉親聞；黃梅七百高僧，衣鉢分付行者。豈是汝等貪淫、愚執，勝負為能？夫出家者，須稟大夫決烈之志，截斷兩頭，歸家穩坐。然後大開門戶，運出自己家財，接待往來，賑濟孤露，方有少分報佛深恩。若不然者，無有是處。」[42]這段話有兩層意思，其一是要弟子了解禪宗之心傳，非神通修證所能到，也非多聞智慧所能談。其二是要他們覺悟出家是大丈夫之事，是要空諸所有，賑濟貧者，布施行善，以報佛深恩，否則便無有是處。

　　慧南對其問者說「豈是汝等貪淫、愚執，勝負為能」，似乎顯得有點不快。這可能是因同安僧眾中，有人對新任住持的他並不服氣，所以問題甚多，且時而表現咄咄逼人之狀之故。譬如，有僧問：「不求諸聖，不重己靈，未是衲僧分上事。如何是衲僧分上事？」慧南答云：「三十年來，罕逢此問。」僧又云：「恁麼則辜負諸聖去也。」慧南答云：「話也未答，何言辜負？」這種對白，氣氛有點緊張。《語錄》說，僧聽了慧南之語，「撫掌一下」，而慧南應之曰：「吽！放過即不可。」[43]似乎是說他不能放過此僧之無禮態度而不做回應。所以他接著回答道：「四象推移，終而復始。二儀交泰，允屬茲辰。俗諦紛紜，各敘往來之禮；真如境界，且非新舊之殊。何故？豈不見道，一念普觀

41　《黃龍慧南禪師語錄》，頁 629c。

42　《黃龍慧南禪師語錄》，頁 630a。

43　《黃龍慧南禪師語錄》，頁 630a。

無量劫，無去無來亦無住。既絕去來，有何新舊？既非新舊，又何須拜賀，特地往來？但能一念常寂，自然三際杳忘。何去來之可拘，何新舊之可問？故云：『如是了知三世事，超諸方便成十力。』良久云：『如斯舉唱，人人盡知。破二作三，能有幾箇？』何故？『時人祇解順風使帆，不解逆風把柁。』」[44]這段示眾之語，像篇四六文，雖然遣詞用字，頗費斟酌，意思其實很簡單，無非在說明「一念常寂」之重要性。首幾句「四象推移」、「二儀交泰」等，觀念都來自《易經》，但慧南將它們綴合成對句，於上堂時作為開示語，其意義當然是強調「二儀交泰」來的正是時候，也會帶來好的結果。在唐、宋時代，「二儀交泰」會被視為能招來以下各種好徵兆：七曜調明，風雨以時，暄涼應節，黎庶咸安，兵戈止息，天下太平，醜虜歸降。某所苦某病即蒙差愈，或官司盜賊，即得免過，隨事言之，眾災度脫，壽命延長」等等。[45]「一念普觀無量劫，無去無來亦無住」兩句出自《華嚴經》，其下兩句是：「如是了知三世事，超諸方便成十力。」[46]也就是後段「故云」之後所引之句。通觀慧南之意，就是要弟子「一念常寂」，不執著妄想，自然會把過去、現在、未來三際冥然忘卻，得失俱喪，絕塵絕跡，心神自在。

對於弟子的挑戰性問題，慧南常用借物喻理，能近取譬的方式來開示他們。譬如他某次上堂云：「法身無相，應物現形。般若無知，隨緣即照。」然後豎起拂子說：「拂子豎起，謂之法身，豈不是應物現形？拂子橫來，謂之般若，豈不是隨緣即照？」[47]這顯然是其師楚圓教法的延伸。楚圓曾說：「法身無相，應物現形。豎起拄杖云，者箇是拄杖，阿那箇是法身？」[48]慧南將豎起的拂子代表法身，做為「應物現形」的象徵，而將橫下的拂子代表般若，做為「隨緣即照」的象徵，此種譬喻，是本於《華嚴經》的「佛身充滿於法界，普現一

44　《黃龍慧南禪師語錄》，頁 630a。
45　唐或宋・不著撰人，《洞玄靈寶河圖仰謝三十六土皇齋儀》（收於《正統道藏》）卷 1，頁 1b，參看 http://ctext.org/library.pl?if=en&res=84197，（accessed, 7/20/2014）
46　《大方廣佛華嚴經》卷 13，頁 66a。
47　《黃龍慧南禪師語錄》，頁 630b。
48　《石霜楚圓禪師語錄》，頁 173a。

切羣生前。隨緣赴感靡不周，而恆處此菩提座。」[49]所謂「青青翠竹盡是真如，鬱鬱黃花無非般若」差近其義。[50]唐代的南陽國忠禪師（675-775），在答弟子問此說法可為人信受之時，說這是「文殊、普賢大人境界，非諸凡小而能信受，皆與大乘了義經意合。」於是引《華嚴經》「佛身充滿於法界」之句，表示：「翠竹不出法，豈非法身乎？又經云：『色無邊故。』般若亦無邊，黃花既不越色，豈非般若乎？」[51]唐代的大珠慧海（生卒年不詳）不同意其說，而云：「迷人不知法身無象〔相〕，應物現形。遂喚青青翠竹總是法身，鬱鬱黃花無非般若。黃花若是般若，般若即同無情。翠竹若是法身，法身即同草木。如人喫筍，應總喫法身邪？」[52]慧南雖也說「法身無相，應物現形」，但正因如此，才能以拂子來解釋法身之「應物現形」，而以豎起及橫放挂杖的方式解釋般若之「隨緣即照」，與南陽國忠之意合，也闡發了其師楚圓未說破之義。他說完這話後，忽有弟子出來「揪住」他，[53]慧南「唾一唾，摑一摑，掀倒禪床，拽向階下去」，然後說：「也怪他不得，如今既無如是咬豬狗底腳手，同安卻倒行此令去也。」[54]前者是有點「暴力」的動作，後者是引用雲門文偃之開示語，解釋為何他有如此反應。雲門說：「老和尚出世，秖為爾作箇證明。爾若有箇入路少許來由，亦昧汝不得。若實未得方便，撥爾即不可。兄弟，一等是蹋破草鞋行腳，拋却師長父母，直須著些子眼睛始得。若未有箇入頭處，遇著本色咬豬狗手腳，不惜性命入泥入水相為。有可咬嚼，眨上眉毛，高挂鉢

49　《大方廣佛華嚴經》卷6，頁30a。

50　此語據說是源於道生法師說法時遇到的問題，後來「法師乃端坐十年，待經而證。後三藏帶涅槃後分經至，果有斯說。法師覽畢，麈尾墜地，隱几入滅。」見《祖庭事苑》卷5，頁149b。

51　《祖庭事苑》卷5，頁149ab。

52　同前註。

53　《黃龍慧南禪師語錄》，頁630a。原文說「搊住」，有「攙扶」或「揪住」之意思。依下文看，應該是「揪住」之意。

54　《黃龍慧南禪師語錄》，頁630b。

囊。…」[55]依後來禪師使用「本色咬豬狗手腳」一語之方式看，意義是正面的。譬如，梵天寺僧彥琪（生卒年不詳）在解釋《證道歌》之「是以禪門了却心，頓入無生知見力」時便說：「上來所修，皆是無益苦行，固非真實也。唯般若一法，方為究竟。《大般若經》云：『甚深般若波羅蜜多，是諸佛母，能示世間諸法實相。』[56]出家之士得不盡心於此？是以雲門大師警策兄弟曰：『一等是蹋破草鞋行腳，拋却父母師長，直須著些子眼睛始得。若遇本色咬豬狗手腳，不惜性命入泥入水相為。有可咬嚼，眨上眉毛，高掛鉢囊。…』」[57]再看雲門此開示語之結尾：「俗子尚猶道朝聞道夕死可矣，況我沙門合履踐何事？大須努力，珍重！」[58]可見具「本色咬豬狗手腳」者，就是能振聾發聵的具眼宗師，有令人「朝聞道夕死可矣」之能。慧南謙稱如今既無此種人物，他就出來權充此角色。元代的臨濟僧百丈宗泐（1318-1391）曾說：「黃龍一向具咬豬狗底手腳」，即是指稱慧南實一具眼宗師，雖然他也奇怪慧南為何被一寺僧之語所「折倒」。[59]

55　《雲門匡真禪師廣錄》卷上，頁 547b。《景德傳燈錄》之文稍有不同：「老和尚出世，只是為爾證明。汝若有少許來由，且昧爾亦不得。爾若實未得方便，撥汝則不可。兄弟一等，是蹋破草鞋、拋却師僧父母行腳。直須著些子精彩始得實。若有箇入頭處，遇著一個咬豬狗腳手。不惜性命入泥入水相為，有可咬嚼。剳上眉毛，高掛鉢囊，拗折拄杖。」「拗折拄杖」一語，不見於《雲門匡真禪師廣錄》。

56　《大般若波羅蜜多經》多處都有此語，譬如，佛說：「善現！一切如來、應、正等覺，依甚深般若波羅蜜多，證一切法真如究竟，乃得無上正等菩提。由此，故說甚深般若波羅蜜多，能生諸佛，是諸佛母，能示諸佛世間實相。」又如，佛說：「善現當知！甚深般若波羅蜜多，是諸佛母，甚深般若波羅蜜多，能示世間諸法實相。是故如來、應、正等覺依法而住，供養恭敬、尊重讚歎、攝受護持所依住法，此法即是甚深般若波羅蜜多。」見《大般若波羅蜜多經》卷 306，頁 558b，560c。

57　《證道歌註》卷 1，頁 378a。

58　《雲門匡真禪師廣錄》卷上，頁 547b。

59　《宗門拈古彙集》卷 42，頁 999a。宗泐說：「黃龍一向具咬豬狗底手腳，今日被者僧折倒，既是千鈞之弩不發鼴機。為甚輕為破的？具眼者分辨看。」這是針對慧南如下的示眾場景而發的：「黃龍因僧問：『德山棒，臨濟喝，直至如今少人拈掇，請師拈掇。』龍曰：『千鈞之弩，不為鼴鼠而發機。』曰：『作家宗師，今朝有在。』龍便喝，僧禮拜。龍曰：『五湖衲子，一錫禪人，未到同安，不妨疑

　　除以上開示語之外，從同安開始，慧南就使用同一種設問模式來激動弟子之創發能力，這種軌範性（prescriptive）的語式如下：

　　若也道得／若人道得＋正面假設＋正面結果
　　若道不得＋負面假設＋負面結果或其他選項

　　此種語式及類似語式之例甚多，雖在慧南之前，雲門文偃及雪竇重顯（980-1052）都已使用過，但慧南似最常用之。譬如，他某次上堂云：「冬至寒食一百五。即不問，諸上座，半夜穿針一句，作麼生道？」[60]這顯然是清明時節上堂之語。其曾祖師首山省念（926-993）曾遇僧問「如何是學人親切處？」省念答云：「五九盡日又逢春。」僧復問：「畢竟如何？」省念答云：「冬至寒食一百五。」[61]慧南引用省念之語，再問「半夜穿針」之道理，接著便說：

　　　　若人道得，還我第一籌來。
　　　　若道不得，彼此失利。[62]

又如，慧南於某年聖節上堂云：「今日皇帝降誕之辰，率土普天祝延聖壽。即不無，諸仁者，還識王子也未？」接著便用上列語式問：

　　　　若人識得，盡十方微塵剎土，皆屬上座，更非他物。便坐涅槃城裏，端
　　　　拱無為。統三界以為家，作四生之依怙。
　　　　若也未識，佛殿裡燒香，三門頭合掌。[63]

　　著。』」按：黃龍示眾語原見《嘉泰普燈錄》卷 3，頁 67b。後收入《黃龍慧南禪師語錄》兩足院《續補》部分，頁 637b。
60　《黃龍慧南禪師語錄》，頁 630b。
61　《禪林類聚》卷 14，頁 165a。
62　同前註。
63　《黃龍慧南禪師語錄》，頁 630c。

又某次上堂，因有僧馳書，慧南想到石頭希遷（700-790）馳書至南嶽見懷讓（677-744）而歸請青原行思（671-740）賜鉏斧子以投南嶽事，[64]遂說：「石頭馳書，今古共聞。後人不善宗由，罕能提唱，致使水乳不辨，玉石不分。同安今日擗破一半，布施大眾。石頭雖然善能馳達，不辱宗風。其奈逞俊太忙，不知落節。既是落節，迴來因甚却得鉏斧子住山？」慧南設此問後，接著說：

> 若這裡見得，非唯住山，盡十方世界，塵塵剎剎，虎穴魔宮，皆是住處。
>
> 若也未見，敢保諸人未有安身立命處。[65]

又如，某次上堂，慧南舉雲門大師云：「平地上死人無數，過得荊棘林者是好手。」[66]然後拈起拂子對大眾云：

> 若喚作拂子，正是平地上死人。
>
> 若不喚作拂子，未透得荊棘林在。[67]

這種語式，也不是一成不變，而有順序相反者，或只有假設而無結果者。譬

64　同前註。根據《語錄》之描寫，石頭要去南嶽前，青原說待他回要給他個鉏斧子（按：即鈍斧子）讓他在南嶽住山去。石頭至南嶽時，未達書時便問：「不求諸聖，不重己靈時如何？」懷讓云：「子問太高生，何不向下問？」石頭云：「乍可永劫受輪迴，不從諸聖求解脫？」懷讓不對。石頭歸，青原問他去南嶽未久，書送達懷讓否？石頭說：「信亦不通，書亦不答。」青原問何故，石頭以他與懷讓之對話答之，並請青原賜先前許給他的「鉏斧子」，青原垂一下足，石頭便禮拜去，入南嶽住山。事見《景德傳燈錄》卷 5，頁 240b。「乍可永劫受輪迴」一語，《景德傳燈錄》作「寧可永劫受輪迴」。

65　《黃龍慧南禪師語錄》，頁 630c。

66　《黃龍慧南禪師語錄》，頁 631a。雲門之語，見《雲門匡真禪師廣錄》卷 2，頁 554b。原文說：「平地上死人無數，過得荊棘林者是好手。僧云：『與麼則堂中第一座有長處也。』師云：『蘇嚕蘇嚕。』」

67　《黃龍慧南禪師語錄》，頁 631a。

如，有次上堂，慧南喝一喝云：「盡大地被同安一喝，瓦解冰消，汝等諸人，向什麼處著衣喫飯？」[68]接著便自答云：

> 若未得箇著衣喫飯處，須得箇著衣喫飯處。
> 若識得箇著衣喫飯處，識取鼻孔好。[69]

此雖與上述語式之正面、反面順序相反，但效果應該是一致的，都是為使弟子「腦力激盪」，有所發明。另一次上堂又說：「洪波浩渺，白浪滔天。截流到岸之人，端然忘慮；短棹孤舟之客，進退攢眉。且道，風恬浪靜一句，作麼生道？還有人道得麼？」[70]接著，他便問：

> 若無人道得，同安布施汝等諸人。
> 良久云：「漁人閑自唱，樵者獨高歌。」[71]

此段話似缺「若有人道得」便如何之假設，但「良久云」以下之詩句，似可代之。大致來說，慧南雖然用這種軌範性的語式來設問，但他有「激起自我創發」（heuristic）的用意，讓其弟子了解思維境界的深淺所能產生的不同後果，及以理性思維尋求現成答案之不妥，而知所創發。他無意規定弟子服從任何單一途徑去求道。所以他某次上堂示眾時說：「雲從龍，風從虎，五九四十五，叢林將為向上關。同安不打這破鼓，為甚麼不打？守株待兔，豈是智人？避色逃聲，何名作者？祖不云乎，『執之失度，必入邪路。放之自照〔然〕，體無去住。』」[72]這示眾語之雲和風可喻做學子，龍和虎可喻做師祖。慧南之意應該

68　《黃龍慧南禪師語錄》，頁 631a。

69　同前註。

70　同前註。

71　同前註。

72　《黃龍慧南禪師語錄》兩足院《續補》部分，頁 637a。按：此句出自三祖《信心銘》，原文為：「執之失度，心入邪路。放之自然，體無去住。」見《信心銘》，頁 376c。但宋代的燈錄，自《景德傳燈錄》以下，皆作「執之失度，必入邪路。放

是如此：弟子若遵從師祖的軌範性教學，就如同「五九四十五」之定律，被叢林認為是學習向上的關鍵。但是這種教學法如同「破鼓」，我同安是不會去使用、不打這種破鼓的。為什麼呢？因為這麼做，就像是「守株待兔」之人，豈是「智人」？又像「避色逃聲」者，怎能算是真正之「作者」？祖師不是說「執之失度，必入邪路。放之自然，體無去住」嗎？慧南引用《信心銘》之語來說明他為何「不打破鼓」之因，正是表現他同意三祖「放之自然，體無去住」和「任性合道，逍遙絕惱」所蘊含的道理與精神吧。[73]

二、廬山歸宗承天禪院

廬山歸宗承天禪院是慧南傳法的第二道場，位於廬山之南金輪峰下，在南康軍城西。相傳是東晉寧遠將軍江州刺史王羲之（303-361）[74]為梵僧那連耶舍尊者（一說達摩多羅）捨宅所建，附近有右軍墨池，是王羲之洗硯處。[75]北宋大

之自然，體無去住。」兩足院《續補》部分之「必入邪路」雖然正確，但「放之自照」卻弄錯，疑是誤植，而非慧南之擅改。

[73] 按：此句在「體無去住」之下，慧南雖未引用，但其用意亦可推知矣。

[74] 按：王羲之生卒年說法不一，迄無定論。但其生年在西晉太安二年（303）之說應可確定。因為根據王羲之之妻〈郗璿墓誌銘〉，有「前右將軍會稽內史琅琊臨沂都鄉南仁里諱羲之口逸少年五十六」等字。郗璿卒於升平二年（358），則以王羲之之年五十六歲逆推其生年應是太安二年無誤。至於其卒年，有東晉升平五年（361）及東晉太元四年（379）二說。羅時敘的〈王羲之生卒年及任江州刺史年代考證〉認為是太元四年，則其享年為七十七歲，而非《晉書》所說的五十九歲。唯羅說雖言之成理，但確切時間還未定，此處暫以升平五年為其卒年。羅文〈王羲之生卒年及任江州刺史年代考證〉，載於《九江師專學報》，2003年第1期，頁60-64。

[75] 按：《廬山歸宗寺志》說：「咸康六年，右西域異僧達磨多羅持禪經至，羲之見而敬之，迄捨宅為寺以居焉，此歸宗寺之昉也。後義熙間，遠公開蓮社於東林，時梵僧耶舍尊者持佛舍利來卜地安奉，乃建塔金輪峰頂，是為寺之主山。」此說未明達磨多羅即是那連耶舍，而耶舍尊者顯然亦非那連耶舍，在《寺志》裡與達磨多羅分別被列為開山第一代及第二代祖。見《廬山歸宗寺志》卷1，頁12、31-36。又，王羲之於咸康六年（340）任江州刺史之說法，是根據《晉書》，〈王羲之傳〉所云：「征西將軍庾亮請為參軍，累遷長史。亮臨薨，上疏稱羲之清貴有鑒裁。遷寧遠將

臣祖無擇（1006-1085）有〈右軍墨池〉一詩，起句云：「匡廬峯下歸宗寺，曾是當年内史居。繭紙世傳遺蹟後，墨池人記作書初。」[76]「内史」自然是指王羲之，因王羲之曾任右將軍兼會稽内史一職。[77]南宋朱熹也曾游其處，並賦詩曰：「往昔王内史，顧香有餘烟。千年今一歸，景物還依然。」[78]可見其寺在南宋時景物依舊，一直與雲居寺有「天上雲居，地下歸宗」之媲。[79]慧南之前，有許多名禪大德曾住歸宗，譬如唐馬祖道一的弟子歸宗智常（約 757-821）就住該寺。他因目有重瞳，以藥手按摩，目眥俱赤，故世號「赤眼歸宗」。江州刺史李渤（773-831）及白居易（772-846）曾趨山問道。[80]智常之後，有澹權、懷輝、弘章、策真、道詮、義柔、道誠、正賢、及慧南的老師自寶住山。自寶之後即是慧南，也就是說慧南繼自寶之後主歸宗禪席。[81]而慧南之後不久，遊歸宗的名賢也不少，如周敦頤（1017-1073）、蘇軾（1037-1101）、蘇轍（1039-1112）、黃庭堅（1045-1105）等都曾留下足跡。其中，蘇轍有〈題歸宗寺〉曰：「來聽歸宗早晚鐘，疲勞懶上紫霄峰。墨池漫叠溪邊石，白塔微分嶺上松。佛宇爭雄一川甲，僧厨坐待十方供。欲遊山北東西寺，巖谷相連更幾重。」[82]從蘇轍的描述可以約略看出為何慧南出入寺就說：「歸宗上寺，是大禪河。」[83]而他在歸宗的傳法，也重振了該寺的名聲，流風所及，禪徒趨之若鶩，數量日益增多，為後來的黃龍禪系打下了堅實的基礎。

軍、江州刺史。」魯一同的《右軍年譜》及麥華三的《王羲之年譜》皆認為由於庾亮卒於咸康六年正月，則王羲之「遷寧遠將軍、江州刺史」必在是年。此說恐有問題，因咸康六年任江州刺史的是王允之，是王羲之的同庚堂兄弟。王羲之當於兩年後任九江刺史。參看前註羅時敘文。

76　《方輿勝覽》卷 17，頁 308；《江西通志》卷 154，頁 25b。
77　《晉書》卷 80，〈王羲之傳〉，頁 2094。
78　《方輿勝覽》卷 17，頁 308，朱熹〈和提舉尤延之遊山詩〉。
79　《方輿勝覽》卷 17，頁 308。
80　《宋高僧傳》卷 17，頁 427-28；《景德傳燈錄》卷 7，頁 256a；《佛祖統紀》卷 42，頁 384b。
81　《廬山歸宗寺志》卷 1，頁 42-57。
82　《廬山歸宗寺志》卷 4，頁 314。
83　《黃龍慧南禪師語錄》，頁 631a。

　　慧南大約於皇祐三年（1051）五十歲時入歸宗繼洞山自寶任住持，[84]是奉「本郡殿丞判官秘書」之命赴任的。他自己曾說：「昨蒙本郡殿丞判官祕書，特垂見召。然部封之下，不敢不來。方始及門，便有歸宗之命。進退循省，深益厚顏。此乃殿丞判官，曩承佛記，示作王臣。常於布政之餘，寅奉覺雄之教，欲使慧風與堯風並扇，庶佛日與舜日同明。苟非存意於生靈，何以盡心之如此？是日又蒙朝蓋光臨法筵，始卒成褫，良增榮荷。」[85]其所謂「本郡」應該是管轄廬山的南康軍。殿丞判官秘書則不知何人，但顯然是位奉佛甚謹的地方官。所以雖然慧南承認在他的轄區之內被他召見，不敢不奉命來見。沒想到才進門，就被命主歸宗，只好應命。他在上堂的時候講這些話，不外是暗示他受知於奉佛之官僚，故舉昔日黃檗希運（唐宣宗朝卒）受知於位居廊廟的相國裴休（791-864）、大顛獲敬於名重朝野的韓愈（768-824）為例，來向其弟子表示自己之被命主歸宗，即是以同樣的心情接受。他以古況今，表示自己與希運之受知領寺，實無其異。他也以類似心情，向入山來出席其法筵的兩位提刑，解說「正法眼藏，涅槃妙心。教外別行，傳上根輩」的禪門傳統之源由，開示「非有作思惟之所能解，非神通修證之所能入；不可以有心知，不可以無心得」的禪門境界，以及「悟之則頓超三界，迷之則萬劫沈淪」的懸殊差別。依《語錄》之記載，這兩位官員，應是管轄廬山的江南東路提刑及都官提刑舍人，他們身分與一般僧俗法眾不同，所以慧南的講說，文字甚為簡約，雜四六文與經文為詞，不似口語，倒像篇文字講稿。其語云：

　　有情之本，依智海以為源；含識之流，總法身而為體。只為情生智隔，於日用而不知；想變體殊，趣業緣而莫返。茫茫今古，誰了本因？役役愛憎，情源虛妄。故我釋迦調御，久證菩提。憫我勞生，自取流轉。爾後得其大智，化妙相身。住世四十九年，演說十二分教。隨乎利鈍，設彼化門。庶上中下根，各得其漸。譬如大海不讓小流，假使蚊虻、阿脩

84　參看本書第三部分年譜。

85　《黃龍慧南禪師語錄》，頁 631b。

羅王，飲其水者，皆得飽滿。厥後化緣將畢，示滅雙林，謂人天大眾
曰：「吾有正法眼藏，涅槃妙心，付囑摩訶大迦葉，教外別行，傳上根
輩。」是法，非有作思惟之所能解，非神通修證之所能入。不可以有心
知，不可以無心得。悟之則頓超三界，迷之則萬劫沈淪。只如今日王官
普會，僧俗同筵，坐立儼然，見聞不昧。為是迷耶，悟耶？於此見得，
不待三祇劫滿，萬行功圓，一念超越，更無前後。**86**

這段講說，用意甚明，無非在向官員開示禪宗為「教外別傳」的義蘊，指出佛
之「正法眼藏，涅槃妙心」非「有作思惟」所能解，也非「神通修證」所能
入。既「不可以有心知」，也「不可以無心得」。換句話說，是需要經「直指
見性」之「悟」而後能「頓超三界」，若不悟而迷，則「萬劫沈淪」。他以此
來向聽法之官員、僧俗表示，他們若能「見得」他所說之道理，便可「不待三
祇劫滿，萬行功圓，一念超越，更無前後。」這比釋迦歷無數阿僧祇劫而成佛
之速度還快，**87**當然是誇大之語。但其用心，實在強調心領神會而得證悟之重
要。「不可以有心知，不可以無心得」之說，本於永明延壽《宗鏡錄》之〈論
華嚴六相義〉。其文有云：「此六相義，是辨世間法。自在無礙，正緣顯起，
無分別理。若善見者，得知總持門，不墮諸見，不可廢一取一，雙立雙忘。維
總同時，繁興不有，縱各具別，冥寂非無。不可以有心知，不可以無心會。」**88**
可見慧南也融合華嚴的語彙於其傳法及教學中，對聽法的官員們表示希望他們
理解他說法之義趣，以「夙植德本，現宰官身，以慈惠臨民」的風度，代天子
賜僧俗貴賤福壽，給予最大的支持。由於擔心他們不解禪門開示之法，遂云：
「故我佛如來云：『夫說法者，無說無示。其聽法者，無聞無得。』」以安其

86　同前書，頁 631c。

87　《長阿含經》說：「佛告梵王：『如是！如是！如汝所言，但我於閒靜處默自思
　　　念，所得正法甚深微妙。若為彼說，彼必不解，更生觸擾。故我默然不欲說法。我
　　　從無數阿僧祇劫，勤苦不懈，修無上行，今始獲此難得之法。』」見《長阿含經》
　　　卷 1，頁 8c。又《佛說祕密相經》卷 1，頁 464b，有世尊大毘盧遮那如來頌云：
　　　「佛於三阿僧祇劫，修成菩提最上行。歷位至登妙覺尊，皆由清淨無漏智。」

88　《宗鏡錄》卷 46，頁 690b。《人天眼目》卷 4，頁 324a。

心，勿因為他的「無說無示」，讓他們因「無聞無得」而感到失望。最後，他還舉《莊子》裡「目擊道存」之典故來以溫伯雪子自況，希望兩位提刑官有「目擊道存」之認知。因而說：「仲尼與溫伯雪〔子〕，久欲相見。一日稅駕相逢於途路間，彼此無言，各自迴去。泊後門人問曰：『夫子久欲見溫伯雪，及乎相見，不交一談，此乃何意？』仲尼曰：『君子相見，目擊道存。』」[89]其實此故事之真諦，兩位提刑若熟悉《莊子》，必不難知。由於溫伯雪子是南方有道賢者，對北方儒者有意見，適齊而返舍於魯，魯人（儒者）請見之，溫伯雪子不願見，因為聽說「中國之君子明乎禮義，而陋於知人心，吾不欲見也。」[90]後來他見了幾位魯人後，每每嘆之，其僕問其故，乃說：「吾固告子矣！中國之民，明乎禮義，而陋乎知人心。昔之見我者，進退一成規、一成矩，從容一若龍、一若虎。其諫我也似子，其道我也似父，是以歎也。」後來仲尼見之而不言，子路疑之，問曰：「吾子欲見溫伯雪子久矣，見之而不言，何邪？」仲尼曰：「若夫人者，目擊而道存矣，亦不可以容聲矣。」[91]這是說孔子見到溫伯雪子，已知其心，知其有道，多言無益，故謂無所容其聲。故郭象（252-312）疏此段文說：「二人得意，所以忘言。仲由怪之，是故起問焉。」又疏云：「擊動也。夫體悟之人，忘言得理。目裁運動，而玄道存焉，無勞更事辭費，容其聲之說也。」[92]可見慧南引「目擊道存」之典故來開示於兩位提刑，是相當用心良苦的。

慧南在歸宗寺的時間似乎不長，但是弟子漸多，所以他鉗鎚甚嚴，有時毫不給弟子情面。譬如在首次上堂，他就提出歸宗既是大禪河，豈無釣客，怎無人問話呢？這與他入同安時的屢遭僧眾質問恰成對照。不過，慧南雖欲激起弟子問話，結果還是「良久無人問」。《語錄》說他馬上離去，還說：「頭角住多無獅豸，羽毛雖眾少鴛鴦。夫微妙大法身，故聽而不聞，視而不見矣。清淨

---

89 同前書，頁 632a。

90 《南華真經》卷 7，頁 16a。

91 同前書，卷 7，頁 16b。按：郭象，《南華真經注疏》卷 23 云：「姓溫，名伯，字雪子。楚之懷道人也。」

92 郭象，《南華真經注疏》卷 23，頁 4b-5a。

無師智，豈思而得，學而能哉？然不有提唱，孰辨宗由？不有問答，孰明邪正？如今長老陞堂提唱，眾中又無人問。既無人問，亦無答者。宗由邪正若為明辨，若有人辨得邪正，出來推倒禪床，喝散大眾，也與衲僧出氣。若辨不得，來年更有新條在，惱亂春風卒未休。」[93]這些話他還是使用上文指出之語式及教學法，述說宗由邪正能辨與不能辨之結果：

> 若有人辨得邪正，出來推倒禪床，喝散大眾，也與衲僧出氣。
> 若辨不得，來年更有新條在，惱亂春風卒未休。[94]

這是向弟子指明「辨得邪正」與「辨不得邪正」之後果。若辨得邪正，足以「與衲僧出氣」。反之，則會造成年年出新條，惱亂春風，永無休止。以此嚴重後果來警誡弟子認真學習，顯示慧南嚴峻逕直的一貫作風。其實，「若辨不得，來年更有新條在，惱亂春風卒未休」，是雲門文偃的話。雲門曾問其徒云：「作麼生得道斷商量」，也就是如何必得要「道斷商量」的意思。由於無人回答，他就代云：「來年更有新條在，惱亂春風卒未休。」意謂今年若不能道斷商量，就像枝葉明年又發新條，而春風不時來擾亂，是永無休止的。慧南是借其原師祖之話此來刺激弟子審問、明辨，即時解決問題，而不要閉門自思獨學而碰壁不前。因為他認為門弟子雖多如頭角，但無一似「獅㹫」的靈獸；學生雖如鳥羽之夥，但無顏色出眾如鴛鴦之鳥。所以他們對禪門微妙之法是聽而不聞、視而不見的。當然禪法是「清淨無師智」，需自求見性了悟，但沒經禪師之提倡演繹，他們如何能辨別宗門之來由？而不經過禪師之機緣問答，他們如何去明瞭是非、邪正呢？如今他升堂提倡，但法眾之中居然無人提問，也無人答話，他只好再以一貫的正反設問法來激發其徒，讓能辨得邪正之人出來「推倒禪床，喝散大眾」，為大眾出一口氣，而達到其啟發性教學的效果。

93　《黃龍慧南禪師語錄》，頁 631a。
94　同前註。

這種激起自我創發性的教學與慧南在同安後期的教學是前後一貫的，只是在歸宗時期，慧南更進一步地發揮。譬如在開示一切都是「光影」時，他就使用其法，先則說：「摩尼在掌，隨眾色以分輝；寶月當空，逐千江而現影。諸仁者，一問一答，一棒一喝，是光影。一明一暗，一擒一縱，是光影。山河大地是光影，日月星辰是光影。三世諸佛一大藏教，乃至諸大祖師，天下老和尚，門庭敲磕，千差萬別，俱為光影。」[95]在處處皆是光影之命題下，慧南忽設「且道何者是珠，何者是月」之問，並自答云：「若也不識珠之與月，念言念句，認光認影，猶如入海算沙，磨磚作鏡。希其數而欲其明，萬不可得。豈不見道，若也廣尋文義，猶如鏡裡求形，更乃息念觀空，大似水中捉月。」[96]這是勸人既勿「念言念句」，也勿「廣尋文義」，更勿「息念觀空」。因為都是枉費精神沒有結果的，故慧南以「入海算沙」、「磨磚作鏡」、「鏡裡求形」和「水中捉月」等詞來形容其徒勞無功。接著，慧南就使用同一語式說：「衲僧到此，須有轉身一路」，而「轉得」與「轉不得」，會有以下不同之結果：

> 若也轉得，列開捏聚，無非大事現前。七縱八橫，更無少剩之法。
> 若轉不得，布袋裡老鴟，雖活如死。[97]

雖然慧南勸人勿「念言念句」，也勿「廣尋文義」，陷入葛藤，而要自我冥想、探索和發現，但在歸宗期間，他也偶作偈頌，摘辭造句，以為開示之法。譬如，在連續兩次上堂中，他只唱偈，不作他語，便立即下座。其第一次，僅云：「順捋虎鬚應自顧，倒拈蛇尾任他猜。胡來漢現尋常事，勿將明鏡掛高臺。」[98]此四句之前兩句是慧南自寫，後二句之「胡來漢現」一詞，出楊億（974-1020）、李遵勖（988-1038）與號稱唐明嵩的三交智嵩之問答。其問曰：

95　《黃龍慧南禪師語錄》，頁 631b。
96　《黃龍慧南禪師語錄》，頁 631b。
97　同前註。
98　《黃龍慧南禪師語錄》，頁 632a。按：「倒拈蛇尾」一句，《續古尊宿語要》作「倒拈蝎尾」。

「彌陀演化在西方，達磨傳心來東土。胡來漢現，水到渠成。」**99**其意即達磨從西來到東土，是從「胡地」來，而在「漢地現」，可以說是水到渠成，順其自然。昔趙州從諗禪師（778-897）有「如明珠在掌，胡來胡現，漢來漢現」之語。**100**而雪峰義存（822-908）也曾說：「要會此事，猶如古鏡當臺，胡來胡現，漢來漢現。」**101**可見「胡來胡現，漢來漢現」是前此禪林所用之語，是「古鏡」所照之尋常、真實影像。慧南說「胡來漢現尋常事」，則反其本意。但揆諸西域僧屢次來華之事實，及漢土僧侶學佛而悟宗之事實，「胡來漢現」也未嘗不是尋常事。既然如此，明鏡之所照，就無恆久之意義，掛明鏡於高臺也就多餘了，故說「勿將明鏡掛高臺」。如此解釋，或可說明慧南偈頌所欲表達之精神。

　　另一次上堂，慧南僅云此數語便下座：「紫霄峯上，黑雲靉靆。鄱陽湖裡，白浪滔天。一氣無作而作，萬法不然而然。更若擬誼思量，迢迢十萬八千。」**102**這讀起來也不像口語，而像一首宋詞。紫霄峯與鄱陽湖都在江西，紫霄峯在廬山白雲峰下，一峰獨秀。峰上「黑雲靉靆」，應為常見之景。唐人張祜（生卒年不詳）的〈簡寂觀〉一詩有句曰：「紫霄峯下草堂仙，千載空遺石磬懸。」**103**狀寫南朝道士陸修靜（406-477）採藥煉丹及編道書之處，可知其為勝境。鄱陽湖為江西最大湖泊，白浪滔天，當屬尋常。「黑雲靉靆」、「白浪滔天」都是自然現象，此現象之發生，可以「一氣無作而作，萬法不然而然」來形容。此種自然現象，不能「擬議思量」，**104**若要「擬議思量」，就如同要走迢迢十萬八千里路，永遠無法達成的。慧南之意，應是禪悟與自然現象一樣，不可「擬議思量」，只能以心傳心，直指見性。

99　《古尊宿語錄》卷 10，頁 279a。

100　《景德傳燈錄》卷 10，頁 277a。

101　《景德傳燈錄》卷 18，頁 344a。

102　《黃龍慧南禪師語錄》，頁 632a。

103　《廬山記》卷 2，頁 1033bc；卷 4，頁 1044a。按：此詩收入《全唐詩補逸》，但第二句作「千載空梁石磬懸」。

104　按：《續古尊宿語要》亦錄有此上堂語，但「更若擬誼思量」一句作「更若思量擬議」，應為其原意。

　　即使在運用前人的公案教學時，慧南也以他同樣「無作而作」、「不然而然」的禪悟精神來助學人開悟。其實，他在提倡公案上，表現得相當積極。譬如，牛頭法融見四祖之前，幽棲牛頭山寺北巖之石室，有百鳥啣花之異。[105]後來禪師將「百鳥啣花獻」牛頭於其見四祖之前，與「不啣花獻」牛頭於見四祖之後，設成兩問，變成了禪林公案。唐代禪僧南泉普願（748-834）答僧問「牛頭未見四祖時，為甚麼百鳥銜花獻」之時，便說「為渠步步踏佛階梯」。而僧問「見後為甚麼不銜花獻」時，他答曰：「直饒不來，猶較王老師一線道。」[106]南泉對第二問的回答，後來受到雲門文偃之批評（見下文）。慧南在歸宗日，也遇到學人舉同樣的公案發問，他的回答如下：

> 有僧問：「牛頭未見四祖，為什麼百鳥銜花獻？」師云：「釘根桑樹，瀾角水牛。」進云：「見後為什麼不銜花獻？」師云：「裩無襠，袴無口。」又云：「未見時如何？」師云：「國清才子貴，家富小兒嬌。」「見後如何？」師云：「世情看冷暖，人面逐高低。」

此段對話，於牛頭未見四祖與見四祖後之情況，問了兩次，慧南給予兩次不同的回答，顯示牛頭突然悟道之轉變，是直指見性之功，而不是尋文摘句之果，其語啟發了後來不少禪師。第二次回答的「國清才子貴，家富小兒嬌」一聯，得自其師叔瑯琊慧覺（仁宗朝人），[107]代表百鳥獻花之情狀。而「世情看冷暖，人面逐高低」，則是慧南首創，代表見道之後的覺悟。此一聯，宋以後變成俗諺，常為元、明之劇作家及小說家所引用。譬如高明（1305-1359）所著元本《琵琶記》之〈廬墓〉一折末之合白，就有：「休道世情看冷暖，果然人面逐高低」兩句。[108]使用者大概多不知是慧南所創。

105　《景德傳燈錄》卷 4，頁 226c-227a。

106　《古尊宿語錄》卷 12，頁 69b。

107　《玄沙師備禪師語錄》卷中，頁 422a。

108　高明，《琵琶記》卷下，頁 271。按其語下有注云：「見元劉壎《隱居通議‧世情》引諺。」而劉壎《隱居通議‧世情》云：「蓋趨時附勢，人情則然，古今所同

　　慧南使用公案的較特殊例子就是他對「一物不將來」一公案的進一步發揮。「一物不將來」是唐洪州武寧僧嚴陽尊者問其師趙州從諗（778-897）之語，原句是「一物不將來時如何」。記載此問答及其背景最清楚的是南宋雲臥曉瑩的《雲臥紀談》。《雲臥紀談》之記載如下：

> 嚴陽山在武寧縣東南四十里，有趙州和尚嗣法上首諱善信者，樂山之奇秀，結庵其間。信以道德崇重，世不欲名，故稱嚴陽尊者。二虎一蛇，馴繞左右。尊者嘗問趙州，「一物不將來時如何？」趙州曰：「放下著。」尊者曰：「既是一物不將來，又放下箇甚麼？」趙州曰：「放不下便擔取去。」*109*

慧南在歸宗期間，一日上堂，舉此公案，並說「尊者言下有省」。接著頌曰：「一物不將來，肩頭擔不起。言下忽知非，心中無限喜。毒惡既忘懷，蛇虎為知己。光陰幾百年，清風猶未已。」*110*此頌中的「光陰幾百年，清風猶未已」，道盡了嚴陽省悟後「知非」與「放下」之無限喜悅暢快、無滯無礙、海闊天空般的心情。對於他的弟子未嘗不是個當頭棒喝。這類對弟子「知非」之提醒，下文另有他例說明。

　　在歸宗時，他對臨濟祖師的教法似乎也曾表示異議，有所謂「臨濟行令，歸宗放過。三十年後，有人說破」之說。也就是他雖自稱楚圓之嗣，屬臨濟系，但是並不墨守臨濟之接引方式。此要從臨濟的宗風說起。據慧南自己說，臨濟一日問其監院「什麼處去來」，監院答曰「州中糶黃米」，臨濟遂以拄杖於其面前劃一劃云：「還糶得這箇麼？」監院便喝，臨濟便打之。未幾，典座至，臨濟又舉前話。典座答云：「院主不會和尚意。」臨濟云：「爾又作麼

也，何責于薄俗哉！諺曰：『世情看冷暖，人面逐高低。』」可見元代已成為流行之俗諺。

109　《雲臥紀談》卷上，頁 15a。

110　《雲臥紀談》卷上，頁 15a；《黃龍慧南禪師語錄》，頁 632ab。按：最後一句，《黃龍慧南禪師語錄》作「清風物未已」。

生？」典座便禮拜，臨濟亦打。慧南認為答之以「喝」，臨濟亦打，答之以「禮拜」，臨濟亦打，還有親疏之分否？若無親疏，則臨濟不可盲枷瞎棒去也。他認為若是歸宗即不然。院主下喝，不可放過。典座禮拜，放過不可。乃云「臨濟行令，歸宗放過。三十年後，有人說破。」[111]今考宋僧宗賾（活躍於哲宗朝）編的《禪苑清規》「院主」原稱「廨院主」，其職為「主院門收糴、買賣、僧行、宿食、探報郡縣官員、交替、應報、公家文字。或收蔟院門、供施財利，或迎待遠方施主。」[112]「典座」是主「供養眾僧」，也就是「職掌大眾齋粥，一切供養」、「物料調和，檢束局務」、「護惜常住，不得暴殄」、「訓眾行者，循守規矩」、「行益普請，不得怠慢」、「撫恤園夫，栽種及時，均俵同利」等等。[113]故清僧儀潤編的《百丈清規正義記》說：「古云首座調性，典座調命。掌眾飲食，勿視等閒。一切供養，務在精潔。護惜常住，不得暴殄。」[114]如此看來，孰親孰疏實很難說，臨濟似也無問親疏之必要。但慧南何以有此一問，而且顯然覺得臨濟之打，無親疏之分，既無親疏之分，就「不可盲枷瞎棒去也」。換句話說，有了親疏之分，就可「盲枷瞎棒」？這種邏輯，似乎不通。若試強加分析，院主之答「不可放過」，就語意上來說是不能放過（not allowed to pass）；典座之禮拜則「放過不可」，則是放過了，但是不可的（passed, but〔the passing is〕not allowed）。也就是院主從未被放過，而典座雖已放過，但是不應該的。這難道是慧南期待的親疏之分所造成的結果？果真如此，則慧南之意是臨濟應該有親疏之分，則他的「盲枷瞎棒」就會使典座有「放過不可」的遭遇，也就是說，院主是親的，所以「不可放過」，而典座是疏的，所以「放過不可」。他與臨濟之教法應是不盡相同的。

不管如何，慧南是認為道不遠人，而人是能體悟的。他在某次上堂示眾時曾說：「道遠乎哉？觸事而真。聖遠乎哉？體之即神。」又拈起拄杖云：「道之與聖，總在歸宗拄杖頭上。汝等諸人，何不識取？若也識得，十方剎土，不

---

111 《黃龍慧南禪師語錄》，頁632b。
112 《（重雕補註）禪苑清規》卷4，頁897b。
113 《敕修百丈清規》卷4，頁1132c。
114 《百丈清規正義記》卷6，頁733a。

行而至；百千三昧，無作而成。若也未識，有寒暑兮促君壽，有鬼神兮妒君福。」[115]這是說「拄杖頭上」是道之象徵，而「識與不識」，皆不礙超佛越祖，因為每一個人都可成佛成祖。慧南屢屢用這種模稜兩可之語言，旨在提醒他們「道無疑滯，法本隨緣」的不假外求的道理。他在一次上堂時對永嘉玄覺（665-712）大師之語做了一番點評說：「永嘉大師道：『遊江海涉山川，尋師訪道為參禪。自從認得曹溪路，了知生死不相關。』」然後說：「諸上座，那箇是遊底山川？那箇是尋底師？那箇是參底禪？那箇是訪底道？向淮南、兩浙、廬山、南嶽、雲門、臨濟而求師訪道，洞山法眼而參禪，是向外馳求，名為外道。若以毘盧自性為海，般若寂滅智為禪，名為內求。若向外求，則走殺汝。若住於五蘊內求，則縛殺汝。是故禪者非內非外，非有非無，非實非虛。不見道，內見外見，俱錯。佛道、魔道俱惡。瞥然與麼去兮；月落西山，更尋聲色兮，何處名邈？」[116]此段話的永嘉大師語出自其《永嘉證道歌》。《證道歌》講「唯證乃知」、「行亦禪坐亦禪，語默動靜體安然」、「一超直入如來地」，「頓入無生知見力」和「大象不遊於兔徑，大悟不拘於小節」等等。[117]慧南評說內求外求，皆非禪者頓悟無生之途徑，其實是發揮永嘉「從緣悟入」之說，[118]依然是在強調法本隨緣，事豈強為之道理。

三、筠州黃檗山禪院

黃檗山在江西瑞州新昌縣西百里，山之絕頂有寺曰鷲峯。新昌縣原屬筠州，後筠州改名瑞州。附近廣賢鄉上有歸雲、積翠、羅漢、月桂、佛岩五峯，名五峰山。唐宣宗微時游方至此，嘗與黃檗希運禪師同觀瀑布。黃檗得一聯云：「千岩萬壑不辭勞，遠看方知出處高。」宣宗續之云：「溪澗豈能留得住，

115　《黃龍慧南禪師語錄》，頁637a。按：此段收於兩足院《續補》部分。

116　《黃龍慧南禪師語錄》，頁633bc。

117　《永嘉證道歌》，頁396a。

118　宋・彥琪，《證道歌註》，頁358b。

終歸大海作波濤。」[119]

　　惠洪說慧南住黃檗結菴於溪上，名曰積翠，即是用積翠峰命名，禪籍也都以積翠代黃檗。他在黃檗山傳法的時間最長，約有十餘年，所以他的許多名弟子都出身黃檗山，而與他建立宗盟的法友也最多。開法黃檗，是黃龍宗形成的重要因素。他在黃檗舉似「逾越聖情，超諸影迹」，及「明一念緣起無生」之道理，「無中亦有」及「有中亦無」之空有相對之義。他讚「臨濟喝如雷震」，但如聾如啞之人，逼塞乾坤。知痛知癢，能有幾箇？他認為「道不假修，但莫污染。禪不假學，貴在息心。心息故心心無慮，不修故步步道場。無慮則無三界可出，不修則無菩提可求。」[120]

　　慧南還提出了自然隨緣之禪趣。他認為「日用千差，隨緣自在」，「眾生日用如雲水」。如雲水者，有如「高高山上雲，自卷自舒，何親何疏？深深澗底水，遇曲遇直，無彼無此。」這因為雲水無心，能順其自然流動，而人未必能及，是因人有心意，傾向用心使力，結果會導致「入海算沙，空自費力。磨塼作鏡，枉用功夫」的結果。所以他說：「流水下山非有戀，片雲歸洞本無心。竹屋茆堂誰是主，月明中夜老猿吟。」[121]實是講「無心」的境界，連「老猿」之吟亦與雲水無差。

　　慧南認為一切皆「隨緣自在」，但弟子卻不能見？這是因為他們「為情存數量，見在果因，未能逾越聖情，超諸影跡。」因而他認為「若明一念緣起無生，等日月之照臨，同乾坤而覆載。若也不見，牢度大神惡發，把爾腦一擊粉碎。」[122]此語之旨是說吾人為情所制，以數量計理事，囿於所見之果因，而無法「逾越聖情，超諸影跡」，不能明白「緣起」與「無生」之深意。慧南警告

[119] 《正德瑞州府志》卷 1，頁 15ab。按：或說此詩是觀廬山瀑布之作，見《同治南康府志》卷 22，頁 44b。

[120] 《黃龍慧南禪師語錄》，頁 632c。

[121] 同前書，頁 633a。

[122] 《黃龍慧南禪師語錄》，頁 632c。

其徒，如若仍不見一念緣起無生之作用，牢度跋提大神即會發怒，[123]將「爾腦一擊粉碎」。慧南之語有如暴力式的詛咒，雖然在他的教學中比較少見，但仍是臨濟喝、德山棒的禪風之表現。

在黃檗期間，慧南曾於一次上堂示眾時「舉五祖戒和尚為智門馳書到德山」一事。據筆者觀察，慧南因渤潭馳書來後，心中有所感，遂舉五祖師戒（生卒年不詳）為智門馳書之故事來表達他對渤潭的敬意。雖然筆者覺得渤潭馳書應在慧南住持同安之時，但此時慧南聲望如日中天，渤潭再馳書於他，向他表示祝賀，也是不無可能的。不管如何，師戒把智門光祚（活躍於 950-1030）的信送到後德山緣密（？-977）之處後，德山一接信便問：「這箇是智門底，那〔哪〕箇是專使底？」師戒望著德山云：「欲觀前人，先觀所使。」慧南說到此乃云：「古人隔山見煙，便知是火。況某何幸，伏蒙渤潭禪師遠垂華翰，曲慰山懷，實當慚抱。而況禪師通明學海，博達古今，可謂擎天日月，誨人無倦。某是何草芥，承沐如是？」[124]這是慧南「背師」以後對「師恩」的表白，與他在同安所寫的〈答渤潭澄和尚〉可以說是前後相呼應，雖然渤潭之書，或有「勸歸」讓其改嗣之意，但慧南僅以「實當慚抱」、「某是何草芥，承沐如是」等語婉拒之，顯示他雖然投石霜楚圓而嗣其法，但還是對他原來的老師保持深深的敬意。

在另一次上堂，慧南說：「諸知事首座大眾，道體安樂。一夜長連床上，展腳縮腳，不由別人。天明起來，麵餅餕餡，橫咬豎咬，飽即便休。當與麼時，不是古不是今，不思善不思惡，鬼神不能尋其迹，萬法不能為其侶。地不能載，天不能蓋。雖然如此，須是眼裡有睛，皮下有血。眼若無睛，何異瞎漢。皮下無血，何異死人。三十年後，不得錯怪黃檗。」[125]這段上堂語應是說早起飲食之後例行禪定，而不去思古今是非，不去量善惡果報。專志凝神，萬

---

123 按：唐·窺基，《彌勒上生兜率天經贊》云：「爾時此宮有一大神牢度跋提，即從座起，遍禮十方佛，發弘誓願。」故此處說牢度跋提大神。見《彌勒上生兜率天經贊》卷下，頁 288c。

124 《黃龍慧南禪師語錄》，頁 633b。

125 《黃龍慧南禪師語錄》，頁 632c。

法不擾。但是必須「眼裡有睛，皮下有血」，不能如槁木死灰，了無精神。「眼裡有睛」一語，慧南似為首用者。「皮下有血」一語，則為雲門文偃之語。雲門在某次上堂時說：「爾若實有箇見處，試捻來看，共爾商量。莫空不識好惡，矻矻地聚頭說閑葛藤。莫教老漢見捉來勘，不相當搥折腳。莫道不道，爾還皮下有血麼？」[126]依其語意看，「皮下有血」應是指見地透徹，能洞識好惡而不執於葛藤。「眼裡有睛，皮下有血」應是指血肉俱在、精神俱活，能有見處的坐禪方式與正道，若不然，則是「瞎漢」、「死人」，豈能有悟？南宋大慧宗杲（1089-1163）嘗說：「雲門尋常問學者，喚作竹篦則觸，不喚作竹篦則背。不得下語，不得無語，十箇有五雙眼鮋睒地。縱有作聰明呈見解者，盡力道得箇領字，或來手中奪却竹篦，或拂袖便行。自餘邪解不可勝數，更無一箇皮下有血。」[127]依大慧對「皮下有血」一詞之應用，可知「皮下有血」者才是能有真見處者，否則所見只是邪解。慧南之上堂語，應該就是在強調不執於尋常思維，而能超越一般邪解的禪定之法。

這種「不執」與「超越」的思維，導致慧南採取「道不假修」及「禪不假學」之說為其教學綱領。他說：「道不假修，但莫污染。禪不假學，貴在息心。心息故心心無慮，不修故步步道場。無慮則無三界可出，不修則無菩提可求；不出不求由是，教乘之說若是，衲僧合作麼生？良久云：『菩薩無頭空合掌，金剛無腳謾張拳。』」[128]此是典型的禪學弔詭性之說。「道不假修」及「禪不假學」其實都只是「道不可道」的延伸。與他約在同時的洪州法昌倚遇（1005-1081）也曾說：「古者云：『道不用脩，但莫污染。禪不用學，貴在息

---

[126] 《景德傳燈錄》卷 19，頁 358c。

[127] 《大慧普覺禪師語錄》卷 14，869b。

[128] 《黃龍慧南禪師語錄》，頁 632c。按：原文斷句成「不出不求，由是教乘之說。若是衲僧…」頗有問題。楊曾文以為「由是」應為「猶是」，而解釋成「然而對此借助語言表述的『不出不求』的道理，他認為已經是屬於『教乘』（禪宗之外的言教，俗諦）的範疇，還是多餘的。更高的境界是絕非一般人意念、語言可以表達的，以所謂『菩薩無頭空合掌，金剛無腳謾張拳』來加以比喻。然而從現實來講，他還是提倡所謂的『息心』的。」這種解釋「不出不求」之法，是難以說通的。

心。息心則想念不生，無染則真源自淨。更若他求，必無是處。』」[129]倚遇與慧南為同時代人，他所說的「古者」必不是慧南。倚遇的「道不用修，但莫污染」一語實得自馬祖道一。[130]但把這句話與「禪不用學，貴在息心」串連成對，則是在黃龍慧南前之某「古德」，所以雲門宗的法昌倚遇用之，慧南也稍易其字而用之，雖解釋不盡相同，目的都是在超越執心與妄念之漏。事實上道如何修，禪如何學，都因人而易，沒有定法。「不假修」或「不用修」，「不假學」或「不用學」，並無絕對之意思，主要還是在強調禪悟的個人體驗，不待他求的證悟之道。而「菩薩無頭空合掌，金剛無腳謾張拳」就是諷喻依他性太高的學人，可以說都是無頭無腦、無手無腳之人，是終無法體悟的。

至於務用語言文字如「入海算沙」、「磨磚作鏡」之不能見道，慧南在歸宗時已經誡其弟子。當時他曾說：「摩尼在掌，隨眾色以分輝；寶月當空，逐千江而現影。諸仁者一問一答，一棒一喝，是光影；一明一暗，一擒一縱是光影；山河大地是光影；日月星辰是光影；三世諸佛一大藏教，乃至諸大祖師、天下老和尚，門庭敲磕，千差萬別，俱為光影。且道何者是珠，何者是月？若也不識珠之與月，念言念句，認光認影，猶如入海算沙，磨磚作鏡。希其數而欲其明，萬不可得。豈不見道，若也廣尋文義，猶如鏡裡求形，更乃息念觀空，大似水中捉月。」[131]他認為三十年前，學者以「三玄三要，五位君臣，四種藏鋒，八方珠玉」爭頭競買，各逞機鋒。但多不能見道。而如今「道泰昇平，返朴還淳，人人自有。」不須爭強鬥勝，故言：「山青水綠兮，白雲深處兮。三衣併為一衲，萬事無思何慮兮。」[132]

最有名的教法就是名聞一時的「黃龍三關」。如本書引言所述，「黃龍三關」有可能在同安時期已見其雛形，先有「二關」之設問，而在黃檗時第三關出現後，具體的「黃龍三關」才真正成立。這大概是為何惠洪在《林間錄》裏說「南禪師居積翠，時以佛手、驢腳、生緣語問學者，答者甚眾，南公瞑目如

---

129 《法昌倚遇禪師語錄》，頁 472a。
130 《景德傳燈錄》卷 28，頁 440a。
131 《黃龍慧南禪師語錄》，頁 631b。
132 《黃龍慧南禪師語錄》，頁 633b。

入定，未嘗可否之。學者趨出，竟莫知其是非，故天下謂之『三關語』」之故。[133]奇怪的是《黃龍慧南語錄》裏的〈黃檗山法語〉並無「黃龍三關」的記錄。而《語錄》中的日本兩足院續補部分有關「黃龍三關」的敘述則是根據《建中靖國續燈錄》而來，但只有「三關」一詞，也並不詳在何處開始起用。茲將《建中靖國續燈錄》的原文與兩足院續補部分之文比較如下：

《建中靖國續燈錄》之文	慧南語錄兩足院續補部分之文
師室中常問僧出家所以，鄉關來歷。復扣云：「人人盡有生緣處，那箇是上座生緣處？」又復當機問答，正馳鋒辯，却復伸手云：「我手何似佛手？」又問諸方參請宗師所得，却復垂脚云：「我脚何似驢脚？」三十餘年，示此三問，往往學者多不湊機，叢林共目為三關。[134]	師室中常問僧出家所以，鄉關來歷。復扣云：「人人盡有生緣處，那箇是上座生緣處？」又復當機問答，正馳鋒辯，却復伸手云：「我手何似佛手？」又問諸方參請宗師所得。却復垂脚云：「我脚何似驢脚？」三十餘年，示此三問。往往學者多不湊機，叢林共目為三關。[135]

很明顯地，《建中靖國續燈錄》之文與《語錄》中的日本兩足院續補部分完全一樣，且都只說「叢林共目為三關」，無「黃龍三關」之稱。而先此二者存在的《林間錄》與《禪林僧寶傳》之文，則更為簡單。後者僅說：「以佛手、驢脚、生緣三語問學者，莫能契其旨，天下叢林，目為三關。」[136]也無「黃龍三關」一詞。一直到南宋的《嘉泰普燈錄》出現時，才首先用了「黃龍三關」一語而說：「室中舉手問僧，『我手何似佛手？』垂足曰：『我脚何似驢脚』，『人人盡有生緣，上座生緣在何處？』學者莫有契其旨，叢林目之為黃龍三關。」。惠洪之意是「三關」之問，人多不能答，而凡能答者，慧南也

133　《林間錄》卷上，頁 588a。

134　《建中靖國續燈錄》卷 7，頁 116a。

135　《黃龍慧南禪師語錄》，頁 636c。

136　《禪林僧寶傳》卷 22，頁 527b。

是「無可否，斂目危坐，人莫涯其意。」[137]而即令在這種情況下，黃檗還是吸引了許多學者。依惠洪之說，「方是時江湖、閩粵之人，聞其風而有在於是者，相與交武，竭蹷于道，唯恐其后。雖優游厭飫，固以為有餘者，至則憮然自失，就弟子之列。」這是說許多禪人從江西、湖南、福建、廣東等地聞風顛跋而來者不斷，有自以為禪學深厚有餘者，見了慧南，為其禪學所懾，不禁憮然自失，俯首就弟子之列。這些自視「禪學深厚而有餘者」恐不乏其他宗派禪師之弟子。譬如，大溈懷秀（生卒年不詳）即是一例。

　　大溈懷秀或稱溈山小秀，信州弋陽應氏子，與慧南為大同鄉。他住環安院，家世業儒。他原與法雲法秀或圓通法秀（1027-1090）禪師久依雲門宗的天衣義懷（989-1060），兩人號為飽參，俱有時名，故叢林以大秀稱法秀，而以小秀呼之。他兩人因結伴游方各地，首謁浮山法遠（991-1067），法遠欲羅致之，乃示以偈，并所編《禪門九帶集》而諭之曰：「非上根利智，何足語此哉。」大秀陰知其意，即和偈曰：「孰能一日兩梳頭，縋得髻根牢便休。大底還佗肌骨好，不搽紅粉也風流。」表示他已有師承，不能另拜他人為師。當時，慧南居黃檗積翠菴，小秀聞僧舉三關之語，悚然驚異，欲往見之。大秀曰：「吾不疑矣。」小秀於是獨行，大秀遲其不復，潛令僧窺慧南之作為。僧至莩月，見其孤坐一榻，泊如也。遂返告大秀曰：「此老無佗長，但修行道者僧耳。」大秀由是責備小秀曰：「這措大中途失守，負吾先師。」其後大秀遊淮上，首眾僧於白雲山之白雲守端（1025-1072）禪師座下，而守端舉之出世四面山。小秀學於黃檗，久而有契證。聞大秀遷棲賢，以偈寄曰：「七百高僧法戰場，廬公一偈盡歸降。無人截斷黃梅路，剛被迢迢過九江。」其後出世，住大溈山，倡黃龍之道，有三關頌曰：「我手佛手，誰人不有。分明直用，何須狂走？我脚驢脚，高低踏著。雨過苔青，雲開日爍。問我生緣，處處不疑。語直心無病，誰論是與非。」[138]明僧明河（1588-1640）曾說懷秀此三關頌盛傳於叢林。[139]而大秀對其「負師」的指控，並無人在意。南宋雲臥曉瑩敘述小秀之經歷後也

137　《嘉泰普燈錄》卷3，頁68a。

138　《羅湖野錄》卷上，頁970ab。

139　《補續高僧傳》卷8，頁160a。

說：「若大秀因人之言，昧宗師於積翠，而能依白雲，蓋得所擇。小秀疑三關話，而求所決，真不自欺矣。爾後俱為法道盟主，其所決所擇，亦何可訾哉。」[140]這是認為懷秀選擇改投慧南實無可厚非。可能在曉瑩眼中看來，這與慧南之離懷澄而改依楚圓並無二致，不能以「負師」之名誣詬之。

除了以上禪學者外，還有文士受到「黃龍三關」之吸引。其中最有名者，即是南州高士潘興嗣（1022-1108）。[141]潘興嗣是南昌新建人，字顯祖，又字延之，號南州居士或清逸居士。他因父蔭得官，二十二歲授江州德化縣尉，但沒赴任。這時慧南在廬山同安崇勝寺。依惠洪所記，潘興嗣見慧南是慧南在黃檗山吸引學者並以三關之問響譽叢林之後，他見了慧南並問其師嚴道尊及設三關之問的緣故。[142]但是惠洪並未說明潘興嗣是否入筠州黃檗見慧南。後來大慧宗杲的《禪林寶訓》也僅說潘興嗣「聞慧南法道嚴密，因問其要」，沒有詳說兩人是如何見面，而潘興嗣是向慧南問道的。據筆者推測，因為慧南在黃檗時曾因事至南昌西山雙嶺，並在該地設三關之問檢驗其弟子隆慶慶閑，可能是這個時候潘興嗣來訪慧南而有兩人以下之問答。

對於潘興嗣的「師嚴」之問，慧南答曰：「父嚴則子敬，今日之規訓，後日之模範也。譬治諸地，隆者下之，窪者平之。彼將登于千仞之山，吾亦與之俱。困而極於九淵之下，吾亦與之俱。伎之窮，妄之盡，彼則自休也。」又曰：「姁之嫗之，春夏所以生育也。霜之雪之，秋冬所以成熟也。吾欲無言可乎？」[143]此番話顯示慧南對待其弟子之嚴厲與關切是建立他自己嚴肅的參學過程上。對於「黃龍三關」設問之回答，他始終不置可否，斂目危坐，顯然是「父嚴子敬」的另一種表現，但是他的目的是不輕易許可，以免弟子得意而忘形。所以他答潘興嗣之問時說：「聖賢之學非造次可成，須在積累。積累之

140　《羅湖野錄》卷上，頁 970ab。
141　潘興嗣之生年是根據曾鞏〈奏乞與潘興嗣子推恩狀〉，狀文說「今年五十六歲」。所謂「今年」即是曾鞏狀文所寫的時間，在熙寧十年（1077）。其卒年，根據《嘉靖江西通志》為八十七歲，逆推其生年為宋仁宗乾興元年（1022）年。
142　《禪林僧寶傳》卷 22，頁 527b。
143　《禪林寶訓》卷 1，1021a。

要，惟專與勤；屏絕嗜好，行之勿倦，然後擴而充之，可盡天下之妙。」[144]他在平日的教學上，是要求弟子磨礪以須的。即使弟子已經出世任住持，馳書來問，他仍是虛己以待，誨之不倦。譬如慧日富長老，為其法嗣，從其所命，為一方住持。慧南在答他的信中說他：「住持已來，敷述宗猷，恢張祖道，於我先而無忝，在爾後而有光。」接著話峰一轉說：「更須弘護居懷，慎修厥德，以副四方之依向。」[145]類似這種懇切的勉勵與叮嚀，常見於慧南的書信，因為他自己很謙虛地對弟子表示「雖愚且拙，無所利生，然不敢寧居逸體，而自矜慢。」[146]以此態度授徒而恆欲無言，是絕不可能的。雖然如此，道豈言哉？慧南在接引學人時，還是會提醒他們身體力行的重要，並注意言語之未必可恃。

或以為慧南的禪法是所謂「平實禪」的代表，似乎把「平實禪」當作「公案禪」或「默照禪」一類禪法之範疇。但「平實禪」究竟是何義呢？它是一種禪法或禪風嗎？宋代的禪籍裏雖然有「平實禪」之指稱，但只有幾處。最先提出「平實禪」一詞的是惠洪。他曾說：「予在湘山雲蓋，夜坐地爐，以帔蒙首。夜久，聞僧相語曰：『今四方皆謗臨濟兒孫說平實禪，不可隨例虛空中拋筋斗也，須令求悟。悟箇什麼？古人悟則握土成金，今人說悟，正是見鬼。彼皆狂解未歇，何日到家去？』僧曰：『只如問趙州，承聞和尚親見南泉是否？答曰：鎮州出大蘿蔔頭。此意如何？』其僧笑曰：『多少分明，豈獨臨濟下用此接人，趙州亦老婆如是。』予戲語之曰：『這僧問端未穩。何不曰：如何是天下第一等生菜？答曰：鎮州出大蘿蔔頭，平實更分明。彼問見南泉而以此對，却成虛空中打筋斗。』聞者傳以為笑。」[147]「鎮州出大蘿蔔頭」一語，是趙州從諗（778-897）針對「承聞和尚親見南泉是否」一問之回答。趙州出南泉普願（748-834）門下，而南泉是馬祖道一（709-788）之法嗣，所以趙州屬洪州宗，所傳的是洪州宗「平常心是道」的一脈相承的禪法。惠洪之意是趙州之答語不代表平實禪，但也不能視為「虛空中打筋斗」，而「平實禪」更不是臨濟

---

144 《禪林寶訓》卷 1，1021a。

145 慧南，〈答慧日富長老〉，《集洪州黃龍南禪師書尺》，頁 17b。

146 同前註。

147 《林間錄》卷上，頁 611b。

兒孫的禪風。他甚至以為「平實」之風，並不足為訓，所以他在描寫其師真淨克文時說：「廬山諸剎素以奢侈相矜，居者安軟暖，師率以枯淡；學者困於語言，醉於平實，師縱以無礙辯才，呵其偏見，未期年，翕然成風。」**148**「困於語言，醉於平實」一語，顯非正面的評價。惠洪似認為「平實」是語言的一種屬性，若困於語言，就會醉於平實，不是禪悟之真諦。如同他在《臨濟宗旨》所說：「今此法門叢林怕怖，不欲聞其名。何以言之？諸方但愛平實見解，執之不移，唯欲傳授，不信有悟。借使汾陽復生，親為剖折，亦以為非。」**149**顯然，從惠洪的立場來看，「平實」是否定「悟」的做法，是違背臨濟宗旨的。所以他根本反對用「平實」來特指（characterize）慧南的門風，而謂：「南禪師居積翠時，有僧侍立，顧視久之，問曰：『百千三昧，無量妙門，作一句說與汝，汝還信不？』對曰：『和尚誠言，安敢不信？』南公指其左曰：『過這邊來。』僧將趨，忽咄之曰：『隨聲逐色，有甚了期？出去！』一僧知之，即趨入。南公理前語問之，亦對曰：『安敢不信？』南公又指其左曰：『過這邊來！』僧堅不往。又咄之曰：『汝來親近我，反不聽我語。出去！』其門風壁立，雖佛祖亦將喪氣，故能起臨濟已墜之道。而今人誣其家風但是平實商量，可笑也。」**150**惠洪所說的「門風壁立，雖佛祖亦將喪氣」，與「平實」之風大相逕庭，而以「平實」為慧南禪法之特徵是誣其家風。觀惠洪之所見，「平實」既是語言之屬性，那麼一旦「困於語言」，就會「醉於平實」，也就是犯了太執之過。就為人而言，慧南可以說是「平實」的。但他使用三關，且對三關之答語多半不首肯，認為不能「湊機」，這不像是「平實禪」的表現。另外，他與弟子之機緣問答，深密弔詭，往往令其弟子無所適從；聽之，則說他們「隨聲逐色」，不聽，則詬之曰：「汝來親近我，反不聽我語。」此種風格，也看不出「平實」之處。若以「平實禪」來形容他禪法之特徵，則何者非平實禪呢？

---

148 惠洪，〈雲庵真淨和尚行狀〉，《石門文字禪》卷30，頁4b-5a。

149 按：惠洪在《臨濟宗旨》所談的是「三玄三要，十智同真」之法，與諸方所謂的「平實」見解是大異其趣的。

150 《林間錄》卷下，頁625a。

　　第二個使用「平實禪」一語的是較惠洪稍晚的楊岐派僧大慧宗杲（1089-1163），他使用此語時也有貶義。他說：「近代有一般說平實禪底，盡作無事會去。只道山是山，水是水，僧是僧，俗是俗。大盡三十日，小盡二十九，盡向平實上作伎倆。如有問『甚處來？』曰『僧堂中來。』又問『還見聖僧麼？』曰『見。』又問『聖僧向你道甚麼？』曰『聖僧不說話。』又問『聖僧還有口麼？』曰『有。』又問『你還有口麼？』曰『有。』又問『你有口會說話，聖僧亦有口，因甚麼不說話？』曰『聖僧是泥做。』只管平實祇對。又如問『僧甚處來？』曰『寮中來。』又問『如何來到這裏？』曰『行來。』又問『將甚麼行？』曰『將腳行。』乃指香臺問『你有兩腳尚自會行，香臺有四腳因甚麼不會行？』曰『香臺是木做底。』這箇謂之全是全不是。何故？只為不曾悟。你若有真實悟處，則七顛八倒，無有不是。所謂『我為法王，於法自在；得失是非，焉有罣礙。若不然者，返被法縛，無自由分。』」[151] 以大慧對「平實禪」的詮釋來看，直問直答的對話方式就是「平實禪」的內容，與禪門慧悟的精神完全相左，是「不曾悟」的表現。故他對惠洪之師真淨克文特別表示欽佩，曾說：「老漢常愛真淨和尚道：如今人多是得箇身心寂滅，前後際斷。休去、歇去，一念萬年去；似古廟裏香爐去，冷湫湫地去，便為究竟。殊不知，却被此勝妙境界障蔽，自己正知見不能現前；神通光明，不能發露。或又執箇一切平常心是道，以為極則。天是天，地是地，山是山，水是水，僧是僧，俗是俗；大盡三十日，小盡二十九。凡百施為，須要平常一路子以為穩當。定將去合將去，更不敢別移一步。怕墮坑落塹，長時一似雙盲人行路，一條挂杖子，寸步拋不得；緊把著憑將去，步步依倚。一日若道眼豁開，頓覺前非，拋却杖子，撒開兩手，十方蕩蕩，七縱八，東西南北。無可不可，到這裏方得自在。如今人能有幾箇放得杖、撒得手？」[152] 真淨之語是他在仰山任首座時所說的「論實不論虛，參須實參，悟須實悟」之道。[153] 他對那種「須要平常一路子以為穩當」的「平實禪」法，深不以為然。認為是「依草附木，不知不

151　《大慧普覺禪師普說》卷3，頁899c。

152　《大慧普覺禪師語錄》卷17，頁882b。

153　《古尊宿語錄》卷44，頁745a。

覺，一向迷將去。」所以他要拿「黃龍三關」來勘驗此類學徒，以凸顯其非，遂說：「忽然問他『我手何似佛手？』便道『是和尚手。』『我脚何似驢脚。』便道：『是和尚脚。』『人人盡有生緣處，那箇是上座生緣處？』便道『某是某州人。』」[154]這種以「膚淺」為「穩當」、「平實」的答語，真淨認為是不能悟的表現，大慧也痛予針砭。

所謂「山是山，水是水，僧是僧，俗是俗」是黃檗希運（？-850）答「今正悟時，佛在何處」之問時所說。其前云：「問從何來？覺從何起？語默動靜，一切聲色，盡是佛事。何處覓佛，不可更頭上安頭，嘴上加嘴，但莫生異見。」其後云：「山河大地，日月星辰，總不出汝心。三千世界，都來是汝箇自己，何處有許多般。」[155]黃檗希運是臨濟義玄之師，他所說的「山是山，水是水，僧是僧，俗是俗」是見道之語，但在真淨及大慧的眼裏，它被那些不敢拋卻拄杖、不去理會「佛即是心，心佛不異，心即是佛」的禪人誤解為「平實」之旨，而成了死句。真淨認為其同門晦堂祖心曾對學者所說之「爾去廬山無事甲裏坐地去」，便是因為學者不能超越平實語句之故。所以他也嘆道：「而今子孫門如死灰，良可歎也。」[156]「無事甲裏」或指無益於用的甲殼製成之袋子，禪門每以「掉在無事甲裏」、「落在無事甲裏」或「颺在無事甲裏」來形容不能明心見性、不能大徹大悟者。大慧見此種耽於表面的「平實」而不求悟的禪人也說：「今得道子孫冰消瓦解。間有末流，門如死灰。諺云：『是真難滅，是假易除』，信矣哉。」[157]他尤其對晦堂及真淨的同門兄弟照覺常總（1025-1091）批評甚屬，毫不留情面。認為常總所說之「晦堂真淨同門諸老秖參得先師禪，不得先師道」等語，是有問題的，因為：一、他「以平常無事、不立知見解會為道，更不求妙悟；却將諸佛諸祖、德山、臨濟、曹洞、雲門真實頓悟、見性法門為『建立』」；二、他說《楞嚴經》中所云之「山河大地皆

---

154 《古尊宿語錄》卷 44，頁 745b。

155 《黃檗斷際禪師宛陵錄》，頁 385c。

156 《大慧普覺禪師宗門武庫》，頁 948b。

157 《普覺宗杲禪師語錄》，頁 65b。

是妙明真心中所現物」¹⁵⁸為「膈上語」，亦是「建立」；三、又認為古人以談玄說妙為禪，此是「誣謗先聖，聾瞽後昆，眼裏無筋、皮下無血之流」所說。大慧這些指控，在說明常總之「隨例顛倒，恬然不覺」，實在「真可憐憫」。¹⁵⁹常總之謬，大慧認為正是《圓覺經》所說：「末世眾生希望成道，無令求悟，唯益多聞，增長我見。」及「末世眾生雖求善友，遇邪見者，未得正悟。是則名為外道種性。邪師過謬，非眾生咎。」也就是說，大慧認為常總的「平實」之旨，過份強調平常無事，而不求妙悟，至於厚誣先聖，可視為邪師之代表。

照覺常總是否真如大慧所暗示，是邪師之流，頗有疑義。惠洪寫的常總傳略說「南公佳其勤勞，稱于眾。」又說他「自負密受大法旨，決志將大掀臨濟之宗，名聲益遠，叢林爭追崇之。」他被請住泐潭時，「其徒相語曰：『馬祖再來也。』道俗爭先願見。」而晦堂祖心也向南昌守王韶（1030-1081）保薦他任廬山東林寺住持。¹⁶⁰這樣一位慧南的高弟，竟被大慧目為邪師，難道是因為他「自負密受大法旨」，或如大慧所說是批評其同門兄弟「祇參得先師禪，不得先師道」等理由嗎？觀他上堂語，多無大慧所指的「平實」特徵。譬如，其某次上堂所說：「乾坤大地，常演圓音；日月星辰，每談實相。飜憶先黃龍道：『秋雨霖灘，連宵徹曙；點點無私，不落別處。』復云：『滴穿汝眼睛，浸爛汝鼻孔。』東林老漢即不然：『終歸大海作波濤。』」¹⁶¹在評論先師慧南之處，雖顯「自負」，但也並無表現大慧所說的那種平實跡象。根據祖琇的《僧寶正續傳》，圓悟克勤（1063-1135）嘗入東林謁常總，對常總有「東林平實而已」的評語，其說謂：「見真如喆公，頗有省。時慶藏主，眾推飽參，尤善洞下宗旨，師從之游，往往盡其要。嘗謁東林照覺，頃之，謂慶曰：『東林

---

158 按：《首楞嚴經》原句為：「不知色身外，洎山河虛空大地，咸是妙明真心中物。」見宋・思坦，《楞嚴經集註》卷2，頁90a。

159 《大慧普覺禪師宗門武庫》，頁948b。

160 《禪林僧寶傳》卷24，頁536b。

161 《建中靖國續燈錄》卷12，頁184a。

平實而已』。往見太平演道者。」[162]祖琇所記克勤之評語，應該是褒而不是
貶。不過，類似記錄並不見於他書。譬如，《嘉泰普燈錄》說克勤「即徒步出
蜀，首謁玉泉皓，次依金巒信、大溈喆、黃龍心、東林總，僉指為法器。」[163]
這應該是根據孫覿（1081-1169）的〈圓悟禪師傳〉所說。該傳文云：「〔克
勤〕徑持一鉢，徒步出蜀。入山林、踐荊棘。蒙犯霜雪，間關百難。意所欲
往，靡不至焉。首見玉泉皓公、金巒信公，又見大溈哲公、黃龍晦堂心公、廬
山總公。此五大比丘者，僧中龍也，見師皆以為法器，而晦堂獨稱師曰：『他
日臨濟一派當屬之子矣。』最後見演公於龍舒白雲。」[164]孫覿與克勤頗相知，
他應克勤法嗣虎丘宗達之請，為克勤寫傳，自謂「以余所見聞者補而為傳」，
所述應無大誤。依其說，克勤確實見過東林常總，而「五大比丘」皆視克勤為
法器，他也顯然頗有所得，故在慶藏主前說常總的「平實而已」應不是批評。
不過，先於《嘉泰普燈錄》刊行的《聯燈會要》卻只說克勤「出峽，初謁北烏
牙方禪師，得照覺平實之旨，復謁大溈喆，後謁五祖。」[165]所謂「出峽」，就
是出「三峽」，也就是出蜀。而出蜀後首見蘄州北烏牙方禪師，便「得照覺平
實之旨」，然後就「謁大溈喆，後謁五祖」。並未說入黃龍見祖心和入東林見
常總。[166]大慧宗杲也說，克勤「嘗參蘄州北烏牙方禪師，與嘗參東林宣祕度禪
師之佛鑑惠懃（1059-1117），「皆得照覺平實之旨」。[167]大慧此說，並未指出
克勤曾參常總，但似又肯定克勤間接從北烏牙方禪師得常總「平實之旨」的事
實。不過，他也說克勤後來參五祖法演（？-1104）時，才知「平生所得，一

---

162 《僧寶正續傳》卷 4，頁 595b。不過，《五燈會元》將「東林總」改為「東林
　　度」，似乎是指常總法嗣東林思度禪師。思度禪師之名，見《建中靖國續燈錄》卷
　　19。

163 《嘉泰普燈錄》卷 11，頁 180b。

164 孫覿，〈圓悟禪師傳〉，《鴻慶居士集》卷 42，頁 19a。

165 《聯燈會要》卷 16，頁 691b。

166 同前註。

167 《大慧普覺禪師宗門武庫》，頁 946a。

句用不著。」[168]也就是說他先前在成都跟真覺勝及後來跟「五大比丘」所學者，[169]包括常總的「平實之旨」，在五祖法演之門下完全沒用。

《聯燈會要》與大慧都說克勤是間接學得「平實之旨」，而未說他參常總之事，那麼孫覿與《嘉泰普燈錄》所說之參「廬山總公」或「東林總」是否可信？如果可信，為何大川普濟（1179-1253）在其《五燈會元》裏將「東林總」改為「東林度」？[170]而此「東林度」是否即上文佛鑑惠懃所見的東林宣祕度禪師？這些問題恐怕已無法解答。這是因為克勤出川的時間不詳，而他依次見到「五大比丘」的時間，孫覿也未詳細交待之故。筆者經詳考史實，發現有關克勤見諸禪師的經歷若能成立，則「首見玉泉皓公」的時間最早應在玉泉承皓（1011-1091）應奉使西京南路的張商英請住郢州大陽之後，也就是元豐二年（1079）四月之後。其時，克勤方十七歲，是可以離成都之年齡。也有可能於元豐七年（1084）承皓入當陽玉泉景德禪院之後，也就是克勤二十二歲之後。[171]唯克勤未出川前，在成都是「學禪於真覺勝公」的。[172]「真覺勝公」即是慧南的弟子黃檗惟勝。他是蜀潼川人，原繼慧南主黃檗之席。因南康郡王邀惟勝詣輦下，元豐末因受太學生上書訟博士受賄不法之語牽連，[173]為朝廷下旨放歸

168　同前註。

169　真覺勝即是真覺惟勝，也就是慧南的弟子黃檗惟勝。參見下文。

170　《五燈會元》卷 19，頁 738b。

171　見本書〈年譜〉部分。按：玉泉皓在元豐二年四月，因張商英之請先住郢州大陽。其後，知荊南李復圭（審言）、荊湖北路轉運使孫頎（景脩），同請玉泉皓住當陽玉泉景德禪院入當陽玉泉景德禪院。孫頎守荊南府在任轉運使之後，與李復圭為前後任。

172　孫覿，〈圓悟禪師傳〉，《鴻慶居士集》卷 42，頁 19a。

173　按：虞蕃訟太學學官受賄不法事，頗有牽連。劉摯認為虞蕃是挾怨生事，而說：「太學公事，本因學生虞蕃就試不中，狂妄躁忿，上書告論學官陰事，自此起獄。」見劉摯，〈論太學獄奏〉，《忠肅集》（北京：中華書局點校本，2002）卷 4，頁 90。神宗曾於元豐二年之御批謂：「昨監生虞蕃訴學官上下共為姦贓欺罔，事狀不一，洎朝廷付有司推治，乃蕃言不妄。」見《續資治通鑑長編》卷 300，頁 7299。至於黃檗惟勝為何受牽連，原因不詳。

蜀，闡化成都昭覺寺。[174]克勤離蜀之前，既入參惟勝席下，就不可能於「元豐末」之前離成都去參玉泉承皓。也就是說他離成都的最早時間是在元祐初。茲考玉泉承皓在元祐六年（1091）十二月示寂，而常總在該年九月示寂，則克勤最遲須在元祐六年九月之前見常總，而其出蜀至荊陽玉泉寺參承皓，必須在元祐元年至五年之間，才能有足夠之時間在參玉泉承皓後，再依次謁金鑾信、大溈喆及黃龍心，並從學於三位禪師。金鑾信不詳身分，大溈喆即是溈山慕喆，是慧南法兄弟翠巖可真（？-1064）之法嗣。黃龍祖心是慧南弟子，他於元豐三年（1080）已謝事閒居，雲遊潭州、京師及廬山等地，過著「生涯三事衲，故舊一枝藤。乞食隨緣去，逢山任意登」之生活。[175]至其元符三年十一月示寂之時，二十年間，「益移庵深入，棧絕學者」；克勤在謁常總之前見他，很可能在元祐五、六年之間，其實也不是件容易之事。他在常總門下之時間不會太長，而對於在叢林頗有聲望之長者，他的印象是「平實而已」，是否有以此來概括並表示欣賞三位他所見過的黃龍弟子之禪風呢？

　　總之，不管克勤是直接跟常總或是跟其徒北烏牙方禪師學得「平實」之旨，或他是否欣賞黃龍弟子所代表的平實禪風，大慧為首的若干禪師似都以為有不足之處。這可能是對「平實」一詞認知不同之故，而不是「平實」本身之過。大慧的弟子橘洲寶曇（1129-1197）曾說：「大抵所悟廣大，則其言愈明白；所見揮霍，則其說亦漫漶。譬諸青天白日與夫雲霧黑月，其道里險易固不難知也。學者多入於險，而昧於易，亦人情所同。然自大鑑一傳而至南岳青原，再傳而為石頭馬祖，皆平易之旨。下及五宗瓜裂星分，則險易並用矣。後世益務為深刻，如舞文弄法者，致佛祖之道，日入於微。又有一等平實商量，惧為平易之旨，故愚反復論辨，以正其誣。所謂差若豪釐，謬以千里。」[176]寶

174　見《補續高僧傳》卷 8，頁 149ab。《建中靖國續燈錄》說：「駙馬都尉王詵咨問法要，敬以師禮。遂還蜀中，坐滅于雲頂山。」似乎惟勝晚年在雲頂山傳法。見《建中靖國續燈錄》卷 12，頁 186a。

175　黃庭堅，〈黃龍心禪師塔銘〉，《黃庭堅全集‧正集》卷 32，頁 851；《禪林僧寶傳》卷 23，頁 532a。

176　《大光明藏》卷 1，頁 786a。

曇所說的把「平實商量」誤為「平易之旨」，或能解釋大慧等人不喜「平實」之故。因為，平易之旨是不須經「舞文弄法」的。連一向都慣於「舞文弄法」的惠洪都說師祖慧南的「三關語垂示平易」，而人卻以為難，顯然也不同意用「平實」來形容慧南之禪風。[177]常總之禪風，應該是「平易」如其師的。他曾在某次上堂時說：「老盧不識字，頓明佛意，佛意離文墨故。白兆不識書，圓悟宗乘，宗乘非言詮故。如此老婆心，分明入泥水。今時人猶尚抱橋柱澡洗，把纜放船。良久曰：『爭怪得老僧。』」[178]這顯然是不困於文字語言、不舞文弄法的平易之言，與大慧所嫌棄似又接納的「平實之旨」應該是不可同日而語的。

四、洪州黃龍山黃龍崇恩禪院

黃龍山是慧南傳法的第四個道場，它在洪州治西一百八十里西南，跨仁西二鄉之界。據說其脉自西北來根盤數十里，高數千仞，山巔有湫池，中有黃魚二，能致風雨，歲旱禱之無爽，因以得名。[179]洪州之西北為仁鄉、西鄉，有幕阜山，高數千丈，與黃龍山連崎，靈湫深浚，修水出於其處。[180]根據張商英（1043-1121）的〈黃龍崇恩禪院記〉，「黃龍、鳳凰、幕阜三山連屬，皆秀峯

---

177 惠洪，〈潛庵禪師序〉，《石門文字禪》卷 23，頁 14b。按：潛庵是惠洪之師叔潛庵清源（1032-1129）。據惠洪說，潛庵在形容其師慧南的「三關」時說：「先師初事栖賢諟、泐潭澄，更二十年，宗門奇奧、經論要妙，莫不貫穿。及因文悅以見慈明，則一字無用。設三關以驗天下禪者，而禪者如葉公畫龍，龍見即怖。」惠洪於是問曰：「每疑三關語垂示平易，而人以為難，何也？」潛庵曰：「眾生為解礙，菩薩未離覺。大智如文殊師利，欲問空王佛義，即遭擯出，以其墮艱難，故起現行耳。」

178 《建中靖國續燈錄》卷 12，頁 184b。按：「老盧」指六祖慧能；「白兆」不知指何人。

179 《嘉靖寧州志》卷 6，頁 15a。

180 同前註。

翠竇，多靈草仙藥。黃龍古屬武昌，今隸豫章。」[181]張商英又說：「治平中光祿程公孟為洪州太守，是時叢林有慧南者，傳石霜之印，行臨濟之令；三關陷虎，坐斷十方。程公以黃龍名剎，敦請居之。於是黃龍宗派，橫被天下。」[182]

　　黃龍山因黃龍派之盛，最晚在南宋末，出現了「許旌陽煉丹黃龍山」之傳說，筆者在前言中已經提到。此傳說後來為明人編的地方志大肆渲染，煞有其事。譬如，《嘉靖寧州志》就說：「又傳道者許遜（敬之），南昌人，以吳猛妙神術浮江來師事之，得秘法。黃龍山有煉丹竈，梅山有磨劍池、醮星壇。海昏大蛇吸食人畜，以符檄出斬之。後復與吳猛詣王敦，欲化以道術，因其殺郭璞，遂隱不見。」[183]又說：「黃龍山在南昌西一百八十里，毗連湖廣通城縣，一名輔山。高一千八百丈，上多古蹟，如洞賓詩石，葛許二仙丹爐藥研，冷暖二泉。山頂湫中有黃魚，能致風雨，歲旱禱之輒應。其下為青龍山，相傳有禪師駐錫於此，能馴猛虎，里人結庵奉之。」[184]此說涉及呂洞賓，把廬山之黃龍與修水之黃龍混為一談。又涉及許遜與葛仙翁在其處煉丹，更強化了黃龍山的神話性。

　　慧南大約是在宋英宗治平三年丙午（1066），年六十五歲時入黃龍山的。請他入黃龍山的就是張商英禪院記所說的洪州太守「程公孟」，其實應是「程公師孟」也就是以程公闢名聞一時的程師孟（1009-1086）。程師孟任洪州太守時召慧南入黃龍山，但慧南並未應命。治平三年，他又出任江南西路轉運使，復召慧南入黃龍，慧南才答應。他入黃龍之前，早已經是名滿叢林的大禪師，入黃龍之後，天下衲子競趨其門下，得人之盛，罕有其匹。故其弟子草堂善清（1057-1142）說：「自有叢林已來，得人之盛，無如石頭、馬祖、雪峯、雲門。近代唯黃龍、五祖二老，誠能收拾四方英俊衲子，隨其器度淺深，才性能否，發而用之。譬如乘輕車，駕駿駬，總其六轡，奮其鞭策，抑縱在其顧盼之

181　張商英之〈黃龍崇恩禪院記〉見《宋蜀文輯存》卷 13，頁 20。《嘉靖寧州志》錄其文，見卷 12，頁 9b。

182　《嘉靖寧州志》卷 12，頁 10a。

183　《嘉靖寧州志》卷 14，頁 1b。

184　《同治南昌府志》卷 2，頁 26b。

間，則何往而不達哉？」[185]善清的讚揚，道出了慧南為何能建宗立派的重要因素。但慧南並非一位崖岸自高的禪師，而是謙沖虛懷，海納百川，御下嚴竣，但待之以誠的禪者。故黃庭堅嘗言：「黃龍南禪師，器量深厚，不為事物所遷。平生無矯飾，門弟子有終身不見其喜怒者，雖走使致力之輩，一以誠待之，故能不動聲氣而起慈明之道，非苟然也。」[186]黃庭堅對慧南「器量深厚」的印象，大概也是慧南門弟子的印象。或說慧南之「門弟子有終身不見其喜怒者」，與他所表現的「姁之嫗之」、「霜之雪之」之形象不符，只能說他多半時間都是喜怒不形於色，但偶而還是會表現出來的。大慧在《禪林寶訓》所記一事可證。據大慧說，晦堂一日見黃龍有「不豫之色」，因逆問之。黃龍曰：「監收未得人。」晦堂遂薦感副寺。黃龍曰：「感尚暴，恐為小人所謀。」晦堂曰：「化侍者稍廉謹。」黃龍謂：「化雖廉謹，不若秀莊主有量而忠。」後來靈源惟清嘗問晦堂說：「黃龍用一監收，何過慮如此？」晦堂曰：「有國有家者，未嘗不本此。豈特黃龍為然？先聖亦曾戒之。」[187]晦堂祖心的話是重申黃龍對住持責任的要求，也就是住持有知人善任之責，雖監收一職之微亦不可不慎。祖心所推薦的感副寺（慈感，號感鐵面）和化侍者（雙嶺似化），慧南皆不放心，獨覺大溈懷秀可以勝任其職。[188]這就是草堂善清說的「誠能收拾四方英俊衲子，隨其器度淺深，才性能否，發而用之」的明證。同時也可以證明他並非總是喜怒不形於色的。

　　慧南的最後三年是在黃龍山度過的。他原來不想入黃龍山，但因程師孟堅請，只好隨緣赴任。故在黃龍山入院上堂，答僧問如何是黃龍境時便說：「昨日方到此，未曾仔細看」，接著說：「長者長、短者短。」「道無疑滯，法本隨緣，事豈強為。」然後語氣一轉而說：「蓋不爾而爾，在積翠即說積翠庵人，入黃龍便說黃龍長老。爭知祖師心印，狀似鐵牛之機。去即印住，住即印破？只如不去不住，又作麼生搭印？良久云：『煙村三月雨，別是一家

185　《禪林寶訓》卷 3，頁 1030c。

186　《禪林寶訓》卷 4，頁 1036a。

187　《禪林寶訓》卷 1，頁 1020b。

188　三人之名號，見《禪林寶訓順硃》卷 1，頁 464a。

春。』」[189]慧南回答的重點即是「道無疑滯，法本隨緣」，因祖師心印就像鐵牛之機一樣，到哪兒都一樣能印心。這種見解，其實是得自「風穴鐵牛機」的公案。此公案首先以一故事見於《景德傳燈錄》，故事涉及風穴延沼（897-973）赴郢州衙內上堂示眾語。《景德傳燈錄》描述其事如下：

〔風穴〕昇座示眾云：「祖師心印，狀似鐵牛之機。去即印住，住即印破。祇如不去不住，印即是？不印即是？還有人道得麼？」時有盧陂長老出問：「學人有鐵牛之機，請師不搭印。」師云：「慣釣鯨鯢澄巨浸，却嗟洼步驟泥沙。」陂佇思。師喝云：「長老何不進語？」陂擬議，師打一拂子云：「還記得話頭麼？試舉看。」陂擬開口，師又打一拂子。牧主云：「信知佛法與王法一般。」師云：「見什麼道理？」牧主云：「當斷不斷，返招其亂。」師便下座。[190]

依後來圜悟克勤在《碧巖錄》的解釋，風穴之打盧陂長老及他對牧主（太守）的回應，都是隨機說法的表現。[191]而在他看來，盧陂長老之錯，確實也是不能立即直截了當地反應之故。是以克勤又以偈頌形容說：「盧陂當斷却沈吟，電轉星飛活被擒。」[192]表示盧陂長老確誤了順物應機的時間，而落在風穴的掌控中。但是太守只是指出盧陂的遲緩，並未點出了風穴所期待的回答。所以圓悟評風穴說「將錯就錯，見機而變，且得參學事畢。」[193]慧南的「煙村三月雨，別是一家春」，應該是他對「印即是？不印即是？」的自問自答。也就是祖師心印，既然狀似鐵牛之機，既然去了別家（黃龍），還是會遇到煙村三月的春雨；這也是他所說的「道無疑滯，法本隨緣」的意思。所以「不去不住」

189　《黃龍慧南禪師語錄》，頁 633c。
190　《景德傳燈錄》卷 13，頁 302b。按：「洼步驟泥沙」，《碧巖錄》作「蛙步輾泥沙」，
191　《佛果圜悟禪師碧巖錄》卷 4，頁 175c。
192　《圓悟佛果禪師語錄》卷 19，頁 804a。
193　《佛果圜悟禪師碧巖錄》卷 4，頁 175c。

及此作法衍生的「印即是？不印即是？」之命題都是錯的。風穴的「慣釣鯨鯢澄巨浸」就是「道無疑滯，法本隨緣」的表現，是個大格局，為何要「却嗟娃步驟泥沙」而回到小格局境地呢？那不是滯礙難行嗎？慧南藉黃龍入院上堂之機會，告訴其弟子祖師心印是隨他而在的，不能因積翠與黃龍之不同而將它一分為二。

　　慧南在黃龍居穩安眾之後，某日上堂云：「諸佛出世，假設言詮。祖師西來，不掛唇吻。若也從空放下，三千世界所有塵，一一塵中含法界。若也步步登高，驢鞍橋不是爾阿爺下頷。以拂子擊禪床，下座。」[194]此語頭四句是表示「教」先於「禪」，但有賴於言詮。祖師西來後，乃有別傳心法，是不立文字，不賴言詮的。至於所謂「從空放下」與「步步登高」是兩個不同之概念。可由雲門文偃批評南泉只解步步登高一故事說起。根據《雲門匡真禪師語錄》，雲門文偃有次上堂，舉僧問南泉「牛頭未見四祖時，為什麼百鳥啣花獻？」南泉答云：「步步蹋佛階梯。」僧云：「見後為什麼不啣花獻？」南泉云：「直饒不來，猶較王老師一線道。」師云：「南泉秖解步步登高，不解從空放下。」僧云：「如何是步步登高？」師云：「香積世界。」僧云：「如何是從空放下？」師云：「填溝塞壑。」[195]慧南認為若能「從空放下」，就能悟解「三千世界所有塵，一一塵中含法界」之道理，也就是《華嚴經》所說的「一方滿十方，一塵含法界」之觀念。[196]若只知「步步登高」就會誤把「驢鞍橋當作阿爺下頷」。此話怎說？「驢鞍橋」又作「驢鞍屬」，指驢骨中形狀酷似馬鞍之骨。鞍橋，即指馬鞍，其形狀頗似橋，故有此稱。「驢鞍橋」雖似馬鞍，而實非真馬鞍，然有愚痴之子，誤以驢鞍橋為其父之遺骨，故禪林中每以之比喻愚昧、不辨真假法義之情形。[197]慧南之意似為：祖師西來意就是他所授的禪法，是「從空放下」，見三千世界、塵塵法界之路徑。若借言說而「步步登高」，只能愈見愈窄，甚至變成愚昧不明而誤解佛法之真意了。

194　《黃龍慧南禪師語錄》，頁633c。

195　《雲門匡真禪師廣錄》卷2，頁559b。

196　李通玄，《新華嚴經論》卷37，頁981c。

197　《佛光大辭典》，頁6977。

　　雖然如此，人之根器不同，上根之輩或能「從空放下」，不假言說，中下根之人又能如何？慧南自然也意識到此問題之存在，所以他後來上堂又說：「大道無中，復誰前後？長空絕迹，何用量之？空既如是，道豈言哉？雖然如是，若是上根之輩，不假言詮。中下之流，又爭免得？」**198**此語原是唐代馬祖道一法嗣幽州盤山寶積禪師（生卒年不詳）所說，慧南熟悉禪史，借之以問訊其弟子。寶積在一次上堂示眾時說：「心若無事，萬象不生。意絕玄機，纖塵何立？道本無體，因道而立名。道本無名，因名而得號。若言即心即佛，今時未入玄微。若言非心非佛，猶是指蹤之極則。向上一路，千聖不傳。學者勞形，如猿捉影。夫大道無中，復誰先後？長空絕際，何用稱量。空既如斯，道復何說。夫心月孤圓，光吞萬象。光非照境，境亦非存。光境俱亡，復是何物？〔諸〕禪德，譬如擲劍揮空，莫論及之不及。斯乃空輪無迹，劍刃無虧。若能如是，心心無知。全心即佛，全佛即人。人佛無異，始為道矣。」**199**此語所謂「向上一路，千聖不傳。學者勞形，如猿捉影」，實如同「步步登高」，其結果是一樣的。而「擲劍揮空」，雖不及一物，但「擲劍」和「揮空」之兩種動作導致「空輪無迹，劍刃無虧」則是道之用，是心領神會，物我合一之境。所以寶積說是心心無知，心佛一體，人佛無異。這應該是慧南引寶積之語的意旨。慧南接著又說：「所以有僧問雲門：『如何是雲門一曲？』雲門云：『臘月二十五。』」而自己又自問自答曰：「今日正當臘月二十五，汝等諸人，如何委悉？若不委悉，汝等諸人諦聽，待黃龍為汝等諸人重唱一遍：『雲門一曲二十五，不屬宮商角徵羽。若人問我曲因由，南山起雲北山雨。』」**200**慧南此語，歷來禪師甚少解釋，其意難測。故南宋的無準師範（1179-1249）說：「雲門一曲，從來無譜。韻出五音，調高千古。就中妙旨許誰知？幾擬黃

198　《黃龍慧南禪師語錄》，頁 633c。

199　《景德傳燈錄》卷 7，頁 253b。按：原文之「禪德」若不句逗，則可讀成「禪德譬如擲劍揮空」，是在解釋「禪德」。但此處「禪德」應指「禪師們」。清人編的《宗鑑法林》卷 12 及《宗門拈古彙集》卷 11 錄成「盤山曰：『諸禪德。譬如擲劍揮空…』」，當即是為避免誤會之故。

200　《黃龍慧南禪師語錄》，頁 633c。

金鑄子期。」**201**由於雲門文偃答「雲門一曲」之問，是「臘月二十五」，則問與答的時間應該都是「臘月二十五」，故其旨意在隨機答問的時間，不在五音六律之相和；重的是因緣時節，而不是商羽流徵。所以真淨法子、慧南法孫泐潭文準（1061-1115）曾說：「欲識佛性義，當觀時節因緣。記得昔日僧問雲門『如何是雲門一曲』，門云：『臘月二十五。』僧云：『唱者如何？』曰：『且緩緩。』諸禪德，遮箇豈不是時節，且作麼生會雲門意？雲門一曲，清聲透處，該括十方，和者難齊，非同六律。所以道東家唱歌，西家不得默坐。」**202**文準似說時節因緣未到，如何能知雲門一曲之意？而「和者難齊，非同六律」，實意指關鍵非音聲的相協，而是屬和之時間。故「幾擬黃金鑄子期」是無意義的。慧南之「今日正當臘月二十五，如何委悉」一問，就是要雲門一曲之「唱」，應得隨機相應之「和」。他的「雲門一曲二十五，不屬宮商角徵羽。若人問我曲因由，南山起雲北山雨」一頌，就是強調關鍵不在是否有鍾子期之善聽，而在於類似「南山起雲北山雨」一般自然、即時且隨機的相應。

慧南在黃龍山的開示，多半甚為直截了當，但對執迷不悟者，都是當頭棒喝。譬如，「三世諸佛，在鼓聲裡轉大法輪。汝等諸人，向什麼處安身立命？有一般杜撰衲僧，不識觸淨，便道東西南北，上下四維，今日七、明日八。僧堂裡喫飯，寮舍裡向火，或向面前劃一劃。若與麼，違背四恩猶自可，辜負西來碧眼胡。」**203**這是希望其弟子不要學「杜撰衲僧」，不耐心習禪，而一味虛擲光陰，做無意義事，違背了父母、君、師及施主之「四恩」猶自可說，但卻辜負了西來祖師之意。他又舉大珠慧海和尚參見馬祖道一求佛法，而馬祖問他何以拋家失業，不迴頭認取自家寶藏。大珠不知哪個是自家寶藏，而馬祖答曰：「即今問我者，是汝寶藏。」又說「一切具足，更無欠少，使用自在，何

---

201 《無準師範語錄》卷 1，頁 869b。按：「幾擬黃金鑄子期」一句，得自貫休〈古意九首〉第四〈乾坤有清氣〉一詩末兩句之「幾擬以黃金，鑄作鍾子期」兩句。見《禪月集》卷 2，頁 1b。

202 宗杲，《正法眼藏》卷 2，頁 91b。

203 《黃龍慧南禪師語錄》，頁 634a。

假向外求覓？」大珠於言下自識本心，不由知覺。**204**慧南將大珠之悟說成「珠於是求心頓息」，**205**然後問其弟子云：「汝等諸人，各有自家寶藏，為什麼不得其用？祇為不迴頭！」**206**「自家寶藏」之說，即是上文所說的「激起自我創發」的潛能之意，代表慧南設問三關的基本精神。凡此，都是為重申馬祖「一切具足，更無欠少，使用自在，何假向外求覓」之教而說。慧南又在另一次上堂說：「有一人朝看《華嚴》，暮看《般若》，晝夜精勤，無有暫暇。有一人不參禪、不論義，把箇破席日裡睡。此二人同到黃龍，一人有為，一人無為。安下那箇即是？良久云：『功德天、黑暗女，有智主人，二俱不受。』」**207**慧南用「功德天、黑暗女」來形容兩種學佛途徑不同的禪徒，認為有智主人是二者皆不會接受的。雖然九峰道虔（生卒年不詳）首用「不敬功德天，誰嫌黑暗女」一語時，「功德天、黑暗女」都無貶義，但慧南卻用來形容他不會接受的兩類禪徒，因為他們各走極端，都不能見道。此可以反映上文「法道嚴密」之說確非虛語。他又一次上堂示眾云：「大覺世尊道，我今為汝保任此事終不虛也。汝等當勤精進，行此三昧。」又說：「精進即不無。諸人，作麼生是三昧？」良久云：「迦葉糞掃衣，價值百千萬。輪王髻中寶，不值半分錢。」**208**「迦葉糞掃衣，價值百千萬」，是《證道歌註》裏所說「迦葉著糞掃衣，佛讚為上行之衣。」以其有助三昧之行，故其價值千百萬。「輪王髻中寶」，雖是寶物，但無益於三昧之行，故不值半分錢。慧南之意，當是在此。

「三昧」（Samādhi）的通義就是禪定，是祖師禪的根本，而其最終之目標就是「正覺」。但是在慧南之眼中，許多禪僧都忘了根本，而競逐末節，宗尚邪說。所以他上堂開示，總是不忘提醒弟子注意此事。在黃龍山時，他曾語重

---

204 《黃龍慧南禪師語錄》，頁 634a。大珠慧海參馬祖道一事見《景德傳燈錄》卷 6，頁 246c。

205 《黃龍慧南禪師語錄》，頁 634a。

206 同前註。

207 同前註。按：《語錄》原文說：「把箇破席日裡睡，於此二人同到黃龍…」，大慧宗杲在其《正法眼藏》改成：「把箇破席日裡睡，於是二人同到黃龍…。」

208 《黃龍慧南禪師語錄》，頁 634b。按：「價值」，原作「價直」，「不值」，原作「不直」，皆改為今日用詞。

心長地唱頌說：「達磨西來十萬里，少林面壁八九年。唯有神光知此意，默然三拜不虛傳。後代兒孫忘正覺，棄本逐末尚邪言。直到臘月三十日，一身冤債入黃泉。」[209]此頌意思甚明，頗有警世意味。神光就是慧可（487-593），他知達摩之意，所以能得達摩之髓。但神光之後的兒孫，多半忘了正覺是達摩之初衷，而捨本逐末，崇尚邪言。所以到人生盡頭之日，便帶著一生冤債進入黃泉。古人以除夕當死日，視一歲盡處，猶一生盡處。[210]慧南之「直到臘月三十日，一身冤債入黃泉」兩句，實本於唐代黃檗希運之說。黃檗希運一日上堂示眾，有下列一段話：

> 預前若打不徹，臘月三十夜到來，管取爾熱亂。有般外道纔見人說做工夫，他便冷笑，猶有遮箇在。我且問爾：「忽然臨命終時，爾將何抵敵生死？爾且思量看。」却有個道理，那得天生彌勒，自然釋迦。有一般閒神野鬼，纔見人有些少病，便與他人說：「爾只放下著。」及至他有病，又却理會不下，手忙脚亂。爭奈爾肉如利刀碎割，做主宰不得。萬般事須是閒時辦得下，忙時得用，多少省力。休待臨渴掘井，做手脚不辦。遮場狼藉，如何迴避前路黑暗？信采胡鑽亂撞，苦哉苦哉。平日只學口頭三昧，說禪說道，喝佛罵祖，到遮裏都用不著。平日只管瞞人，爭知道今日自瞞了也。阿鼻地獄中，決定放爾不得。而今末法將沈，全仗有力量兄弟家負荷，續佛慧命，莫令斷絕。今時纔有一個半個行脚，只去觀山觀景，不知光陰能有幾何；一息不回，便是來生，未知甚麼頭面。嗚呼，勸爾兄弟家，趁色力康健時，討取個分曉處不被人瞞底一段大事。遮些關棙子，甚是容易。自是爾不肯去下死志、做工夫，只管道難了又難好。教爾知那得樹上自生底木杓，爾也須自去做箇轉變始得。若是箇丈夫漢，看箇公案。僧問趙州，狗子還有佛性也無。州云無。但去二六時中看箇無字，晝參夜參，行住坐臥，著衣吃飯處，阿屎放尿

209　《黃龍慧南禪師語錄》，頁 634b。

210　《百丈清規證義記》卷 8，頁 860a。

處，心心相顧，猛著精彩。守箇無字，日久月深，打成一片，忽然心花頓發，悟佛祖之機，便不被天下老和尚舌頭瞞，便會開大口。達摩西來，無風起浪。世尊拈花，一場敗缺。到這裏說甚麼閻羅老子？千聖尚不奈爾何。不信道，直有遮般奇特；為甚如此？事怕有心人。*211*

黃檗希運以這些話示眾之後，作頌曰：「塵勞迥脫事非常，緊把繩頭做一場。不是一翻寒徹骨，爭得梅花撲鼻香。」*212*此頌之後兩句為許多後世禪師開示時所引用。元末戲曲家瑞安（今浙江溫州）高明（約 1305-1368）在其《琵琶記》之第四十二段〈旌表〉，即以此兩句為合白下場詩，*213*而如今幾乎已是盡人皆知之名言了。但原來整首頌的寫作緣由，是為勸禪人早做努力，超脫塵勞，專心參禪念佛，掃除妄念，不做無益之事而虛擲光陰，以避免「臘月三十夜到來」時，張惶失措，手忙腳亂，毫無準備，而糊里糊塗地以慧南所說的「一身冤債入黃泉」了斷此生。黃檗希運所謂的「緊把繩頭做一場」，應該是指習禪的堅持與專一。依《十誦律》之說，佛為防止比丘入定時坐睡，指示了許多做法，如用水澆洗，以鞭擲之，戴禪杖等，而仍有睡不止者。最後用禪鎮，安孔作之，以繩貫孔中，繩頭施紐串耳上，去額前四指著禪鎮，若禪鎮墮者，應起行如鵝行法。*214*「緊把繩頭做一場」，就是做一場「把定繩頭，將心調伏」的三昧工夫，*215*是要歷經「一翻寒徹骨」的堅韌與無畏；既是黃檗希運勸禪人為「臘月三十來到」所做的預備工夫，也是慧南勸其弟子避免帶著「一身冤債入黃泉」之要訣。

慧南接著重申他的宗傳之重要，並宣示他的任務說：「二十八祖，遞相傳授。泊後石頭、馬祖，馬駒蹋殺天下人。臨濟、德山，棒喝疾如雷電。後來兒

---

211 《黃檗斷際禪師宛陵錄》卷 1，頁 387b。

212 同前註。

213 元·高明，《琵琶記》，頁 276。註云：「巾箱本第四十二齣至此為止。以此為下場詩。」

214 《十誦律》卷 40，頁 289b。按：《十誦律》之文甚冗長，茲參考《法苑珠林》之刪節文。見《法苑珠林》卷 32，頁 535c-536a。

215 大慧宗杲〈示妙心居士〉語。見《大慧普覺禪師語錄》卷 20，頁 903b。

孫不肖，雖舉其令而不能行，但逞華麗言句而已。黃龍出世，時當末運。擊將類之法鼓，整已墜之玄綱。汝等諸人，不得將多年曆日，繫在腰間。須知四大海水，在汝頭上。」[216]「馬駒蹋殺天下人」一語，曾為黃龍晦堂祖心門下黃庭堅（1045-1105）用於其〈見翰林蘇公馬祖龐翁贊戲書〉一短文，[217]它實際上是六祖慧能對南嶽懷讓所說的話。「馬駒」原指的是馬祖道一，[218]慧南也用來形容石頭希遷。石頭為青原行思法嗣，馬祖為南嶽懷讓法嗣。兩人分別為禪宗五家的創立者，北宋叢林皆知「曹谿之道，至南嶽石頭，江西馬祖而分為兩宗。雲門、曹洞、法眼皆宗於石頭；臨濟、潙仰皆宗於馬祖。天下叢林號為五家宗派。」[219]臨濟為臨濟義玄，德山為德山宣鑒，兩人分別為馬祖及石頭之子孫，各以臨濟喝、德山棒享譽叢林，都是能繼其家風者。後之禪師都將二者並舉，有「德山臨濟棒喝交馳」，[220]或「德山臨濟棒喝齊施」之形容。[221]慧南對臨濟與德山之後，兩家家風衰頹，不免感慨繫之，故說：「後來兒孫不肖，雖舉其令而不能行，但逞華麗言句而已。」[222]他自詡自己之出世，就是來重振法鼓綱紀，所以要其弟子不得將多年曆日繫在腰間而不問，更應知「四大海水，在汝頭上」，而認真修習。「四大海水，在汝頭上」是其師石霜楚圓開示之語。楚圓曾上堂示眾云：「法身無相，應物現形。」又豎起拄杖云：「者箇是拄杖，阿那箇是法身？者箇葛藤，且止，僧堂佛殿穿入汝等諸人鼻孔裏去也。四大海水，在汝頭上。海龍王在汝指甲下。汝等還覺麼？若覺去，晝行三千，夜行八百；腳下煙生，頭上火起。若也不知，飢來喫飯，困來眠。」[223]楚圓之意似說

216　《黃龍慧南禪師語錄》，頁634b。

217　其文為：「一口吸盡西江水，磨却馬師三尺嘴。馬駒蹋殺天下人，驚雷破浪非凡鱗。馬祖龐公，水泄不通。游鰷方樂，科斗生角。」見《豫章黃先生文集》卷14，頁24a。

218　《馬祖道一禪師廣錄》，頁810b。

219　惠洪，〈僧寶傳序〉，《石門文字禪》卷23，頁7a。

220　《佛果克勤禪師心要》卷3，頁752b。

221　《大慧普覺禪師普說》卷2，頁875a。

222　《黃龍慧南禪師語錄》，頁634b。

223　《石霜楚圓禪師語錄》，頁173a。

知「四大海水，在汝頭上」，則能有「晝行三千，夜行八百；脚下煙生，頭上火起」的急速精進之效。

慧南雖離開雲門宗的泐潭懷澄，而嗣法於臨濟宗的石霜楚圓，但他傳法時並未忘卻或排斥所學雲門教法，反而仍經常用雲門之語來開示其徒。上文已說在黃龍山上堂時，他曾以「雲門一曲」示眾，意在教其弟子「得意忘言」之道。而在另一次上堂時，他又用雲門舉越州乾峯禪師之語說：「舉僧問乾峯：『十方薄伽梵，一路涅槃門。未審路頭在什麼處？』峯以拄杖指云：『在這裏。』僧請益雲門，雲門拈起扇子云：『扇子勃跳，上三十三天，築著帝釋鼻孔，東海鯉魚打一棒。雨似盆傾。會麼？會麼？』」[224]慧南引雲門此示眾語後，評道：「乾峯一期指路，曲為初機。雲門乃通其變，故使後人不倦。汝等諸人，須窮二老之意，莫逐二老之言。得意則返正道而歸家，尋言則蕩邪途而轉遠。」[225]其意大略在說乾峯所的「在這裏」一答，不能理會為他在「指路頭」，而意在指「佛」與「涅槃」皆「在這裏」。因為是對初機之學者而說，故云「曲為初機」。雲門之語，旨意亦相同，不過是變其語言而已，後人若尋言而忘其言外之意，就會離正道愈遠。

尋言而執於言，被慧南形容為一種「妄緣」。在歸宗上堂時，慧南就曾說：「古者道：『凡聖情盡，體露真常。但離妄緣，即如如佛。』咄！是何言歟？」[226]不過，當時他並未多言。於黃龍山時，他又以同樣之說強調「離妄緣」之必要而說：「凡聖情盡，體露真常。但離妄緣，即如如佛。雖是古人殘羹餿飯，有多少人不能得喫。黃龍與麼舉，失利也不少。還有人檢點得出麼？若檢點得出，便識佛病祖病。若檢點不得，陝府鐵牛吞乾坤。」[227]他說的「雖是古人殘羹餿飯」，是因為「凡聖情盡，體露真常。但離妄緣，即如如佛」等語，是唐代禪師溈山靈祐（771-853）的一段上堂示眾語。此段示眾語甚長，述及「惡覺情見想習」及「無始曠劫習氣」，而歸結如下：「以要言之，則實際

224　《黃龍慧南禪師語錄》，頁 634bc。
225　《黃龍慧南禪師語錄》，頁 634c。
226　《黃龍慧南禪師語錄》，頁 632b。
227　《黃龍慧南禪師語錄》，頁 634c。

理地，不受一塵。萬行門中，不捨一法。若也單刀直入，則凡聖情盡，體露真常。理事不二，即如如佛。」[228]慧南用靈祐之語，將「理事不二」，改為「但離妄緣」，[229]而其「妄緣」，即略指靈祐所說的「惡覺情見想習」及「無始曠劫習氣」。慧南指出，雖然他吃的是靈祐的「殘羹餿飯」，但還有許多人不能得吃，所以也不知如何達到「但離妄緣，即如如佛」之境地。就他個人而言，他舉靈祐的上堂語，「失利也不少」，為什麼呢？因為靈祐講頓悟之人「修與不修」是「兩頭語」，慧南豈會不知？所以能夠看出他為何失利，就識「佛病祖病」。根據惠洪之見：「今時學者常疑佛性本來具足，何須復修。設不修行，無緣證聖。情隨向背，終落斷常。不知三世如來・十方菩薩所有修習，皆自隨順覺性而已。則大溈所謂修與不修是兩頭語，不亦宜乎。」[230]關鍵是「所有修習自隨順覺性」，不須用特殊法，即有「陝府鐵牛吞乾坤」之能。雲門文偃示眾語有「陝府鐵牛吞卻乾坤」之句，[231]是肯定之用法，為真善知識之代語與象徵。[232]慧南之意，在提醒弟子不管是不是像自己一樣吃古人「殘羹餿飯」，都應知人人能成為真善知識，不但具有佛性，而且能化眾生得見佛性。

228　《溈山靈祐禪師語錄》，頁 577b。原文之全部如下：「夫道人之心，質直無偽。無背無面，無詐妄心。一切時中，視聽尋常。更無委曲，亦不閉眼塞耳，但情不附物即得。從上諸聖，祇說濁邊過患，若無如許多『惡覺情見想習』之事。譬如秋水澄渟，清淨無為，澹泞無礙。喚他作道人，亦名無事人。」時有僧問：『頓悟之人，更有修否？』師云：『若真悟得本、他自知時。修與不修，是兩頭語。如今初心雖從緣得，一念頓悟自理，猶有無始曠劫習氣，未能頓淨。須教渠淨除現業流識，即是修也。不可別有法教渠修行趣向。從聞入理，聞理深妙。心自圓明，不居惑地。縱有百千妙義，抑揚當時。此乃得坐披衣。自解作活計始得。以要言之，則實際理地，不受一塵。萬行門中，不捨一法。若也單刀直入，則凡聖情盡。體露真常。理事不二，即如如佛。』」又參看《景德傳燈錄》卷 9，頁 264c-265a。「單刀直入」，《景德傳燈錄》作「單刀趣入」。

229　慧南之「但離妄緣，即如如佛」，後來為高麗的佛日普照禪師知訥（1158-1210）所採用。見《高麗國普照禪師修心訣》，頁 1006a。

230　《林間錄》卷下，頁 692b。

231　《雲門匡真禪師廣錄》卷 2，頁 564c。

232　按：浮山法遠在答僧問「恁麼則真善知識」時說：「陝府鐵牛」。見《嘉泰普燈錄》卷 2，頁 54b。

五、小結

　　本章詳述黃龍慧南自南嶽福嚴石霜楚圓門下出世後，在廬山同安、歸宗，及筠陽黃檗，分寧黃龍四道場的傳法經歷及門庭設施。對於他之所以能夠法道大盛，號稱一代高僧，或有認為是因為背離雲門宗的名師泐潭懷澄而嗣法於臨濟宗的石霜楚圓之故。此種說法是只見其一，不見其二。由於宋代叢林似乎並不認為他的「改嗣」是一種「負師」的行為，反而認為是他能夠自我突破、別開生面的動力，故將其背師改嗣的作法輕描淡寫，並給予肯定。當然，慧南之成功可以說是應驗了雲峰文悅所說的「吾師若去參慈明。他日必為臨濟下宗主也」，[233]但也要歸功於他參學諸名師的過程，與他兼採各宗所長而創發「生緣、佛手、驢腳」三關之問的智慧。我們看他融和法眼、雲門及溈仰的開示語於其教法中，便可知過半了。

　　慧南雖然歷主四個道場，但因出世時間較遲，所以為人師授徒的時間也不過二十餘年，不算很長。歸宗與黃檗山都曾有名禪駐錫過，而黃龍山則是因為他的住山而名噪一時。在黃龍期間，他的開示語與黃檗、歸宗及同安頗有異同，但他的「三關之問」終以「黃龍三關」之名被視為他門庭設施之特色。「黃龍三關」自開始運用之日，應從未停過。故《建中靖國續燈錄》最先說：「三十餘年，示此三問，往往學者多不湊機，叢林共目為三關。」[234]雖然「三十餘年」應是「二十餘年」之誤，但日本兩足院的高峰東晙還是將此誤說補入成《黃龍慧南禪師語錄》的續補部分。[235]即令僅僅二十餘年，已足夠讓慧南的傳法能激發而綻放出綿延多年的火花，成就了不少傑出的嗣法傳人。換句話說，慧南門下能夠「湊機」者還是不乏其人。黃庭堅對黃龍山的統緒就屢稱贊之。他在〈請黃龍慶老疏〉中說：「況黃龍山者，無生師子之窟，不二旃檀之

233　《建中靖國續燈錄》卷8，頁136b。

234　《建中靖國續燈錄》卷7，頁116a。

235　關於高峰東晙，見本書第二部分。兩足院的《黃龍慧南禪師語錄》續補部分，見　　　《語錄》，頁630c。關於「黃龍三關」一詞之出現與形成，詳見上文及本書第一章　　　引言。「三十餘年」，上文已說很可能是「二十餘年」之誤。

林。超慧之海燕雷聲，宗徒所記；南老之佛脚驢手，野老猶傳。來坐道場，屬當先覺。」[236]這位「慶老」之身分不詳，但顯然出慧南之門，或其法子，或其法孫，是「三關」鉗鎚出來的宗徒。黃庭堅還在〈代蘇魏公以因聖寺為報親院請主僧疏〉說：「舊住長老澄公，透黃龍之三關，用臨濟之一喝。獨以道為伴侶，不隨世而陳新。瓶水鑪香，終借松楸之潤；曉猨夜鶴，將從杖屨之遊。所冀謙光，曲從勸請。」[237]此長老澄公身分也不明，但既然透黃龍三關，用臨濟之喝，那就是慧南之後。惠洪在其〈香城瑛禪師贊〉曾說：「黃龍三關，初豈拒人？見者仁思，剩却法身。祐公掉臂直截，悅公追之絕塵，維瑛實兩公之後。觀其滿腹精神，木牀足折，續之以薪，則三十年後，當令天下聞之甚富，見之甚貧也。」[238]此贊中之「祐公」，指的是慧南弟子雲居元祐。他是能過三關者，所以「掉臂逕去」，不用問其師。[239]而「悅公」則應是慧南法孫兜率從悅。他也在室中設三關語以驗學者，故云「追之絕塵」。其三關之一曰：「撥草瞻風，只圖見性；即今上人性在甚麼處？」其二曰：「識得自性，方脫生死；眼光落地時作麼生脫？」其三曰：「脫得生死，便知去處；四大分離向甚麼處去？」[240]香城維瑛既是兩公之後，就是黃龍派弟子。惠洪許之為能續黃龍三關薪傳之人，雖然其後無聞於叢林，但也是延續黃龍宗傳之許多宗門子孫之一。下一章所討論之若干慧南弟子可以說就是這些能過三關而登堂入室的高足，是慧南悉心培養出來的黃龍派班底。

---

236 黃庭堅，〈請黃龍慶老疏〉，《黃庭堅全集・別集》卷 12，頁 1714。

237 黃庭堅，〈代蘇魏公以因聖寺為報親院請主僧疏〉，《黃庭堅全集・別集》卷 12，頁 1715。

238 惠洪，〈香城瑛禪師贊〉，《石門文字禪》卷 19，頁 14b。

239 《嘉泰普燈錄》卷 3，頁 668a。據云：黃龍三關，學者莫有契其旨者。脫有酬者，慧南未嘗可否。人莫涯其意。有問其故，慧南曰：「已過關者，掉臂逕去，安知有關吏。從吏問可否，此未透關者也。」

240 《嘉泰普燈錄》卷 7，頁 122a。

第四章 嚴書尺翰肅家風

　　雖然「黃龍三關」之「湊機」者不多，但慧南門下出現了不少傑出的弟子，而其弟子門下又人才濟濟，能克承家業，宏大師教，使「黃龍宗旨」成了禪徒研參的對象，而唱頌「黃龍三關」也成了叢林的一股風潮，從黃龍卒後至南宋，歷久不衰。譬如，「得法於南，為南長子」的景福順（1009-1093）[1]禪師曾作〈黃龍三關頌〉三首，其一曰：「長江雲散水滔滔，忽爾狂風浪便高。不識漁家玄妙意，偏於浪裏颭風濤。」其二曰：「南海波斯入大唐，有人別寶便商量。或時遇賤或時貴，日到西峰影漸長。」其三曰：「黃龍老和尚，有箇生緣語。山僧承嗣伊，今日為君舉。為君舉猫兒，偏解捉老鼠。」[2]三首都在說學人之不解「三關」旨意，往往答非所問。連南宋的無垢居士張九成（1092-1159）都不遑多讓。他也作〈黃龍三關頌〉曰：「我手何似佛手，天下衲僧無口。縱饒撩起便行，也是鬼窟裏走（諱不得）。我脚何似驢脚，又被呵膠黏著。翻身直上兜率天，已是遭他老鼠藥（吐不出）。人人有箇生緣處，鐵圍山下幾千年。三災直到四禪天，這驢猶自在旁邊（煞得工夫）。」[3]也是在調侃「天下衲僧」，譏他們遇到三關之問，總是束手無策，不能見道。

1　景福順之生卒年是根據蘇轍的〈贈景福順長老二首并引〉及〈香城順長老真贊并引〉所記推算。前者說元豐五年（1082）他七十四歲，可見出生於大中祥符二年（1009）。後者說紹聖元年（1094）蘇轍再貶高安時，景福順已化去逾年。蘇轍是紹聖元年九月到高安的，則景福順應是去年元祐八年九月以前化去。景福順訪蘇轍及蘇轍問其心法之事，後載於《羅湖野錄》，見該書卷下，頁984ab。

2　《林間錄》卷下，頁頁642b。

3　《嘉泰普燈錄》卷23，頁325a。按：「呵膠」，《五燈會元》作「黐膠」，即是種黏膠，可黏動物者。《雜阿含經》云：「…獵師以黐膠塗其草上，有黠獼猴遠避而去，愚癡獼猴不能遠避，以手小觸，即膠其手；復以二手欲解求脫，即膠二手；以足求解，復膠其足；以口嚙草，輒復膠口。五處同膠，聯拳臥地。獵師既至，即以杖貫，擔負而去。」見卷24，頁173b。

景福順禪師是慧南的早期弟子，可能在同安時期就跟隨慧南。所以說是「為南長子」。惠洪說他「有遠識，為人勤渠。叢林後進皆母德之。」[4]這也是他為什麼又號「順婆婆」的原因。[5]他年壽甚長，哲宗元祐八年才辭世，年八十五，遠超過慧南。他生前是潘興嗣，蘇珣及蘇轍的好友。蘇轍於元豐三年（1080）左遷高安時，景福順以其父舊契之身分訪之，兩人相從甚樂，蘇轍還咨以心法，還曾說：「方今南老門人，公為第一。」[6]蘇轍也因為與景福順相交，而因此「又識南公遺風」，自己感到「為幸多矣。」[7]景福順雖然「緣薄，所居皆遠方小剎」，[8]而「嗣法無聞」，但他在叢林中頗有令譽，是慧南弟子的典範之一。也就是說，慧南弟子都有同一特徵，就是恪遵慧南的教法，堅守住持的崗位，不夤緣求進，不尸位素餐，不追求名利，而時刻以發揚祖道為己任，使黃龍弟子在北宋社會成了相當突出之一群禪僧。這種發展，除了因上述黃龍慧南三關之傳法風格吸引衲子之外，還得助於他對弟子耐心而懇切的提撕與勸勉。我們從他給弟子書信中所表現誨人不倦之心情與態度，不難見出它所產生的效益與影響。

譬如，上文提到習禪者之應「知非」之例，慧南往往勸之不遺餘力。最典型的例子，可見於他的〈與師弟闍黎〉一書。此書寄發對象，雖說是「師弟」，其實也是門弟子。但既說「師弟闍黎」，很可能是從泐潭一起隨他到福嚴並入同安與歸宗的法弟。由於此書撰寫時間不詳，雖然書中說「相隨雖涉於五年」，但不知從何時算起。此「師弟闍黎」從慧南門下出世後，游方至襄陽某小寺任住持。慧南寄書之時，他就在襄陽，而且過著相當奢華的生活。慧南書中所用的諸種不客氣的譬喻與形容，可見一斑。

　　　　某啟：執別累年，企思每切。春暄將極，所履何如？近僧侶過來，且聞

4　《林間錄》卷下，頁頁642b。
5　《羅湖野錄》卷下，頁984b。
6　《雲臥紀談》卷下，頁38b。
7　同前註。
8　《林間錄》卷下，頁642b。

闍黎所止，已知住院，必是山水幽奇，檀那鄭重。夫住持者，先弘道德，後具因緣。內明佛法之機，外赴群生之望。若不然者，保持至理，消息機緣。竹戶茅堂，靜坐塵埃之外；松床竹枕，閒眠風月之中。以煙霞水石暢其情，去名利是非忘其念。未能如是，宜在知非。況闍黎自出山門，樂入叢席，一游秦漢，四歷春秋。相隨雖涉於五年，為學未精於一字。豈為浮浪蹤跡，枉遣光陰。未辦大緣，何栖小院？縈纏多事，辜負少年。未窮東魯之書，豈會西來之意？況慈親早捨，師長久辭。比者為僧，志求何事？生死未能決擇，草步頭，爭合停留危脆？百年呼吸，故知敗壞，良可嘆嗟。一息不來，萬般何用？石崇富貴，至死不悔貪婪；蔣詡貧寒，一生而得稱高士！況沙門釋子，知是達機，豈可因彼世情，忘茲道業？善緣難值，惡果易成。須懷久遠之憂，莫趁一時之樂。切須忖度，無見因循。有何心意，苦戀襄陽，致使見解不如越鳥。其此委曲，速便歸來，慰我心懷，想加善矣。[9]

此書大致是說慧南知其弟子已住院當住持，希望他了解住持之職是先弘揚道德，再使因緣具足。在寺院之內，要闡明佛法之微言大義，對外則要為眾生之希望奔走。若不能如此，也要保持至當之理，注意機緣之增減生滅。在竹戶茅堂的環境下，靜坐塵埃之外；在松床竹枕的簡陋裏，閒眠於風月之中。與煙霞水石為鄰來舒暢其情感，拋棄名利是非而將它們完全忘掉。如果這種儉樸寧靜、託跡自然、忘卻名利是非之生活都做不到，也應該「知非」。書之末半，有所謂「為學未精於一字」、「浮浪蹤跡，枉遣光陰」、「縈纏多事，辜負少年」等語，都用以指明其師弟之非。因為師弟戀棧住持之位，耽於名利之雙收，忘掉釋子之道業，以致因循不進，「見解不如越鳥」。此種批評相當嚴厲，表現了慧南教學之嚴峻風格。他自己總是身離塵世，跡寄煙霞。住黃檗之時，與某鄒長者相過從，曾往其住處拜訪，後作偈五首，答鄒長者寒溫之問。其第五首曰：「僕者言歸不暫居，聊成數偈答君書。煙霞幸得為鄰並，從此相

___
9　《集洪州黃龍南禪師書尺》（延享元年刊本），頁 2b-3b。

知德不孤。」[10]這表現了他獻身山林，不慕朝市，而安於簡陋的襟懷，也就是這種襟懷影響了景福順及其以下的徒子徒孫。

又如慧南離歸宗後，住石門南塔，曾有〈與總首座〉書一首，是寫給東林常總（1025-1091）的。書中云：「吾年漸老，退藏山舍，正當是時。爾德惟新，扶豎法幢，宜須努力。路遠天寒，未重會間，好自將息。」[11]這是勸導常總不斷努力，扶豎法幢，以繼續發揚其禪風。因常總於慧南在歸宗時，聞其風而往投之，因無所得而離去，慧南因歸宗火而下獄，獲釋之後住石門南塔，常總決定再投慧南，因書問慧南，故慧南書此答之。但常總終究還是來了石門南塔。待慧南自石門遷黃檗積翠，自積翠而遷黃龍，常總皆跟隨在側。二十年之間，凡七往返，而終成為其法嗣。慧南嘉其勤勞，頗稱於眾。而常總自負密受，大法旨決，志將大掖臨濟之宗，果然名聲益遠，叢林爭追崇之。熙寧二年（1069）三月，慧南歿，常總哭之不成聲，戀戀不忍去。次年，洪州太守榮諲（1007-1071）請住渤潭，其徒相語曰：「馬祖再來也。」道俗爭先謁見。[12]這位慧南的得意門生，是舉揚黃龍宗旨而使黃龍派盛極一時的重要禪師。他在元豐三年（1080）應二度守洪州的王韶（1030-1081）之請入江州廬山東林寺。因為是年東林寺奉詔由律寺改為禪寺，王韶欲延慧南弟子寶覺祖心（1025-1100）為東林住持，[13]寶覺舉同門常總自代。常總雖避而遁去，王韶竟檄諸郡得之於深山窮谷中，遂不得已而赴命。[14]由於此一命運之安排，他遂與大文豪蘇軾（1037-1101）結下了不解之緣。因蘇軾於元豐三年正月赴黃州貶所，七年（1084）四月獲赦離黃州。在黃州期間，無公事之羈絆，寄情於詩詞浮圖。離黃州東返後，首次入廬山東林寺。正逢常總出任住持不久，遂與常總結交，並夜宿其寺，相與論無情話有省，黎明獻投機偈，即流傳千古的〈贈東林總長

10　《雲臥紀談》卷下，頁 29b-30a。

11　慧南，〈與總首座〉，《集洪州黃龍南禪師書尺》，頁 19ab。

12　《禪林僧寶傳》卷 24，頁 563b。

13　按：王韶於二年由洪州轉知鄂州，又於三年回鍋復知洪州。參李之亮，《宋兩江郡守易替考》，頁 305。

14　《禪林僧寶傳》卷 24，頁 563b。

老〉詩。詩云:「溪聲便是廣長舌,山色豈非清淨身。夜來八萬四千偈,他日如何舉似人。」[15]其徒又相語曰:「遠公甞有讖記曰:『吾滅七百年後,有肉身大士,革吾道場。今符其語矣。』」常總之名,遂聞於天子。神宗詔令他住東京相國寺新闢之智海禪院。[16]常總固稱山野老病,不能奉詔。但州郡敦遣,急於星火,其徒又相語曰:「聰明泉者(遠公所酌之泉,在方丈之西也),適自涸。」暗示常總不能赴命。經兩月而得旨允其所乞,不赴智海禪院,並賜紫伽梨,號廣惠。其徒又相語曰:「聰明泉復湧沸矣。」元祐三年(1088),徐國王奏號照覺禪師。[17]

　　常總不應神宗之詔出任大相國寺智海禪院的膽氣,就是履踐其師安於清儉、不慕榮利的遺訓。他不以為非要到京師才能演倡祖道,所以在廬山東林寺曾上堂時說:「乾坤大地,常演圓音;日月星辰,每談實相。」並舉慧南語云:「飜憶先黃龍道,『秋雨霖灘,連宵徹曙。點點無私,不落別處。』」然後復云:「『滴穿汝眼睛,浸爛汝鼻孔。』東林老漢即不然:『終歸大海作波濤。』」[18]後句是自答:「且道,落在什麼處」一問,原是唐宣宗李忱之詩句。據說李忱為光王時,武宗忌之,拘之後苑,因中官仇士良詐稱墜馬死,遂脫身遁去,至香嚴閑禪會下,剃髮為沙彌。一日,與香嚴閑同遊廬山,閑禪師作〈題瀑布〉云:「穿雲透石不辭勞,遠地方知出處高。」方停思下句,李忱續之曰:「溪澗豈能留得住,終歸大海作波濤。」[19]常總引用其末句,把秋雨落入

15　蘇軾,〈贈東林總長老〉,《蘇軾詩集合注》卷23,頁1154-1155。

16　按:大相國寺於元豐三年新創兩禪剎,東林禪院在東廡,智海禪院在西廡。《建中靖國續燈錄》卷12說:「神宗皇帝詔住大相國寺智海禪院,堅讓不赴,得請林下。」元豐三年,常總才入廬山東林,所以智海之詔,當在元豐末年,這時常總大約六十一至六十四歲。

17　《禪林僧寶傳》卷24,頁563b。此徐國王不詳是誰,可能是徽宗第十四子趙棣。歷鎮鎮江軍、鎮南軍、山南東道、河陽三城節度使,加至太傅,封徐王。其生卒年雖不詳,但封王之事,應在徽宗朝,正是惠洪寫《禪林僧寶傳》的時間,故以當時爵號稱之為徐國王。

18　《建中靖國續燈錄》卷12,頁184a。按:「秋雨霖灘」或作「春雨霖灘」,見《續古尊宿語要》卷4,〈無示介諶禪師語錄〉,頁58b。

19　《佛祖統紀》卷42,頁387a。

瀑布水中，說成非溪澗所能留，而終歸大海成為波濤。令人想起《莊子‧秋水》篇北海若所說的：「天下之水，莫大於海，萬川歸之，不知何時止而不盈。」[20]瀑布之水，必出於崖涘，終於會像河伯一樣，見大海之無端。常總所表現的是北海若的虛懷，大海的格局及老黃龍的氣度，他不應神宗之詔，當然不僅是出於「山野老病」之由，[21]也是因為不願屈己從人，與世俯仰。這就是「黃龍三關」所教育出來的門生。

雖然如此，常總並非與達官貴人全無關係，譬如張商英（1043-1121）平居與他為方外侶。元豐三年（1080）他年方三十九歲，與王安石在朝推行新法，正是炙手可熱的時候，羽士蹇拱辰來向他咨決心要，張商英竟贈之以序，囑他往廬山參問於剛入東林寺的常總。並對他說：「吾有方外之侶曰常總，居於東林，必能決子之疑，請持吾之說而往問之。」敘述此事的曉瑩說：「噫！無盡不指蹇見道家流，而指往東林，厥有旨哉。」[22]也就是說學兼佛道的張商英並沒有建議羽士蹇拱辰去參見仙道之流，而指點他去見東林常總，實是因為他深曉常總之禪學故，其深意固可知也。

常總追隨慧南的經歷，也可以使我們進一步理解慧南對其弟子無時無刻之關懷與勸導。常總初離歸宗之後，曾入湖南潭州之大溈山訪其法兄溈山穎詮，[23]並攜帶穎詮書尺與他所贈香，至石門南塔再參慧南。慧南收到後，遂寫了〈與溈山詮長老二首〉。第一書先謝穎詮所寄書尺及其所贈香。然後說常總「山居無恙，法侶雲駢。禪外齋餘，燕處自若，即此與眾以道幸安山深。」接著，語氣一轉，談起住持之道，很嚴肅地說：「住持一以弘法為己任，二以供養結眾緣。念先聖之恩，當自強不息。凡存道本，稟佛之訓，自然吉無不利。越此以

20　《南華真經》卷 6，〈秋水〉，頁 11b。
21　《禪林僧寶傳》卷 24，頁 536b。上文說神宗詔請他的時間應在元豐末，大概在他六十一至六十四歲間。
22　此事見《雲臥紀談》卷上，頁 8a。
23　此事只能從慧南的〈與溈山詮長老〉一書中獲知，見《集洪州黃龍南禪師書尺》，頁 12a-13a。惠洪在其《禪林僧寶傳》之東林常總傳並無一語及之，可能覺得無關緊要之故。

往，則吾罔知其所哉。」[24]此一對出世弟子應謹守其道，肩起住持責任之一再叮嚀，是慧南致弟子書信的一大主題，顯見他對維繫門風之重視。

慧南致穎詮的第二書，應是寫於黃檗山，是接到了穎詮遣人齎其來書之後所寫。書中先轉述首座常總訪大潙所得的印象，略云：「總首座云：『大潙勝槩，氣象巨雄』，亦汝之夙緣。」然後說：「安然住持而免勞役，大覺、寂照俱弗如也。」稱穎詮的安然而「免勞役」的住持情況，實非五代的魏府大覺與號稱「寂照」的安國慧求禪師所能比。他還說：「弘闡所得之道，以引喻來者，俾法食並行，而光揚末世，豈不壯哉！」[25]一樣地鼓勵穎詮善盡他住持的責任，將其所學得之道加以「弘闡」，以引喻來投之學者，使法輪、食輪同轉，而光揚其風於末世。慧南以為這才是穎詮應該去完成的壯舉。對於自己，他覺得「愚老邁，尚以拘拘賤緣未盡，亦且隨遣。方丈內，初心晚輩，收拾指迷，彼此勿虛棄光陰。更有奇人至山，可舉者，命立僧遞互推稱。出家人法合如是耶？」表示雖然自覺已經老邁，但機緣未盡，所以還是隨緣住持，排遣光陰，都是為了讓初學之晚輩能收拾玩昧之心，為他們指點迷津，使彼此勿虛擲光陰。待有奇人至黃檗山，而為可舉為住持者，則會命立僧推選此人以自代。慧南之語顯示他雖年邁，但不敢玩忽住持之責，而即使有奇僧異人至山，有堪任住持之條件而可舉來取代他者，還要經過寺內的名德首座互相推舉，才可出任住持。這種由寺內立僧推舉住持之方式，屬甲乙徒弟相承制，在北宋時期，一般都施用於律寺。禪宗寺院多為十方住持，新的住持主要來自其他寺院，經主要寺院「公舉」而選出。所以慧南所說的立僧推選黃檗山之住持，可以說是較為特殊的例子。以接任慧南之黃檗住持黃檗惟勝來看，慧南之想法確實也實現了，雖然還是以十方住持的方式由地方官徵選，但獲選人為慧南之弟子，也可說是甲乙相傳。

黃檗惟勝是慧南住持黃檗山之首座，他原來在四川出生地梓州講寺居住受法，偶以扇勒窗櫺有聲，忽憶教中有「十方俱擊鼓，十處一時聞」之說，因而

---

24 慧南，〈與潙山詮長老〉，見《集洪州黃龍南禪師書尺》頁12b。
25 同前註。

大悟。[26]逢慧南在黃檗，遂徑往依之。[27]慧南入黃龍山後，黃檗席缺，筠州守委慧南遴選黃檗主人，慧南「集眾垂語曰：『鐘樓上念讚，牀脚下種菜。若人道得，乃往住持。』師〔惟勝〕出答曰：『猛虎當路坐』，龍大悅，遂令師往。由是諸方宗仰之。」[28]足見惟勝接慧南任黃檗山住持，而慧南對他出任住持的期待和勉勵，與對其他之弟子是一樣的。他對住持涵養與責任的重視在〈與黃檗勝書〉中表露無疑。此書是宋代禪師論住持一職之涵養及責任的代表作，也是慧南以「人情」教其多位弟子出任住持的重要論述，格外值得重視。其書云：

> 住持要在得眾，得眾要在見情。先佛言：「人情者為世之福田，蓋理道所由生也。」故時之否泰、事之損益，必因人情。情有通塞，則否泰生；事有厚薄，則損益至。惟聖人能通天下之情，故易之〈別卦〉，乾下坤上則曰「泰」；乾上坤下則曰「否」。其取象，「損上益下」則曰「益」；「損下益上」則曰「損」。夫乾為天，坤為地。天在下而地在上，位固乖矣，而返謂之泰者，上下交故也。主在上而賓處下，義固順矣，而返謂之否者，上下不交故也。是以天地不交，庶物不育；人情不交，萬事不和。損益之義，亦由是矣。夫在人上者，能約己以裕下，下必悅而奉上矣，豈不謂之益乎？在上者蔑下而肆諸己，下必怨而叛上矣，豈不謂之損乎？故上下交則泰，不交則否。自損者，人益；自益

---

26 按：「十方俱擊鼓，十處一時聞」出《首楞嚴經》，故云「教中」。見《大佛頂如來密因修證了義諸菩薩萬行首楞嚴經》卷6，頁130c。

27 《嘉泰普燈錄》卷4，頁87b。按：《五燈會元》說惟勝逕往黃龍，疑誤。

28 《五燈會元》卷17，頁658b。按：《禪林僧寶傳》不載慧南傳惟勝事。《嘉泰普燈錄》卷四載此傳燈事於慧南離黃檗之前而謂：「值上堂，踞座曰：『鐘樓上念讚，床脚下種菜。若人道得，分半院與伊。』師出答曰：『猛虎當路坐。』檗大悅，徐以法席付之，諸方宗仰。」後來之《續傳燈錄》卷一五根據其說云：「南一日舉古德『鐘樓上念讚，床脚下種菜』話令眾下語。勝云：『猛虎當路坐。』南喜之，遂退院令住，而居于積翠菴。」以當時十方住持之選任慣例看，應以《五燈會元》之記載差近事實。是年筠州太守為董儀，生平事跡不詳，只知他以都官郎中知筠州，並於其地推廣州學。

者，人損。情之得失，豈容易乎？先聖嘗喻人為舟、情為水。水能載
舟，亦能覆舟。水順舟浮，違則沒矣。故住持得人情則興，失人情則
廢。全得而全興，全失而全廢。故同善則福多，同惡則禍甚。善惡同
類，端如貫珠；興廢象行，明若觀日。斯歷代之元龜也。**29**

用《易經》之泰卦與否卦來解釋「得人情」及「失人情」之道，並以之論住持
之能興或廢，如同使用儒家之語言論事，而慧南以此「俗諦」來開導其弟子，
可見其不囿於佛家成見之寬廣胸襟。事實上，住持之成功與失敗，繫於他與寺
院內外的互動和人情應世之周全，確實與寺院之順逆興廢息息相關，不能因自
囿於禪宗之超越「俗諦」而予以忽略。慧南以「先聖嘗喻人為舟、情為水。水
能載舟，亦能覆舟。水順舟浮，違則沒矣」之說來強調人情之重要，而希望其
弟子重視，可以說是延續黃龍法脈的重要因素之一，是他嚴整其宗風所做努力
之一部分。

惟勝住持黃檗山期間，不知因何故而繫於圄圉。故回黃檗之後，曾託其屬
下某恭侍者齎信致慧南，慧南遂作〈與黃檗勝長老〉一書慰問之。**30**因為他自己
住廬山歸宗時，曾因歸宗失火而下獄，故知惟勝「一百日圄圉之苦，苦不可
當。」而以「一旦回山，山水之樂，樂不可及」來撫慰其弟子。但是佛家本以
「苦」為四聖諦之首教人，若原苦樂之來，苦實為當然之事，而樂又何足以
喜？慧南之書，也以優美的四六句法進一步發揮他對苦樂二法的詮釋，略謂：
「觀苦樂二法，來無所從，去無所至。原去來之絕朕，若幻妄以奚追。」這是
說苦樂之來去既無從得知，其朕兆也如幻妄之現象，也無從追問，因此就不用
為其煩惱。他然後說：「積翠菴深，便有始終之計；紅塵事冗，休起經營之
心。」勸導惟勝應該視黃檗深山為其住持之地，有始有終。而紅塵之事太繁
冗，不應起經營俗事之心。惟勝因在其信中說：「業種難忘，現行相會。」似
表示他難忘被繫獄中之經歷，實是其業種造成的現世報。慧南乃喻之曰：「水

---

29 《禪林寶訓》卷 1，頁 1020c。

30 慧南，〈與黃檗勝長老〉，《集洪州黃龍南禪師書尺》，頁 18a。以下引文皆出此
函。

或清而或濁，沙土渾之；月或明而或闇，雲霧障之。今水月喻者，我之性也。沙土雲霧，業種現行也。於彼自分，於我何能？熟繹斯言，則朗然絕念。」大意謂水有清濁之分，是因為沙土使清變為濁。月有明暗之分，是因為雲霧遮蔽之而使明變暗。若以水月來比做人性，則沙土雲霧就是業種現行。沙土雲霧自有其造成清濁或明暗之分，我們又能如何？他希望惟勝認真考慮他所說之語，就會心胸開朗而不再為繫獄之經驗而煩惱了。他還提醒惟勝說：「山有筍菌，園有芋栗。爛蒸焙煮，可以自飽。水有白石，林有青草，或坐或臥，足以忘憂。」意思甚明，就是要惟勝安於順逆，不為非他所能控制的「業種現行」而煩惱，以淡雅閒靜的心情去享受黃檗山上的筍菌，積翠園裡的芋栗，隨自己的喜好去蒸煮而食，自飽自安。還要去享受自然山林，白石青草，坐於片石之上，臥於白雲之間，這就足以樂而忘憂了。慧南此書所表現對弟子的真情關切，也是其弟子深深敬重他而能堅守師訓，維繫黃龍系命脈的重要原因。

　　同樣的師徒之情亦見於慧南致景福順之書。景福順已見於上文，是慧南的老弟子。他因曾住持洪州上藍及隆興府東山景福寺，故或稱上藍順，或稱景福順。《集洪州黃龍南禪師書尺》含慧南致景福順書翰八首。〈與順首座〉一首當是慧南在黃檗山時作，其〈與雙嶺順長老七首〉當是慧南晚年在黃龍山時所作。此處一併討論。

　　〈與順首座〉一函，先說景福順之友安上人於往年自景福順所住之西山香城來訪，談到他「夏隱龍泉」，秋初上西山之事。而慧南跟他所談者「皆玉屑金錢，大丈夫之不寶也」。如今安上人又來，慧南自己對去年所談之事甚覺慚愧。他對景福順所造就的弟子「寶與諒」兩位禪師都能在「近來大開口」地傳法，而不願返山林，表示關切。對另一弟子勝業惟亨是否是否仍「法用如昔」也很關心，因為惟亨曾來書給他，而他未及答覆，故隨此書垂詢。最後說他目前有十二、三位從四川來之弟子，仍在「作夢」，且莫以順首座等人之經歷來驚擾他們。全信如說家常，但仍不掩關心徒子徒孫之意，表現了他嚴峻之外煦煦濡濡的另一面，是其弟子敬愛他的原因之一。

　　慧南另有〈與雙嶺順長老七首〉應是寫於熙寧元年（1068），也就是他在黃龍山之第二年。慧南六十五歲入黃龍山，在黃龍約三年餘，最後在翠巖終其

餘生，享年六十八歲。寫此七函時，景福順已經是任一寺之主，故慧南以長老稱之。七書所涉之事甚多，但不乏他與禪友及弟子間之問候與勸勉，充分證明其所建立之「宗盟」所發生的作用。第一書先說泐潭曉月於去秋來書言景福順「受洪人之命開法於雙嶺」，並宣佈嗣法於慧南。此事大概發生於治平四年（1067）秋天。書中又云至該年冬天，其另一法嗣泐潭洪英（1012-1070）携景福順之函來訪，乃確知景福順開法洪州雙嶺，且拈香嗣其法之事不謬。他在回書中雖很自謙地說：「予無所取，何堪人師？」但仍不忘提醒順長老說：「蓋長老不昧於心，未忘所得，緣成果熟，會遇若斯。更須虛闢三昧門，以俟四方眾，慎勿須臾有倦色。」[31]這是表示他對順長老能夠不忘師說表示讚賞，但還是希望他敞開佛所授的無量三昧之門戶，以待四方禪眾，勿在須臾間有任何倦色。

慧南大概在寄出第一函後不久，又於次年秋末另寄一函，仍續前書所說，表示接到洪英携來之順長老書翰後，確證他應洪州守之命住持雙嶺。這對他來說，可謂大事，故以四六文之方式，重申對順長老之嘉獎及鼓勵之意，所謂：「審大藩之有命，配雙嶺之攸居。四弘深誓，故不違於眾願；一音演法，乃隨類以皆聞。續慧命而有歸，見師承之不昧。」是對順長老住持雙嶺後，能不斷傳授黃龍禪法表示感激，但仍對他有所期待而謂：「必須言行相顧，顛沛在躬，然後權實互陳，縱橫應物。觀時用事，努力自強，庶無忝於我先，誠亦光於爾後。」[32]如此再三叮嚀，不但要順長老言行合一，親嘗頓挫，而且要「努力自強」，「無忝我先」，可謂用心良苦。其弟子見此用心，能不時時自省，處處以維護師門之統續為念嗎？

慧南在黃龍山時，弟子多人常入山問候起居。順長老亦屢託人携書來問，慧南似乎有信必答。其第三書是答順長老託黃檗惟勝携來之函。惟勝雖為黃檗山長老，但此時與真淨克文（1025-1102）在雙嶺，故順長老趁他欲入黃龍山看慧南之時，託他送「建茗」以及雙嶺所作「碑文」拜候。[33]慧南在答書中自述其

31　慧南，〈與雙嶺順長老〉，《集洪州黃龍南禪師書尺》，頁 15b。
32　慧南，〈與雙嶺順長老〉，《集洪州黃龍南禪師書尺》，頁 15b-16a。
33　同前書，頁 16a。

在黃龍山領山之大概，頗能顯現他對熙寧前後叢林之印象。書中說：「深秋來，法候無恙，住持已成倫序，修造甚宏壯。然利益之事，不可暫輟，又須方丈內不廢朝晚端座，以傳新學而師之。今來諸方皆皷邪說，蕪沒正法。後輩罔測，將謂佛法只止於此。乃須牽強精進，關而治之，免使吾道將墜於地。」[34]這是表示自己在黃龍山任住持，所有營建興革，倫常次序都已上軌道，但他仍須不廢傳授，關治邪說，免使後輩不知佛法之深，而不求精進。雖然是夫子自道，與弟子共勉之意甚明。其第四函，更重複斯言，明揭此意。此函應是繼第三書後不久即寫，書中略言兩人分離已歷經一夏，「彼此山居，以道自牧，諒各得其宜。不急之務，委於知次第人，無乃區區自小？」[35]這是說順長老應該把寺內不急之務委任各單位負責人處理，不要做一般非住持處理之小事。身為長老，他的任務應該是「朝晚之間，丈室焚香，以第一義諦，警於四方來者。」[36]慧南所說的「第一義諦」即是如來所說之「無上甚深之妙理」，是「無名無相」、「絕議絕思」之理。[37]也就是他的「黃龍三關」所欲傳達的訊息。在信之末尾，他仍說：「秋深，凡百愛重。」可見是秋末所寫。

　　順長老在雙嶺傳法頗受地方官之支持，他也向慧南匯報其事，同時也表示其難處，故慧南在其第五書中鼓勵甚殷，大略說某分寧著作郎歸來黃龍，傳來順長老之書，因而獲知太守率文武諸官入雙嶺寺聽其陞座說法，對他頗能相推善，可見他能「道契賢侯，緣洽勝藩」。在慧南看來這「實非偶然」之事。至於順長老所感到難處之事，是與州府官吏相周旋。慧南以為：「彼上寺，膏腴檀信，足可安眾，祇要寬大善巧，用副羣心。法門假人弘道，當便著力擔荷，以報佛恩。」[38]大意是說雙嶺是個上寺，有肥沃之地及豐富的檀施，安定寺眾不成問題。只要住持能夠寬大為懷，善巧方便，滿足信眾之心，就可以維持。也

34　同前註。

35　同前書，頁 16b。

36　同前註。

37　《大明三藏法數》卷 1，頁 443a。

38　慧南，〈與雙嶺順長老〉，《集洪州黃龍南禪師書尺》，頁 16b。按：分寧即今之江西修水，是黃龍山所在地。

就是說，視官吏為信眾或檀越，獲取他們之信嚮與支持，使法輪常轉而不衰。如此，便不會有委曲求全之感覺。重要的是要知道祖師法門需要假人力來弘揚與扶持，而這個人就是住持。所以身為住持的順長老應當認清自己的角色，扛起住持之責，「著力擔荷」法門重任，以報佛恩。

這種以住持重任為核心的言語，再三地出現於慧南致其弟子的書信中，可以說是慧南書尺的特色之一。他對順長老的反覆提撕，包括以上對「第一義諦」的重視及「著力擔荷」佛法以報佛恩之強調等等，代表黃龍系師傳的主要精神。在第六書又以不同的形式出現。此函先說他在黃龍山「安居無事，足以遂性。」雖然「久不奉書」，但相信順長老移居洪州上藍後，「住持康靜，眾僧安然。」[39]他又聽說溈潭曉月送走杜轉運使之後，[40]只盤桓於洪州上藍順長老處，故要他按叢林規制禮遇曉月，勿使曉月有不舒適之感覺。他還指導順長老與官府要員來往之道，略謂杜運使來履新後，必會接見住持，而自己與杜運使是舊交，情分仍應與往昔一樣，他如今派人送發邀請書來請順長老，理應入城伸起居之禮，此是合乎世理常情的，若不然，則成了「負義之人」，而無可取之處了。此函提醒順長老應重視禮法，尊敬耆宿，通達人情，講信修睦，做一位尚賢重義的住持。所說的都是儒家道德修養之教，可以窺知慧南學問根柢之大概。

在同一書函上，他還提及蘄州四祖山法演禪師之來書。四祖法演為其法嗣，在黃檗山時即跟隨他。在第五書之末，他曾說「蘄州四祖馳書及廣教、石陂、月頂、三角，俱通法嗣。」此書又說：「四祖近有書來，言左眼不見物十餘日。今見命醫人，須至金錍刮去其膜。可憐好人而有斯疾。」對弟子之眼疾，表現了不尋常的關切，令人不難想起孔子對其弟子冉耕病重所發的「斯人也而有斯疾」之嘆。當然，他還是念念不忘教誨弟子記住住持之責任，再次強調「住持凡百領眾，以佛法為懷，省出入、慎言語；方丈以本事語人，勿聚首吃飯空過。」[41]這種勸說，表明了他對住持有非常具體的要求標準：（一）以佛

---

39 慧南，〈與雙嶺順長老〉，《集洪州黃龍南禪師書尺》，頁17a。
40 此人疑為杜植，參看本書第二部分書尺。
41 慧南，〈與雙嶺順長老〉，《集洪州黃龍南禪師書尺》，頁17a。

法為懷，（二）進退有節，勿貪緣求進，（三）謹慎言語，（四）以本事來教人，而不飽食而荒度時日。這些都是一般進德修業的道理，而慧南並不以為簡單易行而忽略之。

慧南致順長老的第七書，雖然仍是談論住持之道，但不再是勸勉弟子，而是對弟子敞開胸懷的自我檢討。原因是他原來在黃檗山積翠菴傳法，打算在黃檗退隱終老，但是被廣平公程師孟（1015-1092）請到黃龍山去任住持。書中說這是「被廣平公奪吾志」。所以，他雖然如今住在黃龍山翠巖，有「外物頗豐，安眾甚穩」之享受，但覺得「便不及清平長樂也」，是一大遺憾。雖然如此，他還是「欲入城見大卿，向程師孟感謝受知己之懷，以全人倫之道。「奈何夏制在即，恐到彼不從容。一等放到秋間去，足可盤桓也。」他也修書託回去復命之都兵，跟程師孟表達此意。不管如何，他畢竟覺得「吾老邁，只遂性於積翠太高，今卻趨謁邇王人之門，有失道體。」對於自己已經老邁，只應在黃檗積翠菴之高處遂其貽養之性，但卻奔走於近處的王公之門，真是「有失道體」。他覺得不管程師孟請他至黃龍是出於「好心」或「不好心」，他都應該在被請之當時，「堅執不允」。因為他的選擇根本「於己無害」。結果，因為自己思慮不周，不能堅執己見，弄得黃檗及黃龍兩地之住持人選及知事，都因自己的不能堅持而在兩邑（高安及分寧）被「摧殘」，而所以有今日之困難。這種因弟子遇困境而以自謙自貶之方式反躬自省，是慧南啟迪弟子扮演好住持的做法，與他的循循善誘是前後一貫的。

其實慧南在黃檗之時間最長，所以在積翠收了許多弟子，其中跟隨他到黃龍山去的不乏其人，出世後也有雄踞一方如黃檗惟勝者，亦有安於小寺如上藍順長老者。但不管是大剎或小寺之弟子，慧南對對他們都一視同仁，不忘提醒他們宗門住持應世接物之慣例，深怕他們以住持之身分壞法亂紀。他的〈與聖壽元長老〉一書，也是個典型的例子。此書約寫於寄順長老七書之時，是後來入黃龍之後，寄給吳江（蘇州）聖壽寺的報本慧元（1038-1092）的。[42]報本慧元應是從慧南在黃檗初期的弟子。他一「至南禪師法席」，便「一言相契，侍

---

[42]　慧南，〈與聖壽元長老〉，《集洪州黃龍南禪師書尺》，頁12a。

奉七年。」[43]揆諸慧南寄慧元書所說「因念汝離黃檗十有餘年」，可知他可能在黃檗期間就已出世。但惠洪卻說：「治平三年春，〔慧元〕至黃龍。時南禪師來自積翠，龍眾如蟻慕而集。」[44]疑惠洪不知慧元早已投慧南，並於慧南在黃檗時期出世，而以為他遍歷名山而不遇真師後，才入黃龍山投慧南。後來曉瑩說「湖州報本元禪師侍南公於黃檗」，[45]糾正了惠洪之誤。不管如何，慧南之作〈與聖壽元長老〉，時間已在其晚年，他說慧元離黃檗之後，「一錫飄然蹤不定」，可見慧元出世之後，一直無落腳處。故慧南勸慰他說：「雖知白而守黑，奈果熟而自香。」後來入了吳江聖壽，顯然是果熟而自香之時。因為這時已經是住持，故慧南說：「緣在吳江，應時而出，宜遵聖賢規範，如說而行。勿效庸鄙之流，唐言自恣。凡百住持，必須甚護，此不盡書也。」[46]這是叮囑他遵祖師軌範，篤實踐履，勿效那些庸鄙之僧，胡言亂說，真正盡一住持護持正宗之職。所謂「唐言自恣」，本《莊子・天下篇》的「荒唐之言」與「恣縱」之態度。也就是他不希望見到慧元用荒唐曠大無極之言與放任自縱不守規繩之態度行住持之職。雖然慧元應會遵守師訓，但慧南還是要告誡他，既然已經升格為住持，更應該確實遵守祖師之道，維護家門宗風。

惠洪還在《林間錄》說「師初開法。法嗣書至。南公視其名，曰：『吾偶忘此僧。』謂專使曰：『書未欲開，可令親來見老僧。』專使反命，師即日包腰而來。」[47]此即是《集洪州黃龍南禪師書尺》卷首序文所說的：「湖州報本元禪師，其見於《林間錄》謂：『〔慧〕元開法吳江聖壽，投黃龍法嗣書。南公視其名曰：『吾偶忘此僧，書未欲開，可以親至。』元遂輟住持事，即日腰包而來。」[48]根據上文所引的〈與聖壽元長老〉一函來看，惠洪的記載顯然有誤。他在《禪林僧寶傳》的報本元禪師傳雖也重複慧南令報本元「自來」之說，而

43 《建中靖國續燈錄》卷 12，頁 189a。

44 《禪林僧寶傳》卷 29，頁 556b。

45 《羅湖野錄》卷上，頁 977b。

46 《羅湖野錄》卷上，頁 977b。

47 《林間錄》卷下，頁 644b。

48 《集洪州黃龍南禪師書尺》卷首序文。

云：「〔元〕住吳江壽聖寺，遣僧造黃龍投嗣法書。南公視其款識，未發。謂來僧曰：『汝亟還，令元自來。』僧反命，元輟住持事，策杖而來。」[49]但其語中並無「偶忘此僧」之句，且此種說法，也不像慧南之為人。故曉瑩見慧南之信，不禁也說：「今觀其〔按：南公書尺也〕委曲如是，豈偶忘其名耶？」[50]

慧南「偶忘」其弟子慧元之事雖不太可能，但慧元來黃龍訪其師應該是可以相信的。只不過惠洪記載此事，在《禪林僧寶傳》與《林間錄》之間，有些出入，令人對其事的真相不無疑問。《禪林僧寶傳》說慧元到了南昌，「見寶覺禪師出世說法，知南公已化逾月，乃復還吳中。」[51]也就是說慧元已到了黃龍山，但慧南已經辭世，由其弟子寶覺祖心（1025-1100）接其住持之席。而《林間錄》卻說，慧元「至豫章，聞南公化去，因留嘆息。適晦堂老人出城相會，與語，奇之，恨老師不及見耳。」[52]《林間錄》之說顯示慧元並未到黃龍山，而寶覺祖心出城與他晤面交談後，頗奇其人，還為老師之不及見他感到遺憾。此描述頗為奇怪。慧元既至豫章（按：即南昌），便無理由不上黃龍山。他「聞南公化去，因留嘆息」，到底是留在豫章城裡或黃龍山？而祖心在黃龍山領寺，為何要「出城」與他相會？除非他知道慧元為其法兄，為表示尊禮，聞他欲來黃龍，遂出分寧城與他相會。其實，慧元是寶覺祖心之同門法兄，寶覺應知其人，但《林間錄》之說，給人予祖心對慧元相當陌生之印象，頗不合理。

不管如何，慧南在黃龍山約住了三年餘，六十八歲時遷寂於翠巖，繼其席者，就是後來名盛一時的寶覺祖心。祖心原投雲峰文悅（998-1062），在其處留止三年，以文悅孤硬難侍，而告悅欲離去。文悅告以必往依黃檗南公。祖心遂至黃檗。惠洪說他「至黃檗四年，知有而機不發」，似是說他在黃檗四年之間，明知慧南之道，但不能發機。因而又辭黃檗，再上雲峯。不巧逢文悅謝世，因就止於石霜。因為「無所參決」後又歸黃檗依慧南。惠洪記載此事時解釋其歸黃檗之原委說：「試閱傳燈，至僧問多福禪師曰：『如何是多福一叢

49　《禪林僧寶傳》卷29，頁556b。

50　《雲臥紀談》卷下，頁39a。

51　《禪林僧寶傳》卷29，頁556b。

52　《林間錄》卷下，頁644b。

竹？』福曰：『一莖兩莖斜。』僧曰：『不會。』福曰：『三莖四莖曲。』此時頓覺親見二師，徑歸黃檗。方展坐具，南公曰：『子入吾室矣。』公亦踴躍自喜，即應曰：『大事本來如是，和尚何用教人看話下語，百計搜尋？』南公曰：『若不令汝如此究尋，到無用心處，自見自肯，吾即埋沒汝也。』」[53]這番話，代表慧南讓祖心下了一番錘鍊的工夫，自己見道，才認可他。而祖心也以「但有纖疑在，不到無學，安能七縱八橫，天迴地轉」之態度，[54]不斷往慧南丈室咨決雲門語句。雖然慧南似乎起先有點不以為然，但最終還是肯定他。[55]後來他去參翠巖可真（?-1064）禪師，可真與之語，大奇之。可真在叢林號「真點胸」，是慧南師弟。據惠洪說，他「英氣逸群，不虛許可。」[56]但他對慧南是非常敬重的。惠洪還說慧南住廬山歸宗時，「火一夕而燼，大眾譁譟動山谷，而黃龍安坐如平時。桂林僧洪準欲掖之而走，顧見叱之。準曰：『和尚縱厭世間，慈明法道何所賴耶？』因徐整衣起，而火已及座榻矣。坐是入獄，郡吏發其私忿，考掠百至，絕口不言，唯不食而已。兩月而後得釋，鬚髮不剪，皮骨僅存。真點胸迎於中塗，見之，不自知泣下。曰：『師兄何至是也！』黃龍叱曰：『者俗漢！』真不覺拜之。」[57]惠洪之描寫，可以看出真點胸與慧南師兄之情。又有一次，可真見慧南說：「我佗日十字街頭做箇粥餅主人，有僧自黃檗來，我必勘之。」慧南說：「何必他日？我作黃檗僧，汝今試問。」真點胸便問：「近離什麼處」慧南曰：「黃檗。」真曰：「見說堂頭老子腳跟不點地，是否？曰：「上座何處得這消息來？」真曰：「有人傳至。」南公笑曰：「却是汝腳跟不點地。」於是可真亦大笑而去。[58]「腳跟不點地」是黃檗希運（?-850）之首座揶揄他的話。因為希運弟子臨濟義玄（?-867）一日坐在僧堂之前，見希運來，便閉目不視。希運向他做「怖勢」而歸方丈。義玄隨後來其方

53　《禪林僧寶傳》卷 23，頁 530b。

54　同前註。

55　同前註。

56　《林間錄》卷上，頁 599b。

57　同前註。

58　《林間錄》卷下，頁 625b。

丈向他陪禮，希運遂說：「此僧雖是後生。却知有此事。」當時首座侍立於旁，便說：「老和尚脚跟不點地，却證據箇後生。」黃檗於是「自於口上打一摑。」首座遂云：「知即得。」真點胸說「見說堂頭老子脚跟不點地」是在開慧南玩笑，暗指他跟希運一樣，應自於口上打一摑。而慧南聽說可真的消息是「有人傳至」而得，便也笑他才是「脚跟不點地」。兩人一來一往，互見機鋒，實因關係甚近之故。所以祖心之去參真點胸，當是慧南授意而去。祖心在可真處依止二年，待可真歿，乃還黃檗。此時慧南使其分座，令接納來者。其後慧南入黃龍山，祖心往謁慧南之友泐潭曉月。曉月以經論精義入神，聞諸方同列皆笑祖心，乃謂：「政不自歇去耳，乃下喬木入幽谷乎？」意思是你怎麼由高往低走，棄明而從暗呢？祖心說：「彼以有得之得，護前遮後。我以無學之學，朝宗百川。」對曉月表示是竭誠敬仰而來拜。其間因小疾醫寓章江，當時江南西路轉運判官夏倚，[59]雅意禪學，見楊傑而歎曰：「吾至江西，恨未識南公。」楊傑乃說：「有心上座，在漳江。公能自屈，不待見南也。」夏倚立至章江見之。[60]

　　慧南應程師孟之召入黃龍之年，已經六十五歲，擔心黃龍住持無人接掌，於是作〈與心首座〉一書，召祖心來黃龍。依其書首之「爾〔邇〕自積翠分岐，黃龍尸柄」看，應該是寫於入黃龍之初年或次年。慧南在書中表示他入黃龍之後，雖享有生活於「白雲為帳，綠木作琴」的環境，但因「聞韻者多，知音者少」，不無遺憾。[61]尤其最近又聽說祖心在章江小駐，又要「挈囊游玩山水」，不免有不知何日能再相會之感慨，故說：「況吾年已老，住世將衰，可能回機，再為良會。」因此希望祖心能聽從他的意思，回黃龍山。何況，來到此山，可以見唐代鄂州黃龍山祖庭誨機超惠道場之風華再現。其四季景色，慧南如此形容：「春禽哜啄，飛鳥自得時哉。夏岳崢嶸，聳翠巍然悅目。秋風寂

---

59 按：原文說「漳江」，疑是「章江」之誤。夏倚於治平四年（1067）任江南西路轉運判官，大概至熙寧二年（1069）慧南辭世以後，故云「恨未識南公」。

60 同前註。《禪林僧寶傳》卷23，頁530b。

61 慧南，〈與心首座〉，《集洪州黃龍南禪師書尺》，頁20a。按：原文「爾」，應讀成「邇」。

淡，每敲松竹之餘音。冬雪飄飄，密洒亭臺之素色。」[62]慧南向祖心指出黃龍山這種春禽、夏岳、秋風、冬雪各得其時、景趣各異之變化，使它成了「道人頤養之地，衲子安恬之方。」希望祖心能夠來此和他「共畢此生」，並希望他「且勿他往」。可見祖心見慧南之書後，確實從其師之語歸黃龍，而在慧南於六十八歲入寂之後，繼黃龍之席，時年不過四十五歲。當然，這也少不了地方官的委任，所以《嘉泰普燈錄》說：「郡守及龍圖徐公禧挽師嗣居。」[63]龍圖徐公禧即是黃庭堅的姊夫徐禧（1043-1082），他在《寶覺祖心禪師語錄》序文中說：「熙寧二年，洪州黃龍山南禪師宴寂，郡以其徒心師繼焉，而陞座於縣之雲巖院。余邀同學十數人，焚香側立，以聽其所謂示眾者。」[64]文中所說的「心師」即是祖心。徐禧原已知祖心，此時「益信異之」。在祖心主黃龍山禪席之十二年間，徐禧宦遊之餘，每歸分寧，必登山親承祖心教益。熙寧八年（1075），他出任御史，祖心門下弟子名子和者，以所集之祖心語錄請他作序。元豐五年（1082）他以右正言卸渭州知府任，既歸分寧，請祖心就黃龍山下之雲巖為眾說法，還寫了篇很長的邀請疏。後由黃庭堅擘窠大書，鐫於翠琰，高照千古，為叢林盛事之傳。[65]

祖心隨慧南在黃檗山時，曾遇慧南因監收一職未得人而面有不豫之色，[66]祖心因薦副寺慈感為監收。慧南答曰：「感尚暴，恐為小人所謀」，遂未用之。慈感之名號為福嚴慈感，四川潼川人。他在慧南黃檗座下任副寺，大概是鐵面無私且易於暴怒，故慧南覺得他不適任監收之職。可見慧南頗有知人之明。果然慈感後來以「面目嚴冷，孤硬秀出」，為叢林目之為「感鐵面」，遂以「感

---

62 慧南，〈與心首座〉，《集洪州黃龍南禪師書尺》，頁 21a。
63 《嘉泰普燈錄》卷 4，頁 85b。
64 《寶覺祖心禪師語錄》頁 216a。
65 《羅湖野錄》卷上，頁 977a。
66 見《禪林寶訓》卷 1，頁 1020b。按：「監收」一職，負責出入租息、穀米等物之詳細交納，也就是凡收租之事皆其職掌。見《百丈清規證義記》卷 6，頁 742b。「副寺」原稱「庫頭」，後稱「櫃頭」，掌常住金穀錢帛米參出入，為監院之副，凡事與監院和衷共濟。一切煩雜瑣碎之事，監院不及照管之處，賴副寺治理。見《敕修百丈清規》卷 4，頁 1132b；《百丈清規證義記》卷 6，頁 724b。

鐵面」稱於世。[67]他在黃檗出世後，曾入江州承天禪院首眾僧。時佛印了元禪師
為住持。後佛印將遷居蘄州斗方，延譽於郡守，欲使之嗣法並接承天法席，遂
召慈感語其事。慈感辭曰：「某念不至此，和尚終欲推出為眾粥飯主人，共成
叢席，不敢忘德。然若使嗣法，則某自有師矣。」佛印心服之，但因已向郡守
推薦，不能改易，慈感遂開法承天，嗣法為黃龍之子，道價重一時，號承天
感。[68]此約略可見承天感為人之風格。

　　承天感任住持並宣示嗣法慧南之事，慧南實有直接的消息。他的〈與承天
感長老六首〉就是與承天感之間互通音問的結果。其第一函說，江州通守某
「曾比部」[69]曾移書至黃檗山說「新命一川客於承天開堂，率眾燒香聽法，聞師
子之吼，知黃檗叢林而無異獸。」[70]慧南接獲此書，難掩心中喜悅，所以在信中
告訴慈感此事，並誇讚他說：「此乃長老夙植善本，因緣會遇，致一時盛事之
如是也。」[71]當然他也不忘勸勉慈感再接再厲，要他「必須不忘本願，弘法利
人，慈懿謙恭，和合上下，使吾宗枝茂豐，以昌乎天下。」[72]而「使吾宗枝茂
豐，以昌乎天下」其實就是對已任住持的門人之一貫期待與勉勵，而其門人也
都盡力實現，使變成事實。黃龍一系能夠盛極一時，這無疑是很重要的因素之
一。

　　慧南對慈感知之甚深，深怕他因為「面目嚴冷」或性格「孤硬」，不能處
事圓融而「為人所謀」。所以他在給慈感的第二書，特別開示他如何來面對複
雜的應世之道。書中說：「承天九江之要津，舟舡輳集，往來者皆朝廷之大
臣。今執佛祖之柄，而紀綱勝剎，陪奉去就，必須文質兼行，隨時而作，乃為

67　《林間錄》卷下，頁 636a。

68　同前註。

69　按：此「曾比部」疑為曾公亮子曾孝寬（1025-1090）因北宋曾氏於熙寧前任比部郎
　　中者只有曾孝寬，其任比部郎中之制由蘇頌撰，見蘇頌〈虞部員外郎曾孝寬可比部
　　員外郎制〉，《蘇魏公文集》卷 33，頁 477。

70　慧南，〈與承天感長老六首〉，《集洪州黃龍南禪師書尺》，頁 13b。

71　同前註。

72　同前註。

得也。俗家剛礦，其心未調，當曲成之，是吾佛最上之訓也。」[73]所謂「吾佛最上之訓」是在對地方守臣「陪奉去就，必須文質兼行」，因為「俗家剛礦，其心未調，當曲成之」，是種委曲求全之道。上文的景福順碰到同樣的問題，慧南自己也有類似經驗，自然不希望慈感因為不能「曲成之」，而獲罪於官。同書還勸導慈感應該移樽就教於當地的「大檀越周公」，雖然此人之身分不明，但既是「大檀越」，便是承天禪院之衣食父母，不能怠慢，所以說「大檀越周公老於聞見，凡百咨謀，理長而就。」[74]

同樣地，慧南在第三書仍闡發此義，繼續勸導慈感如何以「和光同塵」、「剛柔互濟」之態度與世相接，而說：「無自矜於我慢，勿自伐於尊位。要在和光而同塵，渾聲色而利物。潛通密用，剛去柔來。」他認為這樣才能做到「道闇然而內充，事翕然而外備。」對他來說這是「至人之要逕，達士之弘綱。」所以慈感一定要「慎而察之」，這樣才會步向「事無不濟」之坦途。[75]

以上慧南致慈感六書的前三書，都是教導慈感應世接物之道，其餘三書，則是教他傳法之工夫。譬如，其第四書，先表示路途脩遠，音書阻絕，希望他「領眾無撓，闡法有常。」然後指導他如何在像法之末，傳授俗世學人信士佛法之方，因言：「像季之末，人心憍蕩，讀聖人之言，而弗能究聖人之道，執法泥跡，汹汹然以病為藥，多矣。夫大知識達法之緣底，觀內外始終、毀譽有無，不能起異念。八風五欲，安能動哉？不然，何名「有力大人」也？然人有未至如此田地者，當以善巧方便而曲就之，勿令彼生惡念而潛行密用也。」[76]這番話分析世俗之信佛者，讀佛書多一知半解，未能究聖人之道。否則即是「執法泥跡」、「以病為藥」。慧南勸導慈感面對此類信士時，應該設法使他們變成「大知識」、「有力大人」，也就是能不計毀譽，不起異念，不為八風五欲所動，而又善於容忍者。若不能直接達到此種田地，則要以善巧方便之法，耐心誘導，委曲成全之。切勿讓他們心生厭惡，才能達到「潛行密用」的效果。

---

73 慧南，〈與承天感長老六首〉，《集洪州黃龍南禪師書尺》，頁 13b-14a。

74 同前註。

75 慧南，〈與承天感長老六首〉，《集洪州黃龍南禪師書尺》，頁 14a。

76 慧南，〈與承天感長老六首〉，《集洪州黃龍南禪師書尺》，頁 14b-15a。

　　慧南自己的「潛行密用」之法，也可稍見於其致慈感之第五書中。此書是回覆慈感年前所寄書而作，因為慧南自己「因循少便，不及馳答」，所以延了一段時間才回覆。書中首先對慈感擔任住持之表現予以褒獎，略謂：「累聞來客皆云：『住持次第，內外平帖』，不勝欣慰。」也就是說慧南聽來客常說慈感自擔任承天禪院住持以來，將寺院之次序整治得井井有條，寺院內外人事也安頓得平穩妥帖。所以身為其師的慧南，覺得「不勝欣慰」。慧南自己住在積翠菴，固然是「隨緣自遣，別無閑事」，但因「四方禪者，旦夕聞法，雖老亦不敢怠易，皆隨根量器而擊引之。」這可以說是他體現「潛行密用」的做法。他還告誡慈感，身為住持，不要自輕己力，只顧住持所管的人事等小事，應該「以所得道，方便展演，以俟來者，以期祖道光明，正眼不滅，庶後輩接續有據，無令墜乎吾道！不虛受其信施。」[77]也就是說，住持的終極任務是以其所得之道，以各種方便，推展演示，以待來者之學習，使佛祖之道放大光明於世間，正法眼藏不暗不滅。這樣後輩來接其法席、承續其道者，才能有所依據，不會讓祖師之道墜失，同時也不會有虛受檀越信施的感覺。所謂「無令墜乎吾道」，實是慧南此函之重點，因為祖道經過放大光明之後，要後繼有人，才能恆久不墜。所以住持之職，不能以大做小，只注意寺內日用簿書之小事，而不知發揚祖道。

　　對來積翠聞法之「四方禪者」存有「雖老不敢怠易」之用心，其實就是慧南在致圓通居訥書中所表達的「雖老不敢寧居逸體」的意思。同樣「不敢怠易」的意思，在他給慈感的第六書中，又再次地重複強調。此書當也是答慈感的問候而作，因為它首先說冬節在各地都有風寒的情況，顯然是因為慈感之書先提及冬節風寒之事。接著慧南說，雖然遇風寒之時節，還是要寂然防護佛法真諦。至於對寺內外紛紜不絕的人事，若以法界事理相融相攝、圓融無礙的道理來衡量，都非外緣，不能不顧。只要「開佛之見知，普照塵惑，無不清淨，又何憧憧者哉？」[78]所以他雖然「山菴無客」，唯有「四方禪子，疊跡往來」，

77　慧南，〈與承天感長老六首〉，《集洪州黃龍南禪師書尺》，頁 14b-15a。
78　慧南，〈與承天感長老六首〉，《集洪州黃龍南禪師書尺》，頁 15a。

但身為佛之弟子，「豈敢怠易？」，也各隨其根器，施以法食。總之，慧南就是要提醒慈感，身為承天寺之住持，他固然不能不關心寺內外一切大小事務，但還是要將心思放在方丈室內，旦夕思考佛祖之法，及如何叩擊學者，引導後進，使其人知佛法大意，如此才不至於空有善知識之名。所以說「旦夕方丈，思吾祖佛傳來之法，叩引後進，乃不虛善知識之名也。」

慧南對弟子的重複勸勉，雖然都是他關心弟子及佛法的表現，但或許會給讀者一種道貌岸然，習慣說教的感覺。其實，慧南對待弟子常如朋友一般，相當謙和客氣。與他們閒話出處之道、山林懷抱，如同至友。其書尺中〈與進首座二首〉可見一斑。「進首座」應是慧南在廬山歸宗時的弟子，慧南離歸宗後，他仍留在歸宗。故《建中靖國續燈錄》列「廬山歸宗進首座」之名於慧南法嗣名單中。[79]《禪燈世譜》稱之為「歸宗進」。[80]慧南接到棲賢曉舜遣人齎來黃檗之書，先後寄書兩首，向其問候。其第一書表示，接曉舜書後，乃「因念舊游，徧思諸友。」並因此而知道進首座「嘉遯龍盤，越世高蹈」，格調甚高。所以會「月大小而不知，世禘弋而不到。全毓其德，古今鮮及。」這是對自己弟子極高之誇贊。所以他「慕其德不能自罷」，因而寫書託回使向他問候。第二書開頭就說「久不修問，傾思丰榘，但役卑悰」，也就是表示非常想念的意思。然後很客氣地說：「恭惟幽谷潛踪，雙林演道，廓情塵而空色無礙，泯智解而心境俱忘。」[81]這些誇贊及敬慕之語，都不像是對門弟子所說，反而像對法友或前輩禪師所言。就像他希望祖心能來黃龍與他「共畢此生」一樣，不是對弟子有父子般之愛惜之情，孰能臻此？

以上析論，可見慧南主持叢林四大禪席，前後不到二十年，時間雖不算長，但是他教出的弟子，凡擔任寺院之住持，主持方面，都繼續跟他保持聯繫，敬愛至深。慧南在寄給他們的書尺中，也總是不厭其煩，一再勉勵他們，勿為世俗應酬之事所氣餒，而提撕警惕他們為法自愛，尊重信眾，不分貴賤，皆以佛門方便演道傳法。他希望他們堅守住持職務，不倦不怠，盡心傳授佛

<hr>

79　《建中靖國續燈錄目錄》卷 2，頁 17a。

80　《禪燈世譜》卷 4，頁 565a。

81　本段引文皆見慧南，〈與進首座二首〉，《集洪州黃龍南禪師書尺》，頁 11a-12b。

法，以報佛恩。在未收入其書尺集的〈與翠巖真書〉，他嘗說：「夫長老之職，乃道德之器。先聖建叢林，陳紀綱，立名位，選擇有道德衲子，命之曰『長老』者，將行其道德，非苟竊是名也。慈明先師嘗曰：『與其守道，老死丘壑，不若行道，領眾於叢林。豈非善守長老之職者？』則佛祖之道德存歟。」[82]「守道」不如「行道」，正是慧南屢屢警惕其弟子要委曲求全之原因，其用心良苦，實是昭然可見啊。至於住持以下的弟子，凡操守出眾者，他都不吝以摯友之心情對待他們，有時甚至敬重如師。這或許是一般開宗立派的禪師都會做到之事，但是能以書尺耐心開示弟子為住持之道而表現虛懷若谷之風度者，北宋禪師中，慧南是僅有之例，值得吾人特別重視。

---

82 《禪林寶訓》卷 1，頁 1021a。

第五章 老宿高禪無畛域

　　慧南為人謙和大度，珍惜友情，對叢林禪侶非常重視，既願就教於年長之禪師，亦樂於折節下交年輕之後學。他與圓通居訥（1010-1071）、棲賢曉舜（？-1064）、泐潭曉月（仁宗朝活躍）、雲峰文悅（997-1062）、大覺懷璉（1010-1090）等不同宗派的名禪都有來往，且與他們的弟子也論交，而其所寄書尺所表現的誠懇之情，略可顯示他與此數位法友及其弟子們所建立之宗盟關係。

一、圓通居訥

　　早在同安時期的六、七年間，慧南與當時廬山的圓通居訥、開先善暹（仁宗朝活躍）、歸宗自寶（978-1054）、棲賢曉舜（仁宗朝活躍）就被視為道行同列之禪師。南宋雲臥曉瑩（紹興朝活躍）回憶仁宗皇祐朝廬山叢林之盛況時，曾說此數位禪師「道望相亞，禪徒交往，廬山叢林於斯為盛。」[1]這些禪師中，自寶年齡較長，曾是慧南之師。曉月雖生卒年不詳，但慧南以師長輩待之，可見年齒較尊。其餘不相上下，或長幾歲，或差幾歲，居訥和懷璉甚至較慧南小八歲。雖然如此，他們出世較早，故慧南都以法兄尊之，熱心與他們結交，建立他的師友網絡。他有致居訥及曉舜之書尺各一首，可見一斑。其〈寄圓通訥禪師〉云：

> 慧南啟：春間沙彌去九江請戒，得附狀，敘起居攀謁之意。計其端直，想不浮沈。近人至，首詢高蹋，動靜得常，闡法安人，內外悅預，耳聞心喜，手舞足蹈，大都契分，有異常調，使人不覺如此，非佞也。此居深邃，聞人不到，唯挑囊疊足而至，各執白契，欲爭祖父田園，逞盡英

雄。不肯言我家醋淡，或進前叉手，或退後長噓，或當頭喝、末後拍，或現修羅相，或作女人拜，或自識病擔枷而來，或自具眼拂袖而去。出格入草，埋兵掉鬥，排賓主、列君臣，照用雷奔，機鋒電掣，呈盡藝解，做盡技倆。困也，等閒卻問「我手何似佛手」，卻道不得；「我腳何似驢腳」，不知落處。蓋迷其大法，而傀佃瞞頇，或撥動伊痛處，便與著炙，或爬動他養處，另別尋醫。雖老，不敢寧居逸體，唯談禪病，以警來蒙。道塗阻遠，不見吾友，望風懷想，寤寐成勞。人便，少此布問。**2**

此函透露出幾點值得注意之訊息。其一，慧南先說因沙彌「去九江請戒」，他得以附寄書狀，「敘起居攀謁之意」，後說「此居深邃，閒人不到」，「道塗阻遠，不見吾友，望風懷想，寤寐成勞」。這都顯示兩人已互相認識，而認識地點自然是慧南在廬山同安及歸宗之時，但此時他已離廬山，而在筠州黃檗山，故有「此居深邃」及「道塗阻遠」之說。居訥雖然是雲門宗徒，且較慧南年輕，但他入圓通時間甚早，傳法時間較長。慧南在廬山同安時即與他相交，此時在黃檗，再跟他重敘，自然非有意討好他，實因兩人之緣會甚深，關係不比尋常之故。其二，慧南既在黃檗，發現黃檗實為閒人不到之處，只有些出身互異的各方行腳僧，以不同之姿態來此向他問詢挑戰，各個使出渾身解數，爭辯不已。待問他們「我手何似佛手」及「我腳何似驢腳」，都根本無法回答。他認為這是因為許多人「迷其大法」，表現出「顢頇傀佃」，對佛法真義模糊不清之故。所以他只能對他們痛下針砭，讓他們知其不足。上文說過，慧南的「我手何似佛手」及「我腳何似驢腳」之問，早在同安時即有，所以至黃檗之初，仍繼續對學人設此二問，但尚無所謂「三關」。直到他在黃檗住了幾年之後，又在此二問之外增設了「生緣何處」一問，遂有了所謂「三關」。後來稱「黃龍三關」，是因為他入主分寧黃龍山之故。其三，此函既寫於慧南在黃檗初期，其年不過五十二歲左右，但是卻說自己雖然年老，但不願過寧居安逸之

2　《集洪州黃龍山南禪師書尺》，頁 2a。

生活，總是指摘「禪病」，以警惕後來之學者。

五十二歲的慧南，雖然離「年老」尚有一段距離，但比起四十四歲的居訥，稱老亦不為過。但是他卻不以老大自居，而主動以書信聯繫居訥，以「敘起居攀謁之意」，可見他已經不是赴石霜時那麼「自高」的求法僧，而是身段放低，姿態柔軟的傳法禪師了。他對居訥所謂「禪病」之指摘，是在同安時期開始登座說法即強調的主題之一。譬如，他某次上堂時便說：

> 敢問大眾，只如一問一答，還當宗乘也無？若言當去，一大藏教，豈無問答？為什麼道「教外別行，傳上根輩？」若言不當，適來許多問答，圖箇什麼？行腳人當自開眼，勿使後悔。若論此事，非神通修證之能到，非多聞智慧之所談。三世諸佛，只言自知，一大藏教，詮註不及。是故靈山會上，百千萬眾，獨許迦葉親聞；黃梅七百高僧，衣缽分付行者，豈是汝等貪淫愚執勝負為能？夫出家者，須稟大夫決烈之志，截斷兩頭，歸家穩坐，然後大開門戶，運出自己家財，接待往來，賑濟孤露，方有少分報佛深恩。若不然者，無有是處。[3]

慧南在此指摘的「禪病」就是倚賴「神通修證」、「多聞智慧」及「詮註」的禪識。他認為迦葉以來的祖師，及六祖之受黃梅東山之傳，都不是一般「貪淫愚執勝負」之人所能做到，這些人就是他信中所說從各地來「爭祖父田園，逞盡英雄」的行腳僧。慧南勸他們要秉承大丈夫堅毅剛烈之志，「截斷兩頭」，把過去所擁有的，及未來所希冀得到的，都一起截斷，立志出家。為此，他們需「歸家穩坐」，「大開門戶」，「分散家財」，以接待各地來往之人，賑濟孤單無父母之人，才能談禪，報佛深恩。

慧南認為「截斷兩頭」是專心務修證、習禪之條件。慧南欲習禪之徒立即放棄家業家財，為做法施，賑濟孤零喪父母之人。還要他們了解靈山會上「世尊舉花，迦葉微笑」的正法眼藏之傳，及黃梅東山五祖弘忍在七百眾中獨付法

3　《黃龍慧南禪師語錄》，頁 630a。

衣給盧行者慧能的道理。而不是來黃檗山逞英雄，爭勝負。他的「截斷兩頭，歸家穩坐」後來成了叢林的格言。楊岐系的圓悟克勤（1063-1135）用此為開示之語，在某次上堂時曾說：「大人具大見，大智得大用。胸中懷六合，袖裏掛金鎚。高提祖印據寰中，萬里孤光長溢目，直得清風匝地，雨灑長空，截斷兩頭，歸家穩坐。」[4]把「截斷兩頭，歸家穩坐」跟大人、大見、大智及大用縮合起來，且將「歸家穩坐」說成了「截斷兩頭」的結果，使「歸家穩坐」變成了參禪而領會「不二」的法門，是對慧南教法之進一步發揮。所以他還說：「且只如截斷兩頭一句作麼生？道：死生同一際，萬化悉皆如。」[5]是視死生為一，萬化悉如，不就是「不二」法門的內涵嗎？又稍後於圓悟克勤的蘇州靈巖和尚去一叟知訥（1079-1158）在《證道歌註》裏也說：「真妄平等，取捨悉如。如纔生疑心，即成巧偽。是以古德云：『截斷兩頭路，歸家穩坐。』」[6]他所說的「古德」，自然是慧南。而他顯然也把「截斷兩頭，歸家穩坐」拿來解釋成「真妄」二法（兩頭）了然無相，所以歸家穩坐參此義諦，即可見無相，以致於無空，無所不空之「不二」法門。

上文既說慧南的〈寄圓通訥禪師〉顯示「我手何似佛手」及「我腳何似驢腳」之設問，已經在同安時期便使用，而在寫〈寄圓通訥禪師〉時，尚無所謂的「黃龍三關」。所以「黃龍三關」之成立，應該是在慧南住黃檗之後的幾年。不過，這與惟白在《建中靖國續燈錄》所說互相抵觸。惟白是如此說的：「師室中常問僧出家所以，鄉關來歷。復扣云：『人人盡有生緣處，那箇是上座生緣處？』又復當機問答，正馳鋒辯，卻復伸手云：『我手何似佛手？』又問諸方參請宗師所得，卻復垂腳云：『我腳何似驢腳？』三十餘年，示此三問，往往學者多不湊機，叢林共目為『三關』。」[7]問題是惟白所說之「三十餘年，示此三問」，表示慧南至其示寂前有三十餘年以「黃龍三關」設教。若是「三十餘年」是三十三、四年，則他是從三十四、五歲就開始以此設教，但他

4　《圓悟佛果禪師語錄》卷 1，頁 717b。

5　同前註。

6　《證道歌註》，頁 896b。

7　《建中靖國續燈錄》卷 7，頁 116a。

真正住山開堂說法之時間是在四十二歲，至其示寂之年不過二十六年，怎會有「三十餘年，示此三問」之可能？後來的《五燈會元》也如此說，無疑地是襲《建中錄》之說法。[8]筆者已辯說很可能是「二十餘年，示此三問」之誤。此外，「三關」恐不是同時出現，否則為何在〈寄圓通訥禪師〉未提「生緣」一問？也就是說慧南並非一開始就「示此三問」？很可能先有「佛手」、「驢腳」二問之後，才發現「生緣」一問之必要，乃增加一問，而成三問。如按惠洪的說法，他是在入積翠之後以黃龍三關問學者，那時他已五十二、三歲，至示寂之年六十八歲，不過十五、六年，則使用「三關」之語未及二十年。如欲符二十餘年之數，「三關」之用，應該自同安時期開始。但這似乎不是事實，所以比較可能的是「佛手」、「驢腳」二關已於同安時見用，而「生緣」一關為在黃檗時所加。惠洪說他入積翠之後以三關問學者，但是並未說「三十餘年，示此三問」，應該是比較客觀而正確的說法。後來《建中錄》等書的說法，其實都是想當然耳之言。雖然如此，「黃龍三關」一旦傳世，就成了慧南接引、勘驗學者之法，不但為其門下弟子傳法時所用，也為他宗的傳人所用。本書第三章已約略討論過，此處不再多贅。值得注意的是，慧南弟子於三關之問少有「湊機」者，慧南還是相當在乎弟子對「三關」之問的看法，所以還會打聽弟子對它的反應。譬如，他對弟子開元子琦（？-1115）之反應就很意外。子琦原原在開元智訥及翠巖可真（？-1064）門下，後至積翠參慧南，僅歲餘而「盡得其道」，且還繼續留在慧南身邊，乘間侍奉、商榷古今。一日，適有大雪。慧南指曰：「斯可以一致苔帚否？」子琦對曰：「不能。然則天霽日出，雲物解駁，豈復有哉？知有底人，於一切言句如破竹，雖百節，當迎刃而解。詎容聲於擬議乎？」慧南對其回答甚以為奇。又一日，慧南遣僧逆問子琦「老和尚三關語如何？」子琦竟屬聲曰：「你理會久遠時事作麼？」慧南聞之，益奇之。而子琦竟因此而「名著叢席」。[9]子琦此種似乎過激之反應，令人奇怪。尤其他以三關語為「久遠時事」，更令人不解。因為三關語是他入黃檗之後才

8　《五燈會元》卷 17，頁 652a。

9　《嘉泰普燈錄》卷 4，頁 88b。

知，怎麼是「久遠時事」？可見他用「久遠時事」一語之原因，可能是因他一入積翠不久，慧南已問過他，且對他的回答不置可否，所以年餘之後，他既已盡得慧南之道，就覺「三關語」對他早已是前塵往事，豈能再拿它來檢驗自己？

　　子琦對被逆問「三關」之語有點氣憤之原因，可以解說是他已經理解三關之問的道理。蓋三關有其內在的邏輯關聯，有「生緣」之問，才能使「佛手」、「驢腳」之問完整而成為「三關」。因為「生緣」之答案即是凡夫眾生有受生轉世等因緣，與釋迦未成佛之前無異。由於釋迦有佛性，可以成佛，凡夫亦無不同。因此，在大乘佛教眾生皆有佛性的前提下，凡夫之「我手」與「佛手」是等同的，而「我腳」與「驢腳」也是無差別的。這應該是不難理解，而三問也不難答覆。問題是慧南雖問這三個有邏輯關聯的問題，但是並不期待邏輯性的答覆，而是能夠脫出窠臼、超越葛藤而能表現智慧的「機語」。對於沒經驗的學者來說，這是不容易的。所以，惠洪說慧南「以佛手、驢腳、生緣三語問學者，莫能契其旨。天下叢林，目為三關。脫有詶者，公無可否，斂目危坐，人莫涯其意。」也就是說，多半學人都不能知其三問之意，即使有知而回答者，慧南也不置可否，所以人人都無法測其涯涘。子琦入黃蘗後，慧南必曾以「三關」之問勘驗之，而他在過了一年餘之後，已經盡得慧南之道，而又逢同參問「三關語如何」，對他來說豈不是一種侮辱？此是否能解釋子琦之其過激反應，只能聊備一說。筆者之焦點是，此故事證明慧南很在意他的「三關」是否啟發弟子的思維，是否治療了他們的「禪病」。因為這些都是他落實致圓通居訥信中所說「不敢寧居逸體，唯談禪病，以警來蒙」之說法。

二、棲賢曉舜

　　慧南在南嶽福嚴出世後，在廬山同安不但認識了圓通居訥，與其交好，同時也與棲賢曉舜（仁宗朝活躍）交游。曉舜號舜老夫，是雲門宗洞山曉聰（？-1030）之法嗣，與泐潭懷澄及洞山自寶屬同一系，與圓通居訥為同輩，與佛日契嵩為法門昆弟。泐潭懷澄的弟子大覺懷璉（1010-1090）少時曾問道於他，並

尊他為師，後來奉旨入開封十方淨因禪院，逢曉舜因故被迫還俗而來依他，對他頗為優禮。惠洪說「舜老夫天資英特，飽叢林。」**10**慧南的〈答棲賢舜禪師〉顯示曉舜與他還曾互通書信，交情甚篤。其書曰：

> 某啟：此月初八日，得所惠教，及真紫袈裟一條，批荷遠意，豈勝悚佩。伏喜以道自牧，以法度人，運與緣而俱享，福及名而共著。欽茲偉範，頗釋卑崇。恨乏飛錫之能，阻造盈籌之室。人情氣味，寧免依依。人回，少此布謝，兼問法候。**11**

此信看似平常，只是家常寒暄，但有其特殊意義。其一，曉舜不但致書慧南，還贈送他「真紫袈裟一條」，似是他主動先向慧南問候。其二，慧南藉機贊揚曉舜能以道自守，以法度人，故能「運與緣而俱享，福及名而共著」，這顯然是在曉舜被地方官「臨以事，民其衣」之前。**12**其三，慧南表示無法造訪棲賢，顯然他寫信之時是在黃檗，離廬山路途已遠，無飛錫之助以達造訪之願，故引以為憾。但他基於「人情氣味」，還是免不了依依眷懷之意。也就是慧南很重視他與禪侶之間的「人情」，希望能夠與曉舜維持密切的關係，儘管曉舜是雲門宗弟子，與他宗門不同。慧南曾在致其弟子黃檗惟勝的書尺上大談「人情」，雖然是就任「住持」之道而言，但足以見他在待人接物上對「人情」的格外重視。其語曰：

> 住持要在得眾，得眾要在見情。先佛言人情者，為世之福田，蓋理道所由生也。故時之否泰，事之損益，必因人情。情有通塞，則否泰生。事有厚薄，則損益至。惟聖人能通天下之情，故易之〈別卦〉，「乾下坤上」則曰「泰」；「乾上坤下」則曰「否」。其取象，「損上益下」則曰「益」；「損下益上」則曰「損」。夫乾為天，坤為地。天在下而地

---

10 《林間錄》卷下，頁 638a。

11 《集洪州黃龍山山南禪師書尺》，頁 2a。

12 《禪林僧寶傳》卷 18，頁 515a。

在上，位固乖矣。而返謂之泰者，上下交故也。主在上而賓處下，義固順矣，而返謂之否者，上下不交故也。是以天地不交，庶物不育；人情不交，萬事不和。損益之義，亦由是矣。夫在人上者，能約己以裕下，下必悅而奉上矣，豈不謂之益乎？在上者蔑下而肆諸己，下必怨而叛上矣，豈不謂之損乎？故上下交則泰，不交則否。自損者人益，自益者人損。情之得失，豈容易乎？先聖嘗喻人為舟，情為水；水能載舟，亦得覆舟。水順舟浮，違則沒矣。故住持得人情則興，失人情則廢。全得而全興，全失而全廢。故同善則福多，同惡則禍甚。善惡同類，端如貫珠。興廢象行，明若觀日，斯歷代之元龜也。**13**

這段話完全以《易經》別卦的卦象為基礎來解釋人情，實在不像出自禪師之口。所謂「乾下坤上」，就是所謂「地天泰」卦，而「乾上坤下」，即是「天地否」卦。兩卦意義相反，前者上卦為坤、為地；下卦為乾、為天。地屬陰氣，陰氣凝重而下沈；天為陽氣，陽氣清明而上升。此下沈與上升之流動，造成了陰陽交感，萬物通泰之結果，故卦名曰泰，而有「小往大來，吉、亨」之義，故慧南說「夫乾為天，坤為地。天在下而地在上，位固乖矣。而返謂之泰者，上下交故也。」後者上卦為乾、為天，下卦為坤、為地，與前者相反，陽氣之上升與陰氣之下沈，互不相通，以致天地閉塞，萬物咽阻，所以卦名曰否，而有「否之匪人，不利君子貞，大往小來。」故慧南說「主在上而賓處下，義固順矣，而返謂之否者，上下不交故也。」兩者之間的損益是很清楚的。

　　慧南以「否」卦來看人事，認為若「天地不交」，就會「庶物不育」，而「人情不交」，就會導致「萬事不和」。所以在上者必須「約己以裕下」，使在下者能悅而奉上。不能「蔑下而肆諸己」，使在下者不悅而叛上，兩者間的損益也是很清楚的。他還引用了《荀子》〈王制篇〉的：「君者，舟也；庶人者，水也。水則載舟，水則覆舟。」來解釋上下不能交的「否」態，認為「人

13　《禪林寶訓》卷1，頁1020c。

為舟，情為水；水能載舟，亦得覆舟。水順舟浮，違則沒矣。」為了能夠上下交流，水順舟浮，萬事興作，他主張任住持者要得人情，而且要「全得」，還要與人為善，做到「同善」之地步。顯然，慧南把他這種「人情論」也應用到與叢林禪侶之交往。他對棲賢曉舜所說的「人情氣味，寧免依依」，應當就是建立在這種人情論的基礎上的。

三、大覺懷璉

　　慧南入歸宗之前，在同安已與溈潭的舊侶大覺懷璉互通音問，因為他與懷璉有「十年之契」，而懷璉當時在圓通居訥門下掌書記，居訥又與慧南有聯繫，故兩人關係更深。懷璉於皇祐二年（1050）應皇命赴開封淨因禪院任住持，離圓通之前，給慧南留下一封信，故慧南有書答之云：

> 早歲，吾知有王城之命。愚作豫章，丐回山日，師已登塗。唯見所留下親書一封，發研厥旨，形雖遠而意轉近，情雖淡而道愈篤。翻思數十年林下之契，一旦東西而莫我睹，深所恨也。自後公緣紛沓，老病相兼，加以栖處窮僻，致答無由。近者修造回問法候及住持事，日甚寬泰，煩慰故人之心，又見對御言要及唱和句偈，不勝欽仰之極。而況運屬像末，濫竊者多。吾知言行素崇，德位相稱，足以發揚祖道，裨贊皇猷。非惟四海之幸，亦乃三界之幸。甚矣！謹因人行，少此為問。

此時慧南年約五十歲，竟說老病相兼，雖然是誇張之語，但多少也是實情。重要的是書中表現了他與懷璉原有十年之同門厚交之誼。他雖然被部分溈潭弟子認為是「負師」之徒，恐怕也使身為溈潭高弟的懷璉不無遺憾，從而也會在書信中略表不滿，但並不影響雙方之道交。所以即使要離廬山赴東京，懷璉還是跟他移書論道，此應是慧南說「形雖遠而意轉近，情雖淡而道愈篤」之原因。所謂「形雖遠」是因為懷璉已入東京，與在廬山歸宗的他相距越遠了。「情雖淡」有可能暗指懷璉與他的同門之情已經因為自己的被指為「負師」而轉淡，

但是兩人對道的認識與追求是越來越深的。不管如何，慧南對懷璉遣「修造」僧來問「法候及住持事」，[14]表示他已適應下來，身心愈感寬泰，希望能安慰故友之心。而對於他入宮面聖並在御前說法及與仁宗以詩偈唱和更感到欽佩。他表示知道懷璉素來都是崇重言行，而其言行與德位相稱，在皇帝之恩遇下，足以發揚祖道，實乃四海及三界之幸。他對懷璉的際遇表示高興，同時也以書信與懷璉維繫了宗盟之關係。

四、雲峰文悅

　　顯然，慧南入黃檗之後仍與他在廬山及他處結識的禪侶繼續維持密切的聯繫，也與先後出世而離黃檗的門弟子互通音問。其關係最深之禪侶以雲峰文悅（997-1062）、渤潭曉月為主，都不是同門師兄弟，但交情有過之而不及。雲峰文悅已於上文介紹，他是大愚守芝法嗣，而大愚守芝與石霜楚圓為師兄弟，都是汾陽善昭弟子，所以文悅與慧南都是善昭法孫，屬於同輩。文悅於大愚出世後，曾到渤潭澄禪師法席，因遇慧南，遂為道契。由於他的鼓動，慧南遂赴石霜參慈明，而有在福嚴嗣法慈明之際遇，且終於應了文悅所說「他日必為臨濟下宗主」之預言。[15]據慧南自己回憶，他曾同文悅遊湖南，文悅見衲子擔籠行腳者，驚異蹙頞。已而呵曰：「自家閫閾中物不肯放下，返累及他人擔夯，無乃太勞乎？」[16]清僧德玉（1628-1701）解釋此事說，文悅因見那些擔箱籠走方之衲子，既驚怪歎異而感到可憐，又攢眉蹙鼻而感到可憾，因而起慈悲心，施無畏辯，欲振拔其人。遂呵曰：「汝等自家閫閾中，是什麼葫蘆馬杓，不肯放下。而茫茫業識，返連累那人，不得自在肩擔背負，寧不辛苦太甚乎？」[17]德玉

14　按：此句或可解作慧南遣去東京致問的修造僧回來復命，敘述懷璉之身體與任住持之情況。不過，懷璉已經在東京淨因禪寺住持一年餘，其情況慧南當早有所聞。而慧南才入歸宗，懷璉遣人來問，較為可能。

15　《建中靖國續燈錄》卷8，頁136b。

16　《禪林寶訓》卷1，頁1020c。

17　《禪林寶訓順硃》卷1，頁467a。

並以此說明文悅之老婆心切。這段經歷應該是慧南出世福嚴之後，而入廬山同安之前所發生。[18]後來文悅自三衢入鄱陽，來謁薦福承古（？-1045），因而又見慧南。承古叢林號古塔主，初說法於饒州芝山，嗣法雲門，[19]輩份甚高。范仲淹守鄱陽之次年，即景祐四年（1037）請入饒州鄱陽薦福寺。文悅既入謁之，遂首其眾僧。慧南聞他已來鄱陽，遂遣使迎之，遂又讓他首眾僧於同安，助揚宗風。[20]其後洪帥請居西山翠嚴，次移南嶽法輪雲峯。慧南一直都與他保持聯絡。其〈與雲峰悅禪師二首〉就是寫於文悅在南嶽雲峰之時。這時，慧南五十八歲，在黃檗已七年。[21]他在書中說：「端居丈室，密論寸心。叱狂子之他游，運良謀而獨斷；矜憐末法，唱導羣方。」[22]此語大致說他在黃檗七年，平常居處都與門徒私下討論臨濟心法。對根器未熟而欲至他處遊方者，他都予以呵斥，而運用胸中之良謀來決斷施教之方，這實是由於憐憫末法之世，學徒迷失，有需要以一己之力來提倡正宗，誘導萬方。所表達的意思，與他寄給圓通居訥的信如出一轍。其第二書，表示兩度遣人赴雲峰法筵，致問於文悅。由於未獲回音，以致「寤寐以增思」。他還表示一貫的「丈室端居」，但不再「密論寸心」，而是「寸心廣示」了。而信中所謂「無內外，自遵夙警；得皮髓，知是何人。更闊化門，普益末世。見德悠遠，為法自崇」等語，[23]顯然是說自己有教

18　《禪林僧寶傳》說慧南離福嚴之後，在南嶽盤桓了一段時間，然後遊荊州，會文悅於金鑾，此應是此事發生之時。見《禪林僧寶傳》卷 22，頁 527a、529a。

19　按：薦福承古入鄱陽薦福寺之後說：「自從行腳以來，未曾似今歲被人逼令住院開堂作長老，此是衲僧第一不著便處。從今以去，被人喚作長老，或喚作善知識，大似被他劈面唾相似。」見《薦福承古禪師語錄》頁 436b。惠洪說初住芝山，後被范仲淹請入薦福。《薦福承古禪師語錄》亦說范仲淹「躬率四眾，就芝山迎師歸本院」，可見承古確是先住芝山，再入薦福。見《禪林僧寶傳》卷 12，頁 490a。由於他入薦福時間在文悅入鄱陽之前，所以文悅去拜謁他時，他正在薦福，故按理應首眾僧於薦福，但惠洪卻說「首眾僧於芝山」，是何道理？

20　《禪林僧寶傳》卷 22，頁 529a。

21　其書中說：「黃檗山中栖微跡，而年踰七秋。紫蓋峰前企高躅，而路遙千里。」《集洪州黃龍山南禪師書尺》，頁 4b。

22　《集洪州黃龍山南禪師書尺》，頁 5a。

23　《集洪州黃龍山南禪師書尺》，頁 5a。

無類，不分內、外，也知道重視文悅過去警策之語，能辨識誰能得皮或得髓。此外，更要擴展教化之門，普遍利益末法之世的羣生，讓他所施之恩德，可流傳長遠，讓眾生都能為法而崇重自己的生命。這雖然是夫子自道，但書予老友文悅，實有同心共金，相期共勉之意。

五、泐潭曉月

慧南之另一莫逆之交是泐潭曉月。曉月是泐潭石門山寶峰院長老，字公晦，豫章章氏子。他得法於瑯琊慧覺禪師，與文悅一樣，和慧南都是汾陽善昭的法孫，叢林號稱月公晦。據說他「性若天資，聰如神授。六經百子，三藏五乘，凡一舒卷，洞明淵奧。」他在瑯琊慧覺禪師門下出世後四十餘年，每日三時發揮宗教，略無少怠，深為叢林所重。[24]雖然與慧南為同輩，但較慧南為年長，故慧南頗尊禮之，還囑弟子黃龍祖心（1025-1100）參之。[25]慧南三次致書於曉月，[26]當都寫於黃蘗傳法之末期。第一函顯示他於某年春間先託人代為問候曉月，夏初從轉運判官潘夙（1005-1075）處得曉月答書及某「裴主客」書，[27]對他們的厚意銘感至深，不僅僅是欽佩而已。這時逢結夏之日，在山上無事特別希望能請曉月來山，俾相對拱揖，聆聽他的高論。可惜事情不能辦妥，徒增自己的懷想罷了。慧南用譬喻法來形容曉月之傳法，而說「滔滔泐水，巍巍石門，泛游者但見波瀾，出入者寧知高廣。必惟引濟，罔倦朝昏。」其意謂泐潭之水是滔滔不絕，而石門山亦巍巍崇高。但泛遊至此的人只見水流波瀾之壯，但出入石門卻不知它高大而廣闊。必須引導他們渡水，他們才不會因早晚之跋涉登臨而感到疲倦。慧南然後說自謙地說：「見識素淺，老病日生，道行不足

24　《建中靖國續燈錄》卷 7，頁 124b。

25　《補續高僧傳》卷 8，頁 153a。

26　慧南，〈寄泐潭月禪師三首〉，《集洪州黃龍山南禪師書尺》，頁 3b-4a。

27　按：〈寄泐潭月禪師三首〉之第一書中之「潘判官」，《黃龍山南禪師書尺集事苑》以為是潘興嗣，筆者不以為然。見本書第二、三部分之討論。

以資來者。」所以初春之時，太守請他到黃龍山，[28]他推辭遜避了，但夏初又傳語邀請，有安慰撫恤之意，讓他左右為難，猶豫不決。由於他視曉月和自己有「道契、義氣之深」，所以詳述被太守招請的經過讓他知曉。最後慧南決定接受黃龍山之請，未嘗不與曉月的鼓勵有些關係。

慧南致曉月的第二函，顯示曉月從渤潭來訪他住黃檗山的廬舍，所以他能從容地與曉月交談，聆聽他的高見，覺得都是「先佛骨髓之珍，非末學口耳之事。」後在五峰山之前道別，曉月在短短的時間內，就很迅速地回到千里之遙的渤潭。昨日接到曉月遣人送來之書札，書中推演禪法之真義，尤其足以慰藉他的情意。若自己從此退隱，也不會有其他念頭。只是擔心光陰流逝，年老體衰，不知何時再能與他重會。書中所傳達的深厚友情，及對曉月的敬意，是慧南賴以建立宗盟的根源。

慧南致曉月的第三函，勾畫了慧南心中對北宋叢林的印象。此函是因曉月之弟子上藍居晉寄來小束謂曉月不太寫書信，請慧南還是能夠透過自己的請求給其師寫信。慧南表示他與曉月「雖心照神交，不假與言」，但是旁觀者無法測知他們究竟所為何事。慧南認為「今天下執佛事柄老大者，唯師與愚，餘皆晚輩。」雖然蒙曉月兩度來訪，但他一回渤潭，闃然不見其人，慧南頓覺「神魂如失」，所以非要藉此機會表達他的思念之意，並向他問安。不過對他的退隱高蹈，「收鋪太早」，使初心學者無法如願拜其門下，深感遺憾，乃說：「春暖，喜法位康勝，去華取實，以道自如。迺高蹈之意，其如新學失其所望。恨師收鋪太早，餘希保重。」今考渤潭曉月法嗣五人，除上藍居晉外，餘皆無聞。[29]則慧南對曉月「收鋪太早」所感到的遺憾，竟成了曉月後繼乏人之讖語。雖然如此，他與曉月師徒之間的密切關係是有目共睹的。這可以從慧南的〈與晉禪姪二首〉得到證明。[30]

28　按：原信只說「故於春首，嘗形遜避，祇蒙傳語，夏初再督。」但依文義看，應是洪州太守程師孟招他入黃龍山，於初春時先通知他，夏初再敦請之。

29　《建中靖國續燈錄》卷2，頁124b。

30　慧南，〈與晉禪姪書二首〉，《集洪州黃龍山南禪師書尺》，頁11b-12a。

　　上藍在南昌，晉禪姪即是曉月的法嗣上藍居晉（生卒年不詳）。慧南之二書都是為答居晉書而作，時間應該是居晉在石門南塔居住之時。第一書意思甚簡，除了問他起居安穩之外，還以師叔之身分表示希望他在禪宴自如的清況下，「看讀古今語要，藏其羽翼，將來之用是所祝焉。」第二書表示他從居晉處得知曉月訪他的故交太守不在，[31]所以他只好等他歸來。慧南曾住石門南塔，覺得「春和日暖，花綻柳開，鳥語喧喧，水聲潺潺，是非名利都不相關。」是一種理想無憂的閒適之境。他說與其「走闤闠、趨金朱之門者，日夕相陪」，不如像他這樣，簡單的伺機送別。慧南在信末表示，「夏之去住，別得報之」，大意謂居晉夏天是去是留，希望他另行相報。此顯示他對這位禪姪的行止非常關心。與他寄給曉月之三書並讀，可見他與曉月師徒間之相契合，與綿延長久的「宗盟」關係。居晉出世後，入南昌上藍寺。該寺是宋代南昌的主要禪寺之一，後來程師孟（1015-1092）守洪州，曾請上藍文達住持其寺，一住約十年，道行大播。[32]居晉應該是在文達之前住上藍，因為在程師孟邀文達時，慧南也第一次受邀到黃龍山，但他並未行，仍留在黃檗山，也就是在黃檗時寫信給居晉的。據大慧宗杲說，上藍晉還在渤潭時，見其師曉月與慧南常共飯。此大概是慧南入石門南塔之時。慧南有定力，食飯較慢，而曉月下急，常一舉而盡，飲漱棄去，不管他人遲速。慧南屢苦之。居晉告訴慧南說：「師伯欲少待，但舉《楞嚴》一二義詰之，必忘所食，袞袞不已。」慧南試之，果如晉言。[33]雖然大慧之意是在說明曉月「有辯才」，故以經義質之，必滔滔不絕。但曉月師徒與慧南在石門南塔相處了一段時間，而且常「共飯」又論經義，其交情之深是很明顯的。

31 　按：書中之「潘牧」應為潘太守。或以為是潘興嗣，但潘興嗣未任過太守。

32 　《建中靖國續燈錄》卷 10，頁 161b。按：原文說「給事程公師孟請居上藍，一住十年」，「一住十年」應該只是個約數。程師孟請文達住上藍當是發生於程師孟在嘉祐五年（1060）八月後守洪州之時。如果是「一住十年」應該是住至熙寧二年（1069）八月。但是《建中靖國續燈錄》說文達於熙寧元年（1068）「辭眾坐滅」，如果是熙寧元年八月後，則其住上藍時間最多九年餘，可以說「一住約十年」。

33 　《普覺宗杲禪師語錄》卷 1，頁 66b。

六、明教契嵩

　　除此數位禪友，慧南也與明教契嵩（1007-1072）互通書信，雖其書尺集並無致契嵩之函，但契嵩文集含有寄給慧南之書兩首，而且依內容看，還有至少一書未收於文集內。兩人一在杭州，一在南昌黃龍，而有書信往返，可略見彼此之間之互相仰慕，也可以略見慧南對年歲較輕之禪侶同樣地尊重。

　　契嵩之第一書云：「某再啟：和尚有大勝緣，所止則學者雲從景附，實末代之盛事。萬幸，益勉尊用。某濫主禪席，德薄言微，不為時之所信，徒勞耳目，自近有匿羅浮之意。果行，必道出江南，當拜求高會。公晦和尚平生心交，今老在一涯二年，化僧不至，不聞其音。或因遺書，乞為呼名。黃龍古之名寺，應稱清棲。法澄每談及積翠風景，聽之使人神動心飛，今何人得其居也？愚甥孫早辱教誨，亦僅似人。顧小子何以報重恩。路遠不及以麁物輒陳左右，惟拳拳欽詠耳。」[34]此函顯示契嵩是再次作書，而且應在慧南剛入黃龍之後不久，為答其來書而作，故一方面表示知慧南已入黃龍，而有黃龍「應稱清棲」之說。而「積翠何人得其居」之問，是想了解誰繼慧南之後主黃檗之席。是年契嵩六十歲，自然對六十五歲之慧南甚為恭敬，稱慧南有大勝緣，所止則學者景附，許為末代之盛事。他同時表示有隱跡羅浮之意，而一旦道出江南，必會拜求高會，似乎也是因慧南在答書之邀請而說。書中提及公晦，即是上文所說之慧南好友泐潭曉月。慧南當是在答書中提及曉月，而曉月正好是契嵩之友，有兩年未曾晤面，故說慧南若有寄書給曉月，請代為問候。兩人除了同為曉月至交之外，契嵩還因自己的「甥孫」曾在慧南門下，受其教誨，向其致謝。此甥孫應該就是沙門懷悟在《鐔津文集》序文所說的契嵩「甥沙門法澄」之子。[35]換句話說，契嵩之甥法澄及法澄之子，都曾在黃檗受教於慧南，所以契嵩由法澄處得之黃檗積翠風景之令人心動。契嵩又因慧南在來書中贊賞他所著

34　契嵩，〈與黃龍南禪師（別副）〉，《鐔津文集》卷10，頁702a。
35　懷悟，〈《鐔津文集》序〉，《鐔津文集》卷19，頁746b。序中懷悟提及「其甥沙門法澄」。茲考《禪燈世譜》，知慧南弟子中有興化法澄，當即是契嵩在其書函中所說之法澄，而法澄之子即是契嵩之「甥孫」。

之書而感到與慧南有更深一層之關係。所以他在同一年所作的〈答黃龍山南禪師（次副）〉一書中，有此表示：「某稽首。雖聞《祖圖》、《宗記》已辱采覽，而未奉評品，鄙心得無慊然？辱賜教墨，乃過形獎飾，豈大善知識為法欲有所激勸爾？且感且愧！某平生雖猥懦無大樹立，然亦勇聞清遠高識之士。三十餘載，徒景服道素，不得一與勝會，此為眷眷。知復領大眾于龍山，其欽尚好善之誠，何書可盡。春煦，幸千萬為法自重。僧還，謹布區區。」[36] 書中的《祖圖》、《宗記》即是契嵩所撰的《傳法正宗定祖圖》及《傳法正宗記》二書，在嘉祐六年（1061）十二月已奏進內翰王素，上呈仁宗皇帝，並奉旨收入大藏，慧南關心佛法前程，必曾過目，所以主動寄書契嵩，贊賞其作，足見其愛護後進之心。契嵩答書也表示未奉書請他評品《正宗記》等書，卻蒙他「過形獎飾」，遺憾他未能以善知識來為法激勸自己。契嵩並自謙說他平生雖「猥懦無大樹立」，然「勇聞清遠高識之士」如慧南者，自會景仰。所以說從他三十歲開始至今，三十餘年，都一直「景服道素」，只是不得機會參與其在各山開堂之盛會。如今他又受邀領黃龍山，契嵩之「欽尚好善之誠」，難以言表，只能期望他為法自重。契嵩所說的三十餘載，應該是從慧南在泐潭懷澄門下算起，應該是明道二年（1033）。那時懷澄已讓慧南分座說法，且因此「南書記之名一時籍甚」。[37] 契嵩時年約二十六、七歲，正在豫章西山從歐陽昉氏處借其藏書讀於奉聖院。[38] 對聲名籍甚而近泐潭的慧南必有所聞，所以他的「三十餘載，徒景服道素」之說，可以說是肺腑之言，並無誇張討好之意。

　　在契嵩寫此兩書時，北宋的叢林，確如慧南對泐潭曉月所說，「今天下執佛事柄老大者，唯師與愚，餘皆晚輩。」嚴格說，契嵩並不算晚輩，但在叢林資歷晚於慧南，慧南樂於推獎他，他對慧南也只有崇敬之心，雖不屬同一宗

---

36 契嵩，〈答黃龍山南禪師（別副）〉，《鐔津文集》卷 10，頁 702a。

37 《林間錄》卷下，頁 639a。

38 《羅湖野錄》卷上，頁 968b。按曉瑩只說「明道間，從豫章西山歐陽氏昉，借其家藏之書，讀於奉聖院。」考明道朝只有兩年，即明道元年至二年（1032-1033），其時契嵩在二十六、七歲間。《佛祖歷代通載》及《釋氏稽古略》皆從《羅湖野錄》之說。見《佛祖歷代通載》卷 19，頁 668c；《釋氏稽古略》卷 4，頁 869b。

門，也願與他交好，建立宗盟關係。其他真屬於晚輩之禪僧，主動來書攀交，慧南也樂於開門接納。譬如，雲居山的雲居祿禪師，不詳何等出身，但以慧南〈答雲居祿禪師〉一函中所說「佛祖之要會，悲願為先；欲利樂於他人，在兼固於乃志」一語看，應是其晚輩。慧南之函是為答雲居祿之書而作，故函中首言：「蒙遣使示書及茶檉、衣物等，一一領之。」可見雲居祿先致書慧南攀交，贈之以檉木作的茶具，又略述他在歐峰雲居深處傳法一年，堂宇漸成的經過。慧南在書中謝其贈禮，並鼓勵他以悲願為先，堅其欲利樂於人之志。

六、大愚中、慈濟德大師、萬杉善爽、讓監院及了山賢菴主

又如大愚中禪師，叢林並不知名，身分也不詳，但慧南有〈與大愚中禪師〉一函，顯然是答大愚中之來書而作。書中先言：「昨自出山，私欲相助，求免大夫辟命。度林泉之間，以道義相守而畢殘生，豈其煩舌眾騰而謂師之道？」[39]此數語顯示慧南知大愚中獲太守命住持筠州大愚山，有意私下為他求免辟命，也由於他希望能與大愚中在林泉間度日，以道義相守而畢殘生，不認為非要以「煩舌眾騰」之表現才算是為禪師之道。這種說法，可證明慧南與大愚中有相當深厚之友誼。慧南之暗中相助顯然也沒成功，大愚中還是奉命出任大愚住持，所以慧南只好說「果以契熟，遠近聞者欲掩之，詎可得耶？」來肯定大愚中之成就，非人之所能掩。至於迎見太守令大愚感到為難，慧南認為是時運及緣法如此，不可逆之。故勸他「當思菩薩以大悲方便入諸世間，開發未悟，乃至示現種種形像，逆順境界，與其同事，化令成佛，皆依如來清淨願力。若此，如一匹夫空山獨坐，趣乎寂滅，其優劣可量也。且須寬廓其懷，寧處厥居，以大法食充滿道俗，不可須臾有倦色也。」[40]這段話所說，都是慧南教弟子應世的重要綱領，在他致承天感長老及寄弟子雙嶺順長老的書札中都約略可見；他自己也屢屢表示隨時身體力行，以為弟子們之示範。

---

39 慧南，〈與大愚中禪師〉，《集洪州黃龍山南禪師書尺》，頁6a。
40 同前註。

　　又如慈濟德大師，身分籍里及屬系都無可考，但慧南之〈與慈濟德大師〉一書顯示他在叢林有相當高的地位，是慧南在其書尺中僅有以「大師」尊稱之僧。他與慧南交情至厚，曾於某年冬天贈送慧南湯藥、異果及其他食品多種，慧南因而表示「非道義之相期，豈勤厚之如此。」[41]這種道義交之存在及對他的關切，即是慧南與林間禪侶不分畛域，互通聲氣以建立宗盟的結果。至於慧南為何會與他相交，慈濟是菴名或師號？都已無考。但慧南既稱之為大師，必有過人之處。事實上，在慧南的眼中，慈濟大師確非一般俗僧可比，所以他說：「惟我慈濟大師，洞達真源，了無生滅。和光俗諦，不壞假名。雖流變以如波，而寂照之若鑑。」[42]也因為他非常看重慈濟大師，乃至於有「望風懷想，無日無之」之說。而這位「洞達真源」、「寂照若鑑」之大師，竟然賜湯藥異果給慧南，則慧南受叢林之普遍敬仰，可以說是昭然可見的。這應當也是他超脫宗派，敞開心胸，廣結善緣，謙沖自牧的部分結果吧。

　　再如萬杉善爽，雖然是雲門系廬山開先善暹的弟子，也不像其法兄佛印了元（1032-1098）聞名於北宋叢林。[43]他可能在善暹座下，即知在廬山同安的慧南，因為當時慧南與圓通居訥、歸宗自寶、雲居曉舜及其師道望相亞，故他董領廬山萬杉之後，聞悉慧南入黃檗山，即致函道賀。慧南於是作〈答萬杉爽禪師〉，並在書首謙遜地說「傳燈繼祖，愧非作者之能；結草芟茆，久卜終焉之計」，大致表示他只想找個能夠退隱安度餘生之處。[44]書中還說「茂揚五葉，紹前修而丰盛，乃後學之攸歸」，也就是說，身為後學之善爽，既領萬杉禪院，就有責任要紹繼祖師，發揚禪宗五家，使之更盛。這是對後學如對弟子般的勸勉，表現了慧南如何借宗盟之聯繫來推廣禪宗。他希望一花開五葉的傳統能夠

41　慧南，〈與慈濟德大師〉，《集洪州黃龍山南禪師書尺》，頁 13ab。其書云：「去年冬間嘗問湯藥…」，雖然「去年」是何年，時間無法確定，但以書首之「春色將殘，鶯聲欲老，光陰流易，人事亦如」等句來看，不是寫於他在黃檗山之末年，即是寫於黃龍山之三年間。

42　慧南，〈與慈濟德大師〉，《集洪州黃龍山南禪師書尺》，頁 13ab。

43　《禪燈世譜》卷 7，頁 621a。

44　慧南，〈答萬杉爽禪師〉，《集洪州黃龍山南禪師書尺》，頁 7a。

維持。雖然因「負師」懷澄別投臨濟禪師楚圓，而不再隸屬於雲門宗，但並不存有高自標致，排斥異宗的宗派優劣意識，反而兼容並包，有茂揚五葉之心。

同樣地，他的〈與讓監院〉一書，是寄給好友泐潭曉月門下任監院之弟子的。書中說他從潘判官處得知曉月奉太守命充石門泐潭之住持，認為是令人快意之大事。[45]並藉機稱讚曉月說：「知識道義、內外博洽，如山中和尚者鮮矣。」又稱許讓監院說：「心力幹事，上下周旋若吾姪者亦鮮矣。」雖然如此，讓監院或許在語言或書信間表示有倦勤之意，所以他也勸導讓監院，表達了他的期待說：「固宜乘時適變，畢力毘贊；不可須臾有倦色。」此是希望他好好地輔助曉月，不可一盞時有倦怠之色。他還以佛家因果之說警惕讓監院說：「異日他時，因緣會遇，皆歸於己。先佛所說，豈可妄言？」[46]表示在監院任內，為善為惡，將來都會報到自己身上，此是佛陀所說之語，應該遵守，不可妄言亂說。

又如虔州之了山賢菴主，身分屬系皆不明，但顯然是慧南之晚輩舊識。蓋慧南在其〈與了山賢菴主〉之答書上說：「廉上人自虔上回，辱書及細布冷衫一領，香一貼，捧領驚疑，莫測其來贈。尋仔細詢於廉公，方憶足下昔年入京游廬山，兩曾披面。」[47]可見慧南在廬山同安或歸宗時曾與賢菴主兩度晤面，而僅僅因此，他在虔州任了山菴主後，還不忘寄書贈布冷衫及香予慧南。當然，他也向慧南敘領菴之大概，故慧南說：「深喜別後法體輕安，又聆進德修業，利用日新，以如來戒法，開示礦俗，四方依慕，沛然如水之就下。」還以一貫提撕晚輩的方式鼓勵賢菴主說：「苟能歲寒確乎不拔其志，則自他之利，豈止乎一生？盡未來劫，薰傳何窮？真佛之子也。更須努力，弘法自強。」[48]此番話，與他勸勉自己弟子之語，可謂如出一轍，而他受叢林晚輩的敬愛及呵護晚輩之誠也是很明顯的。

45　按：上文已說「潘判官」非《集洪州黃龍山南禪師書尺》旁注所說之潘興嗣，而應該是轉運判官潘夙。

46　此段引文皆見慧南，〈與讓監院〉，《集洪州黃龍山南禪師書尺》，頁10b。

47　慧南，〈與了山賢菴主〉，《集洪州黃龍山南禪師書尺》，頁8b-9a。

48　此段引文皆出上引〈與了山賢菴主〉。

七、小結

　　總之，禪宗五家大概都有慧南之禪侶、晚輩。其尺牘內可見之僧俗，多人名號身分已無可考，但不管是禪侶或者後進，慧南都以同樣誠懇的心情對待。上文所舉之例已足以證明，以下再舉兩例輔證。譬如，有某位章江禪師，身分屬系皆不明，與慧南之關係大概在師友之間，故慧南寄給他的〈與章江禪師二首〉並無勸勉之詞，而有「不知甚時得睹師顏」及「城寺多閒，勿吝提撕」之語，似乎待之以同輩或長輩。此外，第一書之書首顯然意在解釋他既受邀主黃檗，為何先猶疑後應命。其說詞為：「筠陽太守以黃檗開化寺命愚主之。當是時也，進寸退尺，不敢然諾。石門月老同議曰：『是山深邃，是命優勤，不繫之舟，有何不可？』於是從命。」[49]這段話指出他先猶疑後應命主黃檗山開化寺是因為與石門曉月商量之後而做的決定。石門曉月與慧南為至友，他認為黃檗山是深邃之地，而太守之命又非常殷勤，慧南居其地，無拘無束，如不繫之舟，可飽食而遨遊，有何不可？慧南入黃檗山之後，就在「白雲漫漫，綠木潺潺」之環境裏，「或遊或宴，無往無還」地過著自在的生活。他將此悠閒的山居情趣告訴章江禪師，表示希望能與他在黃檗相晤，只是不知何時能如願。在第二書中，慧南接著描述黃檗之景色，略謂：「是山乃筠陽之最高也。夜生明月，朝起白雲，時聞虎嘯風前，或聽猿啼嶺上。人間衰盛，世路高低，耳界寂然，眼光清淨，雖無益於有眾，聊偷安以過時。」[50]此話前段所說之明月白雲與虎嘯猿啼之句，是進一步形容黃檗山之高曠深邃。後半段耳界寂然與偷安過時等語，則表現了遁跡遠世的心情。當然，「偷安以過時」實際上不是慧南之志，但是游行宴坐，隨心所欲，遠較在市廛之禪院自由，則是他之所求。由於寧願山居自適，也不願出山，所以他在第一書之末表示只能「布此山懷」，而不知與章江禪師相見何時了。而第二書之末所說因「春晴日暖」而至「城寺多閒」或只是一種假設或期待，二者並無必然關係。慧南之意不過是希望章江禪

---

[49] 慧南，〈答章江禪師二首〉，《集洪州黃龍山南禪師書尺》，頁 7b。
[50] 同前註。

師能夠撥冗賜教，故有「勿吝提撕」之請，實在希望章江禪師之提撕，能使兩人之宗盟關係延續不斷。

另一位「照禪客」，身分也不明，但與慧南同學於棲賢澄諟會下二、三年，兩人曾「孜孜究道，不捨寸陰，日游三峽水邊，夜坐寶塔之上。同商共議，徵古引今。雖未造於極微，亦一時之勇猛。」[51]慧南與這位禪師朝夕相處，孜孜論道有兩三年，當是非常意氣相投之法侶，所以約四十年之後，也就是慧南暮年在黃龍山之時，照禪師寄書慧南，而慧南一邊「諦思往事，歷歷如在。」一邊感到有「彼此老大，重會難期」之憾。書之末幾句說「得失是非，一時放卻。隨緣飲啄，長養聖胎，乃故舊之所請也。」這是以一位故舊知音的立場，勸告照禪師應該放卻得失是非之心，隨著因緣之所至，吃茶食飯，不刻意為生計辛勞，好好利用時間，長養聖胎，發心證悟菩提道果。顯然慧南對照禪師相當理解，知道他或許因未能出人頭地，住持大剎，而有是非得失之心，故以長養聖胎之意勸之。

---

[51]　慧南，〈寄照禪客〉，《集洪州黃龍山南禪師書尺》，頁 9a。

第六章 餘論──兒孫奕世燦其宗

　　以上各章討論黃龍慧南之禪法與黃龍宗派之成立，對慧南之參學、傳法、交游建盟與師資聯誼等都做了一番詳盡之分析。黃龍派形成的基礎，很大部分是建立在慧南識拔出色弟子之嚴謹，他的高弟真淨克文（1025-1102）曾說：「予見黃龍先師應世四十年，語默動靜，未嘗以顏色、禮貌、文才牢籠當世衲子。唯確有見地，履實踐真者，委曲成褫之。其慎重真得古人體裁，諸方罕有倫比。故今日臨眾無不取法。」[1]這句話的意思相當明白，也就是說慧南之收徒不是看他們的才貌顏色，而是取重他們的見地，觀察他們是否知而能行，確實做到篤實踐履。真正能夠身體力行教法者，他必定委曲以成就之。真淨克文認為他所表現的「慎重」，真是得古人體裁，在當時叢林來說，是「諸方罕有倫比」的。而且因為他特出的師教，影響及於弟子，所以其弟子一旦出世，統領一方，「臨重無不取法」，這是承繼慧南所建立的宗統（legacy），也是黃龍派所以成立而能傲視一代的重大因素。

　　當然，這個宗統的延續，慧南在世時即非常重視，他對弟子之教育與開導是不厭不倦的，尤其對已出世任十方住持者，他也勤於勸誡，不憚其煩，再三強調住持任務之重。或許他自覺是「執佛事柄老大者」，為叢林之長輩，對一般住持之鄙吝與浮濫相當憂心，所以對其法嗣之行事為人不敢掉以輕心，所以苦口婆心，勉勵已當上長老之弟子，都是為堅固黃龍派師資的高水準，也就是維繫自己所建立的宗統而做。上文所說他對「長老之職乃道德之器」的重視，實關乎北宋叢林之前途，而他的關心，也都表達於寄弟子的書信中。較他年輕的法友契嵩，對住持也有同樣高度的要求，希望叢林出現「聖人」，來匡正住持不正之風。契嵩對聖人之不出，尤其表現出其憂心，因此說：

　　　教謂住持者，何謂也？住持也者，謂藉人持其法，使之永住而不泯也。

1　《禪林寶訓》卷 1，頁 1022a。

夫戒、定、慧者，持法之具也。僧園物務者，持法之資也。法也者，大
聖之道也。資與具，待其人而後舉。善其具而不善其資，不可也；善其
資而不善其具，不可也。皆善則可以持而住之也。昔靈山住持大迦葉統
之，竹林住持以身尸之。故聖人之教盛，聖人之法長存。聖人既隱，
其世數相失，茫然久乎。吾人儌倖乃以住持名之、勢之、利之，天下相
習，沓焉紛然，幾乎成風成俗也。聖人不復出，其孰為之正？外衛者不
視不擇，欲吾聖人之風不衰，望聖人之法益昌，不可得也。悲夫！吾何
望也？**2**

所謂「外衛者不視不擇」，就是王臣們對住持選擇之不重視，直接導致德高望
重而足以維繫「聖人」之教者不能出頭，資具皆不行的住持就無人能夠針砭，
叢林自然就日趨頹敗，佛法也就愈衰而不能昌盛了。契嵩所期待見到的住持是
資具兼善者，慧南又何嘗不然。他對任住持的弟子再三叮嚀，是知道他們屬於
能「善其具」者，但他也希望他們能「善其資」，而成為「資具兼善」的住
持。唯有這樣，黃龍宗傳才能持續。上文所討論之書信，多半含他對弟子「資
具兼善」之要求，以下再舉小例大，以進一步見慧南之用心。

在黃龍山之日，慧南曾對弟子警誡「住持威令不嚴」會產生的後果。他
說：「昨日喫粥又太晏，今日喫粥又太早。為復是住持人威令不嚴，為復執事
人身心懶慢。大眾試斷看，規矩既亂，諸事參差。一人失事，眾人不安。當院
內外一二百人，曲〔典〕座既在其位，大事小事，一一須自近前照顧。不得輕
於事、慢於眾。若能如是，頭頭圓覺，步步道場。何假向外穿鑿，肉上剜
瘡？」**3** 慧南雖然說吃粥太早或太晚，或是住持威令不嚴，或是執事人典座懶慢
所造成。但歸根究底，典座失職還是住持威令不嚴之過。依《禪苑清規》之要

2　契嵩，〈廣原教〉，《鐔津文集》卷 2，頁 658b。後來善卿編《祖庭事苑》時，在
　　「住持」一條，即錄契嵩此文解釋。

3　《黃龍慧南禪師語錄》，頁 634b。按：「曲座」當是「典座」之誤。典座「職掌大
　　眾齋粥」（《敕修百丈清規》卷 4），而慧南所說「昨日喫粥又太晏，今日喫粥又太
　　早」之失序，正是典座之責。

求，典座之職是「主大眾齋粥」，須「運道心隨時改變，令大眾受用安樂。亦不得枉費常住齋料，及點撿厨中，不得亂有拋撒。」還要「行令不得太嚴，嚴則擾眾。不宜太緩，緩則失職。造食之時須親自照管，自然精潔。如打物料並齋粥味數，並預先與庫司知事商量。如醬醋淹藏收菜之類，並是典座專管，不得失時。」[4]可見典座之責，以齋粥供飯為主，必須不失其時，不誤其事。換句話說，若住持威令嚴肅，典座依規矩而行事，自然會有人人都能悟，步步都不離道場之結果。否則便會諸事紊亂，眾人不安，影響寺院之常課。慧南的意思明顯不過，就是住持有責任樹立威嚴，把當寺的僧眾帶向「究竟覺」之「頭頭圓覺」之道，及「直心是道場」的「步步道場」之境，那他們就不致於向外穿鑿或向肉剜瘡，完全失序亂套了。

繼慧南主黃龍山禪席的弟子晦堂祖心曾對邀請他住大溈山的潭州州守謝景溫說：「先師進止嚴重，見者敬畏，衲子因事請假，多峻拒弗從。惟聞省侍親老，氣色穆然；見於顏面，盡禮津遣。其愛人恭孝如此！」[5]祖心描述之「進止嚴重，見者敬畏」等風度，我們從他的教學與書信中都可以看得出來。「省侍親老，氣色穆然」也不難想像得知。「見於顏面，盡禮津遣」而表現出的高度「愛人恭孝」，雖無資料可佐證，但以慧南待長輩執禮甚恭，而對晚輩充滿關愛的表現來看，應該是毫無疑義的。祖心所勾畫的這種形象，應該稱得上是契嵩心目中所謂的「聖人」吧。

真淨克文與晦堂祖心都是慧南的第一代傳人，都是延續黃龍派慧命的主要角色。他們對其師慧南重視有見地，能篤實踐履之慎重，及進止嚴重，見者敬畏之風度的印象與評價，都是對慧南恭敬愛慕的原因。據南宋淨慈寺僧月堂道昌禪師（1089-1171）說：「黃龍居積翠，困病三月不出。真淨宵夜懇禱，以至然頂煉臂，仰祈陰相。黃龍聞之，責曰：『生死固吾分也，爾參禪不達理若是。』真淨從容對曰：『叢林可無克文，不可無和尚。』」道昌述此事後說：「識者謂：『真淨敬師重法，其誠至此。他日必成大器。』」[6]這是因為他久參

4　《禪苑清規》卷3，頁892b。
5　《禪林寶訓》卷1，頁1020b，引黃龍祖心〈致謝景溫書〉。
6　《禪林寶訓》卷4，頁1036a，引《北山記聞》。

慧南，對其師至誠崇敬，受其感染之故。克文起初也不欲出世而為人師，後來受請住洞山，道過西山訪其師兄香城景福順和尚，景福順戲之曰：「諸葛昔年稱隱者，茅廬堅請出山來。松華若也沾春力，根在深巖也著開。」真淨謝而辭退。[7]景福順之偈，首二句似譏克文如諸葛之終於出山，實為戲詞。後二句贊他如深巖之松花，其德淳美而終不會隱而不顯，實為歸美之詞。[8]他受請至洞山實為筠州太守錢弋所請。後來他先後受王安石之請住金陵蔣山報寧寺為開山住持，又獲張商英之請住石門洞潭，[9]名動叢林及士林，正應了當時識者「他日必成大器」之預測。

晦堂祖心在慧南於黃龍山入滅之後，繼慧南住持十二年。惠洪說他「性真率，不樂從事於務。五求解去，乃得謝事閑居，而學者益親。」熙寧十年（1077），謝景溫（師直）守潭州，虛大溈以致祖心，祖心三辭不往。謝景溫乃囑江西轉運判官彭汝礪（器資，1042-1095）請問所以不赴長沙之意。祖心曰：「願見謝公，不願領大溈也。馬祖百丈已前，無住持事。道人相尋于空閑寂寞之濱而已。其後雖有住持，王臣尊禮，為天人師。今則不然，掛名官府，如有戶藉之民。直遣伍伯追呼之耳，此豈可復為也。」謝景溫聞之，不敢以院事屈之，而表示願與他一見。祖心至長沙，謝景溫遂受法訓，祖心為舉其綱。惠洪形容其開示語說：「其言光明廣大，如青天白日之易識。」[10]祖心因生長極南邊之南雄州，自少即以宏法棲息山林為願。處於太平時代，欲觀光京師，以餞餘年。乃至京師，駙馬都尉王詵（1036-?）盡禮迎之，庵于國門之外。後來他回九江，再遊廬山。紹聖元年（1094），彭汝礪任九江守，還從容向他問道。[11]

7　《禪林寶訓》卷1，頁1021c，引《順語錄》。

8　參看《禪林寶訓順硃》卷1，頁475a。

9　王安石捨第為寺延課文為開山地一祖，及張商英於紹聖三年（1096）之明年（1097）迎克文入洞潭事，見惠洪，〈雲庵真淨和尚行狀〉，《石門文字禪》卷30，頁3b-5a。

10　《禪林僧寶傳》卷23，頁531a。

11　同前註。按：彭汝礪於紹聖元年知江州，至郡數月而卒。可見他問道於祖心之時間在紹聖元年及二年之間。

據祖心弟子靈源惟清說，祖心既辭謝景溫溈山之請，宋名臣及佛教外護延平陳瓘（瑩中，1057-1124）移書勉之曰：「古人住持無職事，選有德者居之。當是任者，必將以斯道覺斯民，終不以勢位聲利為之變。今學者大道未明，各趨異學，流入名相，遂為聲色所動；賢不肖雜糅，不可別白。正宜老成者，惻隱存心之時，以道自任，障回百川，固無難矣。若夫退求靜謐，務在安逸，此獨善其身者所好，非叢林所以望公者。」[12]陳瓘所說的道理，祖心豈能不知？但是他無意出住溈山，實非為「退求靜謐，務在安逸」，而是他對謝景溫所說之理由：不願被胥吏屈致，失去長老之尊嚴。所以他並未聽陳瓘之勸，赴溈山住持之任。他的弟子草堂善清（1057-1142）說：「先師晦堂言：『稠人廣眾中，賢不肖接踵，以化門廣大，不容親疏於其間也。惟在少加精選，苟才德合人望者，不可以己之所怒而疏之。苟見識庸常，眾人所惡者，亦不可以己之所愛而親之。如此則賢者自進，不肖者自退，叢林安矣。若夫主者好逞私心，專己喜怒，而進退於人，則賢者緘默，不肖者競進。紀綱紊亂，叢林廢矣。此二者實住持之大體，誠能審而踐之，則近者悅，而遠者傳，則何慮道之不行，衲子不來慕乎？』」[13]祖心這些話，與慧南教誨其弟子之語，甚為類似，展現了黃龍派「宗統」的重要特徵。所以王韶、謝景溫、彭汝礪、陳瓘等大臣及黃庭堅、徐禧等名士都願與他交往。連自負禪學甚深的無盡居士張商英也有意攀交於他，雖然兩人見面之結果，叢林有正反兩面不同印象，但從張商英所寫的偈頌看來，應該是正面的。其事之經過，據雲臥曉瑩之記載如下：張商英見真淨克文之弟子兜率從悅後，既有契證，遂詢晦堂祖心家風於從悅，表示欲往就見。從悅說：「此老只一拳頭耳。」乃暗中奉書於晦堂曰：「無盡居士世智辨聰，非老和尚一拳垂示，則安能使其知有宗門向上事耶？」未幾，張商英遊黃龍，訪晦堂於西園。先以偈書默菴壁曰：「亂雲堆裏數峰高，絕學高人此遯逃。無奈俗官知住處，前驅一喝散猿猱。」徐扣宗門之事，果示以拳頭話。張商英默計不出悅之所料，由是易之。遂有偈曰：「久響黃龍山裏龍，到來只見住山翁。

12　《禪林寶訓》卷1，頁1020a，引《靈源拾遺》。
13　《禪林寶訓》卷3，頁1030c，引《疎山石刻》。

須知背觸拳頭外，別有靈犀一點通。」靈源時為侍者。尋題晦堂肖像曰：「三問逆攔，超玄機於鷲嶺；一拳垂示，露赤體於龍峰。聞時富貴，見後貧窮。年老浩歌歸去樂，從教人喚住山翁。」曉瑩在敘述此事後嘆道：「嗟乎，無盡於宗門可謂具眼矣。然因人之言，昧宗師於晦堂，鑑裁安在哉？悅雖得無盡，樂出其門。其奈狹中媚忌，為叢林口實也。」不過，曉瑩之師大慧宗杲（1089-1163）對張商英見晦堂的反應，解讀頗不相同。他說：「張無盡見兜率悅却譏晦堂，有頌曰：『久嚮黃龍山裏龍，到來只見住山翁。須知背觸拳頭外，別有靈犀一點通。』當時諸方莫不歎服。」[14]大慧說「當時諸方莫不歎服」，應該是指他們對張商英「須知背觸拳頭外，別有靈犀一點通」兩句的解讀是正面的。雖然如此，大慧又說：「山僧後來見得，惜乎無盡已死。彼云：『須知背觸拳頭外，別有靈犀一點通。』若將此頌要見晦堂，不亦遠乎。」這應該是說張商英即使拿此頌去見晦堂，也是淺而不篤，離晦堂之道太遠了。筆者比較相信張商英對晦堂所說的「別有靈犀一點通」之語是有其敬意的。因為他曾致書晦堂，而晦堂在答書中說：「聖人之道如天地育萬物，無有不備於道者。眾人之道如江河淮濟、山川陵谷、草木昆蟲，各盡其量而已，不知其外無有不備者。夫道豈二耶？由得之淺深，成有小大耶？」[15]我們雖然不知祖心寫此書的確切時間，但在張商英訪他之後，應是無問題的。

很明顯地，克文與祖心的行事與教學，也深深受到慧南的影響。在北宋叢林中，他們與士林的交涉，無疑地擴張與強化了黃龍派的影響力。祖心或許沒獲張商英之青睞，但他與克文一樣，都長張商英近二十歲，與張商英相見時，他也已六十六歲，早已無意再俯首為人屈致，又豈在乎張商英的「須知背觸拳頭外，別有靈犀一點通」兩句，是褒是貶？值得注意的是，張商英生平所遇和所交往的禪師前後約有五十餘位，連克文及祖心在內，黃龍派之禪師大概近二十五位，其餘或屬雲門、曹洞，或臨濟楊岐派，或不詳派系。茲以依黃龍派世代先後，從黃龍慧南以下第二代算起，將他所交之黃龍派禪師列表如下：

14　《大慧普覺禪師宗門武庫》，頁 951a；《普覺宗杲禪師語錄》卷上，頁 73b。

15　《禪林寶訓》卷 1，頁 1020b，引〈〔晦堂〕答張無盡書〉。

張商英所交黃龍派弟子列表

排序	名號	黃龍派世代	嗣法禪師	其他叢林稱號
1	晦堂祖心	第二代	黃龍慧南	
2	真淨克文	第二代	黃龍慧南	文關西
3	東林常總	第二代	黃龍慧南	
4	雲居元祐	第二代	黃龍慧南	
5	保寧圓璣	第二代	黃龍慧南	
6	黃龍元肅	第二代	黃龍慧南	
7	兜率從悅	第三代	真淨克文	龍安禪師、真寂禪師
8	覺範惠洪	第三代	真淨克文	
9	靈源惟清	第三代	晦堂祖心	
10	青原惟信	第三代	晦堂祖心	
11	萬杉紹慈	第三代	東林常總	玉溪慈、慈古鏡
12	湛堂文準	第三代	真淨克文	
13	泐潭福深	第三代	真淨克文	
14	龜山允平	第三代	真淨克文	
15	佛照景	第三代	真淨克文	
16	雲巖典牛	第四代	泐潭文準	
17	疎山了常	第四代	兜率從悅	
18	龍安慧照	第四代	兜率從悅	龍安照
19	慈雲明鑒	第四代	兜率從悅	慈雲鑑
20	清谿志言	第四代	兜率從悅	清溪智言
21	羅漢慧宜	第四代	兜率從悅	
22	楊岐子圓	第四代	兜率從悅	
23	廣慧守真	第四代	兜率從悅	
24	瀼川智宣	第四代	兜率從悅	
25	義一上人	第五代	龍安慧照	

　　這些黃龍慧南的徒子徒孫，與張商英或有來往，但關係深淺不一。張商英
或聞其名而主動去拜訪，但機緣不甚契者，如晦堂祖心；或參謁而獲印可而遂
為平居之方外友者，如東林常總；或聞禪師薦舉而路過致敬者，如萬杉紹慈；
或與論宗門事並數經勘驗得悟後而尊為師者，如兜率從悅；或漕洪州時欽慕之
而檄地方官及諸山勸請出世仍投偈辭免或不赴者，如黃龍元肅和靈源惟清；或
漕洪州時特意絕江拜訪者，如保寧圓璣；或盡禮力舉而為住持者，如真淨克文
和疏山了常。大致上來說，這些禪師中，真正與張商英論道而熟識者，僅有少
數幾位，其餘多數，張商英都只是慕名而見，但都未必願接受張商英的提攜。
與張商英最熟者，應算是兜率從悅，但據惠洪說：「〔從悅〕其德不可掩，故
終必有後。有若疎山了常、兜率慧照、慈雲明鑒、清谿志言者，皆說法一方，
有聞於時。有若羅漢慧宜、楊岐子圓、廣慧守真、灘川智宣者，皆遯跡幽居，
痛自韜晦。」[16]而幾位「說法一方」之從悅弟子，皆與張商英遊，且交情甚厚。
從悅甚至說：「公以文章功業為時名臣，天下想其風采而不可得，是二、三友
者，獨與之周旋忘形，何脫略勢位，豈弟法乳之深耶？」[17]所謂「周旋忘形，何
脫略勢位」，其實是發生於張商英罷政府被貶至地方之後。所以惠洪又說，崇
寧二年冬，張商英罷政府，還荊南，龍安照老迎於夏口，「載與之俱，至鄂渚
而歸。江山清華，足以供談笑，而賡酬妙語，多法喜之樂。」惠洪當時游湘
中，聞其事，作詩與照老曰：「無盡龍安兩勍敵，大梅龐老是同參。近聞赤壁
同登賞，想見清風助笑談。已作泛舟遊夏口，又成橫錫過江南。歸來萬壑松風
在，依舊閑雲沒草庵。」其後，惠洪又聞慈雲鑑老去慈雲，從張商英於傳慶，
「清游勝賞，厭飫其平生」。士大夫聞之，高其為人曰：「鑑公此邦之福田，
其可終聽其去也？」遂遣使自江陵迎還，以慰邦人之思。鑑老遂取道西安
（按：在江西，從悅禪師最先開法之地），拜塔於山，與照老經行於乳峰之
下。惠洪適在其處，他形容說：「山谷聞鳥聲歌呼，林泉津津有喜色，而鑑老
亦戀戀累日不忍去。」乃歎曰：「悅公雖不幸短世，門弟子何其多賢也。方無

16　《羅湖野錄》卷2，頁973a。

17　惠洪，〈送鑑老歸慈雲〉，《石門文字禪》卷24，頁8b-9b。以下皆引同一文。

盡居士國論，其門可炙手也，獨淡若。及聞其歸山林，則千里與相從之，又皆造，不忘其師。背道好利者肯如是乎？作兩詩送之曰：『故人罷相歸田野，相見遙知一粲然。陌上青山嘗識面，歸來白塔掃頹堉。勤勞世外功名事，領略僧中富貴緣。又作慈雲傾法雨，斬新精彩照人天。』其次曰：『悅老解為荼毒鼓，平生得妙不施功。欲令聞者偷心死，自是群生兩耳聾。兄弟赫然追父跡，叢林籍爾說家風。相逢一笑投針地，俱是當年百衲翁。』」惠洪對龍安照及慈雲鑑的描述，可見出兩人之操守真如其曾師祖慧南。他們大概都如惠洪所說是「每欲晦藏，輒自昭著」之禪僧，但他們的同參羅漢慧宜、楊岐子圓、廣慧守真及灄川智宣等人，則皆「遯跡幽居，痛自韜晦」，都與惠照杲老一樣，不求聞達。回顧惠洪代張商英請佛照杲住天寧所說的「其自治雖無求於世，然寓世當循緣而行。奚必山林終勝朝市」等語，[18]也多少是一種文學辭令（rhetoric）罷了，惠洪自己被張商英召至京都崇寧寺，還兩度致書辭之，既表示「實以鄙陋，恐臨事失職」，又表示「某之材力甚薄，不敢輒冒寵命。」[19]似乎也忘了「奚必山林終勝朝之語了。崇寧寺在徽宗崇寧朝命天下軍州所創，後又改為天寧，[20]故惠洪或稱崇寧，或稱天寧。其在京都者，為望剎之一。惠洪曾說佛照杲因「於世有勝緣」，故「方其在山林也，則領匡山、鸞谿，及其遊城郭也，則住上都崇寧」，他認為這些都「是望剎，皆天下之冠蓋，梵釋龍天之宮從空而墮者也。」[21]但他也有「屏跡巖叢，棧絕世路」，不願出住望剎，以交公卿大夫的時候啊！

慧南曾對他的俗家友人潘興嗣居士說：「聖賢之學，非造次可成，須在積累。積累之要，惟專與勤。屏絕嗜好，行之勿倦，然後擴而充之，可盡天下之妙。」[22]慧南之身教及言教，無非就是以「專與勤」二字為原則所下的諄諄教誨

---

18 惠洪，〈請杲老住天寧〉，《石門文字禪》卷28，頁2a。

19 惠洪，〈上無盡居士退崇寧書〉及〈答張天覺退傳慶書〉，《石門文字禪》卷29，頁1a-2a。

20 《釋氏稽古略》卷4，頁880c。

21 惠洪，〈送因覺先序〉，《石門文字禪》卷24，頁3a。

22 《禪林寶訓》卷1，頁1021a，引《龍山廣錄》。

之工夫。身為其法孫的惠洪曾在為夾山智本（1035-1107）所撰之銘寫道：「定慧圓明，力無所畏。顯於湘南，遂起臨濟。學者如雲，異人輩出。唯會與南，絶羣超逸。號末法中，二甘露門。」[23]惠洪說異人輩出，可謂實錄。上文所說的泐潭曉月、圓通居訥、寶峰文悅、棲賢曉舜、大覺懷璉、明教契嵩等，多半都是慧南的同輩法侶，都可稱為「異人」。但在惠洪之眼中，只有其師祖黃龍慧南與楊岐方會才算「絶羣超逸」。二人都是石霜楚圓之及門弟子，二人先後都在叢林中創宗立派，躋上一代大師之地位。觀慧南之禪風及黃龍宗法道之先盛，及其各代弟子、法孫承意順志，謹奉師訓之作為，是不難見知黃龍宗壯大無匹之由的。惠洪回顧其祖師之設施，毫不猶疑地說：「臨濟七傳而得石霜圓，圓之子，一為積翠南，一為楊岐會。南之設施，如坐四達之衢，聚珍怪百物而鬻之；遺簪墮珥，隨所探焉。駸駸末流，冒其氏者，未可以一二數也。」[24]這可以解釋成：慧南之門庭寬闊，所設教法，如席上敷珍，珠玉雜陳，隨人問取。欲入其門者，固然易趨而至，來者不拒；而既入其室者，則慧南也有教無類，誨人不倦，故來學者甚多，乃至於冒稱其弟子者亦不在少。與方會如玉人般治璠璵而廢珷玞式之教法相比，恰成對照。但慧南並未否定師嚴道尊之原則，相反的，他對門弟子是溫和中帶嚴肅的，自然也希望能陶育他們，把他們都鑄成美玉。我們可以說慧南所做的「千錘百鍊出深山」的努力，就是其奕世子孫能夠闡揚黃龍宗的根本因素啊！

黃龍派到南宋時，由無示介諶（1080-1148）傳至心聞曇賁，再由心聞曇賁傳至雪庵從瑾（1117-1200）、虛庵懷敞（孝宗朝活躍）。南宋孝宗朝宰相四明史浩與心聞曇賁為方外交，又與心聞之弟子谷菴景蒙論出世法，見其了辯如響，知是心聞弟子，遂為之延譽。其師兄弟如在菴賢、雪菴瑾、咦菴鑑、全菴存、筠谷達、還菴淳都在心聞會下，皆一時之名流。[25]其中雪菴瑾即是雪菴從

23 惠洪，〈夾山第十五代本禪師塔銘〉，《石門文字禪》卷 29，頁 13a。

24 惠洪，〈五祖演禪師〉，《禪林僧寶傳》卷 30，頁 566a。

25 樓鑰在其〈瑞巖谷菴禪師塔銘〉有云：「魏公分教永嘉時，與心聞賁禪師爲方外交。」又云：「與論出世法，了辯如響。問其師，則心聞也。大異之，遂爲延譽。」見《樓鑰集》（杭州：浙江古籍出版社點校本，2010）卷 116，頁 2021。

瑾，與參政樓鑰頗相過從。他入天童之薦請疏，即是樓鑰所寫。樓鑰在〈雪庵瑾老住天童疏〉中說：「黃龍三關，家風不墜；永嘉一宿，出處是當。況承靈源正宗，真是心聞嫡子。」[26]此疏指出了「黃龍三關」家風不墜，絕非虛語。待虛庵懷敞振錫於天台萬年，日僧千光榮西航海來歸，又隨之入四明天童，[27]學成之後，歸住京都建仁寺，拈香嗣法於虛庵，創日本臨濟宗黃龍派，遂將慧南的「宗統」傳至日本。這個宗統先為晦堂祖心下的靈源惟清所承續，經過其弟子長靈守卓（1066-1124）傳至無示介諶，再下傳數代而至千光榮西。所以靈源惟清是維繫黃龍宗統的關鍵人物。北宋叢林對惟清有這樣的印象：「靈源道學行義純誠厚德，有古人之風。安重寡言，尤為士大夫尊敬。嘗曰：『眾人之所忽，聖人之所謹，況為叢林主助宣佛化，非行解相應詎可為之？要在時時檢責，勿使聲名利養有萌於心。儻法令有所未孚，衲子有所未服，當退思修德以待方來；未見有身正而叢林不治者。所謂觀德人之容，使人之意消，誠實在茲。』」[28]靈源之所說，與其師祖慧南之見解前後一貫，故筆者在本書年譜部分兼記其行實，實有鑑於此。要言之，欲回顧黃龍派宗統的延續，實不能忽略靈源的行事與傳法。本書只能暫時以創始黃龍宗的慧南為討論中心，靈源以下的黃龍傳宗史，只能俟諸來日了。

「魏公」指的是史浩，「心聞賁」即是心聞曇賁。關於兩人的關係，筆者在拙著《一味禪與江湖詩》稍有論述。新著《南宋四明史氏家族與佛教信仰》（暫名）有更詳細之討論。

26 樓鑰，〈雪庵瑾老住天童疏〉，《樓鑰集》卷 82，頁 1417。
27 樓鑰，〈天童山千佛閣記〉，《樓鑰集》卷 54，頁 992。
28 《禪林寶訓》卷 2，頁 1024c，引《記聞》。

貳、集洪州黃龍山南禪師書尺校注

堯山僧守素編

一、前言

　　清康熙朝禪僧渾樸道古曾輯古今名僧書札，編成《緇林尺牘》一書，其友為霖道霈（1615-1702）為該書寫序，序裡有這麼一段話：

> 緇林以謀道為急，辭章非其所重也。然日用交際，旦夕所需，則尺牘猶不可廢。蓋尺牘者，以通人情，以達事變；解惑啟蒙，揀魔辨異。極之，至於開萬古之心胸，濬千聖之血脉。必有藉此管城君流通發揚，固未可遽以白紙三幅，踵玄沙之故步也。[1]

　　這段話的意思很清楚，不外是說，僧人之謀道為其最急之事，辭章非他們所重視。不過，因為平日不免有應酬交際之需，尺牘還是不能廢棄不用。道霈認為，尺牘是用來「通人情」、「達事變」；也可以用以「解惑啟蒙，揀魔辨異」。甚至若要「開萬古之心胸，濬千聖之血脉」，都有必要藉僧人之筆來流通發揚書牘之用，不可步武玄沙師備（835-908）遣僧送書，緘封「白紙三幅」上其師雪峰義存（822-908）之所為。[2]

1　《緇林尺牘》（上海：商務印書館，1934）卷首序文。又見《為霖道霈旅泊庵稿》卷3，頁41b。

2　此事見《景德傳燈錄》卷18，頁346c。

　　道需所說的尺牘之用，充分地表現於北宋禪僧黃龍慧南（1002-1069）的書尺裡。慧南的書尺，其法孫覺範惠洪（1071-1128）及南宋大慧宗杲（1089-1163）弟子雲臥曉瑩（1128-1220）都曾在其著作中提過，但可能因為書尺流傳不廣，在南宋中期後消失於宋土；既然失傳，後來學者遂無所知。所以渾樸道古雖「飽獵群籍」，採集古今僧人書札而有《緇林尺牘》之編，但其書中竟無一篇慧南之尺牘。幸慧南書尺在南宋以後流傳於日本，歷經翻刻而成書尺集，保留至今，稱《集洪州黃龍山南禪師書尺》。不過，究竟該尺牘集何時傳至日本，如今已無可考。我們只知早於日本持明院統後光嚴天皇貞治六年（1367），即有京都臨川寺本刊本（以下稱「貞治本」），但此刊本流傳之情形不詳。三百四十餘年後，於寶永七年（1710），日本江戶時期黃檗宗禪僧月潭道澄（1636-1713）在雙岡齊和尚處借得一本，命其法嗣無染騰寫一冊珍藏（以下稱「寶永抄本」），並添加序文一篇。三十年後，於延享元年甲子（1744）初秋，京都寺町松原下田中甚兵衛又曾刊印其書（以下稱「延享本」），應是根據「貞治本」或「寶永抄本」刻成的。同書在延享二年（1745）又刊印了一次。十八年後，京師小川源兵衛又於寶曆十三癸未年（1763）刊印此書（以下稱「寶曆本」），其實是「延享本」之改訂本。

　　以上諸本《集洪州黃龍山南禪師書尺》刊行之後，衍生了幾種漢語及日語之注疏。據筆者所知，有《黃龍山南禪師書尺集事苑》、《黃龍山南禪師書尺集考錄》及《黃龍南禪師書尺集引據》等等。這些衍生的注疏當然是為了幫助日本禪僧閱讀慧南書尺而寫。譬如，與書尺集同樣於寶曆十三癸未年（1763）由京師小川源兵衛刊印的《黃龍山南禪師書尺集事苑》即是。該書序文之時間在當年秋八月，而刊印日期在當年九月，很可能是繼「寶曆本」書尺刊行之後出現。作者是桂洲道倫（1713-1793），或稱衣寶道倫，是江戶中期的臨濟僧，專門寫「事苑」一類的注釋之作。除了《黃龍山南禪師書尺集事苑》外，他還著有《大光明藏事苑》三卷一冊，《夢窗國師語錄事苑》及《緇門寶藏集略考》等書。桂洲道倫在其《事苑》序文中提到他作《事苑》是因其弟子「偶問以《黃龍山南禪師書尺集》」，遂「考事實、搜字義、辨差誤，間付胸臆鶻突之說，漫傚睦庵《祖庭事苑》」而作其書。此書現於京都禪文化研究所藏有一

冊。《禪學大系》本《書尺集》書眉上所引用的《事苑》應即是桂洲道倫之作，但非其全璧。

其他衍生之作，如《黃龍山南禪師書尺集考錄》一書，筆者未曾寓目，作者是某「月漢師」，但刊行時間及收藏地點都不詳。另如《黃龍南禪師書尺集引據》一書，筆者也未曾寓目，僅知東北大學狩野文庫有個寫本，作者身分及撰寫時間也不詳。另外還有《黃龍尺牘廣錄》、《黃龍尺牘別考》及《黃龍書尺集考證》等等，作者及發行時間都不詳。《廣錄》載於駒澤大學之《禪籍目錄》，但是否有書，筆者尚未實地查證，無法確定。《別考》及《考證》據說都是寫本，[3]內容如何，亦有待查閱。不管如何，以上多種衍生的著作，可證明黃龍尺牘在日本之受重視，而國人竟無所聞，令人遺憾。筆者為《黃龍山南禪師書尺集》做校注並賴以編寫慧南年譜，固然因個人對「域外」禪籍之興趣，未嘗也不是為了喚起佛教研究者注意宋代禪師尺牘之故。

除了以上書尺衍生的作品之外，據《佛書解說大辭典》說還有日本五山僧中巖圓月（1300-1375）所撰的〈黃龍南禪師行狀〉，[4]但其說有誤。中巖圓月是日本禪宗二十四流派中之大慧派，曾入元求法七年，拜於東陽德輝之門，師承依序上推為晦機元熙（1238-1319）→物初大觀（1201-1268）→敬叟居簡（1164-1246）。[5]他曾為編著《黃龍十世錄》的龍山德見（1284-1358）作〈行狀〉，附於《黃龍十世錄》之後，但從來沒作〈黃龍南禪師行狀〉。《佛書解說大辭典》之編者不查，依駒澤大學所編的《禪籍目錄》列〈黃龍南禪師行狀〉為中巖圓月之作，而稱《黃龍十世錄》之後所附之〈行狀〉之狀主為慧南，實紕謬不妥。《黃龍十世錄》可見於五山文學專家玉村竹二所編的《五山文學新集》第三卷，其後錄有〈行狀〉，即是被誤為〈黃龍南禪師行狀〉的

3　參看《佛書解說大辭典》，頁388。

4　同前註。

5　關於物初大觀及敬叟居簡，參看筆者《一味禪與江湖詩》及《南宋六文學僧紀年錄》。

〈真源大照禪師〔龍山德見〕行狀〉。**6**

　　《黃龍十世錄》其實是相當粗略的禪師語要合編，它的史原包括黃龍慧南及其以下歷代弟子晦堂祖心（1025-1100）、靈源惟清（？-1117）、長靈守卓（1065-1124）、無示介諶（1080-1148）、心聞曇賁（生卒年不詳）、雪庵從瑾（1117-1200）、虛庵懷敞（淳熙朝），日本的明庵榮西（1141-1215）及龍山德見等十位禪師的語錄大要；或摘自個人語錄，或錄自《五燈會元》，是語錄及燈錄體兩種形式禪籍的結合，不是一種理想的黃龍宗傳之歷史記錄。所提供的黃龍慧南個人傳略，竟然也未參考黃龍書尺。本書第一部分，根據僧俗資料、內典外學，重建黃龍慧南之生平行事，并其習禪、傳法、交遊等等歷史事實，相信已彌補慧南傳略之失。今稽考羣籍，將慧南書尺加以校注，希望能闡明慧南寫作書尺之用心與理念，揭示隱晦無人知之史實，進一步彰顯慧南書信存在的歷史意義。

　　由於黃龍書尺集顯然為其弟子寶覺祖心及其法孫靈源惟清之書尺開了端緒，本校注也參考祖心與惟清之書尺。唯祖心留下之書尺不多，並無結集之流傳，而今存惟清之書尺集稱《靈源和尚筆語》，當是其所傳書尺之部分。還有零星散篇，與祖心之書尺一樣，都見於《禪林寶訓》中。不同的是，《禪林寶訓》中之祖心書尺都是單篇，而惟清之書尺則出於《筆帖》。由於《筆帖》亦含其他禪師之書尺，當是一書尺合集。比較《禪林寶訓》從《筆帖》所摘引之書尺與《靈源和尚筆語》之內容，可以看出並無重複之處，可知惟清所留下之書尺遠較吾人想像為多。可惜《筆帖》早已不傳，無從知道其所收書尺之詳情。

　　《靈源和尚筆語》早已失傳於漢土，但在日本仍有數種版本可見。初步估計，大概有以下六種。其一是曆應五年（1342）臨川寺刊印本。已收入最近出版的《和刻本中國古逸書叢刊》第 39-40 冊。其二是京都小川源兵衛刊本，出版時間不詳，東京大學東洋文化研究所有一部。其三是江戶時期京都藤屋三郎兵衛刊本，收藏圖書館甚多，東京大學總合圖書館藏有兩本，都有批注。其四是

6　玉村竹二，《五山文學新集》第三卷，頁 287-290，〈龍山德見行狀〉。按：此〈行狀〉作於延文四年（1359）春三月既望。

東京日本國會圖書館所藏京都古川三郎兵衛刊本。其五是江戶後期建仁寺住持
高峰東晙（1714-1779）根據臨川寺刊印本之抄寫本。高峰東晙就是《大正藏》
所收日本兩足院《黃龍慧南禪師語錄續補》之編輯者。第六種是現代排印本，
收於《國譯禪學大成》第十卷，昭和四至五年（1929-1930）由日本二松堂刊
印。本校注參考臨川寺刊印本、小川源兵衛刊本、藤屋三郎兵衛刊本及《國譯
禪學大成》本。

　　《靈源和尚筆語》也有衍生作品，如《靈源和尚筆語考》、《靈源和尚筆
語解》及《靈源筆語別考》。《筆語解》是高峰東晙手寫稿本。《筆語考》是
江戶時期京都東福寺臨濟僧幹山師貞（1676-1745）所撰，[7]高峰東晙抄寫本。這
幾本衍生作品對研讀《靈源和尚筆語》及校注慧南書尺應該都有幫助，可惜筆
者只能看到《筆語別考》，其他尚無緣獲閱及利用參考，甚感遺憾。只有留待
日後專做靈源惟清之研究時，再設法取得參閱。

二、凡例

1. 《集洪州黃龍山南禪師書尺》之版本已見上文。本《校注》係根據「延享
   本」、「寶曆本」及「禪學大系本」。文中簡稱《南禪師書尺》。
2. 本《校注》亦參考《南禪師書尺》衍生之《黃龍山南禪師書尺集事苑》，文
   中簡稱《事苑》。
3. 本《校注》還參考《靈源和尚筆語》及《靈源和尚筆語別考》。文中各稱
   《靈源筆語》及《筆語別考》。
4. 凡徵引之古籍皆在文中註明卷碼，不另註明頁碼。所引用當代著作，則於引
   用著作該頁下另行作注，並註明頁碼。
5. 注中所述及禪師及士人之生卒年，已見於本書第一部分，不再重書。
6. 慧南書尺，雖經蒐集成書尺集，但仍有遺漏，筆者從《禪林寶訓》輯出三篇
   附於卷末。

7　幹山師貞亦著有《江湖風月集取捨翼考》寫本兩卷，為駒澤大學貴重圖書之一。

三、目錄

序文

26.與承天感長老六首

27.與雙嶺順長老七首

28.與慧日富長老一首

29.與黃檗勝長老一首

30.與開禪者一首

31.與總首座一首

32.與昭化主一首

33.與炳化主一首

34.與心首座一首

序文

《雲臥紀譚》云：「湖州報本元禪師，其見於《林間錄》謂①：「開法吳江聖壽，②投黃龍法嗣書。南公視其名曰：『吾偶忘此僧，書未欲開，可以親至。』元遂輟住持事，即日腰包而來。③然南公書尺集有答元手書。今觀其委曲如是，豈偶忘其名耶云云。」余閱其章，始知古時有黃龍書尺集流行於世，年代遼邈；今失其本，④實為可惜焉。頃遇雙崗齊兄，⑤兄出示一抄本，乃此集也。其中總計五十餘篇，皆與同時諸大老往來寄酬，暨與輪下諸法子等之手牘也。⑥其語一一法門關係尤為親切，與《靈源筆語》前後相為表裏者也。⑦豈非禪林之至寶乎？余忻然借來，命小師無染謄寫一本，以珍藏焉。歲寶永庚寅穩心華宣澄老衲手識。⑧

校注：

①按：《雲臥紀譚》之原文云：「湖州報本元禪師，其見於《林間錄》謂：開法吳江聖壽，投黃龍法嗣書。南公視其名曰：『吾偶忘此僧，書未欲開，可以親至。』元遂輟住持事，即日腰包而來。然南公書尺集有答元曰：『手書達吳江聖壽長老：前年永上人自二浙迎金像回，得書一封，因念汝離黃檗十有餘年，一錫飄然，孤蹤不定，雖知白而守黑，奈果熟而自香。緣在吳江，應時而出，宜遵聖賢規範，如說而行。勿效庸

鄙之流，唐言自恣。凡百住持，必須慎護。此不盡書也。』今觀其委曲如是。豈偶忘其名耶？」惠洪《林間錄》原文云：「報本元禪師孤硬，風度甚高，威儀端重，危坐終日。南禪師之門弟子，能蹤迹其行藏者，唯師而已。法嗣書至，南公視其名曰：『吾偶忘此僧。』謂專使曰：『書未欲開，可令親來見老僧。』專使反命，師即日包腰而來。至豫章，聞南公化去，因留嘆息。適晦堂老人出城相會，與語奇之，恨老師不及見耳。師道化東吳，人歸之者如雲。嘗自乞食，舟載而還。夜有盜舟人絕叫，白刃交錯於前。師安坐自若，徐曰：『所有盡以奉施。人命不可害也。』盜既去，達旦，人來視舟，意師死矣，而貌和神凝如他日。其臨生死禍福，能脫然無累如此。」此段記載，亦見於《禪林僧寶傳》卷二九之〈報本元禪師傳〉。傳文云：「…見寶覺禪師出世說法，知南公已化逾月。乃復還吳中。道俗師尊之。又延住崑山慧嚴院。十年，嘗夜舟歸自雪川。寇劫舟，舟人驚怖，不知所出。元安坐徐曰：『錢帛皆施汝，人命不可枉用。』寇因背去。」

②惠洪《禪林僧寶傳》卷二九云：「〔元禪師〕熙寧元年入吳，住吳江壽聖寺。」

③惠洪《禪林僧寶傳》卷二九云：「住吳江壽聖寺。遣僧造黃龍，投嗣法書。南公視其款識，未發。謂來僧曰：『汝亟還，令元自來。』僧反命，元輟住持事，策杖而來次南昌。見寶覺禪師出世說法，知南公已化逾月，乃復還吳中。」此處之寶覺禪師，就是《林間錄》所說的晦堂老人，亦即晦堂祖心或寶覺祖心，是繼慧南住持黃龍山之弟子。

④「失」，「禪學大系本」讀作「先」，實誤。

⑤「遇」，「禪學大系本」讀作「返」，疑誤。

⑥凡曰某某公「輪下」者，指「法輪」之下，即「門下」也。譬如宋仁宗朝，日本國師源信，「嘗遣學徒寂照等持二十七問，詢求法要。師〔知禮〕答之，咸臻其妙。厥後廣智嗣席，復遣其徒紹良等二人，齎金字法華經，如贄見之禮，因哀泣致敬，請學於輪下三載。」

⑦《靈源筆語》為慧南法孫靈源惟清之書信集。國會圖書館及禪文化研究

所皆有藏本，詳見前言。《國譯禪學大成》亦收此書，並有解題、日譯
及注釋。

⑧「龝」即「秋」。「宣澄」「禪學大系本」讀作「宣證」，實誤。

1.寄圓通祖印訥禪師①

慧南啟：春間沙彌去九江請戒，得附狀，敘起居攀謁之意。計其端直，想
不浮沈沈。②近人至，首詢高躅，動靜得常，闡法安人，內外悅預。③耳
聞心喜，手舞足蹈，大都契分，有異常調，使人不覺如此，非佞也。此居
深邃，閑人不到，唯挑囊疊足而至，各執白契，欲爭祖父田園，逞盡英
雄。不肯言我家醋淡，或進前叉手，或退後長噓，或當頭喝、末後拍、或
現修羅相，或作女人拜，④或自識病擔枷而來，或自具眼拂袖而去。出格
入草，埋兵掉鬪，⑤排賓主、列君臣，照用雷奔，機鋒電掣，呈盡藝解，
做盡技倆。困也，等閑卻問「我手何似佛手」，卻道不得。「我腳何似驢
腳」，不知落處。蓋迷其大法，而儱侗瞞頇。⑥或撥動伊痛處，便與著
炙；或爬動他養處，另別尋醫。雖老，不敢寧居逸體，唯談禪病，以警來
蒙。道塗阻遠，不見吾友，望風懷想，寤寐成勞。人便，少此布問。

校注：

①此為廬山圓通居訥（1010-1071）禪師，四川梓州人，又名淨因，號祖
　印。雲門宗延慶子榮禪師（生卒年不詳）之法嗣，稍晚於慧南（1002-
　1069）。慧南是臨濟宗石霜楚圓（987-1040）傳人。

②「浮沈」當是喻指「洪喬之誤」。《晉書》卷七七，〈殷浩傳〉云，浩
　負父殷羨為豫章太守，「都下人士因其致書者百餘函，行次石頭，皆投
　之水中，曰：『沈者自沈，浮者自浮，殷洪喬不為致書郵。』」慧南之
　意是他所派出的沙彌性格端直，不會做出洪喬投信水中令其浮沈之事
　吧！

③「悅預」當讀成「悅豫」。《正字通》：「預」與「豫」同。宋・秦觀
　〈代程給事乞祝聖壽表〉：「於是郡之衣冠緇素無不悅豫鼓舞。」喜

悅、愉快之意也。

④《嘉泰普燈錄》卷一八，〈真州靈巖東庵了性禪師〉：「上堂曰：『勘破了也，放過一著，是衲僧破草鞋。現修羅相，作女人拜，是野狐精魅。』」按：《法苑珠林》卷六二，「修羅相：圓眼面方，黃體金髮。盡備伎術，阿須倫來。直前視地，無有疑難。見恐輒擊，阿須倫來。」《事物紀原》卷九：「禮曰：男拜則尚左手，女拜則尚右手。」

⑤「埋兵掉鬪」，《五燈會元》卷一二，〈安吉州天聖皓泰禪師〉：「到琅邪，邪問：『埋兵掉鬪，未是作家。匹馬單鎗，便請相見。』」埋伏兵以挑戰之意。

⑥「儱侗」，《祖庭事苑》卷四云：「未成器也。」「瞞頇」，《祖庭事苑》卷二云：「大面貌。」大意為迷迷糊糊不能分辨之意。《雲門匡真禪師廣錄》卷二有「顢頇佛性，儱侗真如」之語。

2.與師弟闍黎

某啟：執別累年，企思每切。春暄將極，所履何如？近僧侶過來，且聞闍黎所止，已知住院，必是山水幽奇，檀那鄭重。夫住持者，先弘道德，後具因緣。內明佛法之機，外赴羣生之望。若不然者，保持至理，消息機緣。竹戶茅堂，靜坐塵埃之外；松床竹枕，閒眠風月之中。以煙霞水石暢其情，去名利是非忘其念。未能如是，宜在知非。況闍黎自出山門，樂入叢席；一游秦漢，四歷春秋。相隨雖涉於五年，為學未精於一字。豈為浮浪蹤跡，枉遣光陰。未辦大緣，何栖小院？縈纏多事，辜負少年。未窮東魯之書，豈會西來之意？況慈親早捨，師長久辭。比者為僧，志求何事？生死未能決擇，草步頭爭，合停留危脆；百年呼吸，故知敗壞，良可嘆嗟。一息不來，萬般何用？石崇富貴，至死不悔貪婪；①蔣詡貧寒，一生而得稱高士！②況沙門釋子，知是達機，豈可因彼世情，忘茲道業？善緣難值，惡果易成。須懷久遠之憂，莫趁一時之樂。切須忖度，無見因循。有何心意，苦戀襄陽，③致使見解不如越鳥。具此委曲，速便歸來，慰我心懷，想加善矣。

校注：

①石崇，西晉南皮人，字季倫，小名齊奴，曾任荊州刺史，升衛尉，以搜刮蓄財，富可敵國。其在洛陽所逐之「金谷園」養有奇花異卉，珍禽異獸，為王公貴族聚飲之處。石崇雖富詩才，但貪婪殘暴，嗜殺成性。寵妾綠珠，墜樓報石崇之愛。唐・杜牧〈金谷園〉詩，實記其事。詩云：「繁華事散逐香塵，流水無情草自春。日暮東風怨啼鳥，落花猶似墜樓人。」

②蔣詡，西漢平帝時為兗州刺史，以廉直著稱。《文選》謝靈運〈田南樹園激流植援〉詩有「唯開蔣生逕，永懷求羊蹤」之句，唐・李善注引《三輔決錄》云：「蔣詡，字元卿，隱于杜陵。舍中三徑，惟羊仲、求仲從之游，二仲皆挫廉逃名。」

③「襄陽」，原作「衰陽」，疑誤。

3.寄泐潭月禪師三首①

某啟：春間汪沙彌之九江，請波羅提木叉，②因得附書以道悰款。夏初，潘判官③處得師寵答及裴主客書，銘荷厚意，豈止欽佩？暑退涼生，空山無事，思得喜對拱抱高論，而莫我諧，徒多懷想耳。④滔滔泐水，巍巍石門，泛游者但見波瀾，出入者寧知高廣。必惟引濟，罔倦朝昏。某見識素淺，老病日生，道行不足以資來者，故於春首，嘗形遜避，祇蒙傳語，夏初再督。⑤又承安存，猶之預之，孰我知之？以師道契氣義之深，故此縷聞，幸不怪疑。

校注：

①泐潭為洪州泐潭山石門，即昔馬祖大寂禪師與禪者輩選佛大道場。契嵩所謂：「泐潭山水清勝，乃昔大禪德道一馬祖遺迹之地。」（《鐔津文集》卷一二）宋・洪芻有〈遊泐潭寺〉一詩，首數句云：「吾聞石門山，對峙儼天關。林茂山自青，草香澗長碧。中有古招提，柱栱煥青赤。惟昔馬大士，方墳聳遺迹。」（《老圃集》卷上）月禪師為該山寶

峰院長老曉月，字公晦，豫章章氏子。得法於瑯琊慧覺禪師，叢林號稱
月公晦。《建中靖國續燈錄》卷七：「〔月〕豫章人也。性若天資，聰
如神授。六經百子，三藏五乘，凡一舒卷，洞明淵奧。參瑯琊廣照，密
傳心印。五百雲眾，推為上首。後出世四十餘年，每日三時發揮宗教，
略無少怠，其訓學徒若此。坐滅道濟庵。」慧南弟子黃龍祖心（1025-
1100）曾參之（《補續高僧傳》卷八）。根據《禪林寶訓》引《靈源拾
遺》：「公晦洞明楞嚴深旨，海上獨步。晦堂每聞一句一字，如獲至
寶，喜不自勝。衲子中，間有竊議者。晦堂聞之曰：『扣彼所長，礪我
所短，吾何慊焉？』英邵武曰：『晦堂師兄，道學為禪衲所宗，猶以尊
德自勝為強，以未見未聞為愧，使叢林自廣而狹於人者，有所矜式，豈
小補哉？』」（《禪林寶訓》卷一）佛日契嵩與曉月為厚交，他的〈與
月上人更字敘〉一文，即是為曉月所作。文中說曉月原字竺卿，契嵩以
「始字其義不當，不可以為訓義，以公晦易之。」又以「古之聖賢者明
於有為而晦於無事」之理說：「今上人有器識，明於為學知道，其將有
所晦乎？上人吾徒也，與世俗事物邈然不相接，又益宜晦焉。余於上
人，故人也。別去十年，果得法自瑯琊，來會於吳中。觀其處心空寂，
能外於身世而不累，其得喪是非，真所謂能向晦者也。字之以晦，抑亦
發其蘊也。一旦，以道歸，觀其所親，索文為別。故序其字而贈之
云。」（《鐔津文集》卷一一）契嵩曾於至和元年（1054）寫〈與石門
月禪師〔書〕〉，書云：「三月某啟。昨三月得公晦書并所制〈悲風謠
後序〉，慰論勤至。非深交至友，何肯如此於感佩萬一也。然序文殊
佳，但其德薄不任稱獎也，此為忝耳。公晦久別，所諭何老而益賢如
是，喜且非常。我但白首偃蹇不能自振，況暇於教道也，視此得不愧
乎。栖居石壁殆二年矣，雖然自適頗樂，顧人生如夢，何足堪恃？紙衾
瓦鉢外，惟圖書雜然於室中耳，流俗所尚一無留也。近著《孝論》十二
章，擬儒《孝經》發明佛意，亦似可觀。吾雖不賢其為僧為人，亦可謂
志在《原教》而行在《孝論》也。今以相寄，蓋以公晦善於親也。所栖
雖牢落，於佛法其意亦不敢怠。徐當為教門著一大典，但慮其功浩大，

若果就，先當相聞。公晦道已振一方，吾復何云？但善將身世。此為至祝，專人還，特此上聞。」（《鐔津文集》卷一〇）此書顯示契嵩其時已在杭州石壁山住兩年，時年四十八歲。他又於仁宗嘉祐五年（1060）二月，寫〈泐潭雙閣銘〉，稱曉月為「大長老曉月，字公晦。」文中顯示曉月領泐潭已有十五年。又說：「吾與公晦雅素相德，最厚善。」其時，契嵩年五十四歲（《鐔津文集》卷一二）。他有〈寄懷泐潭山月禪師〉一詩云：「聞道安禪處，深蘿杳隔溪。清猿定中發，幽鳥坐邊栖。雲影朝晡別，山峯遠近齊。不知誰問法，雪夜立江西。」

②波羅提木叉（Pratimoks!a），戒律三名之一。譯曰「別解脫」，又曰「處處解脫」。七眾所受之戒律。《四分律疏》：「波羅提木叉，此云解脫。故《遺教經》云：『戒是解多之本。』」

③潘判官，《事苑》說是潘興嗣（1022-1100），因潘興嗣曾問道於慧南之故。筆者以為潘判官非潘興嗣，以潘興嗣未曾任過「判官」也。「判官」通常是「節度判官」、「轉運判官」或「簽書判官」等職的別稱，由京官充任。潘興嗣，字延之，新建人，潘慎修孫，以蔭任將作監主簿。後調德化縣尉，並未赴任，而其不赴任之由，據說是因同郡比部員外郎許琰拜江州守時，興嗣往見，琰以刺史自尊，踞坐不為禮。興嗣徑去而歸，竟不之官。此後他築居豫章城南，足不造請六十餘年，因自號清逸居士。又以南州居士或南州高士名於時（《嘉靖江西通志》卷七）。《羅湖野錄》卷上云：「清逸居士潘興嗣，字延之。初調德化縣尉（今九江），同郡許琰始拜江州守，潘往見之，琰不為禮。遂懷刺歸，竟不之官。問道於黃龍南禪師，獲其印可。嘗曰：『我清世之逸民，故自號焉。』嘉祐以來，公卿交薦章數十上。既以筠州軍事推官起之，辭不就。隱居豫章東湖上，琴書自娛。一日。南公高弟潛菴源禪師訪之，見其拂琴次。源曰：『老老大大猶弄箇線索在。』對曰：『也要彈教響。』」按：許琰約於元豐六年（1082）任江洲守，至八年（1085）離任，則潘興嗣見許琰時間約在此時，慧南已早逝，不可能在他去世之前稱興嗣為「判官」，且縣尉亦無「判官」之稱。可見「潘判

官」另有其人。可能是皇祐三年（1051）出任江南西路轉運判官的潘夙（1005-1075），宋初開國元勳鄭王潘美（925-991）之從孫。又《人天眼目》卷二云：「黃龍每以此三轉語垂問學者，多不契其旨。而南州居士潘興嗣延之，常問其故。龍云：『已過關者，掉臂徑去，安知有關吏？從關吏問可否，此未過關者。』」《禪林僧寶傳》卷二二云：「〔慧南〕住黃檗，結菴於溪上，名曰積翠。既而退居曰：『吾將老焉。』方是時江湖閩粵之人，聞其風而有在於是者，相與交武。竭蹷于道，唯恐其后。雖優游厭飫，固以為有餘者。至則憮然自失，就弟子之列。南州高士潘興嗣（延之），嘗問其故，公曰：『父嚴則子孝。今來之訓，後日之範也。譬諸地爾，隆者下之，窪者平之。彼將登于千仞之上，吾亦與之俱。困而極于九困之下，吾亦與之俱。伎之窮，則妄盡而自釋也。』」按：筠陽黃檗山在新昌縣西百里，一名鷲峰山，為唐代黃檗希運斷際禪師道場。燈史說「洪州高安縣黃檗山」是因為唐代高安屬洪州之故。後來改屬筠州，宋因之，仍稱筠州高安。南宋寶慶朝，以州名犯御諱而改為瑞州，故又稱瑞州高安。唐宣宗微時，與香嚴閑禪師遊方至此（或說是百丈山或廬山），香嚴題瀑布詩云：「穿雲透石不辭勞，遠望方知出處高。」宣宗續云：「溪澗豈能留得住，終歸大海作波濤。」（《碧巖錄》卷二）一名鷲峯山（《方輿勝覽》卷二〇；《大明一統志》卷五七）。以上諸書所謂潘延之「常問其故」，究竟是發生在何地，都無說明。筆者以為是在慧南從黃檗入南昌西山小住時。至於「常問其故」，究竟是問慧南為何「黃龍三關」人多不契其旨，或是問慧南為何設「黃龍三關」，諸書亦語焉不詳。據《禪林寶訓》之敘述看，潘延之是在問為何慧南設三關及三關為何如是之嚴。其語云：「潘延之聞黃龍法道嚴密，因問其要。黃龍曰：『父嚴則子敬，今日之規訓，後日之模範也。譬治諸地，隆者下之，窪者平之。彼將登于千仞之山，吾亦與之俱。困而極於九淵之下，吾亦與之俱。伎之窮，妄之盡，彼則自休也。』又曰：『姁之嫗之，春夏所以生育也。霜之雪之，秋冬

所以成熟也。」吾欲無言可乎？」（《禪林寶訓》卷一）**8**

④「拱挹」同「拱揖」，拱手作揖以示敬意。此處說他希望能高興地與曉
　月拱手作揖，聆聽其高論，但是未能妥善安排晤面，徒然增加自己許多
　懷想罷了。

⑤此應指洪州太守程師孟以詩招他入黃龍山之事。程師孟於嘉祐六年八月
　後守洪州，隨後即以詩招之。慧南於次年初春遜避。四月初，程師孟於
　將離洪州之前，復招慧南，並表示安撫存恤之意，故慧南猶豫不決。
　「猶之預之」即是「猶豫」。

某啟：昨蒙象馭光訪弊廬，①遂從容於長復，獲陪奉於高談，皆先佛骨髓
之珍，非末學口耳之事。洎班荊折柳，送別五峰之前，②嗟乎妙斲堊漫，
倏忽千里之遠。昨日人至，辱書相示，展譯真旨，③尤慰卑情。喜返高屋
神宇，休若即此跧遁，亦無他念。流年俱老，重會何期？人回布此，希保
愛。

校注：

①「象馭」是對曉月之尊稱。曉月來黃檗訪慧南，故謂「光訪」。慧南曾
　有〈酬泐潭月長老惠草履二首〉。其一云：「當年西祖曾留下，今日蒙
　師特惠來。覿物思人孰知我，月明著上妙高臺。」其二云：「尋骨尋皮
　心未灰，當年一著更何猜。而今二百年前事，不是知音不舉來。」
　（《黃龍慧南禪師語錄》）此二詩可見他與曉月相知之深。第一首末句
　提及之「妙高臺」，在慧南住過的廬山，故此二詩或於慧南住廬山歸宗
　寺時所作，或在曉月訪黃檗後，回憶在廬山之日而作。

②「五峰」是五峰山，與黃檗山相鄰。上有歸雲、積翠、羅漢、月桂、佛
　岩五峰，故名。」禪籍亦多以五峰或積翠為黃檗山之代名。

8　《禪林寶訓》說是引《林間錄》，但現存《林間錄》並無此條。

③「展譯」即「展繹」，「衍繹」之意也。「展譯真旨」，推演引申禪法
　之真義也。

某致白：比者佞溪僕至，得晉姪書小東云①：「南山和尚不寫書，恐還
答。」②甚愜鄙陋之意。雖愚與師心照神交，不假與言，而旁觀者周測，
以為何如也。況今天下執佛事柄老大者，唯師與愚，餘皆晚輩。③去夏蒙
不棄居此，④秋初又去其所栖息茆齋，一回入彼，闃然不見其人，⑤神魂
如失。今遇，便此不筆，其意又何忍耶？春暖，喜法位康勝，去華取實，
以道自如，迺高蹈之意，其如新學失其所望，恨師收鋪太早。餘希保重。

校注：

①「晉姪」當指泐潭曉月的法嗣洪州上藍居晉禪師，《建中靖國續燈錄》
　卷一四有列其名及法語。郭祥正有〈贈上藍晉禪師〉一詩即是致居晉
　者，詩云：「泐潭月公晦，其禪妙諸方。傳之晉伯明，獨步入豫章。一
　登上藍座，日月迴輝光。問法瞻丈室，方廣不可量。人人得甘露，灌頂
　心清涼。又通世俗書，落筆皆文章。眾鳥難悉名，卓然唯鳳凰。羽儀下
　雲霄，五色在山岡。」（《青山續集》卷二）
②南山和尚指曉月禪師。南山與石門在同一方位（《大明一統志》），而
　曉月所居之泐潭在石門，故當指曉月。又慧南住廬山歸宗，於歸宗遇火
　後下獄，獲釋後曾住石門南塔。《禪林僧寶傳》卷二四云：「歸宗寺
　火，南公遷石門南塔。」石門南塔與曉月之石門泐潭為鄰，可想而知慧
　南入積翠黃檗山前，當與曉月常相過從。
③大慧宗杲曾說：「泐潭月禪師、黃龍南禪師齊名。叢林稱：南有定力，
　月有辯才。」（《普覺宗杲禪師語錄》卷一）
④《禪林僧寶傳》卷二四，〈仰山偉禪師傳〉說仰山行偉至積翠依慧南二
　年，曾見「泐潭月禪師與南公同坐夏積翠。」
⑤「闃然」即「闃然」，空無所有或寂靜無人也。

4.與雲峰悅禪師二首①

某啟：黃檗山中栖微跡，而年踰七秋。紫蓋峰前企高躅，②而路遙千里。既款集而非便，方窘寐而成勞。伏料端居丈室，③密論寸心。④叱狂子之他游，⑤運良謀而獨斷；矜憐末法，唱導羣方。謹奉手啟，起屈伏惟保愛。⑥

某再啟：去年天吉祥行者，今穮筠陽孔道人，⑦俱詣法筵，兩致懇削。既沈浮而莫委，但窘寐以增思。伏惟端居丈室，寸心廣示。無內外，自遵夙警；得皮髓，知是何人。⑧更闢化門，普益末世。見德悠遠，為法自崇。

校注：

①雲峰悅禪師是雲峰文悅（998-1062），南昌人，臨濟宗筠州大愚守芝禪師法嗣，與慧南為同輩。在大愚守芝下服勤八年。大愚沒後，東游三吳，所至叢林改觀，雪竇重顯（980-1052）禪師尤敬畏之。聞慧南住同安，自三衢入鄱陽來歸，並即領眾助揚宗風（《建中靖國續燈錄》卷八）。謁號古塔主之薦福承古（？-1045），遂首眾僧於芝山。慧南禪師遣使迎之，又首眾僧於同安（《禪林僧寶傳》卷二二）。同安非指在建昌縣鳳棲山（今江西永修縣艾城鄉鳳棲山）的同安寺（《同治南康府志》）。鳳棲山在南康府城西十五里，狀如棲鳳，麓有同安寺，唐中和中丕禪師建（《江西通志》卷一二四；《同治南康府志》卷三、卷七）。

②紫蓋峰在南嶽衡山，高五千四百餘丈，有紫霞華籠之狀，其形如蓋，亦謂之華蓋峯（《南嶽總勝記》卷一）。南嶽高峰有紫蓋、天柱、石廩、祝融，中以紫蓋為最高，或以之象徵雲峰文悅所居之雲峰景德寺？

③「丈室」即「方丈之室」。「方丈」蓋寺院之正寢也。始因唐顯慶年中勅差衛尉寺承李義表前融州黃水令王玄策往西域充使，至毘耶黎城東北四里許，維摩居士宅示疾之室，遺址疊石為之。王玄策躬以手板縱橫量之，得十笏，故號方丈。依南嶽禪門住持規式，住持為長老，亦為化主，處于方丈，同淨名之室，非私寢也（《釋氏要覽》卷一、三）。

④「寸心」一語，常用於禪林疏語。此處與「丈室」對。《列子》云：
「文摯謂龍叔曰：『子方寸之地虛矣，幾聖人也。』」（《禪林疏語考
證》卷一）按：《列子》原文云：「吾見子之心矣，方寸之地虛矣，幾
聖人也！」李白〈贈崔侍郎〉詩：「長劍一盃酒，男兒方寸心。」

⑤「狂子之他游」，「狂子」出《法華經‧壽量品》。窺基《妙法蓮華經
玄贊》卷九，「狂子謂根未熟者」。

⑥「刕」，《玉篇》：「古文居字。」

⑦「天吉祥行者」及「筠陽孔道人」，身分俱不詳，但應該都是慧南之弟
子，奉慧南之命，齎信至雲峰致問於文悅。「穐」，《集韻》：「秋，
古作穐。」

⑧「得皮髓」源自達摩祖師傳衣鉢之故事。達摩欲返天竺，乃命門人曰：
「時將至已，汝等盍各言所得乎？」時道副曰：「如我所見，不離文
字，不執文字，而為道用。」師曰：「汝得吾皮。」尼總持曰：「我今
所解，如慶喜見阿閦佛國，一見更不再見。師曰：「汝得吾肉。」道育
曰：「四大本空，五陰非有。而我見處，無一法可得。」師曰：「汝得
吾骨。」最後，慧可禮拜，依位而立。師曰：「汝得吾髓。」遂傳衣鉢
（《景德傳燈錄》卷三；《祖庭事苑》卷三）。

5.寄淨因大覺璉禪師①

某手白：早歲，吾知有王城之命。②愚作豫章，③丐回山日，師已登塗。
唯見所留下親書一封，發研厥旨，形雖遠而意轉近，情雖淡而道愈篤。翻
思數十年林下之契，一旦東西而莫我睹，深所恨也。自後公緣紛杳，老病
相兼，加以栖處窮僻，致答無由。近者修造回，問法候及住持事，日甚寬
泰，煩慰故人之心。又見對御言要及唱和句偈，④不勝欽仰之極。而況運
膺像末，濫竊者多。吾知言行素崇，德位相稱，足以發揚祖道，禪贊皇
猷，非惟四海之幸，亦乃三界之幸甚矣！謹因人行，少此為問。

校注：

①大覺璉禪師是大覺懷璉（1010-1091），泐潭懷澄弟子。宋仁宗皇祐二年
　（1050）正月，詔圓通居訥入京師住新建之十方淨因禪院，居訥以目疾
　辭，舉懷璉應詔（《禪林僧寶傳》卷一八；《五燈會元》卷一六）。
②按：此即指懷璉奉詔入主淨因寺事。
③豫章即南昌府，為洪州府治。慧南所住之隆興府黃龍山（在今修水縣）
　即在此。他在熙寧二年（1069）在黃龍山宴寂，由弟子晦堂祖心繼其席
　（《黃龍晦堂心和尚語錄》徐禧序）。
④大覺懷璉住淨因時，仁宗召對化成殿。又效南方禪林儀範，開堂演法，
　仁宗皇情大悅，與懷璉問答詩頌，書以賜之，凡十七篇。慧南所說「對
　御言要及唱和句偈」即是此（《禪林僧寶傳》卷一八）。

6.答雲居祿禪師①

　某啟：蒙遣使示書及茶櫃、衣物等，一一領之。且喜歐峰深處，②祖印高
提。光陰將近於一年，堂宇漸成於百堵。佛祖之要會，③悲願為先；欲利
樂於他人，在兼固於乃志。霜風漸冽，會遇尤賒。凡百遇謀，須存覺照。

校注：

①雲居祿禪師身分不詳。
②雲居山又稱歐阜，在今江西永修縣。山常出雲，遂名雲居。層巒疊巘，
　望若插霄。及躋頂入山，復為平地。羣峯環抱，天然城郭。田園陂澤，
　雞犬白雲，若桃源蹊徑（《雲居山志》卷一）。又說：「雲居寺在建昌
　縣歐山。世傳太常博士顏雲捨宅為寺。唐中和間，賜額龍昌，宋改賜真
　如。仁宗賜飛白書，晏殊為之記，久廢。」（《江西通志》卷一一三）
　「歐峰」即指雲居。惠洪有〈贈成上人之雲居〉一詩云：「天上歐峯
　寺，人間無事僧。偶從白沙岸，步入碧螺層。服匜連空鉢，敷羅挂瘦
　藤。遙知雲起處，一室掩香燈。」（《石門文字禪》卷九）又有〈太原
　還，見明於洪水上藍。問明別後嘗寓，則曰十年客雲居。感歎其高遁作
　此〉云：「清軟吳音笑展眉，芳鮮猶在雪霜姿。十年不下歐峯頂，一旦

肯來漳水湄。湘纚春深重記處，風甌雨歇對聞時。紅塵未可因藏跡，要
卜雲泉結後期。」（《石門文字禪》卷一一）李彭寫了數首以雲居山為
題之詩，如〈宿雲居十住軒〉、〈遊雲居歌〉、〈同雲叟遊歐峯〉等。

③「要會」即要旨。唐・張九齡〈敕歲初處分〉一文有句云：「蓋不體仁
無以為長，不知道無以用心。故道者眾妙之門，而心者萬物之統。得其
要會，義可以兼濟於人；失其指歸，生不能自全於己。」

7.與大愚中禪師①

某啟：昨自出山，私欲相助，求免大夫辟命。度林泉之間，以道義相守而
畢殘生，豈其煩舌眾騰而謂師之道？果以契熟，遠近聞者欲掩之，詎可得
耶？十一日人力回，得書，且知次第相接，肩輿入城而見太守，欣然會
遇。假使全身是口，亦難具陳。蓋緣法如之，非造作僥求也。然則，時運
緣法不可逆之，當思菩薩以大悲方便入諸世間，開發未悟，乃至示現種種
形像，逆順境界，與其同事，②化令成佛，皆依如來清淨願力。若此，如
一匹夫空山獨坐，趣乎寂滅，其優劣可量也。且須寬廓其懷，寧處厥居，
以大法食充滿道俗，③不可須臾有倦色也。餘希保愛。

校注：

①大愚中，身分不詳。觀慧南之語氣，似為其晚輩。

②「同事」，指菩薩化導眾生之四攝法中之「同事攝」。《法界次第初
門》卷七，〈四攝初門第四十九〉有所謂「四攝法」，分別為：一、布
施攝，二、愛語攝，三、利行攝，及四、同事攝。「同事攝」者，菩薩
用法眼明見眾生根緣，故一切隨有同欣之者，即分形散影，普和其光，
同彼事業，各使霑益。既巧同其事，因是生親愛心，依附受道，得住涅
槃，故名為同事攝也。

③《釋氏要覽》引《毘羅三昧經》云：「佛為法慧菩薩說四食時。一、旦
時，為天食。二、午時，為法食。時佛斷六趣因，令同三世佛，故制日
午為法食，正時也。

8.答筠陽聖壽禪師（來書勉夏中為僧人室）①

某啟：泐潭僕至，蒙示手削，何幸告之太過耶？某最陋之微名，不足誇簡墨。遊方之日，雖旁一小舟，泛慈明之法海，隨風逐浪，幾乎不濟。②賴我先師密示要津，③得全性命。今雖傳其道、駕其說，但見波瀾闊狹淵奧，又安能測之哉？承示不倦，於提誨者何敢怠之？蓋今之人容易，輕法者眾，故欲如田夫，時之乾之，④令其枯渴，然後灌溉，方得秀實也。

校注：

①此當是筠州聖壽文諒禪師，是天衣義懷（989-1060）之法孫，或稱壽聖。

②按：「慈明」指石霜楚圓。根據《釋氏稽古略》卷四，慧南原依泐潭澄禪師分別座接物，名振諸方。但他偶同雲峰文悅禪師遊西山，夜話雲門法道。雲峰說澄公雖是雲門之後，法道異矣。慧南詰其所以異。雲峰曰：「雲門如九轉丹砂，點鐵成金。澄公乃藥汞銀，徒可翫，入煅則流去。慧南怒，以枕投之。明日峯謝過，又曰：「雲門氣宇如王，甘死語下乎？有法授人者死語也，死語能活人乎？」慧南詢誰可汝意。雲峰說：「石霜圓手段出諸方，子宜見之，慧南即造訪。中途聞慈明不事事，忽叢林。遂登衡嶽謁福嚴老宿賢叉手，賢命其掌書記。未幾賢卒，郡守以慈明補席。入院貶剝諸方，件件數為邪解。慧南為之氣索，遂造其室。石霜告知曰：「書記領徒遊方，借使有疑可坐而商略。」慧南哀懇愈切。石霜曰：「公學雲門禪必善其旨。如云放洞山三十棒，是有喫棒分？是無喫棒分？」慧南答曰：「有喫棒分。」石霜色莊曰：「從朝至暮，鵲噪鴉鳴，皆合喫棒。」慧南師遽炷香作禮，石霜端坐受之。復問之曰：「趙州道：『臺山婆子，我為汝勘破了也。』且那裏是他勘破婆子處？」慧南汗下不能答。次日又詣，石霜詬罵不已。慧南曰：「罵豈是慈悲法施耶？」石霜曰：「爾作罵會那？」慧南言下大悟。作頌曰：「傑出叢林是趙州，老婆勘破有來由。而今四海清如鏡，行人莫與

路為讎。」呈石霜，石霜頷之。時年三十五，後遂開法同安（《禪林僧寶傳》卷二二）。

③「先師」仍指慈明。

④「時之乾之」，伺時節之至使乾之也。

9.答萬杉爽禪師①

某啟：伏念傳燈繼祖，愧非作者之能；結草芟茆，久卜終焉之計。昨由辟命，俯順輿情，豈河北之見稱，亦江西之緣會。②遠蒙謙厚，先辱華緘。伏承董領萬杉，茂揚五葉。紹前修而丕盛，乃後學之攸歸。川陸尚賒，③保重為祝。化主回次，④謹奉狀起居陳謝，伏惟照察。

校注：

①按：目錄作萬杉爽，而內文作萬山爽，茲改正。此廬山萬杉善爽也，雲門系廬山開先善暹禪師法嗣，生平事跡不詳（《建中靖國續燈錄》卷六；《續傳燈錄》卷五）。

②「河北」指臨濟，「江西」指馬祖。這應是答萬杉善爽在其來書中稱自己「傳燈繼祖」所表達的不敢當之意。

③「尚賒」，尚遠也。唐·李商隱〈永樂縣所居一草一木無非自栽，今春悉已芳茂〉一詩有句云：「學植功雖倍，成蹊迹尚賒。芳年誰共玩，終老邵平瓜。」（《全唐詩》卷五四〇）宋大臣宋祁（998-1061）〈十二月十八日會飲園夫獻桃花二首〉有句云：「今歲臘未破，明年春尚賒。」（《景文集》卷二二）

④「化主」，《勅修百丈清規》卷四：「凡安眾處，常住租入有限。必籍化主勸化檀越，隨力施與，添助供眾。其或恒產足用，不必多往干求取厭也。」

10.與章江禪師二首①

某啟：筠陽太守以黃檗開化寺命愚主之。②當是時也，進寸退尺，不敢然

諾。石門月老③同議曰：「是山深邃，是命優勤，不繫之舟，④有何不可？」於是從命。三月到山，白雲漫漫，綠木潺潺，或遊或宴，無往無還，不知甚時，得睹師顏？布此山懷，幸惟查照悉。

某啟：是山乃筠陽之最高也。夜生明月，朝起白雲，時聞虎嘯風前，或聽猿啼嶺上。人間衰盛，世路高低，耳界寂然，眼光清淨，雖無益於有眾，聊偷安以過時。春晴日暖，城寺多聞，勿各提撕，即愚祝也。

校注：

①章江禪師，身分不詳。慧南最遲在皇祐五年（1053）入黃蘗山，

②按：筠州黃蘗山是慧南入黃龍山之前的第三個道場。根據惠洪的〈雲居祐禪師傳〉，雲居元祐（1030-1095）在二十四歲得度後，即往南蘗依慧南。也就是皇祐五年（1053）得度後即入黃蘗。則慧南入黃蘗之時間最晚為是年五十二歲時。當時當太守為仲簡，應即是慧南所說的「筠陽太守」。《佛祖綱目》將慧南住積翠的時間繫於仁宗甲午年，即是至和元年（1054），應是已入黃蘗的次年。此書說三月到山，當是皇祐五年三月。

③即是上文的在泐潭石門山的曉月。

④「不繫之舟」語出《莊子‧列禦寇》：「巧者勞而知者憂，無能者無所，飽食而遨游，汎若不繫之舟，虛而遨游者也！」

11.答栖賢舜禪師①

某啟：此月初八日，得所惠教，及真紫袈裟一條，批荷遠意，豈勝悚佩。伏喜以道自牧，以法度人，運與緣而俱享，福及名而共著。欽茲偉範，頗釋卑崇。恨乏飛錫之能，阻造盈籌之室。②人情氣味，寧免依依。人回少此布謝，兼問法候。③

校注：

①即廬山棲賢曉舜禪師（？-1064），筠陽人，字老夫，故又稱舜老夫。洞

山曉聰法嗣，與圓通居訥為同輩，與佛日契嵩為法門昆弟。雖與大覺懷璉一輩，但懷璉尊他與居訥為師。《禪林僧寶傳》卷一八有云：「有曉舜禪師，住捿〔棲〕賢，為郡吏臨以事，民其衣。走依〔大覺懷〕璉，璉舘于正寢，而處偏室，執弟子禮甚恭。王公貴人來候者，皆怪之。璉具以實對曰：『吾少甞問道於舜，今其不幸，其可以像服〔之殊〕二吾心哉？』聞者歎服。仁廟知之，賜舜再落髮。仍居棲賢寺。」[9]《佛祖統紀》卷四五亦云：「初舜老夫住廬山棲賢，南康守以私忿民其衣。大覺迎至淨因，居以正室。上每召師入內，未嘗言之。一日嘉王至寺，見大覺侍立舜旁甚恭。怪問左右，知大覺曾入舜室，歸以奏上。上召對便殿，道貌奇偉。敬之曰：『山林之高人也。』即於扇上書賜曉舜，依舊為僧。再住棲賢寺，賜紫衣銀鉢。」《羅湖野錄》卷上：「雲居舜禪師，世姓胡，宜春人。以皇祐間住棲賢而與歸宗寶公、開先暹公、同安南公、圓通訥公，道望相亞。禪徒交往，廬山叢林於斯為盛。居無何，郡將貪墨，舜不忍以常住物結情固位，尋有譖於郡將，民其衣。乃寓太平菴，仁廟聞其道行，復以僧服，寵錫銀鉢盂，再領棲賢。…未幾，遷雲居。道愈尊，眾益盛。」

②「飛錫」，《釋氏要覽》卷三：「今僧遊行嘉稱飛錫。此因高僧隱峯遊五臺、出淮西、擲錫飛空而往也。若西天得道僧，往來多是飛錫。」「盈籌之室」有簡稱曰「籌室」，即是「丈室」。《釋氏要覽》卷三引《寶林傳》云：「西天第五祖優波毱多有石室，縱十八肘（肘長尺八，南北三丈二尺四寸），廣十二肘（東西二丈一尺六寸）。受學者有一得道，則擲一四寸籌於室中。籌遂滿室，至毱多滅度，將室中籌茶毗之。」又《祖庭事苑》卷五：「西竺第四祖優婆毱多，傳法化導得度者甚眾，每度一人，以一籌置於石室。其室縱十八肘，廣十二肘，充滿其間。最後一長者子，名曰香至，出家悟道，因夢易名曰提多迦者，即五

---

9 亦見《林間錄》卷上。《林間錄》於「像服」後有「之殊」二字，予以補入。

祖也。」《保寧仁勇禪師語錄》「上堂〔云〕：『釋迦老子四十九年說法，不曾道著一字。優婆毱多，丈室盈籌，不曾度得一人。』」

③《林間錄》卷下云：「舜老夫天資英特，飽叢林。初，自棲賢移居雲居，授牒陞座，白眾曳杖而去。暮年以身律眾尤謹嚴。嘗少不安，即白維那下涅槃堂。病愈，即入方丈。惜其傷慈，有所開示。但曰：『本自無事，從我何求。』南禪師時已居積翠，聞之。謂侍者曰：『老夫耄矣，何不有事令無事，無事令有事？』是謂淨佛國土，成就眾生。」

12.與友人三首①

某啟：自積翠菴承命之後，黃龍住持已來，倏忽年光，早踰一載。②顧此想彼，何當少忘。近日所履佳不，趣向自如不？愚雖老矣，惟念先規，庶安於乃眾，亦有補於將來者也。暑中未見間，冀慎重為祝。

某啟：城居山寺，異地皆然。闡法安人，各得其所。③人事之禮，久已蔑如。以道推之，無可不可。恭審起居，克集純祉。尚遠款對，惟冀保綏。

某啟：筠陽一別，倏忽幾年。④禪者四來，藹然如昨。愚雖老大，未暇寧居。因欲激於頹波，使後之者無忝於傳紹。道遠，相見未期，千萬保重。

校注：

①此三首非寫於同時。除第二首時間不明外，第一、三首時間見下。

②慧南是宋英宗治平三年（1066）年六十五歲時入黃龍山的。此信說：「黃龍住持已來，倏忽年光，早踰一載。」則此信寫於四年六十六歲時。

③此應該是答友人之不欲出住「城居」而寧選「山寺」之意而言。

④「筠陽」自然指黃檗山。「倏忽幾年」是自黃檗山別後幾年，或在慧南已入黃龍之後。此信明顯地寫於第一首之後，應當在治平四年（1067）之後及熙寧二年（1069）慧南於三月過世之前。

13.與了山賢菴主①

某致答：六月，廉上人自虔上回，②辱書及細布冷衫一領，香一貼，捧領驚疑，莫測其來贈。尋仔細詢於廉公，方憶足下昔年入京游廬山，兩曾披面。③深喜別後法體輕安，又聆進德修業，利用日新，以如來戒法，開示礦俗，四方依慕，沛然如水之就下。苟能歲寒確乎不拔其志，則自他之利，豈止乎一生？盡未來劫，薰傳何窮？真佛之子也。更須努力，弘法自強。秋色淒涼，凡百慎護，保全為祝。

校注：

①「了山賢」身分不明。但依此書內之提撕語看，應為慧南之晚輩。廉上人應是慧南弟子，是慧南遣至了山答賢菴主之請者。

②按：原文作「自處上回」，疑誤。蓋了山在虔州，為賢菴主之住處，故「處上」應作「虔上」。

③「披面」，晤面也。根據明胡繼宗，《書言故事大全》卷六〈披雲〉條：「敘未識曰：『未遂披雲、披覯』。晉衛瓘見樂廣，奇之，命弟子造焉。曰：『此人若冰壺，見之瑩然若披雲霧而覩青天。』」慧南曾在廬山歸宗，了山賢可能於其時由京師入廬山來參晤兩次。

14.寄照禪客

某與師始相會於諟禪師會下二、三年，①孜孜究道，不捨寸陰。日游三峽水邊，②夜坐寶墖之上。同商共議，徵古引今。雖未造於極微，亦一時之勇猛。今近四十年，③諦思往事，歷歷如在。人至，審法候安樂，彼此老大，重會難期。得失是非，一時放卻。隨緣飲啄，長養聖胎。④乃故舊之所請也。

校注：

①諟禪師是廬山棲賢寶覺禪院住持澄諟，是《古尊宿語錄》的詳定者。他是法眼文益弟子百丈道恒（或作道常）的法嗣。惠洪的《林間錄》卷上說他是建陽人。「嗣百丈常和尚。性高簡，律身精嚴，動不遺法度。暮

年，三終藏經，以坐閱為未敬，則立誦行披之。黃龍南禪師初游方少，從之累年，故其平生所為，多取法焉。嘗曰：『棲賢和尚定從天人中來，叢林標表也。』雪竇顯禪師嘗自淮山來，依之不合，乃作〈師子峰詩〉而去。曰：『踞地盤空勢未休，爪牙安肯混常流。天教生在千峰上，不得雲擎也出頭。』」惠洪在《禪林僧寶傳》卷二二亦說：「〔慧南〕至棲賢依諟禪師。諟蒞眾，進止有律度。公規摹之三季，辭渡淮。依三角澄禪師。澄有時名，一見器許之。及澄移居泐潭，公又與俱，澄使分座接納矣。」故《嘉泰普燈錄》卷三說：「慧南於十九落髮受具，遠游至廬山，依歸宗寶、棲賢諟，逾三秋，渡淮謁三角澄。久之，分座。」歸宗寶即是洞山自寶（978-1054），三角澄即是下文的泐潭懷澄禪師，都是雲門文偃（864-949）法孫五祖師戒的法嗣。惠洪《石門文字禪》卷二五云：「予猶及見叢林老成人，皆云黃龍南禪師游方時嘗至歸宗，寶髼頭方會茶，師卻倚而坐，寶呵之：『南書記無骨耶？』師驚顧，玉立如山。又至棲賢諟禪師，教令坐禪，久之得定。」惠洪說的歸宗自寶，其實應是洞山自寶，因慧南依他時，他還在洞山，後來才至歸宗。慧南在洞山時間不長，旋入參棲賢澄諟於廬山，大約在天聖八年（1030），也就是與照禪客相會之時。

②「三峽」是廬山之「三峽澗」，出棲賢寺左（《廬山記》卷二）。又，「三峽澗」之形成，據說是「棲賢谷最北為含鄱口，乃廬山之南道，棲賢谷之水會為三峽澗。」（《廬山志》卷一）雲居曉舜在棲賢寺時，被人譖於郡守而被迫還俗，後因仁宗由大覺懷璉之敬重曉舜而知其人，遂賜曉舜扇，題「免咎為僧，復住棲賢。」曉舜既歸棲賢，入院上堂云：「無端被譖枉遭迍，半年有餘作俗人。今日再歸三峽寺，幾多道好幾多嗔。」（《羅湖野錄》卷上）可見棲賢寺又稱三峽寺。按：明僧《禪林寶訓音義》錄此詩為「無端被譖枉遭迍，半年有餘作俗人。今日再歸三峽寺，幾多歡喜幾多嗔。」後之《禪林寶訓順硃》及《禪林寶訓筆說》皆從之。

③天聖八年兩人始會，至熙寧二年（1079）三月慧南寂滅之日，計三十九

年，可以說是「近四十年」。則此書所作之時間當是熙寧二年三月十七日慧南示寂之前一、二月或更早。

④「隨緣飲啄」，唐洪州百丈懷海弟子天台平田普岸禪師示眾語，所謂：「大道虛曠，常一真心。善惡莫思，神清物表。隨緣飲啄，更復何為？」（《祖庭事苑》卷七）「長養聖胎」，《仁王護國經》云：「佛言：『善男子，初伏忍位，起習種性，修十住行。初發心相，有恒河沙眾生，見佛法僧於十信。所謂信心、念心、精進心、慧心、定心、不退心、戒心、願心、護法心、回回心。具此十心而能少分化諸眾生，超過二乘一切善地，是為菩薩初長養心為聖胎故。』」又，馬祖道一於南康龔公山說法，引《楞伽經》云：「佛語心為宗，無門為法門。…夫求法者應無所求，心外無別佛，佛外無別心。不取善、不捨惡。淨穢兩邊，俱不依怙，達罪性空，念念不可得，無自性故。故三界唯心，森羅萬象，一法之所印。凡所見色，皆是見心。心不自心，因色故有。汝但隨時言說，即事即理都無所礙。菩提道果亦復如是，於心所生即名為色。知色空故生即不生。若了此心，乃可隨時著衣喫飯，長養聖胎，任運過時。…」（《馬祖道一禪師廣錄》）

15.答溈潭澄和尚①

某啟：早年飄汎，曾侍座隅。②常聆指月之談，兼聽安心之法。銘藏肺腑，豈敢忘諸？此際豈謂不捨大慈，曲示真翰？退思不調之跡，何勝特達之思？③川陸尚遙，禮覲未卜。秋涼，伏惟為法自重。

校注：

①即是溈潭懷澄，嗣五祖師戒，是大覺懷璉之師。或稱三角澄，以原在蘄州三角山之故。

②慧南在棲賢澄諟門下三年後，渡淮入蘄州三角山依懷澄。澄有時名，一見器許之。及澄移居溈潭，慧南又與之俱，澄使分座接納之（《禪林僧寶傳》卷二二）。

③「不調之跡」應是「不調心行，不名沙門」之類的自責之詞，指自己背
　離師門皈依慈明之事。「特達之思」或當讀為「特達之恩」。唐・劉商
　〈送廬州賈使君拜命〉詩云：「特達恩難報，升沉路易分。」（《全唐
　詩》卷三〇三）

16.與順首座①

某手白：故歲安上人自香城至此，②且談高跡。夏隱龍泉，③秋初上山。
面諭格外，而非悠永，皆玉屑金錢，大丈夫之不寶也。今來，盡此慚恥前
事，認得當時舊報鞋，著得轉穩也。寶與諒皆師勸發，近來開大口也。④
仍聞卻返，是否？亨老法用必如昔。⑤亦曾示書，未及答。川客此有十
二、三人，正作夢在，且莫驚他。

校注：

①此是洪州景福順禪師，又稱上藍順。蜀人，為慧南法嗣，曾在黃檗任首
　座，故以首座稱之。惠洪之《林間錄》卷下云：「景福順禪師，西蜀
　人，有遠識。為人勤渠，叢林後進皆母德之。得法於老黃龍，昔出蜀與
　圓通訥偕行，已而又與大覺璉游甚久。有贊其像者曰：『與訥偕行，與
　璉偕處。得法於南，為南長子。』然緣薄，所居皆遠方小剎，學者過其
　門莫能識，師亦超然自樂，視世境如飛埃過目。壽八十餘，坐脫於香城
　山，顏貌如生。」可見是慧南早年之弟子，當在同安或歸宗時所收。香
　城山在南昌府城南四十里，峻拔廣袤，高七十餘丈，周廻一百里中一峰
　尤奇秀，謂文筆山，胡氏世居其下，至忠簡公胡銓（1102-1180）時，遂
　以直節脩能名震當世，詳《方輿勝覽》（《嘉靖江西通志》卷二四）。
　惠洪又云：「平生與潘延之善。將終，使人要延之敘別。延之至，而師
　去矣。」潘延之即是上文尊慧南為師之南州高士潘興嗣。
　曉瑩的《雲臥紀談》卷下說：「蘇黃門子由，元豐間左遷高安榷筦之
　任。而於公餘必與諸山講道為樂。景福順禪師者，尤篤維桑世契。順有
　三偈寄公，故嘗和曰：『融却無窮事，都成一片心。此心仍不有，從古

到如今。如今亦如忘，相逢笑一場。此間無首尾，尺寸不煩量。要識東坡老，堂堂古丈夫。近來知此事，也不讀文書。』公將移續谿，以書別順曰：『自來高安，唯有二三老僧相知，既又蒙公遠來相訪。方今南老門人，公為第一。因此又識南公遺風，為幸多矣。前日得告，當往續谿。旦暮成行，不獲面違。悵仰無窮。凝寒法候何如？更冀以道自重。』順後住西山香城，其徒以公偈并書刊石。尚復存焉。」據說，蘇轍與順長老交游，也是因其父文安先生蘇洵（1009-1066）與他頗相契之故。《五燈會元》卷一八說：蘇轍（1039-1112）於元豐三年（1080），以睢陽從事左遷至瑞州（即筠州）推筦之任後，遂往訪順禪師，相得歡甚。蘇轍還咨以心法，順禪師示搔鼻因緣。蘇轍有省，作偈呈曰：「中年聞道覺前非，邂逅相逢老順師。搔鼻徑參真面目，掉頭不受別鉗鎚。枯藤破衲公何事，白酒青鹽我是誰。慚愧東軒殘月上，一杯甘露滑如飴。」按：根據《蘇潁濱年表》，元豐二年十二月，蘇軾貶黃州團練副使，蘇轍亦坐貶筠州鹽酒稅。次年自南京適筠，先至黃州，六月再由黃州還江州、筠州，他在筠州三年，從四十二歲至四十四歲。《五燈會元》所錄蘇轍之作，見於《欒城集》卷一三，原詩題為〈景福順老夜坐，道古人搔鼻語〉，文字除第二句「邂逅仍逢老順師」有「相」、「仍」二字之異外，餘皆同。

②景福順後移西山香城，此安上人或其友。惠洪對西山香城亦有所知，他在〈送嚴修造序〉一文說：「南昌千嶂，深秀處忽生水，沈奇材，萬峯繞之，遂名香城。」（《石門文字禪》卷二四）惠洪有〈宿香城寺〉一詩云：「夜晴風細月華清，遠寺霜筠雪竹聲。錫響僧歸帝青寶，夢香人宿水沉城。古今不隔塵都盡，心境俱忘鏡對明。枕臂曉猿三叫絕，小窗燈暗讀殘經。」（《石門文字禪》卷一○）又李長卿先生〈西山記〉云：「晉沙門曇顯，創大殿焚禱於崖山側，忽生香木，大堪為柱殿，成每誦經佛前，以木屑焚之，香聞數里，故曰香城。」（《同治新建縣志》卷九八）

③此「龍泉」當指豫章西山的龍泉。龍泉山「在州治（南昌）西六十里崇

鄉四十一二都，高千餘丈。秀嶒峻拔，人跡罕至。其巔有水一泓，冬夏不竭。相傳有龍伏其中。」明人周權（彥中）有詩曰：「吳楚東來僅此山，天風攜我一躋攀。參差古木煙霞外，零亂曇花紫翠間。玉犬識人眠不起，胎禽狎客去猶還。何時喚醒塵寰夢，也伴禪僧盡日閑。」（《嘉靖寧州志》卷六）此處應是說慧南由安上人之轉告，知景福順夏天隱居龍泉，秋季才回西山香城。

④「寶與諒」應該是順禪師的弟子。

⑤「亨老」應是慧南法嗣南嶽勝業惟亨禪師，但生平事跡不詳。

17.與信士

某啟：昔在廬峰時，①嘗蒙異眷，今居鷲嶺，②恨阻長塗。既親仁之不遑，復寓書而少便。攀憶雅範，空役素懷。所居貴族安樂否？生計長進否？世事無惱否？家常齋僧否？倖存佛事否？不退道心否？人生百歲，今已過半。③棲賢人回，託此問候，希保愛。

校注：

①慧南出世後，先開法於廬山同安寺，後遷廬山歸宗寺、筠州黃檗寺。云「昔在廬峰」，是指他在歸宗之時。而下文所說令他「嘗蒙異眷」之信士，身分不明，當是慧南的大檀施之一。

②「鷲嶺」，即筠州黃檗山之別名，「今居鷲嶺」表示他此書是在黃檗山所寫。

③慧南最晚在五十二歲時入主黃檗，已過百歲之半，故云。

18.與讓監院①

某啟：夏初，潘判官得貴山和尚書，②且知縣帖充石門之總宰。③一期盛事，得不為之大嚼而快意哉！④知識道義，內外博洽如山中和尚者鮮矣。心力幹事，上下周旋若吾姪者亦鮮矣。固宜乘時適變，畢力毘贊；不可須臾有倦色。異日他時，因緣會遇，皆歸於己。先佛所說，豈可妄言？

校注：

①目錄作「謙監寺」，當為「讓監院」之誤。《敕修百丈清規》卷四：「古規惟設監院，後因寺廣眾多，添都寺以總庶務。早暮勤事香火，應接官員施主。會計、簿書、出納、錢穀，常令歲計有餘。尊主愛眾，凡事必會議，稟住持方行，訓誨行僕，不妄鞭捶。」可見監院之執掌後為「都監寺」所取代。所謂「荷負眾僧，故有監院」也（《敕修百丈清規》卷六）。

②上文已說「潘判官」恐非南州高士潘興嗣，因潘興嗣未曾任過「判官」之職。他雖於熙寧二年曾獲命任瑞州（即筠州）推官，並未赴任。此外，推官有節度、觀察、團練、軍事推官等，位在判官之下。慧南當不會以「判官」稱未任其職之潘興嗣。他亦不至於誤「推官」為「判官」，因慧南於熙寧二年三月去世，不會說「夏初，潘判官」云云。讓監院顯然是曉月門下之監院，由於渤潭曉月是受轉運判官之請，故潘以曉月之新職告知。「貴山」指曉月所領之山寺。

③這是指曉月應縣帖赴渤潭石門山任住持。契嵩在〈渤潭雙閣銘（并敘）〉一文中說：「大長老曉月，字公晦，領禪者於渤潭十有五年矣。」（《鐔津文集》卷一一）可見曉月在渤潭的時間相當長。

④「大嚼而快意」出《文選・〈曹子建與吳季重〉》：「過屠門而大嚼，雖不得肉，貴且快意。」

19.與承天元禪師①

某啟：九江退位，禪林已播於大名；②五老棲神，③俗諦咸言於小隱。只恐浮世，難匿高蹤。幸思先佛之恩，勿取一身之利。餘希廣照，此不具云，未會間珍重。

校注：

①此是杭州承天辤（辯）元，字無辯，谷隱蘊聰（965-1032）法嗣，生平事跡不詳。嘗與契嵩有唱和。有〈次韵奉酬仲靈歲暮還西塢見寄〉一詩

酬契嵩云：「野步溪流靜，源深興未歸。晚禽栖雪竹，殘霞洒禪衣。放意天涯遠，狂吟人落稀。詩成寄吾侶，清氣動林扉。」（《鐔津文集》卷一八）契嵩亦有〈寄承天元老〉云：「清散年來事益閑，不論林下與人間。禪心至了非喧靜，默客何妨更往還。奇石清軒增勝趣，流泉碧座照衰顏。支形脫略時機甚，應笑歸來別買山。」（《鐔津文集》卷一七）

②九江有承天寺，慧南此語似說瑩（瑩）元曾在九江承天，且名盛一時。但禪書皆說在杭州承天，此應是他與在杭州之契嵩交游唱和之故。雖然如此，他入杭之前在九江承天亦無不可能。

③廬山五老峰也，此處泛指廬山。

20.與下第秀才

某啟：早聞東上，遽聽西歸。玉無玷以休悲，①終逢鑑者；桂有香而須折，②留向高科。冀善攝生，庶符亨願。

校注：

①「玉無玷」似出唐・白居易〈祭故贈婕妤孟氏文〉：「修令顏以顧德，蘭幽有香；守明節而保身，玉潔無玷。」

②「桂有香」，《宋史》〈竇禹鈞傳〉：「（竇儀）弟儼、侃、偁、僖，皆相繼登科。馮道與禹鈞有舊，嘗有〈贈竇十詩〉，中有「靈椿一株老，丹桂五枝芳」之句

21.與進首座二首①

某啟：此際三峽禪師遣使賚書，②陟我鷲峰，③因念舊游，遍思諸友。且審首座，嘉遯龍盤，越世高蹈。④月大小而不知，世繒弋而不到。⑤全毓其德，⑥古今鮮及。慕其德不能自罷，遂授筆勒此，託於回使，少問雅候，希自愛。

校注：

①「進首座」是歸宗進首座，慧南法嗣，生平事跡不詳（《建中靖國續燈錄》卷一三）。

②「三峽禪師」指廬山棲賢寺的曉舜禪師，因棲賢寺在三峽澗旁，故又稱三峽寺。「賷書」同「齎書」，「持」、「送」之意也。《戰國策・齊策四》：「齊王聞之，君臣恐懼，遣太傅賷黃金千斤，文車二駟，服劍一，封書謝孟嘗君。」元人周伯琦的《六書正偽》卻說：「齎，俗作賷，非。」

③「鷲峰」指黃檗山。

④「嘉遯龍盤，越世高蹈」出西晉・張協〈七命〉一文。其文首句云：「沖漠公子，含華隱曜。嘉遯龍盤，玩世高蹈。游心于浩然，玩志乎眾妙。絕景乎大荒之遐阻，吞響乎幽山之窮奧。」（《昭明文選》卷三五）「嘉遯」出《周易・遯卦》：「九五嘉遯，貞吉。」《尚書大傳》曰：「盤龍賁信越其藏。」鄭玄曰：「蟠，屈也。左氏傳：『齊人歌曰：魯人之皋，使我高蹈也。』」慧南以「嘉遯」、「高蹈」之語來形容其弟子，又表示慕其德而不能自罷，可見甚推重之。

⑤按：「弋」原誤作「戈」。《禪學大系》本同。《莊子・應帝王》：「且鳥高飛，以避矰弋之害。」

⑥「毓」，古育字。《周禮・天官冢宰》：「以九職任萬民：一曰三農，生九穀。二曰園圃，毓草木。…」又《周禮・地官司徒》：「以阜人民，以蕃鳥獸，以毓草木。…」毓，皆古育字。《班固・東都賦》：「豐圃草以毓獸。」毓，同育。「全毓其德」，保全育養其德之意。

某啟：少得便人，久不修問，傾思丰矩，①但役卑悰。恭惟幽谷潛踪，雙林演道。②廓情塵而空色無礙，③泯智解而心境俱忘。屆此仲秋，備增多福，餘冀加愛。

校注：

①丰矩，丰神矩度，可為楷模也。

②傅大士翁，因雙檮樹而創寺，名曰雙林。在梁武帝時，多顯神通并禪機，有《雙林傅大士語錄》行世。

③「空色無礙」，《宗鏡錄》卷八云：「空色無礙者，謂色，舉體全是盡色之空，故色盡而空現。空，舉體不異全盡空之色，即空即色而空不隱。是故看色無不見空，觀空莫非見色。無障無礙，為一味法也。」

22.與晉禪姪二首①

人力回時，以小柬用述我懷。想展玩之間，而大明察。時及南交，②節氣清和，四威儀中，諒導納而靡忒，③賢師處此，④禪宴自如。凡百更保護，看讀古今語要，藏其羽翼，將來之用，是所助焉。未見間，希自重。

校注：

①「晉禪姪」，即上藍居晉，是㳘潭曉月之法嗣。大慧宗杲說：「上藍晉禪師，月之甥也。」（《普覺宗杲禪師語錄》卷一）是居晉亦為曉月之甥。

②「南交」，夏與春之間也。《尚書・堯典》：「申命羲叔，宅南交。」孔安國傳云：「南交，言夏與春交。」鄭玄雖同意司馬貞所云「孔注未是」，而以為「南交」為地名，指的是交趾（《尚書考翼》卷五），但慧南仍以稱時間。

③《釋氏要覽》卷三：「經律中皆以行住坐臥名四威儀。其他動止，皆四所攝。」「靡忒」同「靡慝」，不變更之意。《詩・鄘風・柏舟》：「之死矢靡慝。」漢・王粲〈贈士孫文始〉：「龍雖勿用，志亦靡忒。」

④「賢師」，應是對居晉之尊稱。雖然居晉為晚輩，但慧南仍以師尊稱之。

人從義井至，得所惠書，知潘牧不在，①待師且歸。南院春和日暖，花綻

柳開，鳥語喧喧，水聲潺潺，是非名利都不相關。與其走閭闔、②趨金朱之門者，③日夕相陪，此亦只伺送別。夏之去住，別得報之。

校注：

①江西有多處名「義井」者，大概都是鑿義井後得名。譬如寧州西三百步，瑞州府治東集慶坊，臨江府西仁義坊及府學後，廣信府城闤闠坊等等都有，其中以在寧州者為早。**10**「潘牧」指姓潘之郡守。如下文〈年譜〉指出，應該是宋初功臣鄭王潘美之從孫潘夙。他在皇祐三年（1051）擢江西轉運判官，五年罷。先前曾知韶州，故慧南稱之為「潘牧」，後又稱「潘判官」。

②「闤闠」，音「還會」，市門、街道也。《文選》，左思〈魏都賦〉：「班列肆以兼羅，設闤闠以襟帶。」呂向注：「闤闠，市中巷繞市，如衣之襟帶然。」《宋書》，〈後廢帝紀〉：「趨步闤闠，酤歌壚肆。」宋・沈括〈江州攬秀亭記〉：「江湖山水，闤闠之趣，不能兼有也。」

③「金朱」，指古代侯王佩繫的金印朱綬。漢・揚雄《法言・孝至》卷一三：「食如蝗，衣如華，朱輪駟馬，金朱煌煌，無已泰乎？」汪榮寶義疏：「金朱煌煌」者，金謂印，朱謂綬。《後漢書・輿服志》引徐廣云：「太子及諸王金印，龜紐、纁朱綬。」然則朱輪、駟馬、金印、朱綬，皆漢時諸侯王之儀也。」宋・梅堯臣〈運使劉察院拜省〉詩：「朝以言悟主，夕即被金朱。」宋・張耒〈再寄子由先生〉詩：「奈何不使被金朱，仍俾枯槁思岩窟。」

23.與聖壽元長老①

某手書達吳江聖壽長老。②前年永上人自二浙迎金像回，③得書一封，因念汝離黃檗十有餘年，④一錫飄然蹤不定，雖知白而守黑，奈果熟而自

---

10 《江西通志》卷7，頁39a；卷8，頁51a；卷9，頁57a；卷11，頁31a。

香。緣在吳江，應時而出，宜遵聖賢規範，如說而行。勿效庸鄙之流，唐言自恣。⑤凡百住持，必須甚護，此不盡書。

校注：

①此為湖州報本慧元禪師。生倪氏，潮陽人。少依城南精舍誦法華經。年十九，剃落受具，遊方至京師。華嚴圓明法師者，見而異之，告以佛法俱在南方也。慧元乃自洛京游襄漢，徧歷名山。所至親近知識，然俱無所解悟。後至黃檗山慧南禪師法席，後隨慧南入黃龍，其時龍眾如蟻慕而集。慧元在黃龍座下，一言相契。熙寧元年（1068）入吳，住吳江壽聖寺。遣僧造黃龍投嗣法書。南公視其款識，未發，謂來僧曰：「汝亟還，令元自來。」僧反命，元輟住持事，策杖而來次南昌，見寶覺祖心禪師出世說法，知慧南公已化逾月，乃復還吳中。旋遷崑山惠嚴，及城中承天萬壽，後移湖州報本（《禪林僧寶傳》卷二九；《建中靖國續燈錄》卷一二）。按：惠洪說他入黃龍山投慧南，實誤。理由見下文。

②吳江聖壽是慧元出世後所住的第一個道場。

③「永上人」，不詳身分。此處說從二浙回，而慧南有〈洪州送永、統二禪人入浙〉云：「黃檗問心心不盡，洪都送別別非輕。舊山未暇論歸日，為爾徘徊說去程。林葉繽紛衣鬥爛，鄉砧嘹亮錫交聲。頭頭總是吾家物，莫把情塵取次明。」似即致永上人者，應該是慧南之弟子。

④按：《建中靖國續燈錄》卷一二說慧元「至南禪師法席，一言相契，侍奉七年。」而《禪林僧寶傳》卷二九說他於治平三年入黃龍法席，至熙寧元出世入吳江壽聖，則在黃龍時間前後不過三年。但慧南說「念汝離黃檗十有餘年」，則「南禪師法席」，「侍奉七年」等語，似又指慧元在黃檗與黃龍之時間。則慧南此書應寫於黃龍。

⑤「唐言」，大言、荒唐曠大之言也。《莊子・天下篇》：「以謬悠之說，荒唐之言，無端崖之辭，時恣縱而不儻，不以觭見之也。」

24.與溈山詮長老二首①

某啟：十四日總首座至，②又得筆語及香，且知彼此居無恙（下文在下）
③。

校注：

①此是慧南弟子大潙穎詮（生卒年不詳），其名及法語雖見於燈史，但生
平事跡不詳，應該是慧南早期在歸宗之弟子，故知東林常總（1025-
1091），以常總曾先至歸宗參慧南，因無所得而離去。故第一書當寫於
歸宗火後，慧南入石門南塔，常總復至，並隨之入黃檗之時。根據清人
陶汝鼎的《大潙山古密印寺志》，[11]他是北宋幾位古密印寺住持之一。
又據清光緒《敕賜密印三修宗譜》，他是邵陵（今湖南邵陽）人，宋仁
宗明道二年癸酉（1033）任密印寺住持。曾協助章惇（1035-1105）招降
梅山蠻，開發大梅山。但據《長沙府志》：熙寧間章惇開梅山，兵抵寧
鄉，入潙山由徑路進兵失利，退軍潙山密印禪寺，饋餉缺乏，寺僧爲供
應。惇遣人入峒招諭不從，乃遣長老穎、詮二人入峒說之。穎、詮攜營
中二官先入見峒主，紿以從者，主一見遽曰：「此官人也。」穎、詮
曰：「主眼高，認之不差，此官人之子。」乃使供茶。失手，因而故掌
之，二官作惶懼狀，峒主乃不疑。穎、詮輩說法勸諭，遂悔悟，率眾出
降。惇奏凱，賜寺名「報恩」，持免本寺諸科差徭。此記錄顯示潙山寺
僧穎、詮是兩人，有可能是修方志者誤一人為兩人，蓋一寺之長老不應
有兩人也。見《百丈清規正義記》卷五：「於是始奉出類拔萃一人為住
持，而稱之曰長老，以齒德俱尊也。」

②總首座是慧南的弟子東林常總。慧南在歸宗時，常總聞其風，往投之，
無所得而去。歸宗寺火，慧南遷石門南塔，常總又往從之。及慧南自石
門遷黃檗積翠，自積翠而遷黃龍，常總皆在焉。二十年之間，凡七往
返。南公佳其勤勞，稱于眾。常總自負密受大法旨，決志將大披臨濟之

---

11 陶汝鼎，《大潙山古密印寺志》（長沙：岳麓書院，2008），頁 57。

宗，名聲益遠。叢林爭追崇之。慧南歿，哭之不成聲，戀戀不忍去
（《禪林僧寶傳》卷二四）。

③此處文字忽斷，可能是謄寫之誤，與下文應同為一書。「彼此居無
　恙」，應為下文之「彼山居無恙」

與溈山詮長老（後文）

彼山居無恙，①法侶雲駢。禪外齋餘，燕處自若，即此與眾以道幸安山
深。住持一以弘法為己任，二以供養結眾緣。念先聖之恩，當自強不息。
凡存道本，稟佛之訓，自然吉無不利。②越此以往，則吾罔知其所哉。人
回，少此保愛。

校注：

①「彼山居無恙」應接上文之「且知」。

②《易經》〈屯卦〉六四：「乘馬班如，求婚媾，往吉，无不利。」

總首座云：①大溈勝槩，氣象巨雄，亦汝之夙緣。安然住持而免勞役，大
覺、寂照俱弗如也。②更弘闡所得之道，以引喻來者，俾法食並行，而光
揚末世，豈不壯哉！前專使上人回山必安，③勞他遠來，無延待也。愚老
邁，尚以拘拘賤緣未盡，亦且隨遣。方丈內，初心晚輩，收拾指迷，彼此
勿虛棄光陰。更有奇人至山，可舉者，命立僧遞互推稱。④出家人法合如
是耶？如有信往一大師，⑤勸伊出京，⑥老於林下好。大覺去杭三十里，
小剎號百丈，且全避喧，未知悠久。

校注：

①「總首座」慧南法嗣東林常總，見上文。

②「大覺」或指魏府大覺；「寂照」或指安國慧球，皆五代時禪師。

③「專使上人」是齋穎詮此書來見慧南者。此時慧南應已入黃檗山，而常
　總亦隨之。穎詮可能是接慧南第一書後，又遣僧齋來第二書。

④「立僧」，《敕修百丈清規》卷四，〈請立僧首座〉：「大方西堂，名
　德首座，行解素為眾所推服者」可舉為立僧。委曲陳情。如有允意。特
　為上堂言。」《禪林備用清規》卷六：「大方西堂，名德首座，人天師
　範，言行相應，一眾投情，方可舉請。」可見立僧者，前後首座名德，
　立在眾前，以為遞相激揚之助也。

⑤「一大師」不詳何人。慧南有師叔號太子道一（生卒年不詳），或是此
　人？

⑥京指首都「東京」或「汴京」，當是「一大師」住處。

⑦此「大覺」疑為寺名。此寺為小剎，去杭州三十里，號稱「百丈」。穎
　詮可能表示他要入京，故慧南勸他去見一大師，並勸他出京，以「老於
　林下」，可先暫住離杭州三十里外而號稱百丈的大覺寺。

25.與慈濟德大師①

某啟：春色將殘，鶯聲欲老。光陰流易，人事亦如。惟我慈濟大師，洞達
真源，了無生滅，和光俗諦，不壞假名。雖流變以如波，而寂照之若鑑。
望風懷想，無日無之。去年冬間，嘗蒙顧問，湯藥異果，品目尤多。非道
義之相期，豈勤厚之如此。欽感！欽感！

校注：

①此慈濟德大師，身分不詳。慧南尊之為「大師」，似頗敬重之。此人既
　能於冬季訪慧南並贈湯藥異果多種，或住筠州黃檗或分寧黃龍山附近。

26.與承天感長老六首①

某書：三月間，江倅曾比部移書至山，②且云：「新命一川客於承天開
堂。率眾燒香聽法，聞師子之吼，知黃檗叢林而無異獸也。」此乃長老夙
植善本，因緣會遇，致一時盛事之如是也。必須不忘本願，弘法利人，慈
懇謙恭，和合上下，使吾宗枝茂豐，以昌乎天下。臻回，③少此布悉之。④

校注：

①此是南嶽福嚴慈感禪師，四川梓州人，南嶽懷讓禪師宗裔。得法於慧
南，出世于江州承天。惠洪《林間錄》卷下有傳，略云：「福嚴感禪
師，面目嚴冷，孤硬秀出，叢林時謂之『感鐵面』。首眾僧於江州承
天，時佛印元禪師將遷居蘄州斗方，譽於郡守，欲使嗣續之，且召感語
其事。感曰：『某念不至此。和尚終欲推出為眾粥飯主人，共成叢席，
不敢忘德。然若使嗣法，則某自有師矣。』佛印心服之。業已言之，因
成就不復易。遂開法為黃龍之子，道價重一時。居常懸包倚杖於方丈，
不為宿夕計。郡將已下皆信敬之，有太守忘其姓名，新下車以事臨之。
感笑作偈投郡庭，不揖而去。偈曰：『院是大宋國裏院，州是大宋國裏
州。州中有院不容住，何妨一鉢五湖游。』太守使人追之。已渡江去
矣。」此段敘述，易引起誤會，因「感鐵面」是被佛印推舉後才住承
天，非住承天時受推舉。故《禪林僧寶傳》卷二九佛印了元傳說：「元
骨面而秀清，臨事無凝滯，過眼水流雲散。其為人服義疾惡。初舉『感
鐵面』嗣承天。感曰：『使典粥飯，供十方僧，可也。如欲繼嗣，則慈
感已有師。元奇之。』」《建中靖國續燈錄》卷一二說「感鐵面」其人
「儀相挺特，意氣高閑，人所見者，莫不驚異。」又慧南在黃檗時，一
日有不豫之色，祖心見之，問其原因，知因監收未得人。祖心遂薦「感
鐵面」，慧南答曰：「感尚暴，恐為小人所謀」，遂未用之（《禪林寶
訓》卷一）。

②「比部」即是刑部。「曾比部」，疑為曾公亮子曾孝寬（1025-1090）。
因北宋曾氏於熙寧前任比部郎中者只有曾孝寬，其任比部郎中之制由蘇
頌撰，見蘇頌〈虞部員外郎曾孝寬可比部員外郎制〉（《蘇魏公文集》
卷三三）。

③此是吉祥有臻，慧南法嗣，應即是第二書的臻上人，生平事跡不詳。

④「布」原誤刻作「希」。

昨臻上人持書去，①僕回，且知浮盃之渡嘉魚，②檢幸莊墅，必也回返多

時。承天，九江之要津，舟舡軿集，往來者皆朝廷之大臣。今執佛祖之柄，而紀綱勝刹，陪奉去就，必須文質兼行，隨時而作，乃為得也。俗家剛礦，其心未調，當曲成之，是吾佛最上之訓也。彼大檀越周公，③老於聞見，凡百咨謀，理長而就。今命準邀月師次致此，④希明悉。

校注：

① 「臻上人」即吉祥有臻。

② 「嘉魚」，地名，在武昌。

③ 「大檀越周公」，或是九江富室，但其人身分無從查考。

④ 「準」是延慶洪準禪師，桂林人，從慧南游有年。「天資純至，未嘗忤物。聞人之善如出諸己，喜氣津津生眉宇間；聞人之惡，必合掌扣空若追悔者。見者莫不笑之，而其真誠如此，終始一如。」（《林間錄》卷下）「月師」即是上文的溈潭曉月禪師。

法制將終，秋炎未退。緬惟軌攝有眾，提撕中下，動必觀機，言必為藥。無自矜於我慢，勿自伐於尊位。要在和光而同塵，①渾聲色而利物。潛通密用，剛去柔來。道闇然而內充，事翕然而外備。如是乃至人之要遲，達士之弘綱。幸慎而察之，事無不濟也。

承天長老，路途脩阻，音書而絕。惟領眾無撓，闡法有常。像季之末，人心憍蕩，讀聖人之言，而弗能究聖人之道，執法泥跡，汹汹然以病為藥，多矣。夫大知識達法之緣底，觀內外始終、毀譽有無，不能起異念。八風五欲，②安能動哉？不然，何名「有力大人」也？③然人有未至如此田地者，當以善巧方便而曲就之，勿令彼生惡念而潛行密用也。④此屆少客，凡百省力，祇緣老邁，尚此拘拘。人去少此，希保愛。

校注：

① 「和光而同塵」出《老子》第五十六章：「挫其銳，解其紛；和其光，

同其塵。」*12*王弼注云：「無所特顯，則物無所偏爭也；無所特賤，則物無所偏恥也。」 吳澄注：「和，猶平也，掩抑之意；同，謂齊等而與之不異也。鏡受塵者不光，凡光者終必暗，故先自掩其光以同乎彼之塵，不欲其光也，則亦終無暗之時矣。」後以「和光同塵」指隨俗而處，不露鋒芒。

②「八風」，《釋氏要覽》卷三：「利、衰、毀、譽、稱、譏、苦、樂。」又云世八法。引《佛地論》云：「得可意事名利，失可意事名衰。不現前誹撥名毀，不現前讚美名譽。現前讚美名稱，現前誹撥名譏。逼惱身心名苦，適悅身心名樂。」「五欲」，《天台四教儀》所云色、聲、香、味、觸也。

③「有力大人」，指能忍之人。《遺教經論》卷一曰：「能行忍者，乃可名為有力大人。若其不能歡喜忍受惡罵之毒如飲甘露者，不名入道智慧人也。」

④「潛行密用」出洞山良价《寶鏡三昧歌》：「臣奉於君，子順於父。不順非孝，不奉非輔。潛行密用，如愚如魯。但能相續，名主中主。」（《筠州洞山悟本禪師語錄》卷一）

去年得所寄書，後來因循少便，不及馳答。累聞來客皆云：「住持次第，內外平帖」①，不勝欣慰。即此菴居，隨緣自遣，別無閒事。唯四方禪者，旦夕聞法，雖老亦不敢怠易，皆隨根量器而擊引之。大凡出世，不必祇此住持人事，而自區區②當以所得道，方便展演，以俟來者，以期祖道光明，正眼不滅，庶後輩接續有據，無令墜乎吾道！不虛受其信施。

校注：

①「平帖」，有平穩妥帖，或平服、順從之意。

12　按：《馬王堆老子》作「坐其閔，解其紛」，而語在於「和其光，同其塵」之後。《郭店老子甲本》次序亦同，但作「和其廣，同其塵；畜其銳，解其忿。」

②「自區區」，自輕己才，儘做小事也。邵雍〈寄亳州秦伯鎮兵部一別寄一首：「他人莫謾誇精彩，徒自區區撰白頭。」（《伊川擊壤集》卷八）「區區」亦有辛苦之意，杜甫〈贈王二十四侍御契四十韻〉有句云：「區區甘累趼，稍稍息勞筋。」蘇軾〈沁園春〉詞有句云：「世路無窮，勞生有限，似此區區長鮮歡。」

冬節風寒，在處皆然。①惟膺時寂衛，以固真際。②城陰人事，憧憧無窮，③若以法界融攝，④悉非外緣。⑤諒開佛之見知，普照塵感，無不清淨，又何憧憧者哉？或山菴無客，唯四方禪子，疊跡往來，為佛弟子，豈敢怠易？亦各隨器與食。⑥彼中統領，⑦不必專以事務關心。旦夕方丈，思吾祖佛傳來之法，叩引後進，乃不虛善知識之名也。餘希保愛。

校注：

① 「冬節」應即是俗稱的「冬至」，又稱「長至節」。「在處」，到處、處處也。唐・張籍〈贈別王侍御赴任陝州司馬〉詩中有句云：「京城在處閑人少，惟共君行幷馬蹄。」（《張司業集》卷五）宋・歐陽修〈與王龍圖書〉九首之二亦云：「所云少朋儔宴處為樂，此乃在處皆然，何獨濟也。」（《歐陽修全集・書簡》卷六）

② 「真際」，真諦也。《大明三藏法數》卷二，二諦之第一，「真諦者，彰一性本實之理也。所謂實際理地，不受一塵是非雙泯能所俱亡。指萬象為真如，會三乘歸實際也。」

③ 「城陰」一語之用，是因承天寺在九江城南也。「憧憧」是往來不絕的樣子。《周易・咸》：「九四，貞吉，悔亡，憧憧往來，朋從爾思。」陸德明《經典釋文》引王肅曰：「憧憧，往來不絕貌。」此處「憧憧無窮」指人事紛紜不絕也。

④ 「法界融攝」，據唐，澄觀《華嚴經疏》云：「如此經所說，亦如大品等中，一行具一切行。此中有二門，一，緣起相由門，二，法界融攝門。…法界融攝門者，謂此諸位及所修行，皆不離普賢無盡法界。然此

法界圓融無限，隨在一位，即具一切。」

⑤「外緣」，指來自外在，而能助益事物之生起、變化之緣。即一法能在
　另一法之上產生間接之影響。與「內因」相對。

⑥「隨器與食」，應指隨其根器，施以法食之意。

⑦「彼中」指承天寺。「統領」即住持慈感。

27.與雙嶺順長老七首①

去秋㲲潭有書，②言順首座受洪人之命，③開法於雙嶺，乃宗嗣吾。冬
間，英監院至，④得書，果知不謬。予無所取，何堪人師？蓋長老不昧於
心，未忘所得，緣成果熟，會遇若斯。更須虛闢三昧門，⑤以俟四方眾，
慎勿須臾有倦色。此居深遠，伸會末由，⑥凡希保愛。

校注：

①「雙嶺」在洪州西山。順長老即是上文的景福順禪師，叢林稱「順婆
　婆」，為慧南法嗣。

②㲲潭，指上文之㲲潭曉月。

③「洪人」指洪州之民。

④「英監院」是寶峰洪英，邵武人，叢林號稱英邵武。謁慧南于積翠，為
　慧南所加敬。慧南座下，龍象雜遝，洪英議論，嘗傾四座，故聲名籍
　甚。與真淨克文齊名，眾中號「英邵武、文關西」。曾於西山遇南昌潘
　興嗣，同宿雙嶺論道，潘興嗣許為積翠法道之後繼者。順禪師與洪英對
　話，略領其言，為之屈服，以為名下無虛士。他於熙寧二年（1069）冬
　十月開法於石門，後遷㲲潭（《禪林僧寶傳》卷三〇；《嘉泰普燈錄》
　卷四；《續傳燈錄》卷一五）。此處稱監院，可能是洪英在慧南門下當
　監院之故，但燈史似無記錄。惠洪曾說：「雙嶺順禪師問：『庵中老
　師，好問學者，併卻咽喉唇吻，道取一句。首座曾道得麼？』英乾笑，
　已而有偈曰：『阿家嘗醋三赤喙，新婦洗面摸著鼻。道吾答話得腰裩，
　玄沙開書是白紙。』於是順公屈服，以為名下無虛士。」（《禪林僧寶

傳》卷三〇）此段記錄，似乎顯示洪英也曾在慧南門下任首座。

⑤「三昧門」指進入佛所具無量三昧之門戶。佛之三昧，無量無數，菩薩無法盡得，或聞是心而萌生退意，故佛說三昧門，入一門即統攝無量三昧，如牽衣一角，舉衣皆得（《大智度論》卷二八）。

⑥「末由」原作「未由」，疑為誤刻。《論語‧子罕》：「雖欲從之，末由也已。」

去冬英監院回，①特承書翰。大藩之有命，配雙嶺之悠居。②四弘深誓，③故不違於眾願；一音演法，乃隨類以皆聞。續慧命而有歸，見師承之不昧。必須言行相顧，顛沛在躬，然後權實互陳，縱橫應物。觀時用事，努力自強，庶無忝於我先，誠亦光於爾後。秋色云暮，天氣漸寒，再會末由，若時自重。

校注：

①英監院即上文之洪英。

②此說景福順之奉州郡之命主雙嶺也。

③《法界次第初門》卷三：「菩薩摩訶薩，以慈悲緣四真諦，運懷曠闊，自要其心志，令一切眾生，同證四真實究竟之道，故云四弘誓願也。」亦即：一，未度者令度；二，未解者令解；三，未安者令安；四，未涅槃者令得涅槃也。

勝首座入山得書及建茗、碑文，一一領下。①深秋來，法候無恙，住持已成倫序，修造甚宏壯。然利益之事，不可暫輟，又須方丈內不廢朝晚端坐，以傳新學而師之。今來諸方皆皈邪說，蕪沒正法。後輩罔測，將謂佛法只止於此。乃須牽強精進，闢而治之，免使吾道將墜於地。餘希保愛。

校注：

①「勝首座」是慧南之弟子黃檗惟勝，梓州中江人。據載他到慧南積翠法

席，呈昔所見，慧南即為印可之，推為上首，故稱「勝首座」。惟勝後繼慧南住持黃蘗，道行大播《建中靖國續燈錄》卷一二）。《嘉泰普燈錄》卷四說，他徑往黃蘗，而抵黃蘗時，值慧南上堂踞座曰：「鐘樓上念讚，床脚下種菜。若人道得，分半院與伊。」惟勝出答曰：「猛虎當路坐。」慧南大悅，徐以法席付之，諸方宗仰。不過，《五燈會元》卷一七則說：瑞州太守委慧南遴選黃蘗主人。慧南集眾垂語曰：「鐘樓上念讚，牀脚下種菜。若人道得，乃往住持。」惟勝出答曰：「猛虎當路坐。」慧南大悅，遂令往黃蘗應命。則慧南是在離開黃蘗至黃龍後，才應瑞州守之命選惟勝赴黃蘗。明代的《補續高僧傳》卷八與《禪宗正脈》皆從此說，故前者有「黃蘗席久虛」，而瑞州守「委黃龍擇主法」之說，而後者有「後因瑞州太守委龍遴選黃蘗主人」及「遂令師往」之說。《續傳燈錄》則說，慧南在黃蘗時，惟勝往造之。因以「猛虎當路坐」之語答慧南之問，惠南喜之，「遂退院令住」。《佛祖綱目》卷三六從之。惟勝曾入雙嶺，故《嘉泰普燈錄》卷四說：「〔真淨克文〕晚游西山，與勝首座棲雙嶺。熙寧改元，分座廬山圓通。」元豐朝，惟勝因大學生虞蕃訟太學博士官受賄事，受其語牽連，朝廷下旨放歸成都，遂在成都行化，號稱真覺勝公。當時在成都的圓悟克勤曾學禪於他（《鴻慶居士集》卷四二，〈圓悟禪師傳〉）

相別已經夏，彼此山居，以道自牧，諒各得其宜。不急之務，委於知次第人，無乃區區自小？朝晚之間，丈室焚香，以第一義諦，①警於四方之來者，乃長老之職。秋深，凡百愛重。

校注：

①「第一義諦」，《大明三藏法數》卷一引《大集經》云：「第一義者，即無上甚深之妙理也。其體湛寂，其性虛融，無名無相，絕議絕思。」《大集經》云：「甚深之理不可說，第一義諦無聲字。」無聲字者，謂離語言文字之相也。

半月日前，分寧著作歸，①得書。且知郡將率諸官人入寺，把請陞座，致相推善。道契賢侯，緣洽勝藩，非偶然也。彼上寺，膏腴檀信，足可安眾，祇要寬大善巧，用副羣心。法門假人弘道，當便著力擔荷，以報佛恩。慧日長老在此，②蘄州四祖馳書，③及廣教、石陂、月頂、三角俱通法嗣，要知（此後移至上藍時書）④。

校注：

①「分寧著作」，分寧，地名，屬洪州分寧縣，即今日之江西修水，為黃庭堅故鄉，黃龍山所在，故說「分寧著作歸」。著作，是著作郎，魏明帝太和中始置，唯此人之身分不明。

②慧日長老當為下文之慧日富，是慧南法嗣。

③此為四祖法演，在蘄州黃梅縣。他是桂州人，受業本州永寧寺。少年受具，壯歲遊方。湘楚叢林，江淮禪席，所至知識，無不異待。道契慧南禪師，他遊遂息。一住四祖山三十餘年，行解堅密，人天景仰（《建中靖國續燈錄》卷一二）。四祖山在湖北黃梅縣西北，又稱破額山，是唐禪宗四祖道信（580-651）的道場，曾改名雙峰山，有四祖寺。後五祖弘忍在憑茂山傳法，遂以憑茂山為東山，雙峰山為西山、四祖山。《續傳燈錄》卷一六載有四祖法演法語。慧南於熙寧二年己酉三月十六日上堂辭眾，四祖演通嗣法書。慧南上堂云：「山僧才輕德薄，豈堪人師？蓋不昧本心，不欺諸聖。未免生死，今免生死；未出輪迴，今出輪迴；未得解脫，今得解脫；未得自在，今得自在。所以大覺世尊於然燈佛所無一法可得，六祖夜半於黃梅又傳箇甚麼？」乃說偈曰：「得不得，傳不傳，歸根得旨復何言？憶得首山曾漏泄，新婦騎驢阿家牽。」翌日午時，端坐示寂。闍維得五色舍利，塔于前山，諡普覺禪師（《五燈會元》卷一七）。**13**

---

13 按：此先見於《建中靖國續燈錄》卷七，唯無法演通嗣法書事，且「三月十六日」作「二月十六日」。

④按「此後移至上藍時書」一語當為編書者所加，當指慧南在順長老移居
上藍後寫。順長老通稱洪州上藍順禪師，上藍應為其最後住持之地。

某菴居無事，①足以遂性。久不奉書，必也住持康靜，眾僧安然。又聞南
塔和尚送杜使後，②只盤桓在彼，須至如法存奉，③無令失色。運使到
任，④必先接見。故舊情分，想應如昔。今發人馳書入城，伸起居禮，世
合如是。不然，則負義之人，而安取哉？四祖近有書來，⑤言左眼不見物
十餘日。今見命醫人，須至金錍刮去其膜。⑥可憐好人而有斯疾。凡百領
眾，以佛法為懷，省出入、慎言語；方丈以本事語人，勿聚首吃飯空過。

校注：

①「菴居」，《禪學大系》本誤作「菴主」。

②南塔和尚即是泐潭曉月。杜使，應指「杜轉運使」，但熙寧前後，洪州
所屬之江南西路轉運使無姓杜者。今考熙寧元年（1068）末至熙寧三年
之洪州太守為杜植，而杜植於英宗治平元年（1064）任荊湖南路轉運
使。**14**故慧南以其舊銜稱之。

③「存奉」，問候、定省之意也。

④此處應指杜植赴洪州太守任。其原來之最高官銜為轉運使，故稱「運
使」。

⑤四祖見上文。

⑥《大般涅槃經》卷八：「佛言，善男子，如百盲人為治目故，造詣良
醫。是時，良醫即以金錍決其眼膜。」

積翠菴甚好，剛然被廣平公奪吾志，①今居此，②外物頗豐，安眾甚穩，
便不及清平長樂也。欲入城見大卿，③以宣道知己之懷。奈何夏制在即，

14　杜植出任洪州守時間，見《宋兩將郡守易替考》，頁 302。其任荊湖南路轉運使時
間，見《宋代路分長官通考》，頁 922。

恐到彼不從容。一等放到秋間去，足可盤桓也。前之都兵回，④亦修書與大卿如此言，必須明察也。吾老邁，只遂性於積翠太高，今卻趨謁遍王人之門，⑤有失道體。生是程公又似好心，⑥又似不好心。當時堅執不允，於己無害，卻被兩邑摧殘。⑦彼住持人及知事，所以有今日事。人去筆此，不悉。

校注：

①此「廣平公」應即是下文的「程公」程師孟（1009-1086）。程師孟字公闢，於嘉祐五年（1060）知洪州，六年（1061）離任。《黃龍慧南禪師語錄》說：「師居黃檗積翠菴時，豫章帥程公闢以詩招住翠巖，師和之。」詩云：「白髮滿頭如雪山，尫羸無力出人間。翻思有負公侯命，且夕彷徨益厚顏。」可見程師孟是慧南所說「奪吾志」而要他從積翠遷黃龍翠巖者。《黃龍慧南禪師語錄》又說：「及程歸朝，閱二年，復除江西漕，師以頌寄之。」其頌云：「洪井分飛早二年，林間仕路兩相懸。近聞北闕明君詔，又領江西漕使權。列郡望風皆草偃，故人高枕得雲眠。馬塵未卜趨何日，預把音書作信傳。」此頌中的「洪井分飛」及「故人高枕」顯示他是在黃龍山時寫此頌的。是則語錄所說「及程歸朝，閱二年」云云，當是嘉祐八年（1063）或治平元年（1064），而「早二年」應是早二年之前。揆諸下文所引《雲臥紀談》之說，是治平三年程師孟帥豫章之前兩年，即治平元年，也就是慧南入黃龍山的前兩年。《雲臥紀談》卷上說：「南禪師居黃檗積翠菴，時豫章帥程公闢以詩招住翠巖，曰：『翠巖泉石冠西山，欲得高人住此間。曾是早年聽法者，今生更欲見師顏。』南和之曰：『白髮滿頭如雪山，尫羸無力出人間。翻思有負公侯命，且夕彷徨益厚顏。』及程歸朝，閱二年，復除江西漕。南以頌寄之曰：『洪井分飛早二年，林間仕路兩相懸。近聞北闕明君詔，又領江西漕使權。列郡望風皆艸偃，故人高枕得雲眠。馬塵未卜趨何日，預把音書作信傳。』程和答曰：『七字新吟憶舊年，此時懷抱極懸懸。師今有道居禪首，我本何人掌吏權。明月每思雲下坐，青山

一任日高眠。庵前弟子知多少，來者如燈續續傳。』程之帥豫章，乃治平三年丙午歲。奏准明堂赦，勘會未有名額院宇例賜之，由是豫章管內律院並獲其額。今鮮有知程之措意焉。然非取重南公之道德，豈能外護法門如是勤篤耶？」是曉瑩認為程師孟因重慧南之道而願為佛法外護。李之亮的《宋代路分長官考》將程師孟領江西轉運使的時間繫於治平三年（1066），但所根據的《祠部集》及《江西通志》，前者未繫時間，後者說是仁宗朝任，都不妥。**15**

②「今居此」意指他目前住在黃龍山之翠巖。

③「大卿」應該仍指程師孟，他於熙寧元年（1068）五月，以江西漕使、光祿少卿、直昭文館出為福州知府。**16**此應是慧南稱之為「大卿」之故。

④「都兵」，是兵馬都監之簡稱。

⑤《禪學大系》本作「趁謁」，疑誤。

⑥程公即是程師孟。

⑦「兩邑」疑指黃檗及黃龍之所在地筠州高安及洪州分寧。此處之「摧殘」，應是譬喻式之說法，當非事實。

28.答慧日富長老①

某啟：慧日長老大師，近承遣使馳書，造於野處，發函伸紙，足見嗣法不忘所得之意。又設席煎茶，大有所費，退量荒薄，何敢如之？且喜從命之後，住持已來，敷述宗猷，恢張祖道，於我先而無忝，②在爾後而有光。更須弘護居懷，慎修厥德，以副四方之依向。老夫此居，今又七載，③雖愚且拙，無所利生，然不敢寧居逸體而自矜慢。川途相邈，會集未諧，幸希勉旃，擎力好在。

---

15 見李之亮，《宋代路分長官考》，頁 641-642。

16 《宋會要輯稿》，〈選舉三三之一〇〉。

校注：

①慧日富生平事跡不詳。觀此書，知為慧南法嗣。《建中靖國續燈錄》卷二列有其人，為慧南法嗣。廬山、平江、彭州都有慧日寺，富長老或在廬山慧日寺。

②「無忝」，《禪學大系》本誤作「無茶」。

③慧南在黃檗時間約十二、三年，故此書應是寫於他在黃檗之第七年。信首之「野處」當亦指黃檗。

29.與黃檗勝長老①

恭侍者回，②得書已知歸鷲峰。③一百餘日囹圄之苦，④苦不可當。一旦回山，山水之樂，樂不可及。觀苦樂二法，來無所從，去無所至。原去來之絕朕，⑤若幻妄以奚追。積翠菴深，便有始終之計；紅塵事冗，休起經營之心。水或清而或濁，沙土渾之；月或明而或闇，⑥雲霧障之。來書云：『業種難忘，現行相會。』今水月喻者，我之性也。沙土雲霧，業種現行也。於彼自分，於我何能？熟察斯言，則朗然絕念。山有筍菌，園有芋栗。爛蒸焙煮，可以自飽。水有白石，林有青草，或坐或臥，足以忘憂。自餘未能悉書，俟乎後信。未見間，希自重。

校注：

①此是上文之黃檗惟勝禪師，是繼慧南主黃檗者。

②「恭侍者」，身分不詳，疑為慧南門下弟子。

③「鷲峰」即是黃檗。

④關於惟勝繫於囹圄百日，被釋放回黃檗之事，僧史都無記錄。慧南自己在歸宗時，因歸宗火曾下獄，故知下獄之苦，但此處既言「已知〔惟勝〕歸鷲峰」，又言「一百餘日囹圄之苦」，應是指惟勝之繫獄。

⑤「絕朕」，絕朕兆、絕跡之意。《祖庭事苑》卷七云：「當作絕朕，兆也。」明・德清《肇論略註》卷五注「將絕朕於九止，永淪太虛」云：「此言緣盡入滅。朕謂朕兆，物始萌之微也。九止即九地，謂地乃佛之

行履，今化緣已畢，將絕跡於化境，永淪太虛，指無餘涅槃。」
⑥按：原文「月明或明」之第一個「明」字，當為衍文，茲刪去。

30.與閑闍黎①

書達閑侍者，春間西山相別，②光陰倏忽已逾半載。其或幻妄未省，數量未超。顧茲飛走之速，能無進退之嗟？唯吾大龜氏之宗徒，③出淤泥、無繫著、非擾亂、離眾過，何哉？道無延促，非去來今；法無動搖，離心意識。混飛走而非異，隨進退以利物，不疾而自速，無作而自成。祖不云乎「虛明自照，不勞心力」，④其斯之謂歟？苟非斯人，道不虛行，汝其勉旃。別著精彩，勿滯文字，荒沒佛種。儼、慈二上人將到書茶已領，今人便，布此不多，好自將息。

校注：

①此事廬陵仁山隆慶慶閑禪師（1029-1081），福州古田卓氏子。長依建州昇山德圓出家，後慕參遊，投黃龍南師法席，遂獲開悟。出世後，廬陵太守張鑒請居隆慶，未期年，鍾陵太守王韶請居龍泉。不逾年，以病求去。廬陵道俗，聞其棄龍泉，舟載而歸，居隆慶之西堂，事之益篤。慶閑行解堅密，操蘊自如。唱道一時，心歸四眾（《建中靖國續燈錄》卷一三；《禪林僧寶傳》卷二五）。按：張鑒於熙寧七年（1074）知隆慶，至熙寧十年（1077）。王韶（1030-1081）於熙寧十年守洪州，此都在慧南去世後。

②此應指洪州西山，應是慶閑在黃龍參慧南之時。

③「大龜氏」即是禪宗初祖大迦葉。《翻譯名義集》卷一：「其先代學道，靈龜負偃圖而應。從德命族，故云龜氏。時人多以姓召之，其實有名，名畢鉢羅。父母禱樹神而生子，故名畢鉢羅。言大者若約所表，或因智大德大心大，故稱大迦葉。」

④「祖」指「三祖鑑智禪師」僧璨。「虛明自照，不勞心力」出《信心銘》：「一切不留，無可記憶。虛明自照，不勞心力。」《信心銘》一

般被認為係僧璨所作，但印順及多位學者皆認為八世紀後之禪僧偽託之作。

31.與總首座①

書達總首座：春間洪井相別，②黃檗爰歸，③與公晦以同居度法歲而無恙。④近人至，得所寄書，知離雙嶺入同安謁英不逢，⑤過南塔而求信。⑥吾年漸老，退藏山舍，正當是時。爾德惟新，扶豎法幢，宜須努力。路遠天寒，未重會間，好自將息。

校注：

①「總首座」是東林常總（1025-1091）。

②「洪井」指洪州。豫章有銅山，山中有洪井，飛流懸注，其深無底。又有洪崖先生鍊藥之井，亦號洪崖山（《太平寰宇記》卷一〇六）。此處應指慧南與常總在石門南塔相別。

③「黃檗」指黃檗山開化寺。常總離歸宗後，慧南因歸宗火而入石門南塔，未幾，入黃檗。常總後亦入黃檗。可能先至同安訪洪英而不遇。

④公晦即是上文的泐潭曉月。

⑤「雙嶺」在洪州西山，是上文景福順的住地。「英」即上文的洪英。慧南住積翠時，他住持同安（《嘉泰普燈錄》卷四）。

⑥南塔還是石門南塔，慧南入黃檗之前住此。常總尋洪英不遇，過南塔求宿。「信」應為「信宿」之意。

32.與昭化主①

昭化主久化江浙，頗有大緣。雖往復塵勞，而忘諸彼我。雖冒涉寒暑，而不憚勤劬。潔己待人，推誠荷眾，雖盧公之鄙，尤所歸焉。②別來驟夏兩載，光陰瞬息，人事嗟跎。林下之懷，寧不依然？和監寺今春二月回山，③得書且知體力康裕，深以為慰也。仍悉近日莊嚴畢備，舟楫將行。苟非堅乎其心，確乎其志，又安能致之然也。忻慶！忻慶！愚此老矣，而四方

之士不絕而來，亦強於開喻，俾之遷善，固所願矣。今遣莊客二人，去彼相取。促裝之際，經涉之方，無以忽於事，慢於人，所謂慎初護末，則其宜矣。春暄，惟冀保綏，以副遠祝。人回筆此，希悉之。

校注：

① 「昭化主」身分不詳。

② 「盧公」或指六祖，以入宋以來禪者多以「盧公」代「盧行者」稱六祖。如雪竇明覺禪師〈送智遷首座〉末兩句為「瓴瓿頻磨如未回，為吾深憶盧公語」，《祖庭事苑》卷三注「盧公語」曰：「中宗神龍初，遣內侍薛簡詔六祖赴闕。祖辭以疾，薛簡因問祖曰：『京城禪德皆云：欲得會道，必須坐禪習定。若不因禪定而得解脫者，未之有也。此理如何？』祖曰：『道由心悟，豈在坐也。經云：若見如來，若坐若臥，是行邪道。故無所從來，亦無所去，若無生滅，是如來清淨禪。諸法空寂，是如來清淨坐。究竟無證，豈況坐邪？』」（《雪竇明覺禪師語錄》卷五）此外，六祖原採樵鬻薪，實操賤役，故以「盧公之鄙」形容之。

③ 按：《建中靖國續燈錄》卷二黃龍慧南法嗣下列有袁州仰山和禪師，當是在積翠時的「和監寺」。慧南有〈送和禪者〉云：「毘盧性清淨，清淨不須守。宜著弊垢衣，入俗破慳有。五六七八九，面南看北斗。此中若得玄。縱橫任哮吼。」

33.與炳化主①

炳化主自洪都為別，②將及二載，寒暑之遷變，人事之勤勞，非以道守之，則焉能如是耶？山川阻邈，音耗杳亡，想近日開導之餘，所履平粹，③事速而不達，身安而道隆，此其宜也。況因緣之法，無大小高低貴賤，皆悉以從而化之、俯而就之。雖剛必柔，雖鄙尤寬，然後發其善信。善信至矣，因其所利，利莫大焉。院中即今不下二百餘眾，予流年老大，豈敢寧居？亦念其遠來，與之誘進。非圖名於當世，庶有補於後來者也。其或

檀緣會遇，則盡其始終，如稍艱難，且隨分收掠。回山以副遠懇。春暄，未見間，千萬保攝。今遣人去走以聞，希知之。

校注：

①「炳化主」身分不詳。

②「洪都」指南昌。此函應是慧南在黃龍山時作，故云「洪都為別」。

③「平粹」，平靜粹美之意。袁宏《後漢紀‧章帝紀下》：「精神平粹，萬物自得，斯道家之大旨，而人君自處之術也。」三國魏嵇康（223-262）《養生論》：「思慮銷其精神，哀樂殄其平粹。」

34.與心首座①

手削致心首座：②爾自積翠分岐，黃龍尸柄③。白雲為幰，④綠木作琴。聞韻者多，知音者少。近聞起錫駐於章江，⑤復要挈囊游玩山水。況吾年已老，住世將衰，可能回機，再為良會？果然隨吾意，待遣人來。然趍惠道場，⑥龍峰祖席，⑦春禽啐啄，飛鳥自得時哉。夏岳崢嶸，聳翠巍然悅目。秋風寂淡，每敲松竹之餘音。冬雪飄飄，密洒亭臺之素色。此皆道人頤養之地，衲子安恬之方。共畢此生，且勿他往。如從吾道，必不謙恭。走筆告知，宜此詳悉。

校注：

①「心首座」自然是晦堂祖心。他是慧南于熙寧二年在黃龍示滅後之繼席者。

②「致」原作「至」。

③此信顯然是寫於黃龍。「爾」同「邇」，「近來」之意。「分岐」有離別之意，與晦堂祖心相離別也。祖心初到黃檗扣慧南禪師法席，屢陳己見，慧南皆不諾。云：「子且去，將來須會。」（《建中靖國續燈錄》卷一二）他原謁雲峰文悅禪師，留三年，將去，文悅特指見積翠慧南禪師，遂往居四年，無所入。一日，傾湯誤注手指，豁如夢覺。知有而機

不發。慧南抑之，又回雲峰，文悅已謝世，就止石霜。因讀傳燈至「僧問多福」、「三莖四莖曲」等語，於是頓證二師垂手處，徑回積翠。方展坐具，南曰：「子始入吾室矣。」師禮謝。乃謁翠嚴可真、泐潭曉月（《禪林僧寶傳》卷三三）。此即是「積翠分岐」之義。治平初，慧南應程師孟之請入黃龍山任住持，故曰「黃龍尸柄」。

④「幙」，同「幕」，原作「慔」。

⑤「起錫駐於章江」指祖心在離黃檗後，曾往謁泐潭月禪師，並以小疾醫寓居漳江，後又回黃龍見慧南。（《禪林僧寶傳》卷二三）「漳江」，《續傳燈錄》卷一五〈晦堂祖心傳〉作「章江」，較為正確。

⑥「超惠」指唐末鄂州黃龍山晦機超惠禪師〔或作誨機超慧〕。唐天祐中遊化至鄂州黃龍山，節帥施俸錢建法宇，奏賜紫衣，號超慧〔惠〕大師，大張法席（《景德傳燈錄》卷二三）。

⑦超惠道場在鄂州黃龍山，而慧南所居黃龍山在洪州，慧南說鄂州黃龍為「龍峰祖席」，疑將兩地混為一談。

延享元年（1744）甲子初秋
京師寺町松原下田中甚兵衛發行
又另一本
延享元年（1744）甲子初秋
寶曆十三癸未年改訂
京師小川源兵衛發行
又衣竇道倫編《黃龍山南禪師書尺事苑》
寶曆十三年未九月
京師源兵衛發行

黃龍慧南禪師書尺補遺

1.致黃檗惟勝①

住持要在得眾，得眾要在見情。先佛言人情者，為世之福田，蓋理道所由生也。故時之否泰，事之損益，必因人情。情有通塞，則否泰生。事有厚薄，則損益至。惟聖人能通天下之情，故易之〈別卦〉，「乾下坤上」則曰「泰」；②「乾上坤下」則曰「否」。③其取象，「損上益下」則曰「益」；④「損下益上」則曰「損」。⑤夫乾為天，坤為地。天在下而地在上，位固乖矣。而返謂之泰者，上下交故也。主在上而賓處下，義固順矣，而返謂之否者，上下不交故也。是以天地不交，庶物不育；人情不交，萬事不和。損益之義，亦由是矣。夫在人上者，能約己以裕下，下必悅而奉上矣，豈不謂之益乎？在上者蔑下而肆諸己，下必怨而叛上矣，豈不謂之損乎？故上下交則泰，不交則否。自損者人益，自益者人損。情之得失，豈容易乎？先聖嘗喻人為舟。⑥情為水，水能載舟，亦得覆舟。水順舟浮，違則沒矣。故住持得人情則興，失人情則廢。全得而全興，全失而全廢。故同善則福多，同惡則禍甚。善惡同類，端如貫珠。興廢象行，明若觀日。斯歷代之元龜也。⑦（《禪林寶訓》卷一）

校注：

①南宋劉克莊曾說：「南公與黃檗勝公書有揚子風。…璇公其寶藏之。」可見此書為慧南書尺集以外致黃檗惟勝的其他書信真跡，在南宋時仍被收藏（《後村先生大全集》卷一〇九）。

②清・張文嘉《禪林寶訓合註》釋「泰卦」云：「泰，通也；小往大來。小，陰也，往居於外；大，陽也，來居於內。陽氣下降，陰氣上升，二氣相交，而萬物化生，天地通泰也。以人事言，大為君，小為臣。君推誠以任下，臣進忠以奉上，上下之志通，朝廷通泰也。陽為君子，陰為小人。君子來在于內，小人往在于外，人情通泰也。此正月之卦。」

③同上《禪林寶訓合註》釋「否卦」云：「否，閉塞也。大往小來，陽往居外，陰來居內；陰氣不上升，陽氣不下降，二氣不交，萬物不生，天地否塞也。以人事言，君不下孚於臣，臣不上孚於君，上下不交，人情否塞也。以一人言，在外者陽氣散而不順，在內者陰氣附而不調，陰陽

不合，氣血不通，表裏失度也。此七月之卦。」

④同上《禪林寶訓合註》釋「益卦」云：「風雷益卦。益，增益也。巽為風，震為雷。雷激則風怒，二物相助，所以為益。以人事言，在上者施其澤以及下，在下者進其誠以奉上，是兩相增益也，故曰益。」

⑤同上《禪林寶訓合註》釋「損卦」云：「山澤損卦。損，減損也。以人事言，在上者取民以自厚，在下者薄己以奉君，必至上下俱損矣，故曰損。」

⑥清‧德玉《禪林寶訓順硃》釋「喻人為舟」云：「故孔子答魯哀公曾說：「譬喻道，以人譬作舟，以人之情譬作水。風恬浪靜之時，水固能浮舟；白浪滔天之時，又亦能覆舟。水若順暢通遂，舟一定是浮而無事；舟若違向乖方，水一定沒舟而可傷矣。用此而比人情，豈不教做難耶。」按：此出《荀子‧哀公》。其文錄魯哀公問於孔子，孔子答語甚長，其末曰云：「且丘聞之，君者，舟也；庶人者，水也。水則載舟，水則覆舟。君以此思危，則危將焉而不至矣？」

⑦元龜，比喻可資借鑒之事，龜鑑也。《三國志‧吳志》：「近漢高祖受命之初，分裂膏腴以王八姓，斯則前世之懿事，後王之元龜。」晉‧劉琨〈勸進表〉：「前事之不忘，後事之元龜也。」

2.答荊公書①

夫人語默舉措，②自謂上不欺天，外不欺人，內不欺心，誠可謂之得矣。然猶戒謹乎，獨居隱微之間，③果無纖毫所欺，斯可謂之得矣（《禪林寶訓》卷一）。

校注：

①荊公，荊國公之簡稱，即王安石。安石於元豐三年九月改封荊國公，而此書作於嘉祐朝，故〈答荊公書〉不應為原書名，實《禪林寶訓》編者所名。《禪林寶訓合註》雖說：安石「問道於黃龍南禪師」，但安石詩文集無致南公詩文。此書是南公致安石僅存之作，作於於嘉祐三年之原

因是因是年安石提點江東刑獄，而慧南在筠州黃檗，兩人最可能於此時相見。又《禪林寶訓》引《章江集》黃龍謂荊公之語云：「凡操心所為之事，常要面前路徑開闊，使一切人行得，始是大人用心。若也險隘不通，不獨使他人不能行，兼自家亦無措足之地矣。」此語亦當與答安石書同年。

②舉措，《禪林寶訓合註》云：「上處置動作也，下安布施為也。」

③獨居隱微，《禪林寶訓合註》云：「獨者人所不知，而己所獨知之地也。隱者暗處也；微者細事也。言幽暗之中，微細之事，跡雖未形，而幾則已動。人雖不知，而己獨知之，至此尤加戒謹也。」

3.與翠岩真書①

夫長老之職，乃道德之器。先聖建叢林、②陳紀綱、立名位、選擇有道德衲子，命之曰長老者，將行其道德，非苟竊是名也。慈明先師嘗曰：「與其守道老死丘壑，不若行道領眾於叢林。」豈非善守長老之職者，則佛祖之道德存歟！（《禪林寶訓》卷一）

校注：

①翠岩真是翠岩〔巖〕可真，為慈明法嗣，慧南師兄弟，叢林號「真點胸」。黃庭堅在其語錄序云：「石霜山中，有三角虎，孤遊獨坐，萬木生風，至於千里無人，草深一丈。有一人，捋其鬚而得道，是謂黃龍慧南；有一人，履其尾而得道，是謂翠巖可真。」

②「先聖」一語指百丈懷海。他得法於馬祖道一，是洪州宗傳人。自少林以來禪師多居律寺說法，住持未有規度，懷海始創禪居，立天下禪林規式，凡具道眼有德者曰長老。學眾無高下，並入僧堂，置十務寮舍。每用主領一人營眾事，其後叢林日盛，當代宗師從而廣之，遂成所謂清規（《景德傳燈錄》卷六，〈禪門規式〉；《（重雕補註）禪林清規》卷一〇；《隆興編年通論》卷二一；《釋氏通鑑》卷一〇）。

參、黃龍慧南禪師年譜

一、凡例

一、本譜為黃龍慧南年譜之首創，紀年始於真宗咸平五年（1002），即慧南出生之年，終於哲宗元符三年（1100），即晦堂祖心卒年。以祖心之卒年為終，是因為他是慧南嫡嗣繼慧南住黃龍山之第一人。

二、本譜之主要史原為《黃龍慧南禪師語錄》、《禪林僧寶傳》、《林間錄》《禪林寶訓》、《羅湖野錄》、《集洪州黃龍山南禪師書尺》及《靈源和尚筆語》。後二者所用之版本已於書尺部分說明。輔助史原為宋代燈錄及各禪師語錄、宋人文集、歷朝江西方志、南昌府志、修水縣志等等。

三、以上諸書名較長者於第一次徵引後，皆用簡稱，如《南禪師語錄》、《僧寶傳》、《南禪師書尺》。其他燈錄亦同，如《景德傳燈錄》稱《傳燈錄》，《天聖廣燈錄》稱《廣燈錄》，《建中靖國續燈錄》稱《續燈錄》，《嘉泰普燈錄》稱《普燈錄》等等。其他禪師語錄，亦在引文後簡稱之。

四、本譜凡徵引古籍皆以引號註明於正文中，僅提供書名及卷碼。凡參考民國以後及今人著作則另於引文各頁下註明書名及參考頁碼。

五、本譜除記錄譜主之生平、行業、著述和年歲等之外，凡與譜主直接相關之師友、弟子，或僧或俗，皆依時間先後，以事繫年，並儘可能錄其歲數。

六、本譜記蘇轍及黃庭堅事甚多，以兩人與慧南之法子法孫關係頗近故。所載蘇轍詩文，皆用上海古籍出版社之《欒城集》。黃庭堅詩文，多使用劉琳等編之《黃庭堅全集》。後者各卷號碼以《黃庭堅全集·正集》卷號或《黃庭堅全集·外集》卷號表示之，不另稱《宋黃文節公全集·正集》卷

號。偶用鄭文曉之《黃庭堅全集輯校編年》，以其有正《黃庭堅全集》之
若干錯誤之故。

七、本譜亦記張商英之事甚多，以其所交禪師多慧南法子法孫之故。其事跡及
詩文多本惠洪《石門文字禪》、禪林筆記，及《名臣碑传琬琰集》下卷一
六之〈張少保商英傳〉。

二、年譜

宋眞宗咸平五年壬寅（1002）

◆ 黃龍慧南於是年三月十七日出生，一歲。

按：慧南祖先是信州（今江西上饒縣）玉山縣章氏。他「童齔深沉，有大人
相。不茹葷，不嬉戲」（《禪林僧寶傳》卷二二）。惠洪在其《石門文字
禪》之〈三月十七老黃龍生辰〉一頌說：「黃龍三月十有七，天下衲僧信不
及。盡道三關透者難，鼻直眼橫誰不識？滿院東風花不言，死生情盡於今
日。汨羅江上小叢林，放意說禪無愧色。」若惠洪所說無誤，則黃龍慧南是
三月十七日出生。「汨羅江上小叢林」指的是黃龍山，因它發源於江西省修
水縣黃龍山梨樹塢。惠洪既說及黃龍山，可見其頌寫於慧南在黃龍傳法之時
或之後。

咸平六年癸卯（1003）

◆ 慧南二歲。

◆ 知開封府陳恕言：「僧徒往西天取經者，臣嘗召問，皆罕習經業，而資狀庸
陋，或往諸藩，必招輕慢。自今宜試經業，察人材，擇其可者令往。詔
可。」（《古今圖書集成釋教部彙考》卷三）

宋眞宗景德元年甲辰（1004）

◆ 慧南三歲。

◆ 東吳沙門道原進《禪宗傳燈錄》三十卷，詔翰林學士楊億（974-1020）裁定頒行（《佛祖統紀》卷四四）。楊億出生於信州玉山，是年三十一歲，為慧南之鄉先輩。

景德二年乙巳（1005）

◆ 慧南四歲。

◆ 洪州法昌倚遇（1005-1081）出生，一歲，後為慧南好友，亦與黃庭堅之姊夫徐禧（1035-1082）為方外交。徐禧之子徐俯（1075-1141）後為其語錄作序。

景德三年丙午（1006）

◆ 慧南五歲。

◆ 襄州知州查道請谷隱蘊聰（965-1032）住石門山（《天聖廣燈錄》卷一七）。谷隱蘊聰與楊億與李遵勖（988-1038）為方外友。

景德四年丁未（1007）

◆ 慧南六歲。

◆ 明教契嵩出生，一歲。歐陽修亦生於是年。

宋眞宗大中祥符元年戊申（1008）

◆ 慧南七歲。

◆ 真宗詔賜明州阿育王寺廣利寺額，拓為十方禪刹（《護法錄》卷四）。治平中，京師十方淨因禪院大覺懷璉再乞還山堅甚，英宗留之不可，詔許自便。懷璉既渡江，少留于金山西湖，遂歸老於此寺，詳見下文（《禪林僧寶傳》

卷一八）。

大中祥符二年己酉（1009）

◆ 慧南八歲。

◆ 四月八日，待制查道為襄州慈照谷隱蘊聰禪師之乾明寺撰僧堂記（《雲臥紀談》卷一；《緇門警訓》卷六）。

◆ 景福順出生（1009-1093），一歲，後為慧南弟子。[1]大覺懷璉亦生於是年（《釋氏稽古略》卷四），後與慧南及契嵩為友，皆有書信來往。

大中祥符三年庚戌（1010）

◆ 慧南九歲。

◆ 筠州洞山普利禪院住持九峰守詮廬山棲賢寺，其首座曉聰（？-1030）繼之主洞山，於山之東北，手植松可萬株，凡植一株，坐誦《金剛經》一卷，自稱「栽松比丘」，嶺名金剛嶺（《武溪集》卷九，〈筠州洞山普利禪院傳法記〉；《補續高僧傳》卷七）。
按：《補續高僧傳》僅說曉聰依洞山詮禪師為其首座，及詮移住廬山棲賢寺，以洞山繼其席。此洞山詮實為洞山守詮，非明、清禪史所說之洞山道詮（930-985）（《佛祖綱目》卷三五；《宗統編年》卷一九）。曉聰於是年起主洞山法席至天聖八年（1030）六月示寂，計住洞山前後約二十二年。後由洞山自寶（978-1054）補其缺（《禪林僧寶傳》卷一一）。據說自寶在洞山時，慈明楚圓曾造其法席，自寶異之，喜其答問，推為導首（《建中靖國續燈錄》卷四；《古尊宿語錄》卷一一）。此說有誤。慈明所見者是洞山曉

1　景福順生年之推算見下文。按《釋氏疑年錄》依《佛祖綱目》及《宗統編年》說其卒年為紹聖元年（1094），但疑其不知何所據。

聰，並在洞山依止三年（《釋氏稽古略》卷四）。自寶入洞山在曉聰之後，非慈明所見者，慈明弟子慧南則曾參自寶，但他參自寶之時間甚短。

◆ 廬山圓通居訥（1010-1071）出生，一歲，後與慧南為至交，有書信來往。大覺懷璉曾在其座下掌書記，並獲其推薦至京師十方淨因禪院任住持（《禪林僧寶傳》卷二六）。

大中祥符四年辛亥（1011）

◆ 慧南十歲。

◆ 居訥二歲，景福順及大覺懷璉俱三歲，契嵩五歲。

大中祥符五年壬子（1012）

◆ 慧南十一歲。棄家，師事信州懷玉寺定水院智鑾。嘗隨鑾出遊，道上見祠廟，輒杖擊火毀之而去（《禪林僧寶傳》卷二二）。
按：智鑾可能有師兄亦在懷玉寺，故慧南後來曾作〈送師伯歸玉山〉云：「來時秋風生，去時春風起。風性本無著，師心亦復爾。舊寺歸懷玉，迢迢千百里。送別何所談，浩渺空江水。」（《黃龍慧南禪師語錄》）

◆ 隆興泐潭洪英出生，一歲。後為慧南弟子（《禪林僧寶傳》卷三〇）。

大中祥符六年癸丑（1013）

◆ 慧南十二歲。

◆ 泐潭洪英二歲，居訥三歲，景福順及大覺懷璉俱四歲。契嵩七歲

大中祥符七年甲寅（1014）

◆ 慧南十三歲。

◆ 八月，楊億以秘書監身分出守汝州，首謁住汝州廣慧元璉（951-1036）禪師。於言下脫然無疑。作偈曰：「八角磨盤空裏走，金毛師子變作狗。擬欲將身北斗藏，應須合掌南辰後。」（《嘉泰普燈錄》卷二九）是年楊億四十一歲，廣慧六十四歲。楊億於明年十二月卒。其在汝州任內，嘗有書寄李維（雍熙二年進士）內翰，敘其始末師承云：「病夫夙以頑憃，獲受獎顧。預聞南宗之旨，久陪上國之游。動靜咨詢，周旋策發。俾其刳心之有詣，牆面之無歉者，誠出於席間牀下矣，矧又故安公大師每垂誘導。自雙林滅影，隻履西歸，中心浩然，罔知所止。仍歲沉痼，神慮迷恍。殆及小間，再辨方位。又得雲門諒公大士，見顧蒿蓬。諒之旨趣，正與安公同轍，並自廬山歸宗、雲居而來，皆是法眼之流裔。去年假守茲郡，適會廣惠禪伯，實承嗣南院念，念嗣風穴，風穴嗣先南院，南院嗣興化，興化嗣臨濟，臨濟嗣黃蘗，黃蘗嗣先百丈海，海嗣馬祖，馬祖出讓和尚，讓即曹谿之長嫡也。齋中務簡，退食多暇；或坐邀而至，或命駕從之。請叩無方，蒙滯頓釋。半歲之後，曠然弗疑。如忘忽記，如睡忽覺。平昔礙膺之物，曝然自落。積劫未明之事，爤爾現前。固亦決擇之洞分，應接之無蹇矣。重念先德，率多參尋。如雪峯九度上洞山，三度上投子，遂嗣德山。臨濟得法於大愚，終承黃蘗。雲巖多蒙道吾訓誘，乃為藥山之子。丹霞親承馬祖印可，而作石頭之裔。在古多有，於理無嫌。病夫今繼紹之緣，實屬於廣惠。而提激之自，良出於鼇峯也。忻幸，忻幸。」（《禪林僧寶傳卷》一六）

大中祥符八年乙卯（1015）

◆ 慧南十四歲

大中祥符九年丙辰（1016）

◆ 慧南十五歲。

◆ 圓通懷賢（1016-1082）出生，一歲（《淮海集》卷三六，〈圓通禪師行狀〉；《補續高僧傳》卷七），後與契嵩為友，有書信來往。是年契嵩十歲。

宋眞宗天禧元年丁巳（1017）

◆ 慧南十六歲。

◆ 王旦九月旦薨，先一日，囑翰林楊億曰：「吾深厭勞生，願來世為僧，宴坐林間，觀心為樂。幸於死後為我請大德施戒，剃髮鬚，著三衣。火葬勿以金寶置棺內。」億為諸孤議曰：「公三公也，斂贈公袞豈可加於僧體。但以三衣置柩中，不藏寶玉。」（《佛法金湯編》卷一一；《名公法喜志》卷三）

宋眞宗天禧二年戊午（1018）

◆ 慧南十七歲。

◆ 仰山行偉（1018-1080）出生，一歲，後為慧南法嗣（《禪林僧寶傳》卷二四）。

宋眞宗天禧三年己未（1019）

◆ 慧南十八歲。

宋眞宗天禧四年庚申（1020）

◆ 慧南十九歲。是年落髮，受具足戒。

◆ 駙馬李遵勗奏賜天台知禮法智大師，宣旨令住世演教，不許遺身（《佛祖統紀》卷二三）。宰相寇準、翰林楊億以知禮行業及遺身事奏聞。帝曰：「但傳朕意請留住世，特賜師號法智大師。」（《釋氏稽古略》卷四引《教行錄》）。

◆ 襄州郡守夏竦（985-1051）重請蘊聰（965-1032）住本郡谷隱山太平興國禪院（《天聖廣燈錄》卷一七）。

宋眞宗天禧五年辛酉（1021）

◆ 慧南二十歲。

宋仁宗乾興元年壬戌（1022）

◆ 慧南二十一歲。

◆ 二月十九日，孤山智圓示寂，得年四十七。二月十七日，自作祭文及挽詞三章（《佛祖統紀》卷四九；《釋門正統》卷五）崇寧三年諡法慧大師。南宋李詠有詩云：「通經十疏辨河傾，絕筆彌陀淨業成。陶器墳中收幻質，昭然精爽定西征。」（《釋門正統》卷四）南宋紹熙中，山陰義銛遊孤山，以詩弔曰：「講堂風月弔孤巒，已作崆峒問道山。卻憶四華來石室，不堪九虎守天關。湖邊幽岬未成夢，竹外小梅初破顏。華表日斜丹竈冷，仙人化鶴幾時還。」（《釋門正統》卷五）

◆ 潘興嗣出生，一歲。[2]後問道於慧南，為其至交。亦與慧南之弟子潛庵清源（1032-1129）為方外友（《石門文字禪》卷二三）。

宋仁宗天聖元年癸亥（1023）

◆ 慧南二十二歲。

◆ 汾陽善昭禪師示寂，閱世七十有八（《佛祖正傳古今捷錄》卷一）。

宋仁宗天聖二年甲子（1024）

◆ 慧南二十三歲。

2　此係根據曾鞏，〈奏乞與潘興嗣子推恩狀〉，《元豐類稿》卷33，頁 2b-3a。

宋仁宗天聖三年乙丑（1025）

◆ 慧南二十四歲。

◆ 白雲守端（1025-1072）出生，一歲，後為靈源惟清之好友。真淨克文
（1025-1102）、晦堂祖心（1025-1100）及東林常總（1025-1091）出生，俱
一歲，後都為慧南法嗣（《嘉泰普燈錄》卷四、《石門文字禪》卷三〇、
《禪林僧寶傳卷》二三、二四）。

宋仁宗天聖四年丙寅（1026）

◆ 慧南二十五歲。

◆ 駙馬都尉李遵勗致書迎請谷隱蘊聰，不容固辭。後於五月一日就本宅正堂，
敕嚴法座。會諸黑白，請蘊聰升座（《天聖廣燈錄》卷一七）。

宋仁宗天聖五年丁卯（1027）

◆ 慧南二十六歲。

◆ 七月十六日，大陽警玄陞座辭眾。又三日以偈寄侍郎王曙曰：「吾年八十
五，修因至於此。問我歸何處，頂相終難覩。」停筆而化（《禪林僧寶傳》
卷一三）。

宋仁宗天聖六年戊辰（1028）

◆ 慧南二十七歲。

宋仁宗天聖七年己巳（1029）

◆ 慧南二十八歲。

◆ 隆慶慶閑（1029-1081）出生，一歲，後為慧南高弟，慧南每嘆曰：「祖師之

道，不墜於地，斯人是賴。」（《欒城集》卷二五，〈閑禪師碑〉）。

宋仁宗天聖八年庚午（1030）

◆ 慧南二十九歲。

◆ 是年六月八日，洞山曉聰示疾，持不食七日。集道俗曰：「法席當令自寶住持。」（《禪林僧寶傳》卷一一）。後來任筠州監酒稅的余靖（1000-1064）在其〈廬山歸宗禪院妙圓大師塔銘〉說：「〔洞山〕長老曉聰有名江左，眷師通悟，堪囑後事，乃白於州，願以法席傳之。四方禪學聞風遠至…」（《武溪集》卷七）

按：南宋以後，自寶入主洞山之說法有異。譬如，大慧宗杲說，筠州洞山缺人，郡守以書託五祖師戒舉所知者主之。師戒是自寶之師，遂舉自寶，乃出世住洞山（《大慧普覺禪師宗門武庫》）。《續傳燈錄》卷二則綜合惠洪、余靖與大慧之說而云自寶「後遊叢林至洞山時，聰公居焉，特加敬重。聰歿，遺言令繼其席。適郡守亦以書囑戒舉所知者主之。戒云：『賣生薑漢住得也。』遂開法於洞山。」[3]不管如何，洞山自寶遂於是年繼洞山曉聰之席，年五十三歲。自寶在洞山時間究竟多長，僧傳及燈史皆未詳言。但余靖在〈筠州洞山普利禪院傳法記〉中說：「聰之終也，遺誡於其眾，無服衰經，哭泣弔慰，一切絕之。其寺之再興也，詮始緝之，聰又能經緯，至寶而紀綱大備焉。寶姓吳氏，開堂十六年，未嘗出院門，自江湖之南及嶺之南二十餘州，聞其名者，歲奉錢共數十萬以供其堂，其為人信向如此。」（《武溪集》卷九）余靖似說自寶在洞山有十六年之久，是則應從是年至慶曆五年（1045）。不過，余靖又在同一文中說：「同郡有黃蘗山某院，唐裴丞相休之功德院也。歲入豐而主者侵牟之，眾食不足，思有德者為之長。景祐四年，自太守而下，列名請其行，又俾其自擇人而付之，得遷焉。居黃蘗未十

3　「賣生薑漢」指自寶。據說自寶曾在五祖師戒會下主寺事，一日師戒病，令行者於庫司取生薑煎藥。自寶叱之。行者回告師戒，師戒令將錢回買，自師方取薑付與，由是師戒心重之。

日，四方至者僅百人，蓋其道可師者邪。」如此說來，自寶之住洞山僅至景祐四年（1037），約八年時間，後即遷住筠州黃蘗，旋又應祖無擇（1006-1085）之召，住廬山歸宗。而祖無擇大約於慶曆元年（1041）或二年（1042）知南康軍，即廬山歸宗所屬，故自寶或於慶曆元年或二年入歸宗，約在六十三、四歲之時。在黃蘗之時間約有五、六年。《禪林僧寶傳》卷二二述慧南於十九歲受具足戒，隨即說「遠游至廬山歸宗寺。歸宗老宿〔洞山〕自寶集眾坐，而慧南卻倚，自寶時時昫之。自是坐必跏趺，行必直視。」[4]似乎受戒後不久即到歸宗。其實不然，他先「遠遊」，然後到洞山依自寶。若是逕入歸宗，則在自寶入歸宗之後，時年已四十三歲，已經自石霜楚圓門下出世，難以說通。故惠洪所說「遠游至廬山歸宗」依歸宗自寶之說，其實有誤。又按：自寶主洞山之年，筠州郡守有兩位，一是陳延賞（淳化三年進士），曾於天禧四年（1020）繼許式之後任筠州守，天聖六年再任至是年。一是何申甫，是年繼陳延賞之後任筠州守。因為自寶是在曉聰六月八日示寂後入洞山，郡守很可能是新任的何申甫。歸宗寺在廬山之南，東晉王羲之於咸康六年所建，請西天達磨多羅居之，並曾隱居於此（《佛祖統紀》卷三六）。其「洗硯池」，至明清時猶在。或說東晉成帝時，尚書令李邈以句容宅靈耀寺、王羲之廬山寺為歸宗寺（《佛祖統紀》卷五三）。惠洪所說的「老宿自寶」即是洞山自寶，是雲門宗五祖師戒法嗣，廬州人，生娼室，無姓氏。嗣五祖師戒禪師，甞在五祖為庫司。出世後，先住筠州洞山、[5]黃蘗，後遷廬山歸宗（《大慧普覺禪師宗門武庫》卷一；《大慧普覺禪師宗語錄》卷一）。惠洪《林間錄》曾說：「予猶及見叢林老成人皆云：黃龍南禪師游方時，甞至歸宗寶鬐頭，方會茶。師卻倚而坐，寶呵之：『南書記無骨耶？』師驚顧，玉立如山。」自寶是時在洞山，故以稱洞山自寶為宜，以其時自寶尚未至歸宗也。

4　按：「寶時時昫之」之「寶」，原誤作「寶」。

5　或說瑞州洞山，實因南宋避理宗諱改為瑞州之故，以「筠」與理宗御名「昀」之音相近也。

◆ 慧南應於是年六月後入洞山依自寶，但為期不長，旋入廬山依棲賢澄諟。並在其會下遇某「照禪客」（《集洪州黃龍山南禪師書尺》，〈寄照禪客〉）

◆ 雲居元祐（1030-1095）出生，一歲，為慧南在黃檗山所收之弟子（《禪林僧寶傳》卷二五）。

宋仁宗天聖九年辛未（1031）

◆ 慧南三十歲。

宋仁宗明道元年壬申（1032）

◆ 慧南三十一歲。惠洪說他「依歸宗寶、棲賢諟逾三秋。」歸宗寶即是洞山自寶，時年五十五歲。棲賢諟是棲賢澄諟。上文已說，自寶此時尚未至廬山歸宗，不能說「依歸宗寶」。慧南依自寶的時間甚短，恐不及一年，因他在〈寄照禪客〉一書中說「始與師相會於諟禪師會下二、三年」，當是從前年開始至明年初離棲賢諟，入蘄州參三角山懷澄。余靖（1000-1064）自去年知江西新建縣，是年仍在新建，年三十三歲，[6]作〈廬山棲賢寶覺禪院石浴室記〉云：「居之者不以昭穆伯仲相繼，自智常至澄諟，皆海內有名高僧統其眾。」又云：「…屋老不支。一之日，澄諟言於眾曰：『六時讚唱，當務潔齋，若塵垢未除，則七福何聚？欲求精進比丘，備其七物，不亦善乎？』時則有浙僧希昱、能湛，行為上首，願集其事。用因緣相，一唱而就，募得緡錢二百萬，鑿山築基，礱石構堂，仍市美材，續成外室，凡十一楹。其浣濯之所、蘇膏之器，罔不具焉。」（《武溪集》卷八）可見棲賢澄諟在棲賢寶覺禪院期間，曾營其石浴室。

按：洞山自寶屬雲門宗，是五祖師戒法嗣，與三角懷澄（又稱泐潭懷澄）為同門師兄弟。棲賢澄諟屬法眼宗，為百丈道恆（常）法嗣。

6　余國屏，《余忠襄公年譜》（香港：龍門書店，1965），頁 25-26。

◆ 慈明楚圓自道吾遷住石霜（《佛祖綱目》卷三六）。

◆ 潛菴清源（1032-1129）出生，一歲，後為慧南法嗣（《嘉泰普燈錄》卷
四）。佛印了元亦於是年出生（《禪林僧寶傳》卷二九）。

按：《建中靖國續燈錄》卷六說佛印了元於「至道壬申六月六日誕生」，實
誤。「至道」為太宗朝年號，無壬申年，當為「明道壬申」之誤。

宋仁宗明道二年癸酉（1033）

◆ 慧南三十二歲。或於是年先後入蘄州三角山及石門渤潭隨渤潭懷澄。懷澄未
入洪州渤潭之前以「三角澄」知名。《禪林僧寶傳》卷二二說，慧南離洞山
自寶後，至棲賢依諟禪師。諟蒞眾進止有律度，慧南規摸之三年，辭渡淮，
依三角澄禪師。澄有時名，一見器許之。及澄移居渤潭，慧南又與之俱，澄
使分座接納矣。據慧南弟子潛庵清源說，其師初事栖賢諟、渤潭澄歷二十年
（《續傳燈錄》卷一六），則若事栖賢諟三年，則是事渤潭懷澄十七年，當
是連在三角山之日一起算。則他離渤潭時間應在仁宗皇祐二年（1050）。其
時慧南已四十九歲，早過了遊方之齡，不太可能當時離渤潭。只能說是「師
事」之。何況，惠洪又說，在渤潭期間，「南昌文悅見之〔慧南〕，每歸臥
歎曰：『南有道之器也，惜未受本色鉗鎚耳。』會同游西山，夜語及雲門法
道。悅曰：『澄公雖雲門之後，然法道異耳。』公問所以異。悅曰：『雲門
如九轉丹砂，點鐵作金。澄公藥汞銀，徒可玩，入鍛即流去。』公怒以枕投
之。明日悅謝過，又曰：『雲門氣宇如王，甘死語下乎？澄公有法，受人死
語也。死語其能活人哉？』即背去。公挽之曰：『即如是，誰可汝意者？』
悅曰：『石霜楚圓，手段出諸方。子欲見之，不宜後也。』公默計之曰：
『此行腳大事也，悅師翠嵓，而使我見石霜。見之有得，於悅何有哉？』即
日辨裝。」可見慧南曾因雲峰文悅之勸，離渤潭赴潭州石霜見慈明楚圓
（986-1039），中途聞楚圓不事事，慢侮少叢林，乃登衡嶽謁賢叉手，賢命
掌記（見下文）。

按：渤潭在南昌靖安縣石門山，契嵩所謂「山水清勝，乃昔大禪德道一馬祖

大禪德遺跡之地」（《鐔津集》卷一四）。宋·洪芻有〈遊潙潭寺〉一詩，首數句云：「吾聞石門山，對峙儼天關。林茂山自青，草香澗長碧。中有古招提，柱栱煥青赤。惟昔馬大士，方墳聳遺迹。」（《老圃集》卷上）懷澄在潙潭之時間相當長。後來大覺懷璉（1007-1090）往拜謁，師事懷澄十餘年，才離潙潭至廬山訪圓通居訥（1010-1071），為其掌書記。

◆ 祠部郎中許式，曾參洞山曉聰，得正法眼。是年守隆興府，一日，與潙潭澄、上藍溥坐次。潭問：「聞郎中道，『夜坐連雲石，春栽帶雨松。』當時答洞山甚麼話？」許式曰：「今日放衙早。」潭曰：「聞答泗州大聖在揚州出現底，是否？」許式曰：「別點茶來。」潭曰：「名不虛傳。」許式曰：「和尚早晚回山。」潭曰：「今日被上藍覷破。」藍便喝。潭曰：「須是你始得。」公曰：「不奈船何，打破戽斗。」（《五燈會元》卷一五）

◆ 契嵩是年正在西山歐陽昉處借其家藏之書，讀於奉聖院（《羅湖野錄》卷上），可能因此認識慧南，時年二十七歲。

按：《羅湖野錄》只說：「明道間，從豫章西山歐陽氏昉，借其家藏之書，讀於奉聖院。」明道朝只有兩年，契嵩應是去年來豫章，而今年聞慧南之名，因慧南入潙潭不久，懷澄即使分座接納，使「南書記之名一時籍甚」（《林間錄》卷下）。所以三十餘年後，契嵩在給住黃龍山慧南的信中，有「某平生雖猥懦無大樹立，然亦勇聞清遠高識之士。三十餘載，徒景服道素，不得一與勝會，此為眷眷」之語（《鐔津文集》卷一〇，〈與黃龍南禪師（別副）〉）

宋仁宗景祐元年甲戌（1034）

◆ 慧南三十三歲。

◆ 參知政事王隨刪《景德傳燈錄》為十五卷，詔傳法院編錄入藏（《佛祖統紀》卷四五）。

宋仁宗景祐二年乙亥（1035）

◆ 慧南三十四歲。

宋仁宗景祐三年丙子（1036）

◆ 慧南三十五歲，在衡山從賢叉手。賢叉手為福嚴賢，洞宗大陽明安（943-1027）之嗣。慧南原依雲峰文悅之勸，欲入潭州石霜參楚圓，中塗聞慈明不事事，慢侮少叢林，乃悔而不欲行，留萍鄉數日，改登衡岳，寓止福嚴，依賢叉手。賢叉手命慧南掌書記，渤潭法侶，聞慧南不入石霜，遣使來訊。未幾賢叉手卒，慈明楚圓奉郡守詔由石霜入衡嶽福嚴補其席。慧南遂造其室（《禪林僧寶傳》卷二二；《佛祖綱目》卷三六）。以未能答慈明之問，屢遭詬罵，至慚見左右，而謂：「政以未解求決耳，罵豈慈悲法施之式？」慈明笑曰：「是罵耶？」乃默悟其旨，失聲曰：「渤潭〔澄〕果是死語。」遂獻偈於慈明曰：「傑出叢林是趙州，老婆勘處沒來由。而今四海清如鏡，行人莫以路為讎。」慈明以手點「沒」字顧之。慧南即易之為「有」，而心服其妙密，留月餘辭去（《禪林僧寶傳》卷二二）。是年楚圓五十一歲，慧南三十五歲。

按：考是年衡州太守為劉沆（995-1060）。南宋橘洲寶曇（1129-1197）在其《大光明藏》卷三說慧南之偈云：「傑出叢林是趙州，老婆勘破有來由。而今四海清如鏡，行人莫與路為讎。」慈明以手點「有」字，慧南即易為「沒」字，而心服其妙。此與惠洪之記錄相反，又宋・紹曇之《五家正宗贊》卷二說慧南入福嚴見楚圓，以氣自負。師痛叱之，舉趙州勘婆話問慧南，慧南無對，至數日方省。呈頌曰：「傑出叢林是趙州，老婆勘破沒來由。而今四海清如鏡，行人莫以路為讎。」此記錄增加了黃龍「以氣自負」而為楚圓所叱之因由。但《續古尊宿語要》記靈源惟清引慧南頌為「老婆勘破沒來由」。而慈明云：「好頌。有一字未是，何不道『老婆勘破有來由』？」疑惠洪並沒錯。

◆ 慧南在南嶽期間，曾作〈南嶽高臺示禪者〉及〈南嶽送秀禪者〉，或在是

年，或在明年。前者云：「撥草占風辨正邪，先須拈却眼中沙。舉頭若昧天皇餅，虛心難喫趙州茶。南泉無語歸方丈，靈雲有頌悟桃花。從頭為我雄黃出，要見叢林正作家。」後者云：「悟得人空與法空，便擬辭予出亂峯。嗟汝見知猶未達，任緣施設信難通。存心勿守澄潭月，秉節須欺帶雪松。此去欲知安穩處，天台雁蕩在江東。」（《黃龍慧南禪師語錄》）

◆ 正月二十六日，廣慧元璉示四圓相。自書虎、狗、鼠、牛字於中，揭方丈門。遂至九月二十六日而逝，享壽八十六（《羅湖野錄》卷二）。

◆ 保寧圓璣（1036-1118）及黃檗道全（1036-1084）俱出生於是年，一歲，後圓璣為慧南法嗣（禪林僧寶傳卷三〇），道全為克文法嗣、蘇轍好友。蘇轍曾為他作〈全禪師塔銘〉（《欒城集》卷二五）。
按：《嘉泰普燈錄》卷二三說「全嗣老南」，實誤。

宋仁宗景祐四年丁丑（1037）

◆ 慧南三十六歲。離慈明楚圓後，應其囑訪衡嶽谷泉禪師（965-1056）。谷泉號泉大道，與楚圓為舊識。楚圓入福嚴，泉大道又往省之，少留而去。作偈寄之曰：「相別而今又半年，不知誰共對談禪。一般秀色湘山裏，汝自匡徒我自眠。」慈明笑而已。乃令慧南公謁泉，泉與慧南語，驚曰：「五州管內，乃有此區頭道人耶？」慧南坐夏於法輪，泉因寫偈招之曰：「一自與師論大道，別來罕有同人到。如今拋却老狂僧，却去岣嶁峰頭坐。大雪漫漫，猿聲寂寂。獨吟咏、自歌曲，奇哉大道，知音難得。孤雲何日却歸山，共坐庵前盤陀石。」慧南譏其坦率，戲酬以偈曰：「飲光論劫坐禪，布袋經年落魄。疥狗不願生天，却笑雲中白鶴。」（《禪林僧寶傳》卷一五）
按：南宋曉瑩的《雲臥紀談》說：「南嶽芭蕉菴主，世呼為泉大道。」（《林間錄》卷下）正是衡嶽谷泉，又叫芭蕉谷泉。他是臨濟宗汾陽善昭（946-1023）法嗣。《黃龍慧南禪師語錄》將慧南之偈題做〈和全大道〉。「全大道」之名不見於禪籍，疑為誤植。

◆ 洞山自寶於是年應筠州太守及其屬下之請入同郡黃檗山。

◆ 十月初三日，知鄱陽郡待制范仲淹，躬率四眾，就芝山迎薦福承古，請居饒州薦福，開闡宗風。范仲淹出守鄱陽，聞承古禪師道德，故有是舉。承古原棲止雲居弘覺禪師塔所，四方學者奔湊，因稱古塔主。有頌寄范仲淹云：「丈夫各負冲天氣，莫認虛名汙自身。撒手直須千聖外，纖毫不盡眼中塵。」（《薦福承古禪師語錄》卷上）

　按：鄱陽郡屬饒州，有縣六，鄱陽為望縣。范仲淹於去年五月九日，以吏部員外郎、天章閣待制、權知開封府落職知饒州（《宋會要輯稿》職官六四之三五）《建中靖國續燈錄》卷二說：「景祐四年冬，范公仲淹出守鄱陽，聞師道德，遣便請居薦福，開闡宗風。」其實是指范仲淹出守鄱陽之第二年，不是出守鄱陽之年。

◆ 報本慧元（1037-1091）出生，一歲，後為慧南法嗣（《禪林僧寶傳》卷二九）。是年一月八日，蘇軾出生（1037-1101），一歲。未幾，逢過年，再增一歲。

宋仁宗寶元元年戊寅（1038）

◆ 慧南三十七歲。或於是年游荊州，乃與南嶽雲峰文悅會于金鑾，相視一咲曰：「我不得友兄及谷泉，安識慈明？」是秋慧南北還，獨入泐潭，懷澄門下舊好盡去矣。

　按：慧南若從荊州還泐潭，是向東南方向走，應該是「南還」，但「北還」也可以說是「從北還」。晦堂祖心曾說：「黃龍先師昔同雲峯悅和尚夏居荊南鳳林，悅好辯論，一日與衲子作喧，先師閱經自若如不聞見。已而悅詣先師案頭，瞋目責之曰：『爾在此習善知識量度耶？』先師稽首謝之，閱經如故。」（《禪林寶訓》卷一引《靈源拾遺》）又拙菴德光曾曰：「璇野菴常言，黃龍南禪師寬厚忠信，恭而慈愛，量度凝遠，博學洽聞。常同雲峯悅遊湖湘，避雨樹下。悅箕踞相對，南獨危坐。悅瞋目視之曰：『佛祖妙道不是三家村古廟裏土地作死模樣。』南稽首謝之，危坐愈甚。故黃太史魯直稱之

曰：『南公動靜不忘恭敬，真叢林王也。』」（《禪林寶訓》卷四引《幻菴集》）

◆ 是年元月，余靖作〈筠州洞山普利禪院傳法記〉。文中說自寶「居黃檗未十日，四方至者僅百人，蓋其道可師者邪？」又說他「開堂十六年，未嘗出院門。自江湖之南及嶺之南二十餘州，聞其名者，歲奉錢共數十萬，以供其堂，其為人信向如此。」並於去年應筠州太守及其屬下之請，遷同郡黃檗山（《武溪集》卷九）。

按：余靖於前年因越班呈〈論范仲淹不當以言獲罪〉之奏，而落職監筠州酒稅。其〈筠州洞山普利禪院傳法記〉作於是年正月，可見已在筠州年餘，故能得洞山傳法之次第。唯記中說自寶繼洞山曉聰之席後，「開堂十六年，未嘗出院門」，頗有疑義，因自他入洞山至是年赴黃檗，前後約只八年。此外，僧傳又說：「然好名、事邊幅，故所至必選名僧自隨，為其羽翼。」其行徑似乎不像「未嘗出院門」之禪師。余靖是年三十九歲。

◆ 駙馬都尉李遵勗遣使邀石霜楚圓曰：「海內法友惟師與楊大年耳。大年棄我而先，僕年來衰落忍死以一見。」楚圓乃東下至京師，見李遵勗月餘（《釋氏稽古略》卷四）。是年楚圓五十二歲，李遵勗五十一歲，卒於是年。

按：僧史描寫李遵勗之死如下：「公畫一圓相書偈遺師（楚圓）曰：『世界無依，山河匝礙。大海微塵，須彌納芥。拈起幞頭，解下腰帶。若覓死生，問取皮袋。』師曰：『如何是本來佛性？』公曰：『今日熱如昨日。』隨聲便問師臨行一句作麼生。師曰：『本來無罣礙，隨處任方圓。』公曰：『晚來困倦，更不答話。』師曰：『無佛處作佛。』公於是泊然而逝。」（《釋氏稽古略》卷四）

宋仁宗寶元二年己卯（1039）

◆ 慧南三十八歲。

◆ 二月，蘇轍（1039-）生，一歲。後與慧南弟子寶峰真淨克文、景福順等為好友。

宋仁宗康定元年庚辰（1040）

◆ 慧南三十九歲。

◆ 正月五日，慧南師慈明楚圓禪師入寂，世壽五十四歲（《釋氏稽古略》卷四）。

按：《佛祖正傳古今捷錄》卷上及《禪燈世譜》卷三都說石霜楚圓於明年上元日示寂，皆誤。

宋仁宗慶曆元年辛巳（1041）

◆ 慧南四十歲。洞山自寶可能於是年或明年應祖無擇之邀入廬山歸宗，是年六十四歲。祖無擇約於是年或稍前任南康軍守。南康軍原為江州星子縣，廬山為其所轄。惠洪說慧南「遠游，至廬山，依歸宗寶、棲賢諟，逾三秋。」（《禪林僧寶傳》卷二〇）疑是先赴洞山依自寶，然後至廬山棲賢依棲賢諟，都發生於慧南二十九歲之時。

◆ 宋祁作〈衡山福嚴禪院二泉記〉。記福嚴大長老省賢丐文記卓錫、虎跑二泉事（《宋景文集》卷四六）。時宋祁四十四歲。

宋仁宗慶曆二年壬午（1042）

◆ 慧南四十一歲。

◆ 逍遙省聰出生，一歲。後住筠州壽聖，與蘇轍為厚交（《欒城後集》卷二四）

宋仁宗慶曆三年癸未（1043）

◆ 慧南四十二歲，由雲居山入同安，老宿號神立者，察慧南倦於行役，謂曰：
「吾住山久，無補宗教，敢以院事累子。而郡將雅知慧南名，從神立之請，
慧南不得已受之。」慧南開法於同安崇勝禪院，泐潭遣僧來，審提唱之語。
有曰：「智海無性，因覺妄以成凡；覺妄元虛，即凡心而見佛。便爾休去，
謂同安無折合，隨汝顛倒所欲，南斗七北斗八。」僧歸泐潭，舉似懷澄，懷
澄為之不懌。俄聞嗣石霜，泐潭法侶多棄去。（《佛祖綱目》卷三六；《黃
龍慧南禪師語錄》；《禪林僧寶傳》卷二二）此事可能發生於他入歸宗之
前，也就是於皇祐二年（1049）之前。
按：或說同安寺應是在建昌縣鳳棲山（今江西永修縣艾城鄉鳳棲山），唐中
和中丕禪師建（《江西通志》卷一二四、《同治南康府志》卷七）。又《同
治南康府志》卷三說：「鳳棲山在城西十五里，狀如棲鳳，麓有同安寺。」
疑誤。同安崇勝禪院在廬山，與鳳棲山之同安寺不同。或以為同安是福建同
安縣，誤甚。慧南足跡未出江西、兩湖，從未曾入福建。

◆ 是年秋，慧南可能寫〈答泐潭澄和尚〉，因他入同安崇勝寺後，開堂日即爇
香曰：「今日為湖南慈明禪師，一炷爇卻，令教充遍天下叢林。」時有僧問
他：「寶座已登於鳳嶺，宗風演唱嗣何人？」慧南不語，只畫一圓像。問者
遂曰：「石霜一派迸入江西也！」這即是上文所說慧南「嗣石霜」的證據。
懷澄既然不高興，可能因此寫信寄慧南，故慧南回書答之，其答語如下：
「某啟：早年飄汎，曾侍座隅。常聆指月之談，兼聽安心之法。銘藏肺腑，
豈敢忘諸？此際豈謂不捨大慈，曲示真翰？退思不調之跡，何勝特達之思？
川陸尚遙，禮覲未卜。秋涼，伏惟為法自重。」
按：「郡將」不知指誰。當時江州州守亦不詳為誰。「特達之思」或讀作
「特達之恩」。

◆ 雲峰文悅聞南禪師住同安，自三衢入鄱陽來歸，謁薦福承古（？-1045）。薦
福承古叢林號稱古塔主，其時說法於芝山，嗣法雲門，輩份甚高。文悅遂首
眾僧於芝山。慧南聞文悅在芝山，遣使迎入同安，遂又首眾僧於同安（《禪

林僧寶傳》卷一二、二二）。

◆ 二月二十九日，黃龍死心禪師（1043-1116）出生於韶州曲江黃氏（《嘉泰普
燈錄》卷六），一歲，後為慧南弟子晦堂祖心法嗣，黃庭堅至友。參寥子道
潛（1043-？）亦出生於是年，一歲（《斛川集》卷五，〈送參寥道人南歸
敘〉），後為蘇軾厚交。

◆ 慧南作〈焙經〉云：「始終鹿苑跋提河，四十餘年口過多。爐炭上頭遭拔
舌，莫言有罪不重科。」（《禪宗雜毒海》卷四）
按：「焙經」是設火爐焙佛經以蒸其濕。宋叢林住持多於「焙經」後上堂。
故慧南有「爐炭上頭遭拔舌」之句。慧南是年首度任住持，作〈焙經〉詩，
當屬合情合理，故「四十餘年」，雖不詳確切時間為何時，姑作是年。

◆ 潘興嗣二十二歲，於是年授江州德化縣尉，不之官。張商英（1043-1121）於
是年出生，一歲。

宋仁宗慶曆四年甲申（1044）

◆ 慧南四十三歲。

◆ 慧南或於是年作〈寄南嶽芭蕉菴主〉云：「一別靈源又一春，欲期再會恨無
因。吾師有種芭蕉訣，慎莫傳持取次人。」（《黃龍慧南禪師語錄》）
按：「靈源」可能是南嶽蓮花峰北的靈源塔，與東南的芭蕉菴相望。疑慧南
離南嶽前與泉大道遊南嶽，曾止於靈源，至此時入同安已逾一春。泉大道在
南嶽的時間甚長，惠洪曾說：「皇祐間，泉南僧谷泉隱居芭蕉菴，有異迹，
嘗自後洞負石僧像至南臺，而像無慮數百斤，後人誣此僧為飛來羅漢，非
也。」可見皇祐時他仍在南嶽（《石門文字禪》卷一八，〈衡山南臺寺飛來
羅漢贊并序〉）。

◆ 兜率從悅（1044-1091）出生，一歲，後為寶峰真淨克文弟子，慧南法孫。

宋仁宗慶曆五年乙酉（1045）

◆ 慧南四十四歲。程師孟（1015-1092）於是年知南康軍，請洞山自寶入主雲居。余靖之〈廬山歸宗禪院妙圓大師塔銘〉謂自寶「所至選擇名僧自隨，為其羽翼。故學徒加眾，厨廩加豐。提唱宗乘，言出意表。啐啄之機，不涉名相。或縱或奪，遂至無言。嗣其法而居師席、處名山者，不可勝數，其服人心如此。」（《武溪集》卷七）程師孟又請廬山延慶子榮之弟子居訥住歸宗，旋遷東林圓通寺（《禪林僧寶傳》卷二六）。

◆ 十月二十二日，歐陽修自諫院除河北都轉運使，左遷滁州後。遊廬山東林圓通寺，遇祖印禪師居訥，談論大教，折中儒佛《（釋氏稽古略）卷四》。是年歐陽修年三十九歲，居訥三十六歲。

按：華孳亨《增訂歐陽文忠公年譜》（昭代叢書丙集本）說歐陽修於是年八月甲戌落龍圖閣直學士，左遷知制誥知滁州。十月甲戌（十月二十二日）至滁州。則游廬山在是日之後。《佛祖統紀》卷四五說：「（慶曆四年）諫議歐陽修，為言事者所中，下詔獄窮治。左遷滁州。明年〔按：即慶曆五年〕，將歸廬陵，舟次九江，因託意遊廬山，入東林圓通謁祖印禪師居訥，與之論道。師出入百家而折衷於佛法，修肅然心服。聳聽忘倦至夜分不能已，默默首肯。平時排佛為之內銷，遲回踰旬不忍去。」此是根據蜀僧祖秀之《歐陽外傳》，所謂「肅然心服」、「平時排佛為之內銷」云云，疑太誇張。蓋歐陽修排佛論之代表作〈本論〉撰於慶曆二年（1042）三十六歲之齡，距此年才三年，其排佛之血氣正盛，居訥於是年才入圓通，年不過三十六歲，歐陽修三十九歲，貶斥佛道不遺餘力，他或許會禮敬居訥之為人，但不會因居訥之「折中儒佛」而減其排佛之思。事實上，歐陽修反佛教的態度一直是不變的。譬如，他在治平元年（1064）清明後一日所寫的〈唐顏師古等慈寺碑跋〉有言：「〔唐〕太宗英雄智識，不世之主，而牽惑習俗之弊，猶崇信浮圖，豈以其言浩博無窮，而好盡物理為可喜邪？蓋自古文姦言以惑

聽者，雖聰明之主或不能免也。惟其可喜，乃能惑人。故余於本紀譏其牽於多愛者，謂此也。」（《歐陽修全集》卷六《集古錄跋尾二》）。又同年八月十日所作之〈唐放生池碑跋〉有言：「《易大傳》曰：『庖犧氏之王也，能通神明之德，以類萬物之情；作結繩而爲網罟，以佃以漁。』蓋言其始教民取物資生，而爲萬世之利，此所以爲聖人也。浮圖氏之說，乃謂殺物者有罪而放生者得福。苟如其言，則庖犧氏遂爲人間之聖人，地下之罪人矣。」（《歐陽修全集》卷六《集古錄跋尾二》）[7]雖然如此，歐陽修還是作〈贈廬山僧居訥〉一首云：「方瞳如水衲披肩，邂逅相逢為洒然。五百僧中得一士，始知林下有遺賢。」（《歐陽文忠公文集·外集》卷六）《佛祖統紀》又說，「祖秀得法於黃龍新禪師，號藏六庵。」黃龍新禪師通常指黃龍慧南之法孫死心悟新，可見祖秀亦黃龍派。

◆ 五月，余靖出知吉州，時年四十六歲。[8]作〈江州廬山重修崇勝禪院記〉，記某禪師名「珂」者，及其重修崇勝禪院之經過。疑此珂禪師為廬山圓通崇勝志珂禪師（《建中靖國續燈錄》卷七）。志珂為瑯琊慧覺法嗣，與慧南同輩，都是汾陽善昭法孫（《禪燈世譜》卷三），生平事跡僅見於余靖此禪院記，據該文說他於景祐初入崇勝禪院，景祐三年（1036）修寺，慶曆四年（1044）落成。余靖說他以「某故史官，且師之同郡人，故得其實而書之。」

◆ 六月十二日，黃庭堅（1045-1105）出生於江西分寧縣高城鄉雙井村，一歲。[9]蘇軾十歲，蘇轍七歲，張商英四歲。

宋仁宗慶曆六年丙戌（1046）

◆ 慧南四十五歲。

7　「所以爲聖人也」，原作「不以爲聖人也」，茲依《全宋文》改。
8　《余忠襄公年譜》，頁157-168。
9　鄭永曉，《黃庭堅年譜新編》（北京：社會科學文獻出版社，1997），頁1-2。

◆ 楊岐方會移住潭州雲蓋，以臨濟正脈付守端（1025-1072）（《佛祖歷代通載》卷一八）。守端後與靈源惟清交好，有書信來往（《靈源和尚筆語》卷下）。

◆ 契嵩四十歲。

宋仁宗慶曆七年丁亥（1047）

◆ 慧南四十六歲。

◆ 蘇軾（1037-1101）之父蘇洵（1009-1066）赴汴京舉進士不中，沂江至潯陽，登廬山謁祖印居訥禪師問法（《佛祖統紀》卷四五）。時蘇洵三十九歲，居訥三十八歲。
按：《佛祖統紀》說東坡曾云：「慶曆丁亥，先君問法於圓通訥公，得其旨。」其實蘇軾未曾說此。《蘇軾詩集合註》卷二三有東坡〈圓通禪院先君舊游也，四月二十四日晚至，宿焉。明日先君忌日也，乃手寫寶積獻蓋頌佛一偈以贈長老仙公，仙公撫掌笑曰：「昨夜夢寶蓋飛下，著處輒出火，豈此祥乎？乃作是詩。院有蜀僧宣，逮事訥長老，識先君云。」〉**10**又查注引《圓通紀勝集》說蘇軾訪圓通可仙禪師，獻詩後敘云：「圓通乃先君舊游地，追念音容，蔑以為悼，謹書寶積菩薩獻蓋一首，綵幡一對，以資冥助。」蘇軾既說「圓通乃先君舊游地」，則蘇洵曾遊圓通見居訥當屬可信。蘇轍亦曾言：「轍幼侍先君，聞嘗遊廬山，過圓通，見訥禪師，留連久之。」（《欒城集》卷一一）

宋仁宗慶曆八年戊子（1048）

◆ 慧南四十七歲。

---

10 參看孔凡禮《三蘇年譜》第一冊，頁86。

◆ 契嵩契四十二歲

宋仁宗皇祐元年己丑（1049）

◆ 慧南四十八歲。

◆ 正月，詔大覺懷璉禪師住東都十方淨因禪院京。二月十九日，召對化成殿，問佛法大意，奏對稱旨，賜號大覺禪師（《禪林僧寶傳》卷一八）。惠洪之敘述蓋出於蘇軾〈宸奎閣碑〉所云：「皇祐中，有詔廬山僧懷璉住京師十方淨因禪院，召對化成殿，問佛法大意，奏對稱旨，賜號大覺禪師。」（《蘇軾文集》卷一七）懷璉住京期間，修撰孫覺（1028-1090）遺書懷璉曰：「三代以降，列聖相承，政通人和，道傳統續，不以佛教未來為欠。周姬訖籙，更秦換漢，憲網刑巢，蔽空絡野，不以佛教已至而革。四海爪〔派〕分，異說捷出，由唐至五季為甚。庶務萬機，理亂不常，奉佛之教奚益？間有草衣木食，岩棲澗飲，不過獨善其身耳。又有名而異行，假而非真，教化未孚，弊乃生歟。師必有以辯之，佇聞其說。」懷璉答曰：「妙道之意，聖人寓之於易。周衰，先王法壞，禮義日亡，然後奇言異術，間出亂俗。迨我釋迦教入中土，純以第一義示人始末，設為慈悲化物，亦所以趁時也。自生民以來，淳朴未散。三皇之教簡而素，春也。情竇日鑿，五帝之教詳而文，夏也。時與世異，情隨日遷，三王之教密而嚴，秋也。昔商周誥誓，後世學者，有所難曉。彼當時之民，聽之而不違，則俗與今何如也？及其弊而為秦漢，靡所不至，天下有不忍聞者。我佛一推之以性命之理，教之以慈悲之行，冬也。天有四時循環，以生成萬物。聖人之教，迭相扶持，以化行天下。至其極也，皆不能無弊。弊，跡也；道則一耳。要當有聖賢世起而救之也…。自漢至今，千有餘載。風俗靡靡，愈薄聖人之列而鼎立，互相詆訾，不知所從。大道寥寥，莫知返真，良可歎也。」（《歷朝釋氏資鑑》卷九）按：《歷朝釋氏資鑑》說：是年二年二月十九日懷璉禪師至京，於化成殿齋畢，登座說法，皇情大悅。勒住什方淨因禪寺，賜號大覺禪師。與《禪林僧寶傳》之說略異。又說「修撰孫公覺華老遺師書曰」，將「莘老」誤為「華

老」。又孫覺後為黃庭堅岳父，是年方二十二歲。雖其遺書懷璉之時間，未能確定，但約在二十至三十歲之間，有反佛情緒，故有是問。同時的王安石（1021-1086），則頗信佛，與懷璉為方外友（見下文）。

◆ 兜率惠照（1049-1119）出生，一歲，後為兜率從悅法嗣，主洪州龍安山，與張商英為厚交。

宋仁宗皇祐二年庚寅（1050）

◆ 慧南四十九歲。

◆ 是年仁宗召華嚴道隆問話，機鋒迅捷。仁宗悅，侍衛皆山呼。道隆即奏疏曰：「臣本凡庸，混跡市里。夤緣佛法，依近天顏。出入禁廷，恩渥至厚。荏苒歲篇，衰病相仍。未甘退於山林，坐貪蒙於雨露。因循至此，媿負在顏。恭惟皇帝陛下，天縱聖神。生知妙道，染為詞翰。如日昭回，下飾萬物。而臣蒙許賡和，似霧領略。纔見一班，人雖不言。臣豈無作，伏見僧懷璉。比自林藪。召至京都。議論得其淵源，詞句持出流輩。禁林侍問，祕殿談禪，臣所不如，舉以自代。伏望　聖慈，許臣於廬山一小剎，養痾待盡，不勝犬馬戀軒之情。」（《禪林僧寶傳》卷二〇）
按：此事《歷朝釋氏資鑑》卷九繫於至和元年。依下文看，顯然有誤。

◆ 十二月十九日，仁宗皇帝詔大覺懷璉至後苑，齋於化成殿。齋畢，傳宣效南方禪林儀範開堂演法，又宣左街副僧錄慈雲大師清滿啟白。滿謝恩畢，倡曰：「帝苑春回，皇家會啟。萬乘既臨於舜殿，兩街獲奉於堯眉。爰當和煦之辰，正是闡揚之日。宜談祖道，上副宸衷。謹白。」懷璉遂陞座，問答罷，乃曰：「古佛堂中，曾無異說。流通句內，誠有多談。得之者，妙用無虧；失之者，觸途成滯。所以溪山雲月，處處同風；水鳥樹林，頭頭顯道。若向迦葉門下，直得堯風蕩蕩。舜日高明，野老謳歌，漁人鼓舞。當此之時，純樂無為之化，焉知有恁麼事。」皇情大悅（《林間錄》卷下）。

按：《歷朝釋氏資鑑》卷九亦繫此事於是年，足見繫道隆薦舉懷璉於至和元年實誤。

◆ 是年佛印了元（1043-1098）入廬山謁開先善暹（仁宗朝僧）。善暹自負其號，海上橫行，俯視後進。了元與問答捷給，頗受稱賞。了元時年十九。又謁圓通居訥，居訥曰：「骨格已似雪竇，後來之俊也。」居訥是年四十一歲。其時圓通書記懷璉方應詔入京都淨因院，居訥遂以了元繼其職（《佛祖歷代通載》卷一九）。

按：《釋氏稽古略》卷四云了元「年十七謁圓通訥禪師，訥以書記懷璉應詔，虛其職以師補之。」時間上嫌太早，因為懷璉去年才應詔入京。若是了元十七歲謁居訥，懷璉還在圓通，居訥不會虛其職以待了元。

◆ 雲居曉瞬住棲賢，而與歸宗自寶、開先善暹、同安慧南、圓通居訥，道望相亞。禪徒交往，廬山叢林於斯為盛（《羅湖野錄》卷上）。由於慧南於明年入廬山歸宗，而善暹與居訥此時正分別在開先與圓通，自寶此時當也在歸宗，故《羅湖野錄》所說的「皇祐間，〔曉舜〕住棲賢」，以是年為合適。未幾，為郡吏臨以事，民其衣，走依京都淨因懷璉。懷璉館於正寢，而自處偏室，執弟子禮甚恭。王公貴人來候者，皆怪之。璉具以實對，且曰：「吾少嘗問道於舜，今不當以像服之殊而二吾心也。」聞者嘆服。仁宗知之，賜舜再落髮，仍居棲賢（《林間錄》卷上）。是年懷璉四十一歲，曉舜年不詳。

按：《普覺宗杲禪師語錄》卷上敘此事云：「槐都官守南康，因私忿民其衣。」《禪林寶訓音義》則謂：「槐都官守南康。多貪墨蹟。舜不忍以常住物結情固位，被人譖於郡守，問還俗。」既歸棲賢，入院上堂曰：「無端被譖枉遭迍，半年有餘作俗人。今日再歸三峽寺，幾多歡喜幾多嗔。」

宋仁宗皇祐三年辛卯（1051）

◆ 慧南五十歲，住廬山歸宗。

◆ 慧南入歸宗之日，上堂有云：「某山野常人，素無識見。昨蒙本郡殿丞判官
祕書，特垂見召。然部封之下，不敢不來。方始及門，便有歸宗之命。進退
循省，深益厚顏。此乃殿丞判官，曩承佛記，示作王臣。常於布政之餘，寅
奉覺雄之教。欲使慧風與堯風並扇，庶佛日與舜日同明。苟非存意於生靈，
何以盡心之如此？是日又蒙朝蓋光臨法筵，始卒成褵，良增榮荷。昔日裴相
國位居廊廟，黃檗受知；韓文公名重當年，大巔得主。以今況古，有何異哉？
更欲多談，恐煩觀聽。」（《黃龍慧南禪師語錄・遷住歸宗語錄》）
又有上堂語示本路提刑、都官提刑舍人，似在是年或明年。其語云：「伏蒙
本路提刑、都官提刑舍人，親垂朝蓋，光飾荒藍。經宿而來，起居萬福。況
二尊官，夙植德本，現宰官身。以慈惠臨民，代今天子宵旰之急。若僧若
俗，若貴若賤，悉皆受賜。其福其壽，可勝道哉。」（《黃龍慧南禪師語
錄・遷住歸宗語錄》）
按：「本路提刑」指提點江南東路刑獄公事。皇祐三年任此職者有三位，先
後為張肅、趙牧及令狐挺。[11]明年，令狐挺獨任。慧南所說的「本路提
刑」，若在是年，應該是三人中之一位。若在明年，則是令狐挺。

◆ 惠洪《智證傳》云：「黃龍南禪師昔住廬山歸宗寺，〔歸宗寺〕火，一夕而
燼。下獄，不食六十日。既釋放，菴於石門之南塔。嘗謂門弟子曰：「我在
獄，證法華經菩薩游戲三昧。」又據云，入獄之後，郡吏發其私忿，考掠百
至。絕口不言，惟不食而已。兩月後得釋，鬚髮不剪，皮骨僅存（《佛祖綱
目》卷三六；《宗統編年》卷二〇）。余靖在〈廬山承天歸宗禪寺重修記〉
一文中有謂：「皇祐初，譆出之災，鬱爲煨燼，長老慧南既痛己身逢此壞
相，又思成性莊嚴，當由我興，於是精勤再造，同於經始。未終厥志，奄先
歸寂。」（《武溪集》卷七）此即是指歸宗失火事。唯余靖未述及慧南下獄
事，而於文中又說「妙圓禪師自寶，昔嘗衆請在十八世矣，諸方道目推爲禪
伯。第以雲居，久墜綱領，徙猊座而振之。及是緇黃共議，還師故處。人之

11　李之亮，《宋代路分長官通考》，頁1582。

求舊，群情胥悅，智者獻謀，匠者獻藝，富者獻財，壯者獻力。土毛所入，日用所資，眾竭其誠，簪毫無隱。遠者伐山，近者陶土，而紺宇巍然；巧思鋪金，寓形設色，而寶像儼然。惜其能事未終，倏亦避去。」此顯示慧南離歸宗後，自寶又從雲居被請回歸宗重建其寺。

按：「不食六十日」一語，過份誇張，恐非其實。《禪林僧寶傳》慧南傳只云：「住歸宗，火，一夕而燼。坐抵獄，為吏者百端求其隙，公怡然引咎，不以累人，唯不食而已。」唯《禪林僧寶傳》未云住石門南塔事，只云：「久而後釋。吏之橫逆，公沒齒未嘗言。」《林間錄》卷上述此事頗戲劇化，略云：「南禪師住廬山歸宗，火，一夕而燼。大眾譁譟動山谷，而黃龍安坐如平時。桂林僧洪準欲掖之而走，顧見叱之。準曰：『和尚縱厭世間，慈明法道何所賴耶？』因徐整衣起，而火已及座榻矣。坐是入獄，郡吏發其私忿，考掠百至，絕口不言，唯不食而已。兩月而後得釋，鬚髮不剪，皮骨僅存。真點胸迎於中塗，見之，不自知泣下。曰：『師兄何至是也。』黃龍叱曰：『者俗漢。』真不覺拜之，蓋其不動如山類如此。」真點胸即翠巖可真（？-1064），慈明法嗣，慧南法弟。黃庭堅曾說：「石霜山中，有三角虎，孤遊獨坐，萬木生風。至於千里無人，草深一丈。有一人，捋其鬚而得道，是謂黃龍慧南。有一人，履其尾而得道，是謂翠巖可真。」又說：「維黃龍罷參之客，必遣之曰，百煉真金，直須入翠巖爐韛。今坐鎮諸方，龍吟虎嘯者，無不稱翠巖室中之句，以接大根器凡夫。而叢林號為真點胸者，蓋同門數老，雖目視眈眈，文彩炳煥，似從慈明法窟中來。實不解石霜上樹之機耳。」（《續古尊宿語要》卷一，〈翠巖真禪師語序〉）

◆ 慧南當於是年寫〈寄淨因大覺璉禪師〉，因信中說：「早歲，吾知有王城之命。愚作豫章，丐回山日，師已登塗。」（《集洪州黃龍山南禪師書尺》）

◆ 契嵩四十五歲，懷璉四十二歲。

宋仁宗皇祐四年壬辰（1052）

◆ 慧南五十一歲，應在石門南塔，常總於去年歸宗火後復來依慧南於石門南塔，其後並隨慧南入黃檗，時年二十八歲。慧南有〈與總首座〉一書寄之，有云：「吾年漸老，退藏山舍，正當是時。爾德惟新，扶豎法幢，宜須努力。路遠天寒，未重會間，好自將息。」當寫於常總表示欲來石門南塔之時。及常總既來，慧南復作〈與溈山詮長老〉，計有二書，是答其弟子溈山穎詮之書。其第一書當是常總來前，曾訪溈山穎詮，並齎來其書，故書之首云：「十四日總首座至，又得筆語及香。」又說：「總首座云：大溈勝槩，氣象巨雄，亦汝之夙緣。安然住持而免勞役，大覺、寂照俱弗如也。」（《集洪州黃龍山南禪師書尺》）。

渤潭曉月於是年或去年入洪州石門，故慧南離歸宗後，才能依止石門。慧南聞後，曾作〈與讓監院〉一書，書中云：「夏初，潘判官得貴山和尚書，且知縣帖充石門之總宰。一期盛事，得不為之大嚼而快意哉！」（《集洪州黃龍山南禪師書尺》）

按：《事苑》認為潘判官是潘興嗣，筆者認為有誤。潘興嗣是年三十一歲，他是南昌新建人，二十二歲時授江州（九江府）德化縣尉（《元豐類稿》卷三三），並未之官。慧南書中所稱的「潘判官」，不應是潘興嗣。因縣尉並無判官之稱，慧南當不至於弄錯其官銜。《羅湖野錄》說潘興嗣授德化縣尉時，以同郡許琡始拜江州守，往見之。許琡不為禮，興嗣遂懷刺歸，竟不之官。「問道於慧南禪師，獲其印可」（《羅湖野錄》卷上）。雖然慧南亦在潘興嗣授德化縣尉之年入廬山同安寺，但是潘興嗣並未赴任，當不會從南昌到廬山去見慧南。《羅湖野錄》說的「問道於慧南禪師，獲其印可」，應該是發生於後來他入黃檗山之後（見本書第一部分）。至於潘判官是誰，筆者以為可能是去年出任江南西路轉運判官的潘夙（1005-1075），是宋初開國元勳鄭王潘美（925-991）的從孫，以治湖南蠻事著名。他是年及明年十一月前仍在任。**12**

---

12 潘夙任江南西路轉運判官之時間，見李之亮，《宋代路分長官通考》，頁 672。

◆ 慧南作〈自述真讚〉云:「禪人圖吾真,請吾讚。噫!圖之既錯,讚之更乖。確命弗遷,因塞其意。一幅素繪,丹青模勒。謂吾之真,乃吾之賊。吾真匪狀,吾貌匪揚。夢電光陰五十一,桑梓玉山俗姓章。」

◆ 六月十日,雪竇明覺禪師示寂,俗壽七十三(《明覺禪師語錄》卷六)。
按:《禪林僧寶傳》卷一一說「六月十日。沐浴罷。整衣側臥而化。閱世七十三。」《釋氏稽古略》卷四云:「六月十日(一作七月七日)沐浴,出杖履衣盂,散及徒眾,攝衣北首而逝,壽七十三。」而《佛祖歷代統載》卷一八說:「六月十日沐浴罷,整衣側臥而化。閱世七十二。」實誤。

◆ 白雲守端於是年寅歸宗書堂,郭祥正功甫任星子主簿,時相過從,扣以心法(《羅湖野錄》卷下)。守端大概是先辭楊岐方會(992-1049)入廬阜,先至歸宗,再入圓通謁居訥禪師,居訥一見,自謂不及。舉住江州承天,聲名籍甚。居訥又讓圓通以居之,而自處東堂。守端時年二十八歲,居訥四十三歲(《禪林僧寶傳》卷二八;《嘉泰普燈錄》卷四)。
按:《嘉泰普燈錄》把守端入圓通的時間繫於嘉祐四年,其時守端已三十五歲,與二十八歲之說自相矛盾,疑嘉祐四年為皇祐四年之誤。

◆ 十二月九日,仁宗遣中使降御問於淨因大覺禪師懷璉曰:「才去豎拂,人立難當。」璉方與眾晨粥,遂起謝恩,延中使粥。粥罷,即以頌回進曰:「有節非干竹,三星繞月宮。一人居日下,弗與眾人同。」於是皇情大悅。既而復賜頌曰:「最好坐禪僧,忘機念不生。無心焰已息,珍重往來今。」璉和而進之曰:「最好坐禪僧,無念亦無生。空潭明月現,誰說古兼今。」是年大覺懷璉四十三歲。
按:《歷朝釋氏資鑑》卷九云:「十二月九日,遣中使降御問淨因璉禪師曰:『才去堅拂,人立難當。』璉方與眾晨粥,遂起謝恩。以頌進呈曰:『有節非干竹,三星遶月宮。一人居日下,弗與眾人同。』皇情大悅。上與璉禪師問答,詩頌書以賜之,凡十七篇。」其「堅拂」當為「豎拂」之誤。

宋仁宗皇祐五年癸巳（1053）

◆ 慧南五十二歲。雲居元祐（1030-1095）年二十四歲，剛得度具戒，往依黃檗慧南（《佛祖歷代通載》卷一九），是慧南最遲在是年入黃檗。

◆ 慧南離歸宗時，作〈退院別廬山〉云：「十年廬嶽僧，一旦出巖層。舊友臨江別，孤舟帶鶴登。水流隨岸曲，帆勢任風騰。去住本無著，禪家絕愛憎。」（《黃龍慧南禪師語錄》）
　　按：「十年廬嶽僧」一句，說明他在廬山有十年之久。自他於慶曆三年（1043）入廬山同安至是年離歸宗，約滿十年，故云。

◆ 慧南作〈答萬杉爽禪師〉一書。書中云：「昨由辟命，俯順興情，豈河北之見稱，亦江西之緣會。」可見是剛入黃檗山所作。又云：「遠蒙謙厚，先辱華緘。伏承董領萬杉，茂揚五葉。」（《集洪州黃龍山南禪師書尺》）可見是萬杉爽先來書致問，慧南作書答之，賀他董領萬杉。
　　按：萬杉爽是廬山萬杉善爽，廬山開先善暹法嗣，與佛印了元為同門。

◆ 慧南應在是年或明年作〈與章江禪師二首〉。書中先說「筠陽太守以黃檗開化寺命愚主之」（《南禪師書尺》）。

◆ 慧南應在是年作〈寄圓通訥禪師〉，其書云：「慧南啟：春間沙彌去九江請戒，得附狀，敘起居攀謁之意。計其端直，想不浮沈。近人至，首詢高躅，動靜得常，闡法安人，內外悅預，耳聞心喜，手舞足蹈，大都契分，有異常調，使人不覺如此，非佞也。此居深邃，閒人不到，唯挑囊疊足而至，各執白契，欲爭祖父田園，逞盡英雄。不肯言我家醋淡，或進前叉手，或退後長噓，或當頭喝、末後拍，或現修羅相，或作女人拜，或自識病擔枷而來，或自具眼拂袖而去。出格入草，埋兵掉鬪，排賓主、列君臣，照用雷奔，機鋒電掣，呈盡藝解，做盡技倆，困也。等閒卻問「我手何似佛手」，卻道不得；「我腳何似驢腳」，不知落處。蓋迷其大法，而儱侗瞞頂，或撥動伊痛

處，便與著炙，或爬動他養處，另別尋醫。雖老，不敢寧居逸體，唯談禪病，以警來蒙。道塗阻遠，不見吾友，望風懷想，寤寐成勞。人便，少此布問。」（《南禪師書尺》）是年居訥四十四歲。

◆ 三月十一日，契嵩作〈杭州石壁山保勝寺故紹大德塔表〉，時年四十七歲。「紹大德」是行紹法師，與其兄行靖法師居離杭州三十里外，龍山以西之石壁寺。契嵩曾住石壁寺，從行紹弟子簡長處聞其風，因從簡長及其法弟簡微之託作紹大德塔誌（《鐔津文集》卷一三）。又契嵩入石壁山之時間不詳，但應在是年之前不久。其〈入石壁山〉一詩云：「身似浮雲年似流，人間擾攘只宜休。老來已習青蘿子，隱去應追白道猷。直入亂山寧計路，定看落葉始知秋。他時谷口人相遇，莫問裁詩謝五侯。」（《鐔津文集》卷一七）。

宋仁宗至和元年甲午（1054）

◆ 慧南五十三歲，住筠州黃檗山。結菴谿上，名曰積翠（《佛祖綱目》卷三六）。大約於是年或前後寫〈與溈山詮長老〉之第二書。
按：黃檗山有五峰，積翠為其一。慧南可能於是年或去年開始住積翠，約至治平元年或二年（1065），前後約十一、二年。惠洪《林間錄》卷上說：「南禪師居積翠，時以佛手、驢腳、生緣語問學者，答者甚眾，南公瞑目如入定，未嘗可否之。學者趨出，竟莫知其是非。故天下謂之『三關語』。」

◆ 十一月一日，廬山歸宗洞山自寶齋畢辭眾，端坐示寂，俗壽七十七歲（《武溪集》卷七，〈廬山歸宗禪院妙圓大師塔銘〉；《補續高僧傳》卷七）。

◆ 浮山法遠（991-1067）由姑蘇天平移住舒州浮山。《佛祖綱目》卷三六云：「一日與待制王質論道，遠畫一圓相，問質曰：『一不得匹馬單鎗，二不得衣錦還鄉。鵲不得喜，鴉不得殃。速道！』質罔措。遠曰：『勘破了也！』」
按：王質（1001-1045）已於十年前去世，故法遠與他論道不在是年，而可能

在初住舒州太平興國時。

◆ 潛庵清源或於是年入黃檗依慧南，時年二十三歲。惠洪有〈潛庵禪師真贊三首〉之第一首云：「十年積翠侍立，學得眼橫鼻直。」（《石門文字禪》卷一九）「十年積翠」從是年算起較為可能，因慧南在黃檗山約十一、二年，從明年算起較為勉強。此外，惠洪之〈潛庵禪師序〉顯示他在二十一歲之後入黃檗參慧南，惠洪說：「年二十一落髮受具足戒，時武泉常、寶峰月、雲居舜，道價壓叢林，公遊三老間，皆蒙器許，而疑終未決，謁黃龍南禪師。」（《石門文字禪》卷二三）〈潛庵禪師序〉又說他入黃檗後曾遊南嶽，復造黃檗為侍者七年。故他入黃檗以是年為最可能，三年之後遊南嶽約一年。

宋仁宗至和二年乙未（1055）

◆ 慧南五十四歲。

◆ 三月，大覺懷璉乞老山居，進頌曰：「六載皇都唱祖機，兩曾金殿奉天威。青山隱去欣何得，滿篋唯將御頌歸。」仁宗和頌曰：「佛祖明明了上機，機前薦得始全威。青山般若如如體，御頌收將甚處歸。」仍遣使宣諭曰：「山即如如體也，將安歸乎？且住京國作興佛法。」師再進頌謝曰：「中使傳宣出禁圍，再令臣住此禪扉。青山未許藏千拙，白髮將何補萬機。霄露恩輝方湛湛，林泉情味苦依依。堯仁況是如天闊，應任孤雲自在飛。」（《羅湖野錄》卷上）

◆ 六月，余靖作〈南嶽雲峰山景德寺記〉，述當山住持純正蒞山住持經過。文中略云：「慶曆末，僉議請今長老純正紹隆法席。正師，成都人，俗姓李。天聖中遍參知識，深達心要，荐居嶽麓之法潤，寧鄉之善果，及今居雲峰，凡三遷法筵，皆當世名公，今相國劉公、資政孫公、致仕貳卿劉公而下十餘公署疏而請之。所至緇徒雲集。且夫無生之說，用達於根本；有為之果，蓋

勗於精進。故悲智異途，而同歸濟度；福慧殊報，而俱出薰修。所以學心之徒聞言而得要，慕教之士觀相而生恭。隨其機緣，示以開入。繇是提唱之餘，極力營葺，塔廟之制，華梵相參。…」（《武溪集》卷八）

按：文中所說之今相國劉公是劉沆（995-1060），資政孫公是孫沔（996-1066）。致仕貳卿劉公應該是劉夔（1015 年進士），因為他於皇祐五年（1053）以戶部侍郎致仕，故稱致仕貳卿。劉沆及劉夔曾先後於慶曆三年及五年知潭州。余靖於皇祐四年六月起復，知潭州，但似乎未行，因七日後即改為廣南西路西路安撫使，知桂州（《續資治通鑑長編》卷一七二）。明年繼孫沔後知潭州。余靖寺記作於他知潭州前，是因應潭州某「都官黃君稟嶽之秀，而聯郡之務，故致書求記。」（《武溪集》卷八）

宋仁宗嘉祐元年丙申（1056）

◆ 慧南五十五歲，在黃檗山。禪師行偉來參，依止兩年。其間，泐潭曉月與慧南同坐夏積翠，月以經論有聲。偉常侍坐，聽其談論（《佛祖綱目》卷三六）。

宋仁宗嘉祐二年丁酉（1057）

◆ 慧南五十六歲。

◆ 草堂善清（1057-1142）出生，一歲，後為晦堂祖心法嗣，慧南法孫（《嘉泰普燈錄》卷六）。

◆ 四月，余靖作〈潭州興化禪寺新鑄鐘記〉，述興化紹銑（1009-1080）禪師募緣鑄鐘之經過，是年余靖五十八歲。紹銑嗣北禪智賢禪師，屬雲門派。據說他「有度量，牧千眾，如數一二三四。」在長沙設「結緣齋」飯僧供佛大會以誘道俗。章惇（1035-1105）奉使荊湖，開梅山，與銑偕往，蠻父老聞銑名，欽重愛戀，人人合爪，聽其約束，不敢違。梅山平，紹銑有力焉。湘南八州之境，歲度僧數百，開壇俱集，以未為大僧，禪林皆推擠。銑牓其門

曰：「應沙彌皆得赴飯。」自其始至，以及其終，三十餘年不易，人以為難。時慧南禪師道價方增，荊湖衲子奔趨入江南者，出長沙百里，無託宿所，多為盜劫掠，路因不通。銑半五十為館，請僧主之以接納，使得宿食而去，諸方高其為人。」（《禪林僧寶傳》卷一八）

按：興化紹銑在湖南興化禪寺設結緣齋既有三十年，可見在興化之時間甚長。章惇於熙寧九年（1076）守荊南府，係奉命討辰、沅叛蠻。其時紹銑已六十八歲，慧南則在筠州黃檗山，正是其道價日盛之時。慧南年紀小於紹銑十二歲，而紹銑卻能不以門戶之異，出資設館以助遠赴黃檗之徒，故惠洪說他「獨能以公為心，中塗設館，以待求道他宗之輩。非特矚理甚明，亦抑其中有異於人。」（《禪林僧寶傳》卷一八）惟白更謂：「一住興化，四十餘年。提唱祖道，建立佛事。海量包納，大度規模。福慧兼濟，近世希有。」（《建中靖國續燈錄》卷六）

◆ 十二月，余靖作〈南嶽雲峰山景德禪寺重修佛殿記〉，述純正禪師重修雲峰景德寺之大略（《武溪集》卷八）。

宋仁宗嘉祐三年戊戌（1058）

◆ 慧南五十七歲。

◆ 契嵩，齎所著《傳法正宗記》、《傳法定祖圖》往京師，經開封府，投狀府尹王素（仲儀）。王素以劄子進之曰：「臣今有杭州靈隱寺僧契嵩，經臣陳狀稱，禪門傳法，祖宗未甚分明，教門淺學，各執傳記，古今多有爭競。故討論大藏經，備得禪門祖宗所出本末。因刪繁撮要，撰成《傳法正宗記》一十二卷并畫祖圖一面，以正傳記謬誤。兼註《輔教編》四十篇，印本一部三卷，上陛下書一封，並不干求恩澤，乞臣繳進。臣於釋教粗曾留心，觀其筆削註述，故非臆論，頗亦精緻。陛下萬機之暇，深得法樂。願賜聖覽，如有可采，乞降中書看詳，特與編入大藏目錄取進止。」帝覽其書，可其奏。乃送中書。丞相韓魏公琦、參政歐陽文忠公修，相與觀嘆。是年五十二歲

（《釋氏稽古略》卷四）

◆ 二月，王安石提點江南東路刑獄。[13]因提刑司在饒州，是王安石與慧南最有可能相見之時。慧南有答安石書（《禪林寶訓》卷一），而《禪林寶訓合註》又說安石「問道於黃龍南禪師」，若果真有其事，最可能發生於此時。安石時年三十八歲。

宋仁宗嘉祐四年己亥（1059）

◆ 慧南五十八歲。在黃檗已七秋，作〈與雲峰悅禪師二首〉，是致其老友雲峰文悅之書。書之首數句說：「黃檗山中栖微跡，而年踰七秋。紫蓋峰前企高躅，而路遙千里。」可見此書作於是年。紫蓋峰是南嶽最高峰。

孟秋之晦日，契嵩撰〈漳州崇福禪院千佛閣記〉於靈隱寺之永安山舍，時年五十三歲（《鐔津文集》卷二）。

◆ 佛印了元住江州承天禪院，嗣法開先善暹，時年二十八歲。其住承天為廬山圓通居訥所薦，《禪林僧寶傳》卷二九說：「江州承天法席虛，〔居〕訥又以元當遷。郡將見而少之。訥曰：『元齒少而德壯，雖萬者衲，不可折也。』於是說法，為開先之嗣。時年二十八。」

◆ 佛鑑慧懃（1059-1117）出生（《嘉泰普燈錄》卷一六），一歲，後為靈源惟清之友。

宋仁宗嘉祐五年庚子（1060）

◆ 慧南五十九歲。程師孟（1009-1086）於是年八月後知洪州，[14]以詩招慧南入洪州黃龍山，詩云：「翠岩泉石冠西山，欲得高人住此間。曾是早年聽法

13　蔡上翔，《王荊公年譜考略》卷6，在《王安石年譜三種》，頁297。

14　程師孟入洪州時間見《宋史》卷331，本傳。

者，今生更欲見師顏。」慧南和云：「白髮滿頭如雪山，尪羸無力出人間。翻思有負公侯命，且夕彷徨益厚顏。」（《雲臥紀談》卷上）明年（1061）程離任。慧南是年顯然未入黃龍。

◆ 慧南作〈答慧日富長老〉（《集黃龍南禪師書尺》），書中有云：「老夫此居，今又七載。」而他在黃檗之時間約十一、二年，其他地方都不到七年，可見此書是他在黃檗山之第七年所寫。富長老是其法嗣，故書中云：「近承遣使馳書，造於野處，發函伸紙，足見嗣法不忘所得之意。」《續傳燈錄》卷一五及《禪燈世譜》卷四，都列其名於慧南法嗣下。

◆ 正月旦日，達觀曇穎（989-1060）陞堂辭眾，復歸丈室，趺坐而滅，壽七十二（《建中靖國續燈錄》卷四；《釋氏稽古略》卷四）。曇穎嗣襄州谷隱山慈照禪師蘊聰。據說夏竦、王曙、歐陽修及節度使李端愨、端愿咸扣玄關，敬以師禮。刁約（景純）為其好友。

◆ 契嵩五十四歲，作〈淛潭雙閣銘〉，稱淛潭曉月為「大長老曉月，字公晦。」文中顯示曉月領淛潭已有十五年。又說：「吾與公晦雅素相德，最厚善。」（《鐔津文集》卷一二）因契嵩在曉月得法於琅琊之前十年已與之為友（《鐔津文集》卷一一）。

◆ 廬山歸宗自寶於六年前示寂，門人松思是年以狀來乞余靖（1000-1064）為之銘，余靖作〈廬山歸宗禪院妙圓大師塔銘〉述其生平行業，並銘曰：「彼上人者，叢林獨步。激揚宗旨，慈心廣度。言發其機，俾之自悟。人得其要，直趨覺路。橫杖而來，捨筏而去。吁嗟妙圓，人天仰慕。」妙圓即妙圓大師，皇祐中朝廷特恩賜自寶之號也。其先，駙馬李遵勗曾薦其名於朝，而獲賜紫方袍。余靖是年六十一歲。

按：《宋會要輯稿‧職官四一》說：「嘉祐五年八月，以吏部侍郎余靖為廣南西路體量安撫使。」故余靖八月以前在京師，八月後在廣西。其〈廬山歸

宗禪院妙圓大師塔銘〉應該作於入廣西討邕州之交趾寇前。

宋仁宗嘉祐六年辛丑（1061）

◆ 慧南六十歲。其〈寄渤潭月禪師三首〉之第一、二首可能寫於是年。其第一
首有云：「某見識素淺，老病日生，道行不足以資來者，故於春首，嘗形遜
避，祇蒙傳語，夏初再督。又承安存，猶之預之，孰我知之？」（《集黃龍
南禪師書尺》）去年八月後，程師孟守洪州，以詩招慧南入黃龍山，慧南於
是年初春得信遜避。程師孟於是年四月底離洪州之前，於四月初復招慧南，
故云「夏初再督」，並對慧南安撫存恤，故慧南「猶之預之，孰我知之」，
有猶豫不定之感。第二首雖看不出日期，但有「昨蒙象馭，光訪弊廬」之
語，揆諸第三首之「去夏蒙不棄居此，秋初又去其所，栖息茆齋。」可知曉
月訪慧南在是年夏與秋，而該函寫於明年。

契嵩或於是年前後作三書致廬山圓通懷賢。其第一書〈與圓通禪師〉曰：
「某啟：去年夏首聞移錫崇勝，喜慰！喜慰！廬阜天下勝壤，宗教所出。得
大知識鎮嚴，乃學者之大幸也。珠上人至，果聆清規益舉，又喜之也。惟久
之可矣，乞罔起他方之念尤佳。某衰老，旅然客寄，弘法無力，徒欽羨於能
迹耳。逾遠風論，千萬善保。因介，謹此咨露。不宣。」其第二書〈又與圓
通禪師〉云：「某啟：東林莊僕至辱手筆，知退法席，專育高趣，欽羨！欽
羨！但廬阜不得鎮嚴，亦禪林之不幸。見邀虎溪之居，足仞風義盛重。但某
濡滯不能即拜雅會，殊為慊然。餘且別副，未披覿間，千萬善愛。」其第三
書〈答圓通禪師讓院〉云：「某啟：前日專人傳到華緘，承已得美罷。潛道
於此緣德方盛，年臘相然，何遽爾驚眾耳目？又聆黑白復請留此，千萬且從
輿論。某老弊德薄，不能為之綱紀。天下共知潛道，何誤以此人為代？在潛
道推讓之，雖自高冠，而鄙劣之人，終何以當克？萬萬須自忘雅意，為眾少
留。老弊東西南北人也，固無定迹，奉見未期，千萬留意。」（《鐔津文
集》卷一〇）

按：圓通懷賢禪師，字潛道。大概嘉祐六、七年間入廬山圓通崇勝寺（《補
續高僧傳》卷七）。

◆ 據說歐陽修於是年夢十王（《佛祖統紀》卷三三）。《居士分燈錄》卷二亦云歐陽修是年為參知政事，兼譯經潤文使。既登二府，多病，嘗夢至一所，十人冠冕環坐。一人曰：「參政安得至此？宜速返舍。」修出門數步，復往問曰：「君等豈非釋氏所謂十王者耶？」曰：「然！」因問：「世人飯僧造經，果有益乎？」曰：「安得無？」既寤，病良已，自是始生信心。居洛時，遊嵩山，却僕吏，放意而往。至一寺，修竹滿軒，風物鮮美。修休於殿內，旁有老僧閱經自若。修問：「誦何經？」曰：「法華。」修曰：「古之高僧臨死生之際，類皆談笑脫去，何道致之？」曰：「定慧力耳。」又問：「今何寂寥無有？」曰：「古人念念定慧，臨終安得散亂？今人念念散亂，臨終安得定慧？」修大嘆服。後以太子少師致仕，居潁州，因潁守極道修顒禪師德業，乃備饌延顒。既至，修遽問曰：「浮圖之教何為者？」顒乃歎論，指妙揮微，優游於華藏法界之都，從容於帝網明珠之內。修竦然曰：「吾初不知佛書其妙至此。」易簀時，召子弟切誡曰：「吾生以文章名當世，力詆浮圖。今此衰殘，忽聞奧義，方將研究命也，柰何。汝等勉旃，無蹈後悔。」於是捐酒肉，徹聲色，灰心默坐，令老兵近寺借《華嚴經》，讀至八卷，乃安坐而逝。

按：根據《佛法金湯編》卷一二，見十王事是丹陽葛勝仲（1072-1144）得之於簡齋陳與義（1090-1138），而陳與義得於歐陽修之孫陽修恕。捐酒肉事是得之於王銍（性之），以其父嘗從學於歐陽修，故得其實。

◆ 是年十二月六日，契嵩入京師見內翰王素，進《輔教編》、《傳法正宗記》及《傳法正宗定祖圖》（《傳法正宗記》）。

◆ 湛堂文準（1061-1115）出生，後為真淨克文法嗣，慧南法孫，惠洪法兄（《嘉泰普燈錄》卷七；《石門文字禪》卷三〇，〈湛潭準禪師行狀〉）張商英曾應大慧宗杲之請為其撰行業碑（《釋氏稽古略》卷四）。

宋仁宗嘉祐七年壬寅（1062）

◆ 慧南六十一歲。其〈寄渤潭月禪師三首〉之第三首當寫於是年春天，書中說：「今天下執佛事柄老大者，唯師與愚。」又說：「春暖，喜法位康勝」，可見是在是年春天所寫（《集洪州黃龍山南禪師書尺》）。又〈答張職方二首〉亦作於是年。其一云：「夢幻年光過耳順，茆庵艸座頗相宜。日高一鉢和羅飯，禪道是非都不知。」其二云：「不知猶作不知解，解在功成百鳥奔。欲絕銜華篋中意，江心明月嶺頭雲。」（原錄於《嘉泰普燈錄》卷二九，後見於《黃龍慧南禪師語錄續補》）

按：〈答張職方二首〉之第一首「過耳順」之語，依常理推，或指是年。

◆ 三月，契嵩攜其書《輔教編》、《傳法正宗記》及《傳法正宗定祖圖》等至京師，因內翰王素獻仁宗。仁宗讀其書，至「臣固為道不為名，為法不為身」之句，嘉歎其誠，勅以其書入大藏，賜明教大師。及送中書，宰相韓琦以視參政歐陽修，修覽文歎曰：「不意僧中有此郎，黎明當一識之」。契嵩聞之，遂往謁歐陽修，與語終日。遂大稱賞其學贍道明。由是契嵩之聲德益振寰宇，時年五十六歲（《鐔津文集》卷一九；《石門文字禪》卷二三）。

按：《佛祖統紀》卷四五記此事略異，在「修覽文歎曰：『不意僧中有此郎』」之後說歐陽修同韓琦往淨因見契嵩，並語終日。然後說「自宰相以下莫不爭延致，名振海內。及東下吳門，大覺璉禪師作〈白雲謠〉以送之。」志磐指其文是根據《石門文字禪》，但《石門文字禪》並未說「黎明〔修〕同琦往淨因見之」之語，而是說「〔修〕見其文，謂魏公曰：『不意僧中有此郎邪』，黎明當一識之。公同往見文忠，與語終日，遂大喜。由是公名振海內。」「黎明」一句後的「公」，應該都指契嵩，也就是說，韓琦領契嵩去見歐陽修，因而與歐陽修「語終日」。志磐將原文改成「黎明〔修〕同琦往淨因見之」，是說宰相韓琦與參政同赴淨因拜訪契嵩，若非誤讀惠洪之記載，即是隱有抬高佛徒身價之意，不可盡信。

◆ 夏，白雲守端寓五祖之西堂，因禪人之請益古德因緣，於其間浸潤，欲求其然，乃許之，或間為頌之，凡三十餘首。時年三十八歲。明年秋九月，增至

一百什首，是為有名之《法華頌古一百十首》（《白雲守端禪師廣錄》卷四）。

◆ 七月八日，雲峰文悅陞座，辭眾說偈曰：「住世六十六年，為僧五十九夏。禪流若問旨歸，鼻孔大頭向下。」遂泊然而化，享年六十六（《禪林僧寶傳》卷二二）。真淨克文來投，適悅已化去。嘆曰：「既無其人，吾何適而不可？山川雖佳，未暇游也，因此行寓居大溈。」是年真淨三十八歲（《真淨克文禪師語錄》附〈雲菴真淨和尚行狀〉）

按：「旨歸」原作「旨飯」，依《古尊宿語錄》卷四一改。又《古尊宿語錄》說文悅之偈作於七月七日，且「禪流若問旨歸」作「玄徒休問指歸」。又《宗統編年》卷二○繫其卒年於治平元年，疑誤。

◆ 黃庭堅作〈《翠巖悅禪師語錄》後序〉云：「悅禪師語者，青山白雲，開遮自在。碧潭明月，撈摝方知。鐵石崩崖，強弓劈箭。不受然燈記莂，自提三印正宗。假令古佛出頭，也下一椎定當。前則激惠南老子，出渤潭死水而印慈明；後則勸祖心禪師，撥大愚寒灰而見黃檗。看儂兩著，須天下碁客受先；破此一塵，與四海禪宗點眼。有懷疑者，是不肯山谷老人；擬欲全提，且救取無為居士。」（《黃庭堅全集・正集》卷一五；《古尊宿語錄》卷四十七）

按：「鐵石霜崖，強弓劈箭」，《古尊宿語錄》作「鐵石崩崖，霜弓劈箭」。

宋仁宗嘉祐八年癸卯（1063）

◆ 慧南六十二歲。

◆ 十月，余靖應廬山歸宗寺監寺僧松思之請，作〈廬山承天歸宗禪寺重修寺記〉（《武溪集》卷七）松思是歸宗自寶門人。余靖此時任廣南東路經略安

撫使，知廣州軍事。**15**是年四月，以英宗即位，再拜工部侍郎，時年六十四歲。

宋英宗治平元年甲辰（1064）

◆ 慧南六十三歲。

◆ 余靖自廣州朝京師，六月癸亥（廿九日）以疾卒于江寧，贈刑部尚書，年六十五歲。明年七月歸葬於曲江城西四十里龍歸鄉成家山之原。余靖凡治六州，均與僧徒有來往，所作寺記、塔銘等文字甚多，頗受叢林敬重。歐陽修（1007-1072）為撰神道碑，略謂：「公為人質重剛勁，而言語恂恂，不見喜怒。自少博學強記，至于歷代史記、雜家小說、陰陽律曆、外暨浮屠、老子之書，無所不通。」（《歐陽修全集》卷一《居士集》一）

宋英宗治平二年乙巳（1065）

◆ 慧南六十四歲。

◆ 夏，真淨克文坐夏於大溈，夜聞僧誦雲門語，曰：「佛法如水中月，是否？」曰：「清波無透路。」豁然大悟，時年四十一歲。時慧南禪師在積翠，克文造焉。明年隨慧南移住黃龍（《禪林僧寶傳》卷二三；《雲菴克文禪師語錄》附〈雲菴真淨和尚行狀〉）。惠洪之敘述，說明慧南至是年為止一直在黃檗。其時，弟子真覺黃檗惟勝為首座（《續傳燈錄》卷一五）。

按：惠洪在真淨〈行狀〉說：「因此行寓居大溈，夜聞僧誦雲門語曰：『佛法如水中月，是否？』云：『清波無透路。』豁然心開。時，南禪師已居積翠，徑造其廬。」（《雲菴克文禪師語錄》；《石門文字禪》卷三〇）《禪林僧寶傳》之文大略相同，但有「治平二年夏，坐於大溈」一語，為〈行狀〉所無。。

---

15 《余文襄公年譜》，頁215。

◆ 圓通居訥住持廬山圓通崇勝寺二十年，至是移住住四祖、開元兩剎（《禪林僧寶傳》卷二六），年五十六歲。

◆ 長靈守卓（1065-1123）出生，一歲，後嗣法靈源惟清，為晦堂祖心法孫，慧南曾法孫（《長靈守卓禪師語錄》附〈行狀〉；《嘉泰普燈錄》卷一〇）。

宋英宗治平三年丙午（1066）

◆ 慧南六十五歲。

是年入黃龍山，弟子多人如常總、惟勝、克文等都隨之入黃龍。筠州太守委慧南遴選黃檗主人，慧南集眾垂語曰：「鐘樓上念讚，牀腳下種菜。若人道得，乃往住持。」惟勝出答曰：「猛虎當路坐。」慧南大悅，遂令師往黃檗，由是諸方宗仰之（《五燈會元》卷一七）。

按：《禪林僧寶傳》不載慧南傳惟勝事。《嘉泰普燈錄》卷四載此事於慧南離黃檗之前，而謂：「值上堂，踞座曰：『鐘樓上念讚，床腳下種菜。若人道得，分半院與伊。』師出答曰：『猛虎當路坐。』檗大悅，徐以法席付之，諸方宗仰。」明代之《續傳燈錄》卷一五根據其說云：「南一日舉古德『鐘樓上念讚，床腳下種菜』話令眾下語。勝云：『猛虎當路坐。』南喜之，遂退院令住，而居于積翠菴。」以當時十方住持之選任慣例看，應以《五燈會元》之記載差近事實。是年筠州太守為董儀，生平事跡不詳，只知他以都官郎中知筠州，並於其地推廣州學。[16]

◆ 程師孟任江南西路轉運使，[17]慧南已入住洪州黃龍山，以頌寄程曰：「洪并分飛早二年，林間仕路兩相懸。近聞北闕明君詔，又領江西漕使權。列郡望風皆草偃，故人高枕得雲眠。馬塵未卜趂何日，預把音書作信傳。」程師孟和曰：「七字新吟憶舊年，此時懷抱極懸懸。師今有道居禪首，我本何人掌

---

16 董儀守筠州時間，見李之亮，《宋兩江郡守易替考》，頁516。
17 程師孟任江西轉運副使時間見李之亮，《宋代路分長官通考》，頁642。

吏權?明月每思雲下座,青山一任日高眠。庵前弟子知多少,來者如燈續續傳。」[18] (《雲臥紀談》卷上)

按:其後,張商英作〈黃龍崇恩禪院記〉云:「治平中,光祿程公孟為洪州太守,是時叢林有慧南者,傳石霜之印,行臨濟之令,三關陷虎,坐斷十方。程公以黃龍名剎,敦請居之,於是黃龍宗派被天下。」其實,張商英之記錄有誤,因程師孟在嘉祐五年即已出任洪州守,是年出任江南西路轉運使,年五十二歲。

◆ 契嵩有〈與黃龍南禪師書(別副)〉,時年六十歲。書云:「某再啟。和尚有大勝緣,所止則學者雲從景附,實末代之盛事。萬幸!益勉尊用。某濫主禪席,德薄言微,不為時之所信,徒勞耳目。自近有匿羅浮之意,果行,必道出江南,當拜求高會。公晦和尚平生心交,今老在一涯二年,化僧不至,不聞其音。或因遣書,乞為呼名。黃龍古之名寺,應稱清棲。法澄每談及積翠風景,聽之使人神動心飛,今何人得其居也。愚甥孫早辱教誨,亦僅似人,顧小子何以報重恩。路遠不及,以麄物輒陳左右,惟拳拳欽詠耳。」(《鐔津文集》卷一○)書中既言黃龍,又說積翠何人得其居,可略知應作於慧南剛入黃龍之後。所謂「道出江南」,是因契嵩在杭州,須南下入南昌才能登黃龍山拜見慧南。又書中之沙門法燈,為契嵩之甥,即是奉藏契嵩所著《定祖圖》等六十有餘萬言之著作者(《鐔津文集》卷首,陳舜俞撰〈鐔津明教大師行業記〉)。

契嵩另有〈答黃龍山南禪師(次副)〉,亦當寫於此時,書云:「某稽首。雖聞《祖圖》、《宗記》已辱采覽,而未奉評品,鄙心得無慊然?辱賜教墨,乃過形獎飾,豈大善知識為法欲有所激勸爾?且感且愧!某平生雖猥懦無大樹立,然亦勇聞清遠高識之士。三十餘載,徒景服道素,不得一與勝

會，此為眷眷。知復領大眾于龍山，其欽尚好善之誠，何書可盡。春煦，幸千萬為法自重。僧還，謹布區區。」（《鐔津文集》卷一〇）

按：《祖圖》、《宗記》分別指《傳法正宗定祖圖》及《傳法正宗記》。契嵩於嘉祐五年（1060）五十五歲時作，次年十二月奏進內翰王素，上呈仁宗，並經敕命收入大藏。契嵩之函，顯示他並未將其所著，寄奉慧南評品，而慧南主動來信贊賞，故感慊然。又契嵩對慧南表示「景服道素」有三十餘載，是在三十歲上下即對慧南「景服」，那時慧南三十五歲上下，當是在福嚴跟隨賢叉手及石霜楚圓之後。

◆ 大覺懷璉於是年上表辭英宗，乞歸山。辭表略云：「臣聞大道無為，萬物備求其應。聖人在宥，百姓各遂其生。矧當熙洽之辰，得豫便安之理。仰蘄俞允，俯集凌兢。臣懷璉（中謝）伏念，臣爰自頃年，誤知先帝。忝紹隆於祖席，尤霑被於宸麻。久歷歲華，未忘山藪。屢嘗引退，靡獲報音。膺陛下纂服之秋，屬海內嚮風之旦。願宣佛事，上答堯仁。奈以暮齡益衰，风疾增劇。昨捐眾務，權止寺居。伏蒙皇帝陛下特遣使華送迴本院，仍傳聖諭，且駐神京。自惟無用之軀，實出非常之遇。是天地有再生之德，而草萊謝重茂之心。伏望聖慈，垂雨露之恩，均日月之照。俯從人欲，下狥愚衷。庶令朽鈍之姿，得遂林泉之志。然而微蟲得計，誠無易水之情；疲馬增鳴，但起戀軒之思。誓慇焚誦，式報生成。將遠宸庭，無任瞻天。望聖激切屏營之至，謹奉表奏辭以聞。」（《雲臥紀談》卷二）又懷璉禪師於是年乞歸四明阿育王山，英宗賜手詔曰：「天下寺院任性住持。」懷璉遂建宸奎閣以奉先朝聖製，合仁宗詩頌凡十七篇。翰林學士蘇軾為作記，移書問手詔中語，懷璉答以無。此後示寂得之笥中。蘇軾聞之曰：「有道之士也。」（《佛祖統紀》卷四五）是年懷璉五十七歲，蘇軾三十歲。

按：《釋氏稽古略》卷四云：大覺懷璉於去年上疏乞歸，英宗帝附以劄子曰：「大覺禪師懷璉受先帝聖眷，累錫宸章。屢貢欵誠，乞歸林下。今從所請，俾遂閑心。凡經過小可庵院，隨他住持。或十方禪林，不得逼抑堅請。師携之東歸，鮮有知者。」此說將上疏之年繫於去年，疑誤，茲從《雲臥紀

談》及《佛祖統紀》。

◆ 王安石或於是年作〈漣水軍淳化院經藏記〉，文中說：「當士之夸漫盜奪，
有己而無物者多於世，則超然高蹈，其為有似乎吾之仁義者，豈非所謂賢於
彼而可與言者邪？若通之瑞新，閩之懷璉，皆今之為佛而超然，吾所謂賢而
與之遊者也。此二人者，既以其所學自脫於世之淫濁，而又皆有聰明辯智之
才，故吾樂以其所得者間語焉，與之遊，忘日月之多也。」（《臨川先生文
集》卷八三，〈漣水軍淳化院經藏記〉）瑞新即請介甫作此文之金山瑞新禪
師，生平事跡不詳，可能出生江蘇通州，故稱「通之瑞新」。懷璉為漳州
人，故稱「閩之懷璉」。漣水軍在蘇州漣水縣。王安石於是年在江寧居喪，
故應金山瑞新禪師之請寫此文，時年四十五歲。懷璉歲數見上。又安石當於
是年作〈寄育王大覺禪師〉二首。其一云：「單已安那示入禪，草堂難望故
依然。山今歲暮終岑寂，人更天寒最靜便。隱蹟亦知甘自足，憑心豈吝慰相
憐。所聞不到荊門耳，人老禾新又一年。」（《臨川文集》卷二一）其二
云：「山木悲鳴水怒流，百蟲專夜思高秋。道人方丈應無夢，想復長吟擬慧
休。」（《臨川文集》卷三四）

◆ 慧南於是年作〈與溈山長老二首〉，是致弟子大溈穎詮（生卒年不詳）者。
書中談住持事略謂：「住持一以弘法為己任，二以供養結眾緣。念先聖之
恩，當自強不息。凡存道本，稟佛之訓，自然吉無不利…。」

◆ 是年春，張商英轉任漢州洛縣主簿，時年二十四歲。四月二十五日，蘇軾之
父蘇洵病逝於京師，時年五十八歲。張商英有挽詩云：「近來天下文章格，
盡是之人咳唾餘。方喜丘園空總帳，何期簫吹咽輼輬車。一生自抱蕭張術，萬
古空傳揚孟書。大志未酬身已沒，為君雙淚濕衣裾。」（《蘇洵集》附錄卷
下）秋，黃庭堅赴鄉舉，榮膺首選，時年二十二歲。

宋英宗治平四年丁未（1067）

◆ 慧南六十六歲。

◆ 慧南於是年有〈與友人三首〉，其一有云：「自積翠菴承命之後，黃龍住持已來，倏忽年光，早踰一載。」其〈與心首座〉應作於是年或去年，蓋其書云：「爾〔邇〕自積翠分岐，黃龍尸柄。」應當是在慧南入黃龍後初年或次年。

宋神宗熙寧元年戊申（1068）

◆ 慧南六十七歲。

◆ 慧南或於是年作〈與雙嶺順長老七首〉，以去年景福順應洪洲守召入主洪州雙林。當時洪洲守為周豫（生平事跡不詳）。[19]是年末，洪州守為杜植，故七書中之第六書云：「運使到任」，以杜植先於治平元年任荊湖南路轉運使之故。[20]

◆ 東京法雲惟白佛國禪師，雲門宗法雲法秀弟子，是年至慧南法席，入慧南室問師道，而慧南以平生三轉語示天下學徒，遂得叩于左右。其後惟白數見印行語錄者，其間或拈或頌，罔測其旨。嘆曰：「噫！去世未三十年，謬妄者傳習若此，良可傷哉。因而成頌，知師者可同味焉。」頌曰：「主賓相見展家風，問答分明箭拄鋒。伸手問君如佛手，鐵關金鎖萬千重。」「徧參知識扣玄微，偶爾相逢話道奇。我腳伸為驢腳問，平生見處又生疑。」「莫怪相逢不相識，宗師須是辨來端。鄉關風月俱論盡，却問生緣道却難。」（《禪宗頌古聯珠通集》卷三八）慧南於明年圓寂，之後的第三十年為哲宗元符元年（1098），惟白之頌應作於其時。

---

19 周豫於治平三年守洪州，至熙寧元年。見《宋兩江郡守易替考》，頁 303。
20 杜植出任洪州守時間，見《宋兩江郡守易替考》，頁 302。其任荊湖南路轉運使時間，見《宋代路分長官通考》，頁 922。

報本慧元於是年入吳江聖壽寺，時年三十二歲。慧南有〈與聖壽元長老〉，內云：「念汝離黃檗十有餘年。」惠洪曾說慧元徧歷名山，所至親近知識，然俱無所解悟。於治平三年（1066）春至黃龍，「時慧南來自積翠，龍眾如蟻慕而集。慧元每坐下板，輒自引手反覆視之。曰：「寧有道理，而云似佛手，知吾家揭陽？」而乃復問，生緣何處乎。久而頓釋其疑，即日發去（《禪林僧寶傳》卷二九）。此似說慧元在治平三年直接入黃龍山依慧南，雖與慧南入黃龍山之時間相契合，但無法解釋慧南所謂「念汝離黃檗十有餘年。」曉瑩曾說：「湖州報本元禪師侍南公於黃檗」，較符事實（《羅湖野錄》卷上）。

按：有關報本慧元，惠洪之《禪林僧寶傳》及《林間錄》記載頗亂，與慧南〈與聖壽元長老〉一書多有扞格，曉瑩於《雲臥紀談》卷二亦有質疑。茲從慧南書尺。

◆ 泐潭洪英首眾于廬山圓通寺，學者歸之如歸其師慧南（《續傳燈錄》卷一五）。

◆ 是年，黃庭堅赴汝州任葉縣尉，九月到任，時年二十四歲。〈戲題南禪師〉當作於赴葉縣之前。〈寄新茶與南禪師〉或可能稍早。此時已是慧南入黃龍山之第三年，黃庭堅當已聞慧南之名，故於赴官之前，先寄新茶，然後去拜訪慧南，[21] 故詩中有「一甌資舌本，吾欲問三車」之句。「三車」就是《法

---

21 〈寄新茶與南禪師〉有「筠焙熟香茶，能醫病眼花。因甘野夫食，聊寄法王家」等句，可見「新茶」是筠竹烘焙之茶。據說「草茶極品惟雙井、顧渚，亦不過各有數觔。雙井在分寧縣，其地屬黃氏魯直家也。元祐間，魯直力推賞於京師，旅人交致之，然歲僅得一二斤爾。」見葉夢得《避暑錄話》（鄭州：大象出版社，2006）卷下，頁 323。黃庭堅因家鄉產茶，對飲茶又甚為講究，常以「雙井茶」贈友，譬如他於元祐二年（1087）任館職時，曾贈蘇軾雙井茶，有〈雙井茶贈子瞻〉一詩云：「人間風日不到處，天上玉堂森寶書。想見東坡舊居士，揮毫百斛瀉明珠。我家江南摘雲腴，落磑霏霏雪不如。為公喚起黃州夢，獨載扁舟向五湖。」（《黃庭堅全

華經》中所說的羊車、鹿車及牛車，分別代表聲聞乘、緣覺乘及菩薩乘等「三乘」。或說他「與江西老禪交往蓋在此數年中」，並作〈戲題葆真閣〉、及〈贈清隱持正禪師〉等詩。[22]「在此數年」之說，嫌太籠統。〈戲題葆真閣〉或為慧南所作，因詩中有「截斷眾流尋一句，不離兔角與龜毛」兩句，其中「截斷眾流」為所謂「雲門三句」之一，雖然《祖庭事苑》說此三句是自德山圓明大師始；慧南曾屬雲門系僧，故黃庭堅以「雲門三句」之一戲之。〈贈清隱持正禪師〉則非為慧南所作，應是熙寧八年為清隱持正禪師惟湜入南康清隱之後作。

按：《黃庭堅年譜新編》將以上諸詩繫於是年，並引《黃譜》云「江西老禪」是黃龍慧南，說他號積翠庵清隱。但《黃譜》只在〈戲慧南詩下〉注云：「惠〔慧〕南蓋江西老禪，號積翠菴清隱，[23]亦在分寧，莫詳作詩歲月，今附于此。」可見《黃譜》並不確定此詩所作時間，他詩雖列於是年，但未註明原因。其實，清隱持正禪師是在南康清隱的清隱惟湜，蓋詩中有「參得浮山九帶禪」，正符〈南康軍都昌縣清隱禪院記〉之清隱惟湜是浮山法遠之法嗣一說。浮山法遠號浮山九帶（《釋氏稽古略》卷四）故云「參得浮山九帶禪」。〈贈清隱持正禪師〉作於熙寧八年惟湜入南康清隱之後（見黃庭堅〈南康軍都昌縣清隱禪院記〉）。但該詩題下注云：「熙寧元年葉縣作」，疑誤。至於「葆真閣」為慧南出家之地一說，並無證據。它應該是黃龍山崇恩禪院內的殿閣之一，較確切的說法是慧南傳法之地。

宋神宗熙寧二年己酉（1069）

◆ 慧南三月十七日示寂，享年六十八歲，諡普覺。三月十六日，四祖法演長老通嗣法書。上堂辭眾云：「山僧才輕德薄，豈堪人師？蓋不昧本心，不欺諸

集‧正集》卷4）他先寄贈「新茶」給慧南為見面之禮也是人之常情。自云：「因甘野夫食」，雖是自謙之詞，但也可見他頗好「野夫」所飲用的茶。

22　《黃庭堅年譜新編》，頁32。

23　《黃庭堅全集輯校編年》亦襲成說，不知「清隱」實另有其人。見《黃庭堅全集輯校編年》，頁26。

聖。未免生死，今免生死。未出輪回，今出輪回。未得解脫，今得解脫。未
得自在，今得自在。所以大覺世尊，於然燈佛所，無一法可得。六祖夜半於
黃梅，又傳箇什麼？」乃示偈曰：「得不得傳不傳，歸根得旨復何言。憶得
首山曾漏泄，新婦騎驢阿家牽。」（《黃龍慧南禪師語錄》、《五燈會元》
卷一七）住黃龍法席之盛追媲泐潭馬祖、百丈大智。弟子著名者有四祖法
演、黃龍祖心、雲庵克文、泐潭洪英、仰山行偉、報本慧元、隆慶慶閑、黃
蘗惟勝、福嚴慈感、雲居元祐、大溈穎詮、洪州上藍順、廬山惠日富、潛庵
清源、延慶洪準、東林常總等等，多見於其書尺中。徐禧於〈《寶覺祖心禪
師語錄》序〉中說：「熙寧二年，洪州黃龍山南禪師宴寂，郡以其徒心師繼
焉，而陞座於縣之雲巖院。余邀同學十數人，焚香側立，以聽其所謂示眾
者。」徐禧是年三十五歲。此處所謂「心師」即是祖心，時年四十五歲。祖
心由此繼慧南主黃龍禪席達十二年（《禪林僧寶傳》卷二三）。他有〈先師
圓寂日〉一首云：「昔人去時是今日，今日依前人不來。人若不來亦不去，
白雲流水空徘徊。孰云秤尺平，直中還有曲。孰云物理齊，種麻還得粟。可
憐馳逐天下人，六六元來三十六。」（《寶覺祖心禪師語錄》）慧南既歿，
常總哭之不成聲，戀戀不忍去。他於慧南在歸宗時，聞其風而至歸宗參之，
因無所得而去。後歸宗寺火，慧南遷石門南塔，又往從之。及慧南自石門遷
黃蘗積翠，又自積翠而遷黃龍。常總皆在焉。二十年之間。凡七往返。慧南
嘉其勤勞，稱于眾。常總因自負密受大法旨，決志將大掖臨濟之宗，名聲益
遠，叢林爭追崇之（《禪林僧寶傳》卷二四）。元僧龍翔大訢（1284-1344）
曾云：「黃龍三關如商君立法，法雖行而先王之道廢矣。故當時出其門者甚
多，得其傳者益寡。使其恪守慈明家法，子孫未致斷絕。」（《宗鑑法林》
卷三一）。

◆ 慧南在是年三月前作〈與雙嶺順長老七首〉之第五書，該書云：「四祖馳
書，及廣教、石陂、月頂、三角俱通法嗣，要知（此後移至上藍時書）…」
（《集洪州黃龍山南禪師書尺》）。其〈寄照禪客〉一書，亦當作於同時或
稍早，以書中有云：「始與師相會於諟禪師會下二、三年…今近四十年。」

上文說他在棲賢澄諟會下時間約在天聖八年（1030），至是年有三十九年時間，可謂「近四十年」。

◆ 慧南辭世後，江南西路轉運判官夏倚對楊傑說「吾至江西，恨未識南公。」（《禪林僧寶傳》卷二三）

按：夏倚於治平四年（1067）三月出任江南西路轉運判官，李之亮《宋代路分長官通考》說任至今年，唯無證據。[24]《禪林僧寶傳》所載夏倚對楊傑所說之語，若在是年，則可證明慧南辭世後他仍在判官任上。但夏倚之語，或未必在是年所說，且楊傑是否在江西，亦無證據。茲姑繫於是年。

宋神宗熙寧三年庚戌（1070）

◆ 八月，劉述（生卒年不詳）知江州，每造退居寶積巖之圓通居訥問道（《續傳燈錄》卷六），並以廬山圓通召在金牛山之金山懷賢。懷賢素聞匡廬山水之富，常以未至爲恨，得疏欣然從之。題詩壁間，而其卒章云：「歲晚當期返竹門」。至圓通一年，果謝去，復還金牛。明州復以雪竇來請，固以疾辭（《淮海集》卷三六）。

◆ 榮諲（1007-1071）以集賢殿修撰知洪州，請照覺常總住泐潭。或謂馬祖再來也，道俗爭先願見（《禪林僧寶傳》卷二四；《演山集》卷三四；《佛祖歷代通載》卷一九）。常總時年四十六歲。

◆ 權發遣兩浙轉運副使公事蘇澥序《雲門匡真禪師廣錄》（《雲門匡真禪師廣錄》序）。

宋神宗熙寧四年辛亥（1071）

◆ 三月十六日，圓通居訥無疾而化，年六十二歲（《禪林僧寶傳》卷二六）。

---

24 李之亮，《宋代路分長官通考》，頁 672-673。

江州牧劉述率緇俗送往荼毘（《續傳燈錄》卷六）。蘇轍在元豐五年（1082）作的〈贈景福順長老二首〉說居訥與景福順「二公皆吾里人，訥之化去已十一年，而順公七十四…」以元豐五年逆推，正在是年。

◆ 覺範惠洪（1071-1128）出生，一歲，後為真淨克文法嗣（《僧寶正續傳》卷二）。

宋神宗熙寧五年壬子（1072）

◆ 真淨克文至高安，住筠州大愚，時年四十八歲。

◆ 契嵩示寂，年六十六歲。禪人寶因、擇言及寶智，先後得契嵩遺帖，求靈源惟清作跋。惠洪後作〈禮嵩禪師塔詩三十乙韻〉（《鐔津文集》卷一九）。

宋神宗熙寧七年甲寅（1074）

◆ 真淨克文仍住筠州大愚，時年五十歲。

◆ 比部郎中錢弋出任筠州太守，來游大愚，怪禪者驟多。即其室，未有以奇之。翌日命齋，真淨方趨就席，有犬逸出屏幃間，真淨少避之。錢弋嘲之曰：「禪者固能伏虎，反畏犬耶？」真淨應聲曰：「易伏隈巖虎，難降護宅龍。」錢弋大喜，表示願日聞道。乃虛聖壽寺命真淨居之。真淨方飯於州民陳氏家，使符至，急遁去。錢弋繫同席數十人，將僧吏求必得之而後已。有見真淨於新豐山寺者，即奔往。陳氏因叩首泣下曰：「師不往，吾黨受苦矣。」師曰：「以我故，累君輩如此！」因受請入聖壽寺闡法，未幾，移居洞山普和禪院（《真淨克文禪師語錄》，〈行狀〉；《石門文字禪》卷三○〈行狀〉；《叢林盛事》卷上）。
按：錢弋守筠起自是年至熙寧九年，故真淨入聖壽寺亦可能在是年之後。《禪林僧寶傳》卷二三述此事曰：「熙寧五年，〔真淨〕至高安。太守錢公弋先候之，師復謁，有獒逸出屏間，師方趨逆之，少避乃進。錢公嘲曰：

『禪者固能教誨蛇虎，乃畏狗乎？』師曰：『易伏隈嵓虎，難降護宅龍。』錢公嘆曰：『人不可虛有名。』住洞山、聖壽兩剎，十有二年。」此記錄把錢弋守高安的時間提早兩年，疑是省文之故。所謂「住洞山、聖壽兩剎，十有二年。」住洞山當從是年住大愚後遷住，聖壽則在明年，見下文。又《大慧普覺禪師宗門武庫》載錢弋訪真淨所發生之另一事云：「錢弋郎中訪真淨，說話久，欲登溷。淨令行者引從西邊去。錢遽云：『既是東司，為什麼却向西去？』淨云：『多少人向東邊討。』」

◆ 徐禧得告將家款寶覺祖心於寒谿之下巖院，遂得親承其教，而聞者甚詳，旋踵忘之，莫能記。是年四十歲，祖心五十歲（〈《寶覺祖心禪師語錄》序〉）。

宋神宗熙寧八年乙卯（1075）

◆ 徐禧任御史，作〈《寶覺祖心禪師語錄》序〉（《寶覺祖心禪師語錄》卷首）。是年徐禧四十一歲，祖心五十一歲，仍相當活躍。

◆ 清隱惟湜禪師入南康軍清隱禪院，與黃庭堅為禪友。黃庭堅於其住清隱之第八年（1082）為作〈南康軍都昌縣清隱禪院記〉。記中有云：「余得意於山川以來，隨食南北二十年矣，未嘗不愛樂此山之美，故嘉歎清隱之心，賞風月而同歸。清隱曰：『吾與子同與不同，付與五湖雲水。惟是艱難以至燕樂，強為我記之。』」是惟湜請黃庭堅為其宮殿崇成後作記。

　按：黃庭堅於元豐三年十二月（西曆為 1081 年元月），過南康還鄉，可能於是年遇清隱惟湜後赴吉州太和縣任官，而於元豐五年（1082）寫完此記。**25**

◆ 是年寶峰克文在洞山受請住筠州聖壽（《嘉泰普燈錄》卷四；《古尊宿語錄》卷四二），時年五十二歲。

---

25 黃庭堅過南康還鄉時間，見《黃庭堅年譜新編》，頁 101。

宋神宗熙寧九年丙辰（1076）

◆ 春，佛慧法泉自杭之千頃移住金陵蔣山。因其方丈缺，遂闢半軒，結艸庵於巖石之下，以為宴息之所。是年十二月庵成，命名曰默，是為「默庵」，作〈默庵歌〉（《嘉泰普燈錄》卷三〇）。法泉，叢林號稱「泉萬卷」，與東坡為方外交（《羅湖野錄》卷下）。

◆ 冬十月，王安石去位，以使相判江寧府，領經局，時年五十八歲。[26]王安石自此之後，皆住金陵，直至其終。其間曾與蔣山佛慧法泉為方外友。

宋神宗熙寧十年丁巳（1077）

◆ 謝景溫（1021-1097）守潭州，欲將潭州道林格律為禪，請雲居元祐入為開山第一世，元祐欣然赴命（《歷代佛祖通載》卷一九）。又虛大溈以致晦堂祖心，三辭不赴（《禪林僧寶傳》卷二三）。

◆ 是年潘興嗣五十六歲，可逆推其生年為 1022。[27]

宋神宗元豐元年戊午（1078）

◆ 六月二十五日，王韶（1030-1081）撰〈《寶覺祖心禪師語錄》後序〉，序云：「敷陽子曰：『予嘗勸學者學聖人之道，皆當求之於文辭章句之外。至於天道陰陽，則又在籌數曆法之外。今得遇黃龍心師，發明至道，則所謂聖人性命之理者，又在生平學習思想之外。噫！古人謂佛法皆以心相傳，豈虛也哉？雖然，欲傳其心，亦不可得。則所謂得者，亦未嘗得也。學者思之！』」
按：敷陽子為王韶之自號。王韶著有《敷陽子》七卷。禮部侍郎王古之〈臨濟正宗記〉云：「敷陽子學聖人之道者。遇今黃龍心禪師，知釋氏之道，有

26　顧棟高，《王荊國文公年譜》，在《王安石年譜三種》，頁 107-109。
27　《曾南豐先生年譜》，頁 43b。

足尊者焉云云。夫仁義道德之原，皆自我出，非有假借傍助，待人而後得也。不知其本，則觸途妄發，終亦無所至。古人謂『道之大，原出乎天』，天豈有儒釋之別哉？」（《歷朝釋氏資鑑》卷一○）王古，儀真人，官禮部侍部。與晦堂、楊岐為禪侶，嘗作《直指淨土決疑集》，楊傑為序。又增補《往生淨土傳》，皆行於世。平時志在往生西方，臨終無所苦，忽滿室光明，端坐而化（《佛祖統紀》卷二八）。

◆ 春，王安石罷使相，封舒國公，為會靈觀使，居蔣山。[28]有〈獨歸〉一詩云：「鍾山獨歸雨微冥，稻畦夾岡半黃青。疲農心知水未足，看雲倚木車不停。悲哉作勞亦已久，暮歌如哭難為聽。而我官閑幸無事，北窗枕簟風冷冷。於時荷花擁翠蓋，細浪颭雪千娉婷。誰能欹眠共此樂，秋港雖淺可揚舲。」（《臨川文集》卷三）安石可能於此年或其後與佛慧法泉交游。一日，安石問佛慧泉禪師曰：「禪家所謂世尊拈花，出自何典？」泉云：「藏經所不載。」安石云：「頃在翰苑，偶見《大梵王問佛決疑經》三卷，因閱之。經中所載甚詳：「梵王至靈山會上，以金色波羅花獻佛，捨身為牀坐，請佛為羣生說法。世尊登坐，拈花示眾，人天百萬，悉皆罔措。獨迦葉破顏微笑，世尊云：『吾有正法眼藏，涅槃妙心，分付摩訶迦葉。』」泉嘆其博究（《人天寶鑑》引《梅溪集》；《人天眼目》卷五）。

宋神宗元豐二年己未（1079）

◆ 王韶以觀文殿學士出知洪州，迎晦堂祖心入城，館於大梵院而咨心要。默有所契，曾作〈投機頌〉曰：「晝曾忘食夜忘眠，捧得驪珠欲上天。却向自身都放下，四稜塌地恰團圓。」堂深肯之（《名公法喜志》卷三）。豫章法曹吳恂（德夫）亦往參扣。晦堂曰：「公平生學解記憶多聞即不問，父母未生已前道將一句來。」吳窘無以對。遂於行住坐臥提撕此語，忽自知有，而機莫能發，乃閱《傳燈錄》，至鄧隱峰倒卓而化，其衣順體不褪，深以為疑。

---

28 顧棟高，《王荊國文公年譜》，在《王安石年譜三種》，頁 109。

自是徧問尊宿，或答以神通妙用，或答以般若力資，疑終不釋。復趨晦堂而問之。晦堂笑曰：「公今侍立，是順耶？是逆耶？」吳曰：「是順。」晦堂曰：「還疑否？」吳曰：「不疑。」晦堂曰：「自既不疑，何疑於彼？」吳於言下大徹。嘗有二偈題于晦堂：「中無門戶四無旁，學者徒勞捉影忙。珍重故園千古月，夜來依舊不曾藏。」又「盧峰居士舊門人，邈得師真的的親。大地撮來成箇眼，翻騰別是一般新。」晦堂有偈送之：「海門山嶮絕行蹤，踏斷牢關信已通。自有太平基業在，不論南北與西東。」（《羅湖野錄》卷下）

◆ 四月，張商英奉使京西南路，聞荊門玉泉皓禪師之名，致而問之，並請住郢州大陽，時年三十七歲。**29**其後，知荊南李審言（復圭）、轉運使孫景脩（頎），同請玉泉皓住當陽玉泉景德禪院。十二年後，以老病欲退院，遣人至江西見張商英，推薦洪州百丈元肅繼其席，元肅未行（《佛祖歷代通載》卷一九，〈荊門玉泉皓長老塔銘〉）。元肅為慧南弟子。

按：張商英在〈荊門玉泉皓長老塔銘〉所云之「居數月，知荊南李公審言、轉運使孫公景脩，同請住當陽玉泉景德禪院」，頗疑有誤。李復圭知荊南府是在元豐七年（1084）孫頎卸任之後。而孫頎自熙寧九年（1076）即出任荊湖北路轉運使，直至元豐四年仍在任。**30**所以是年請玉泉皓的應只有孫頎。若是兩人同時請玉泉皓，應是在元豐七年孫頎卸任荊南知府及李復圭接任之時。元肅原領百丈，張商英元祐六年在江南西路轉運使任上，正住洪州，故玉泉承皓遣人之江西見他，請元肅繼其席，元肅未答應。紹聖四年（1097），江西大饑，張商英奉命守洪州，逢黃龍山主僧求去，張商英認為繼慧南者非元肅不可，乃持疏山中，檄遣縣令佐敦請。元肅三辭不聽，不得已而至院，此是後事，詳見下文。

---

29 羅凌，《無盡居士張商英研究》附錄〈張商英事迹及著述編年〉，頁 259。

30 李之亮，《宋兩湖大郡守臣易替考》，頁 16-17；《宋代路分長官通考》，頁 946。

◆ 十二月，蘇軾被貶黃州責受水部員外郎，黃州團練使，弟蘇轍亦坐貶筠州鹽
　酒稅。其時，蘇軾四十三歲，蘇轍四十一歲。

宋神宗元豐三年庚申（1080）

◆ 去年王韶出知洪州，今年詔改江州東林律居為禪寺，選大士為之主，九江守
　李昭遠、豫章守王韶僉言非照覺常總禪師不足以度眾。禮命交至，而禪師遁
　走五百餘里，求者相繼。不得已，如其請（《演山集》卷三四）。
　按：《釋氏稽古略》卷四云：「洪州太守榮公修撰請〔常總〕住泐潭，或謂
　馬祖再來。元豐三年，詔革江州東林律居為禪剎，觀文殿學士王公韶出守南
　昌，欲延寶覺心禪師主東林。心舉師自代，師聞之宵遁去千餘里。王公檄諸
　郡必得之，得於新淦殊山窮谷中，遂乃應命。」是年祖心五十六歲，與常總
　同齡。又祖心入黃龍山至是十二年，於今年謝事。

◆ 是年徐師回（生卒年不詳）出任南康太守，延潛庵清源居南山清隱寺，寺在
　大江之北，面揖廬山（《石門文字禪》卷二三，〈潛庵清源序〉）。
　按：〈潛庵清源序〉只說太守徐公，未說時間。茲考熙寧、元豐間任南康太
　守之「徐公」只有徐師回。徐師回，字望聖。守南康時，蘇轍為作〈直節堂
　記〉；黃庭堅作〈明月泉銘〉，略云：「誰賞音徐，望聖一時。」（《吳郡
　志》卷二七）。

◆ 蘇轍既左遷高安，於公餘必與諸山講道為樂。是時，筠州洞山有雲菴真淨克
　文，黃檗有黃檗道全（真淨弟子），壽聖省聰（《欒城後集》卷二四）。景
　福順禪師者，慧南法嗣，尤篤維桑世契。順有三偈寄蘇轍，故嘗和曰：「融
　却無窮事，都成一片心。此心仍不有，從古到如今。」「如今亦如忘，相逢
　笑一場。此間無首尾，尺寸不煩量。」「要識東坡老，堂堂古丈夫。近來知
　此事，也不讀文書。」（《雲臥紀談》卷下）是年蘇轍四十二歲，景福順七
　十二歲。克文五十六歲，省聰三十六歲，
　按：惠洪說景福順「得法於南，為南長子。」（《林間錄》卷下）此實出蘇

轍的〈香城順長老真贊并引〉之「於南得法，為南長子」之句（《欒城後集》卷五）蘇轍還稱景福順是「方今南老門人，公為第一。」（《雲臥紀談》卷下）

◆ 蘇轍會黃檗道全禪師於城寺，道全熟視蘇轍曰：「君靜而慧，苟存心宗門，何患不成此道？」蘇轍識之，因習坐，數求決於全，無契。後省聰禪師來居壽聖，蘇轍以此事往問，聰不答。蘇轍又扣之，省聰徐徐謂曰：「吾圓照未嘗以道語人，吾今亦無語子。」蘇轍於是得言外之妙，有偈見于家集云（《嘉泰普燈錄》卷二三）。

◆ 蘇轍又作〈洞山文長老語錄序〉是為寶峰雲庵真淨禪師之語錄作。其文有云：「有禪師文公，幼治儒業，弱冠出家求道，得法於黃龍南公。說法於高安諸山，晚居洞山。實繼悟本。辯博無礙，徒眾自遠而至。元豐三年，予以罪來南，一見如舊相識。既而其徒以《語錄》相示，讀之縱橫放肆，為之茫然自失。蓋余雖不能詰，然知其為證正法眼藏，得遊戲三昧者也。故題其篇首。」（《欒城集》卷三五；《古尊宿語錄》卷四五）

宋神宗元豐四年辛酉（1081）

◆ 四月二十三日，慧南高弟隆慶慶閑浴訖趺坐，以偈告眾以將入滅，遂泊然而化，年五十三。隆慶慶閑為慧南嫡嗣，慧南以為「祖師之道，不墜於地，斯人是賴。」慧南仍在世時，學者已歸之如雲，慧南既歿，「一時尊宿無有居其右者。」（《欒城集》卷二五，〈閑禪師碑〉）

◆ 六月十七日，蘇轍撰〈筠州聖壽院法堂記〉，自云：「高安雖小邦，而五道場在焉，則諸方遊談之僧接跡於其地。至於以禪名精舍者二十有四。此二者，皆他方之所無，予乃以罪故，得兼而有之。余既少而多病，壯而多難，行年四十有二而視聽衰耗，志氣消竭。夫多病則與學道者宜，多難則與學禪者宜。既與其徒出入相從，於是吐故納新，引挽屈伸，而病以少安。照了諸

妄，還復本性，而憂以自去。灑然不知網罟之在前，與桎梏之在身，孰知夫
嶮遠之不爲予安，而流徙之不爲予幸也哉？」（《欒城集》卷二三）。「行
年四十有二」者，是前後滿四十二年也，實則蘇轍是年四十三歲。

◆ 法昌倚遇禪師示寂，年七十七歲。倚遇主法昌時，黃龍慧南嘗至其寺。倚遇
云：「『拏雲攫浪數如麻，點著銅睛眼便花。除却黃龍頭角外，自餘渾是赤
斑蛇。法昌小刹，路遠山遙，景物蕭踈，遊人罕到。敢謂黃龍禪師，曲賜光
臨，不唯泉石增輝，亦乃龍天喜悅。然雲行雨施，自古自今。其奈爐鞴之
所，鈍鐵尤多；良醫之門，病者愈甚。瘵病須求靈藥，銷頑必藉金鎚。法昌
這裏，有幾箇墮根阿師，病者病在膏肓，頑者頑入骨髓。若非黃龍老漢到
來，總是虛生浪死。』遂拈起拄杖云：『還會麼，打麨還他州土麥，唱歌須
是帝鄉人。』」（《古尊宿語要》卷二；《法昌倚遇禪師語錄》）其將化前
一日，作偈遺徐禧曰：「今年七十七，出行須擇日。昨夜報龜哥，報道明朝
吉。」徐禧覽偈聳然，邀靈源惟清同往，至彼，已寂然矣（《人天寶鑑》卷
一引《汀江集》）。
按：法昌倚遇與黃龍慧南及其弟子關係甚深，兩人經常來往。《法昌倚遇禪
師語錄》有兩人交往對話之記錄。其中一段云：「因與南禪師舉程大鄉
〔卿〕看生緣話。師云：『何不直下與伊勦絕却？』南云：『也曾爲蛇畫
足，是伊自不瞥地。』師云：『和尚如何爲他？』南云：『咬盡生薑呷盡
醋。』師云：『流俗阿師，又與麼去？』南云：『和尚意作麼生？』師拈起
拂子便打。南云：『這老漢也是無人情。』」程大鄉其實是程大卿之誤。程
大卿即是上文之程師孟，是請慧南入黃龍山之名臣。《語錄》還錄有倚遇
〈寄黃龍南禪師〉一首云：「春色青青鶯轉歌，桃紅李白見人多。不知誰愛
靈雲道，指下山來謁我呵。」龍圖徐禧歎曰：「無眾如有眾。真本色住
山。」徐禧之子徐俯（1075-1141）後於崇寧四年（1105）正月二十二日爲其
語錄作序。〈《洪州分寧法昌禪院遇禪師語錄》序〉云：「今之住院爲長
老，聚徒稱出世宗師者，莫知其幾何人。其平居舉揚問答之語，門人弟子必
錄之，號曰語錄。語錄之言滿天下，而佛法益微，豈言多去道轉遠，畫餅不

足以充饑耶？蓋能言之者，未必皆其人也。欲知其道之淺深，當視其人之賢不。昔法昌老疏衣糲食，冰清玉潔，勸耰以給四方雲水之人，學者莫能同其作勞，又苦其枯淡，挈挈然去之，堂中至無人。先君之少也，未爲人所知，獨師先奇之。鄉人知敬師也，自先君始。二人之交，至相好也。先君之音容邈矣，三十年來，無復此老之風味。思其人而不可見，則其語又可廢耶？遂刊而而傳之。」（《法昌倚遇禪師語錄》卷首）惠洪作法昌遇禪師贊，略云：「予觀法昌，契悟穩實，宗趣淹博。荷擔雲門，氣無叢林。其應機施設，鋒不可犯，殆亦明招獨眼龍之流亞歟。然所居荒村破院，方其以一力撾皷，為十八泥像說禪，雖不及真單徒之有眾，亦差勝生法師之聚石。味其平生，未嘗不失將頓足，想見標致也。」（《禪林僧寶傳》卷二八）

宋神宗元豐五年壬戌（1082）

◆ 徐禧自右正言出知渭州，既歸分寧，請黃龍晦堂和尚就雲巖為眾說法。有疏曰：「三十年前說法，不消一箇莫字。如今荊棘塞路，皆據見向開門。只道平地上休起骨堆，不知那箇是佗平地。只道喫粥了洗鉢盂去，不知鉢盂落在那邊。不學闍絕學語言，在根作歸根證據。木刻鷁子，豈解從禽；羊蒙虎皮，其奈喫草。故識病之宗匠，務隨時而叮嚀。須令向千歲松下討茯苓，逼將上百尺竿頭試脚步。直待骸骨迴迴，方與眼上安眉。圖佗放匙把筯自由，識箇啜羹喫飯底滋味。不是鑢明脊骨，骨勝末後拳椎。法門中如此差殊，正見師豈易遭遇。昔人所以涉川遊海，今者乃在我里吾鄉。得非千載一時事，當為眾竭力。袒肩屈膝，願唱誠於此會人天；挑屑拔釘，咸歸命於晦堂和尚。獅子廣座，無畏吼聲。時至義同，大眾虔仰。噫！今之疏帶俳優，而為得體，以字相比，麗而為見工。豈有胷襟流出，直截根源若此。」此疏由黃庭堅為擘窠大書，鐫於翠琰，高照千古，為叢林盛事之傳云（《羅湖野錄》卷上）。

◆ 是年，慧南弟子景福順七十四歲，逆推其生年，應在大中祥符二年（1009）。蘇轍為景福順好友，是年四十四歲，作〈贈景福順長老二首并

引〉，略謂：「轍幼侍先君，聞嘗游廬山，過圓通，見訥禪師，留連久之。元豐五年，以謫居高安，景福順公不遠百里，惠然來訪，自言昔從訥於圓通，逮與先君游。歲月遷謝，今三十六年矣。二公皆吾里人，訥之化去已十一年，而順公七十四，神完氣定，聰明了達。對之悵然，懷想疇昔，作二篇贈之。」詩之一云：「屈指江西老，多言劍外人。身心已無著，鄉黨漫相親。竄逐知何取，周旋意甚真。仍將大雷雨，一洗百生塵。」詩之二云：「念昔先君子，南游四十年。相看順老在，想見訥師賢。歲歷風輪轉，禪心海月圓。常情計延促，無語對潸然。」（《欒城集》卷一一）

宋神宗元豐六年癸亥（1083）

◆ 黃庭堅作〈清隱院順濟龍王廟記〉，時年三十九歲。清隱院在南康軍都昌縣，原為庭堅禪友清隱惟湜禪師之道場。黃庭堅有〈答清隱禪師二首〉，可見兩人交往之大概，其交遊應在熙寧八年惟湜入清隱禪院之後。

宋神宗元豐七年甲子（1084）

◆ 寶峰真淨克文至鍾山，謁王安石。王素知其名，閱謁喜甚，留宿定林庵。時王安石方病起，樂聞空宗，恨識克文之晚，謂之曰：「諸經皆首標時處，《圓覺經》獨不然，何也？克文曰：「頓乘所談，直示眾生。日用現前，不屬今古。只今老僧與相公，同入大光明藏。游戲三昧，互為賓主。非關時處。」安石又問：「經云：『一切眾生，皆證圓覺。而圭峯易證為具。謂譯者之訛，其義如何？』」克文曰：「圓覺如可改，則維摩亦可改也。維摩豈不曰：『亦不滅受而取證。』夫不滅受，蘊而取證，與皆證圓覺之義同。蓋眾生現行無明，即是如來根本大智。圭峯之言非是。」安石大悅，因捨第為寺，以延師為開山第一祖。又以神宗皇帝問安湯藥之賜崇成之，是謂報寧（《雲菴克文禪師語錄》；《禪林僧寶傳》卷二三）。是年王安石六十六歲，克文六十歲。

按：王安石於元豐元年（1078）六十歲時罷使相，為會靈觀使，居蔣山。至元祐元年（1086）夏四月薨於金陵，年六十八歲，居金陵蔣山前後約八年。

元豐七年春，有病，乞以所居舍為僧寺。詔許之，賜額報寧。[31]蔣山即是鍾山。惠洪說：「元豐之末，〔真淨〕思為東吳山水之游，捨其居，扁舟東下，至鍾山，謁丞相舒王。」（《石門文字禪》卷三〇，〈雲菴真淨和尚行狀〉）又按：佛教史書多半將王安石捨宅為寺之時間弄錯。《釋門正統》卷四說：「神宗皇帝熙寧十年（1077），舒王王安石捨鍾山宅為寺。」把捨宅為寺的時間提早七年，誤甚。《佛祖歷代通載》卷一九亦載熙寧十年丁巳，「荊國公王安石奏施金陵舊第為寺，請真淨克文住持，賜額曰保寧。」當是襲《釋門正統》之誤說。《釋氏稽古略》卷四載「荊國公王安石，臨川人。至是熙寧三年冬十二月拜相。七年夏四月不雨，安石罷相。八年二月再相。九年本用月安石罷政歸建康。十年奏施建康舊第為禪寺，請克文住持。帝賜額曰報寧，賜文，號真淨禪師。」此亦熙寧十年捨宅之誤說。《歷朝釋氏資鑒》卷一〇亦云：「荊公王安石請上元縣所居園為佛寺，詔賜報寧禪寺為額。」並引《言行錄》解釋曰：「熙寧間，公當國，確意行青苗法。其子雱崇政殿說書，陳三十策，陰為父佐，務新法必行。民怨不恤。無何，雱卒，公罷相燕閑。一如夢寐間，見一使領雱，肩銕枷，號泣公前，謂獲譴由行青苗法。公問使者乞解脫，曰建寺齋僧可免。由是捨宅建寺，為愛子雱薦冥福。」此皆誤為熙寧朝事。只有《佛祖統紀》得其實，將其事繫於是年而云：「〔元豐七年〕荊公王安石請以江寧府圍廬為僧寺，賜額報寧禪院。」（《佛祖統紀》卷四五）唯《佛祖統紀》亦言：「初安石子雱資性險惡，父居政府，凡誤國害人之政，雱實使之。既亡，安石恍惚見荷鐵枷告父求佛為救。安石大懼，亟為建寺之祈脫苦。」此事恐為好事者所編造，後為《歷朝釋氏資鑒》所採。不過王安石是年確有病，與其捨宅為佛寺未嘗不無關係。

◆ 九月，蘇轍改歙州績溪令。將移績谿，以書別景福順曰：「自來高安，唯有二、三老僧相知，既又蒙公遠來相訪。方今南老門人，公為第一，因此又識南公遺風，為幸多矣。前日得告，當往績谿。且暮成行，不獲面違，悵仰無

---

31 參看詹大和等，《王安石年譜三種》，頁119。

窮。凝寒法候何如，更冀以道自重。」（《雲臥紀談》卷下）蘇轍是年四十
六歲，意黃檗道全必來別，道全竟以病不出。十二月乙丑，與眾訣，趺坐而
化。體香軟，停十五日茶毗，得舍利，光潔無數。年四十九（《欒城集》卷
二五；《補續高僧傳》卷九）。

宋神宗元豐八年乙丑（1085）

◆ 三月，王安石撰請〈文長老疏〉，係請真淨克文者，其詞曰：「伏以肇置仁
祠，永延睿算；歸誠善導，開跡勝緣。文公長老，獨受正傳，歷排戲論，求
心之所祈嚮，發趣之所歸宗。俯惟慈哀，勉狗勤企。謹疏。」同月，安石弟
王安禮（1034-1095）亦作疏請克文，其詞云：「伏以施綠野之林園，蔚然華
構；立青蓮之場地，寵以嘉名。申祝壽祺，推明美報。必資達識，為覺迷
情。文公長老，夙悟真乘。久臨清眾，若心數法。非外假於虛名，由聞思
修；可內觀於實相，舉揚密義。和會勝緣。謹疏。」（《古尊宿語錄》卷四
五）是年王安石六十七歲，王安禮五十二歲，克文六十一歲。

按：王安石其時之官銜為「觀文殿大學士集禧觀使守司空上柱國荊國公食邑
九千五百戶實封三千戶」，簡稱「觀文殿大學士司空上柱國荊國公」。王安
禮之官銜為「資政殿學士大中大夫知江寧府事兼管內勸農使充江南東路兵馬
鈐轄上護軍魏郡開國侯食邑一千二百戶實封四百戶」（《雲菴克文禪師語
錄》）。

◆ 蘇轍為黃檗道全作〈全禪師塔銘〉，銘曰：「偉哉菩提心，一切皆具足。云
何有不見，迷悶至狂惑。譬如衣中珠，一見不復失。假令墮塗泥，以至大火
坑。珠性常湛然，不應作異想。全師大乘師，晚悟最上乘。身病心不病，身
滅心不滅。西域師子師，中國惠可師。皆不免厄死，而況其餘人？疾病不能
入，刀兵不能攻。非彼有不能，乃我未常受。我今為師說，智者不當疑。」
（《欒城集》卷二五）

◆ 是年，南康郡王邀黃檗惟勝詣輦下，會太學生上書訟博士受賄之語牽連惟

勝,有旨放歸蜀。其門人星散,獨弟子純白負巾鉢以從。既至成都,居昭覺寺,法筵之盛,猶在黃檗之時(《補續高僧傳》卷八;《續傳燈錄》卷一八)。

按:南康郡王不詳身分。「太學生上書訟博士」事,應指神宗朝太學虞蕃訟博士受賄事(《宋史》卷二五五;劉摯《忠肅集》卷四)。

宋哲宗年元祐元年丙寅(1086)

◆ 夏四月,王安石薨於金陵,年六十八歲。

◆ 秋,兜率從悅以棲賢首座膺選為分寧龍安山兜率禪院之住持,係府帥熊本治下之廬山諸院,聽所謂眾定者(《龍雲集》卷二四)。從悅為寶峰真淨克文之法嗣,是年四十六歲。

按:熊本為鄱陽人,官至吏部侍郎,後二度知洪州(《宋史》卷三三四)。先於元豐八年十二月,後於元祐六年五月自洪州再知(《續資治通鑑長編》卷四五八、四六六)。

宋哲宗年元祐三年戊辰(1088)

◆ 六月上瀚日,潁昌府臨潁縣令充洪州州學教授劉弇(1048-1102)撰〈《〔兜率〕悅禪師語錄》序〉。序中先云:「元祐元年秋,分寧龍安山之兜率禪院以始時開山,至是更八代矣。佛事替不嗣,欲得九代者之倬其傳也。上其事於府,府帥延閣熊公為下之廬山諸院,聽所謂眾定者。於是大禪伯悅公以棲賢上首應選焉。師自發足棲賢,抵歸宗、開先諸寺,比四升座,人已恨其出世之晚,而最後予得與洪之官屬,合僧若俗千數人,聽開座於上藍禪院。是日,吐師子音,魔膽震落,如沃涼泉,滌彼心垢,如飲海子,究量而止。是會者,又相與語曰:『此其聞知,皆吾人得其生平所未嘗者也。』後二年,侍者了詮取師自棲賢至兜率前後升座問答等語,件為一編,持詣予曰:『吾師示徒如是,是不可無紀也。子幸為我序之。』予告之曰:『詮乎,汝來,道果可以語言得耶?是真無易汝師矣。道果不可以語言得耶,汝師之說猶寄

也。今汝從而件之，亦一寄也。予復妄序之，又一寄也。以吾寄寄汝寄，以汝寄寄汝師，寄不乃相與著足虵身耶？雖然，佛祖以是脫眾，凡汝師以是派佛祖，其久矣。吾尚何辭？』師得法於洞山西堂之文禪師，文於黃龍南號高足者。」（《龍雲集》卷二四）

宋哲宗年元祐五年庚午（1090）

◆ 十一月，無盡居士張商英漕江西（《續資治通鑑長編》卷四五○），從此在江西約三年餘，於七年，欽慕名聞叢林之靈源惟清，勸請惟清主豫章觀音（見下文）。

◆ 雲居元祐住南康軍雲居山真如禪院至是約五年（見下文），是年六十一歲。元祐係慧南弟子，從慧南於黃檗及黃龍十餘年。據說「智辯自將，氣出流輩」，眾以是少之，然祐不以為意。慧南歿後，去游湘中，廬於衡嶽馬祖故基。衲子追隨，聲重荊楚間。謝景溫守潭州（見上文），欲改道林之律寺禪居，盡禮致祐，為第一世，祐欣然肯來。道林蜂房蟻穴，間見層出。像設之多，冠於湘西。祐夷廓之，為虛堂、為禪室，以會四海之學者。役夫不敢壞像設，祐自鋤棄諸江曰：「昔本不成，今安得壞。吾法尚無，凡情存聖，解乎？」六年而殿閣崇成，棄之，去游廬山。王安石之弟王安上問法於祐，請住雲居山（《歷代佛祖通載》卷一九）。

◆ 張商英是年作〈雲居山真如禪院三塔銘并序〉（《宋代蜀文輯存》卷一四）記唐末南康軍雲居山洪覺膺禪師塔之重修經過。文中言：「宋元祐五年，祐公住山，詣塔瞻禮，慨然嘆曰：『洪覺且爾，況泯泯之流乎？由洪覺以來二十七世，而山中以十數計，祐不以身先之，來者殆無葬所矣。』林洋曰：『明年二月二，與汝暫相棄。灰散四山頭，莫占檀那地。』泰布衲曰：『不用剃頭，不用澡浴。猛火一堆，千足萬足。』未聞人人而侈其塔也。乃於洪覺塔之左右建二塔而主之…祐之言曰：『祐區區於此三十一年矣，今乃率其私意，行之山中。力薄德鮮，恐不足以表唱諸方，敢借重於公，推而放之，

作大利益。』…」此文中之祐公即雲居元祐，是年六十一歲。

按：「祐區區於此三十一年矣」似說雲居元祐住南康軍雲居山真如禪院至是年有三十一年。若是如此，則其入雲居山在嘉祐五年（1060），其師慧南尚未入黃龍山，則慧南沒後，元祐去游湘中之說不能成立。或說元豐二年己未（1079），羅漢系南禪師至長沙道林參禮雲居元祐禪師，於言下疑情頓釋。雲居元祐既謝院事，隨侍廬嶽。逮元祐元年丙寅（1086），雲居元祐住羅漢，系南輔建叢林，雄冠江表。元祐因告老，系南繼其席（《雲臥紀談》卷上）。如果此說無誤，則雲居元祐最早在元祐元年入住雲居真如禪院，至其於紹聖二年（1095）示寂為止，前後共十年，三十一年之說，實不可能。若三十一年指其僧臘，亦不對，因他二十四歲時已得度具戒，至是年六十一歲，共三十七年，不符三十一之數，疑張商英誤聽元祐之語，或原刻文又誤。張商英當於是年遊黃龍山，訪晦堂祖心於西園。雲臥曉瑩有記曰：「無盡居士見兜率悅禪師，既有契證，因詢晦堂家風於悅，欲往就見。悅曰：『此老只一拳頭耳。』乃潛奉書於晦堂曰：『無盡居士世智辨聰，非老和尚一拳垂示，則安能使其知有宗門向上事耶？』未幾，無盡遊黃龍，訪晦堂於西園。先以偈書默菴壁曰：『亂雲堆裏數峰高，絕學高人此遯逃。無奈俗官知住處，前驅一喝散猿猱。』徐扣宗門事，果示以拳頭話。無盡默計不出悅之所料，由是易之。遂有偈曰：『久響黃龍山裏龍，到來只見住山翁。須知背觸拳頭外，別有靈犀一點通。』靈源時為侍者，尋題晦堂肖像曰：『三問逆摧，超玄機於鷲嶺；一拳垂示，露赤體於龍峰。聞時富貴，見後貧窮。年老浩歌歸去樂，從教人喚住山翁。』黃太史魯直聞而笑曰：『無盡所言靈犀一點通，此磊苴為虛空安耳穴。靈源作偈分雪之，是寫一字不著畫。』嗟乎，無盡於宗門可謂具眼矣，然因人之言，昧宗師於晦堂，鑑裁安在哉？悅雖得無盡，樂出其門。其奈狹中媢忌，為叢林口實也。」（《羅湖野錄》卷下）

又按：「三問」，希叟紹曇作「三關」（《五家正宗傳》卷二），當指「黃龍三關」。「黃龍三關」即是「生緣、佛手、驢腳」三問，意思相同。不過，靈源之題詞為一對聯，故「三問」對「一拳」較妥。對張商英見晦堂「示以拳頭話」後態度，曉瑩認為是由仰慕變成輕易，是受從悅之影響，而

對其偈頌，也解讀成對宗師晦堂法道之有失鑑裁。所以拿祖心弟子靈源惟清之肖像題詞來反駁，並指控從悅「狹中媚忌」，成了「叢林口實」。不過，曉瑩之師大慧宗杲對張商英見晦堂的反應，解讀頗不相同。他說：「張無盡見兜率悅却譏晦堂，有頌曰：『久嚮黃龍山裏龍，到來只見住山翁。須知背觸拳頭外，別有靈犀一點通。』當時諸方莫不歎服。山僧後來見得，惜乎無盡已死。彼云：『須知背觸拳頭外，別有靈犀一點通。』若將此頌要見晦堂，不亦遠乎。」（《大慧普覺禪師宗門武庫》；《普覺宗杲禪師語錄》卷上）大慧說「當時諸方莫不歎服」，應該是指他們對張商英「須知背觸拳頭外，別有靈犀一點通」兩句的解讀是正面的。雖然如此，大慧認為若張商英拿此頌去見晦堂，也是淺而不篤，離晦堂之道太遠了。

◆ 大覺懷璉無疾而化，年八十一歲（《釋氏稽古略》卷四）。蘇軾有祭文，略云：「於穆仁祖，威神在天。山陵之成，二十九年。當時遺老，存者幾人。矧如禪師，方外之臣。頌詩往來，月璧星珠。昭回之光，下燭海隅。昔本無生，今亦無滅。人懷昭陵，涕泗哽噎。」（《蘇軾文集》卷六三）後惠洪為之作僧寶傳，贊曰：「璉公生長於寒鄉，棲遲於荒遠。鉢飯布衲，若將終身。一旦道契主上，名落天下，而能焚龍腦，讓正寢。非其素所畜養大過於人者，何以至是哉。至於與士大夫論宗教，則指物連類，折之以至理，使其泮然無疑，則亦知為比丘之大體者歟。」（《禪林僧寶傳》卷一八）
　　按：《釋氏稽古略》說卒年八十二，應係根據卷《禪林僧寶傳》一八，〈大覺璉禪師〉傳略，其說實誤。茲從《宗統編年》卷二一。

宋哲宗年元祐六年辛未（1091）

◆ 四月二十四日，張商英作〈東林善法堂記〉，乃因游廬山東林禪寺，應東林照覺常總弟子弼恩等之請而作。原文已失，《嘉泰普燈錄》卷三〇摘錄之，恐非其全璧。是年張商英四十九歲。

◆ 九月二十九日，東林常總禪師坐化，壽六十七歲（《禪林僧寶傳》卷二四；

《建中靖國續燈錄》卷一二）。不久，黃庭堅應其徒永邦之請作〈江州東林寺藏經記〉，敘常總住廬山東林寺時，其弟子為東林寺蓋的「轉輪蓮花經藏」。常總於元豐三年（1080）入東林寺，當時五十六歲，至此時已歷十二年。黃庭堅是年四十七歲。

按：明・朱時恩《居士分燈錄》說：「元祐七年，〔張商英〕漕江西，首謁東林總。總詰英所得，見與己符合，因印可之。」顯然有誤，可能是受《羅湖野錄》之影響。張商英於元祐五年十一月以提點河北北西路為江南西路轉運副使，並兼提刑，見東林常總之時間應在當時。元祐七年（即明年）常總已死，不會與張商英相見而印可之。**32**

是年黃庭堅作〈與雲巖禪師〉（《黃庭堅全集・續集》卷一），是致死心悟新禪師之書尺。死心悟新出世後住持的第一個禪院即是洪州雲巖。黃庭堅曾作〈雲巖律院打作十方請新長老住持疏〉，有「雲巖打作十方，新長老來住道場。麒麟不可捕狼，驅除分付當行」之語。可見是借重悟新任人唯才的能力，將改為十方禪院的律寺重新整頓。稱悟新為雲巖禪師，當是因此。是年悟新四十九歲，黃庭堅四十七歲。

◆　冬至日，兜率從悅卒，年四十八歲。張商英聞訃，哭而慟。及大拜，乞諡悅號真寂禪師，遣親持文祭其塔（《嘉泰普燈錄》卷二三）。文中有云：「余頃歲奉使江西，按部西安，相識于龍安山中，抵掌夜語，盡得其末後大事，正宗顯決，方以見晚為嘆，而師遽亦化去。惜其福不逮慧，故緣不勝；喜其德不可掩，故終必有後。有若疏山了常、兜率慧照、慈雲明鑒、清谿志言者，皆說法一方，有聞于時。有若羅漢慧宣、楊岐子圓、廣慧守真、瀼川智宣者，皆遯跡幽居，痛自韜晦。」（《羅湖野錄》卷上）

按：《大慧宗門武庫》云：「〔張〕無盡邀悅至建昌，途中一一伺察，有十頌敘其事，悅亦以十頌酬之，時元祐八年八月也。」此實誤記。《五燈會

32　張商英漕江西時間，見《續資治通鑑常編》卷450，頁10817。

元》卷一八因之，亦誤。元祐八年二月張商英已由江南西路轉運副使徙任淮南轉運副使，不會在八年至建昌（《續通鑑長編》卷四八一）

◆ 張商英於去年十一月任江西南路轉運副使。是年，其法友荊門當陽玉泉承皓禪師遣人至江西，言於張商英曰承皓自謂老病且死，得百丈元肅為代可矣。張商英以此喻元肅，元肅不願往（《佛祖歷代通載》卷一九）。百丈元肅為慧南弟子，紹聖四年，江西大饑，張商英奉命守洪州，逢黃龍主僧求去，張謂繼南者非元肅不可，乃持疏山中，檄遣縣令佐敦請，元肅三辭不聽，後不得已而至院（張商英〈黃龍崇恩禪院記〉）。十二月二十八日，玉泉承皓示寂，年八十一（《建中靖國續燈錄》卷六）。

宋哲宗年元祐七年壬申（1092）

◆ 死心悟新於是年出住雲巖，年五十歲（《嘉泰普燈錄》卷六）。

◆ 江西漕運副使張商英檄分寧邑官，同諸山，勸請靈源惟清出世於豫章觀音。是時靈源寓分寧青龍山興化禪院，其命嚴甚。不得已，遂親出投偈辭免曰：「無地無針徹骨貧，利生深媿乏餘珍。塵中大施門難啟，乞與青山養病身。」（《羅湖野錄》卷上）是年張商英五十歲。
按：《羅湖野錄》敘述靈源惟清時說「元祐七年，無盡居士張公漕江西」，而敘張商英時則說「元祐六年，公漕江西」，前後不一，應都是指其於五年已入江西後之事。《續資治通鑑長編》卷四五〇說：「元祐五年十一月甲戌，提點河北西路刑獄張商英為江南西路轉運副使。」至是年，仍在江西，曾於九月作〈仰山廟記〉，係應佛印了元之請而作。又《羅湖野錄》說「靈源寓興化」，未說興化實江西分寧青龍山之興化禪院。

◆ 靈源惟清為其師祖心所抄錄之《宗鏡錄》之要處離為三冊，目之曰《冥樞會要集》（《冥樞會要》卷末）

◆ 十二月十日，張商英作〈撫州永安禪院僧堂記〉，係應兜率從悅法嗣疎山了之請而作。了常為永安禪院住持，乃張商英所薦，故有是請。文末云：「了常諮參悅老十餘年，盡得其末後大事，蓋古德所謂金剛王寶劍云。」（《緇門警訓》卷三）

宋哲宗年元祐八年癸酉（1093）

◆ 春，黃庭堅作書致武寧縣宰，此書即南宋盧陵曾宏父輯刻之《鳳墅帖》中之〈僧惟清帖〉，作於修水。**33**其文曰：「庭堅叩頭：僧惟清者，聞府中虛觀音法席而召之，誠為德舉。此僧真法器，規摹宏遠，但年少，自以少碪鍛之功，方欲調心養道，極古人之門戶，輒欲以病自陳，幸府中垂聽。君子成人之美，諒諸公必以為然。恐見漕台及府座，幸為道此。庭堅叩頭。」是年黃庭堅四十九歲，丁憂在家。

◆ 黃庭堅丁家艱，館黃龍山，從晦堂和尚遊。是年晦堂七十四歲。庭堅與死心晤新、靈源惟清兩老尤篤方外契。時死心五十歲。晦堂與庭堅語，舉「孔子謂弟子，以我為隱乎，吾無隱乎爾。吾無行而不與二三子者，是丘也。」請庭堅詮釋，而至于再，晦堂不然其說。庭堅怒形於色，沈默久之。時當暑退涼生，秋香滿院。晦堂乃曰：「聞木犀香乎？」庭堅曰：「聞。」晦堂曰：「吾無隱乎爾。」庭堅欣然領解（《羅湖野錄》卷上）。

◆ 十二月，黃庭堅作〈題黃龍清禪師晦堂贊〉。贊詞云：「三問逆推，超元機於鷲嶺；一拳垂示，露赤體於龍峰。聞時富貴，見後貧窮。年老浩歌歸去樂，從他人喚住山翁。」題詞云：「元祐八年十二月，通城陳修己為智嵩上座寫晦堂老師影，絕妙諸本。予欲彫琢數句，莊嚴太空，適見西堂清公所

33　《中國法帖全集 8・宋鳳墅帖》（武漢：湖北美術出版社，2002）。又參看鄭永曉，《黃庭堅全集輯校編年》，頁 666。

作，全提全示，無有少賸，順贊一句，屋下蓋屋；逆贊一句，樓上安樓。不如借水獻花，與一切人供養。黃某題。（《黃庭堅全集‧別集》卷七）

按：黃龍清禪師即黃龍惟清，也是題詞裏的「西堂清公」。

◆ 景福順示寂，坐脫於香城山（《宗統編年》卷二二），年八十五。

按：《宗統編年》及諸禪籍皆說景福順卒時年「八十餘」，茲以蘇轍記其紹聖元年再貶高安時景福順已「化去逾年」為據，推其卒年。蘇轍是明年九月至筠州，則景福順當於今年九月之前化去。享年應是八十五歲。

宋哲宗紹聖元年甲戌（1094）

◆ 黃庭堅作〈黃龍慧南禪師真贊〉云：「我手何似佛手，日中見斗；我脚何似驢脚，鎖却狗口。生緣在甚麼處，黃茆裏走。乃有北溟之鯤，揭海生塵。以長嘴鳥啄其心肝肺，乃退藏於密；待其化而為鵬，與之羽翼九萬里，則風斯在下矣。自為鑪而鎔凡聖之銅，乃將圖南也。道不虛行，是謂無功之功。徧得其道者，一子一孫而已矣。得其一者，皆為萬物之宗。工以丹墨，得皮得骨。我以無舌，贊水中月。」（《黃庭堅全集‧正集》卷二二）

◆ 六月七日，東坡居士於其貶惠州之行，舟次金陵，阻風江滸。蔣山法泉既迎其至，從容語道。東坡遂問曰：「如何是智海之燈？」泉遽對以偈曰：「指出明明是甚麼，舉頭鷁子穿雲過。從來這盌最希奇，解問燈人能幾箇。」東坡於是欣然。以詩紀其事曰：「今日江頭天色惡，炮車雲起風欲作。獨望鍾山喚寶公，林間白塔如孤鶴。寶公骨冷喚不聞，却有老泉來喚人。電眸虎齒霹靂舌，為余吹散千峰雲。南來萬里亦何事？一酌曹谿知水味。他年若畫蔣山圖，為作泉公喚居士。」[34]法泉復說偈送行曰：「脚下曹谿去路通，登堂

34　按：「炮車」、「不聞」、「為作」，《羅湖野錄》作「砲車」「不廳」、「仍作」。

無復問幡風。好將鍾阜臨岐句，說似當年踏碓翁。」（《羅湖野錄》卷下；
《蘇軾詩集合注》卷三七）是年東坡五十九歲。

宋哲宗紹聖二年乙亥（1095）

◆ 二月前，張商英作〈撫州永安禪院新建法堂記〉，文中云：「臨川陳宗愈於
永安長老會中得大法，喜，捐其家貲為建丈室作修廊。方且鳩林以新法堂，
而宗愈死。其二子號訴於常曰：『吾先子之未奉佛也安且強，既奉佛也病且
亡。佛之因果可信耶？其不可信耶？』常曰：『吾野叟也不足以譬子，子第
成父之志，而卒吾堂。吾先師有得法上首無盡居士，深入不二，辨才無礙，
隨順根性善演音。法堂成，當為子持書求誨，決子之疑。』紹聖元年春，常
遣明鑑至山陽以書來言，會予方以諫官召還未暇。明年，鑑又至京，待報於
智海禪剎。爾時居士默處一室，了明幻境，鐵輪旋頂，身心泰定。明鑑雨淚
悲泣，殷勤三請：『大悲居士，佛法外護，付與王臣。今此眾生，流浪苦
海，貪怖死生，迷惑因果。惟願居士作大醫王，施與法藥。』…」（《緇門
警訓》卷一〇）是年張商英五十三歲。

按：文中之「常」即是上文永安禪院之住持疏山了常，是黃龍慧南之法孫。
去年四月，張商英由淮南轉運副使遷任右正言，故言「以諫官召還」。是年
二月，坐謫襄州酒稅，改監江寧府稅。[35]故明鑑至京，待報於智海禪剎，應
在張商英貶謫之前。

◆ 七月，蘇轍再貶高安（《欒城集》附錄二〈蘇穎濱年表〉），逍遙省聰退老
黃蘗不復出矣。聞蘇轍來，出見曰：「吾夢與君遊於山中，知君復來。去
來，宿緣也，無足怪者。」省聰與蘇轍處一年，弊衣糲食，澹然若將終焉。
高安之人曰：「有如聰禪師而不坐道場者耶？」省聰曰：「吾未始不在道
場，顧以蘇公一來，餘無求也。」眾曰：「逍遙，唐帝子遺築，賓旅不至，

---

[35] 《無盡居士張商英研究》附錄〈張商英事蹟及著述編年〉，頁 273-277。

而貲糧可以老，居之無害。」省聰不聽。蘇轍告之曰：「師豈以我故廢傳法耶？」省聰笑而許之（《續傳燈錄》卷一四）。

◆ 七月七日，雲居元祐夜集眾說偈而化，年六十六歲（《禪林僧寶傳》卷二五）。

◆ 十二月，省聰杖策入逍遙山。山久弗不理，十方不至，省聰方治其缺圮以延眾。蘇轍亦得《般若》、《涅槃》、《寶積》、《華嚴》四大部舊經於聖壽〔按：應作「壽聖」〕，補其殘破而授省聰（《欒城後集》卷二四）。

◆ 黃庭堅謫官在黔州道中，晝臥覺來，忽然廓爾。尋思平生被天下老和尚謾了多少，唯有死心道人不肯。乃是第一相為也。靈源惟清以偈寄之曰：「昔日對面隔千里，如今萬里彌相親。寂寥滋味同齋粥，快活談諧契主賓。室內許誰參化女，眼中休自覓瞳人。東西南北難藏處，金色頭陀笑轉新。」庭堅作〈寄清、新二禪師頌〉二首和之，其一曰：「石工來斲鼻端塵，無手人來斧始親。白牯狸奴心即佛，龍睛虎眼主中賓。自攜瓴去沽村酒，却著衫來作主人。萬里相看如對面，死心寮裏有清新。」[36]（《羅湖野錄》卷一；《黃庭堅全集・別集》卷三）其二曰：「死心寮裏有清新，把斷黃河塞要津。一段風濤驚徹底，個中無我亦無人。夢驚蛇咬悵惶走，痛學尋醫妙有神。此是如來正法藏，覺來床上笑番身。」（《黃庭堅全集・別集》卷三）雲臥曉瑩錄前首於《羅湖野錄》中，並評其事曰：「黃公為文章主盟，而能銳意斯道，於黔南機感相應，以書布露，以偈發揮。其於清、新二老，道契可礭見矣（《羅湖野錄》卷一）。

按：死心悟新在黃龍寶覺祖心處大悟後自號「死心叟」，而榜其居曰：「死心室」。他自己曾作〈死心室〉頌一首云：「死心心死死全心，死得全心一

---

36 按：「石工」，《黃庭堅全集》及《黃庭堅全集輯校編年》均作「石公」。「龍睛」則作「銅睛」。「却著衫」作「幻著衫」，此處均依《羅湖野錄》。「如對面」，原作「常對面」，依兩書改。

室深。密把鴛鴦閑繡出，從他人競覓金針。」（《死心悟新禪師語錄》）「死心寮」是黃庭堅稱死心室之用語。

宋哲宗紹聖三年丙子（1096）

◆ 二月二十五日，靈源惟清為新刊校勘本《冥樞會要》作跋，述其重新鏤版校勘之原委（《冥樞會要》卷末）。

◆ 九月，蘇轍禪友筠州壽聖省聰示寂，年五十五（《欒城後集》卷二四；《宗統編年》卷二二）。以此逆推，省聰應生於仁宗慶曆二年（1042）。

◆ 十月，張商英權知洪州，道由歸宗見寶峰真淨克文於淨名庵，（《石門文字禪》卷三〇，〈雲庵真淨和尚行狀〉；《宗統編年》卷二二），是年克文七十二歲，張商英五十四歲。明年張商英力請慧南法子元肅禪師住黃龍山，重建黃龍崇恩禪院（張商英〈黃龍崇恩禪院記〉）。
按：《皇宋通鑑長編紀事本末》卷一三一，及《北宋經撫年表》俱云張商英於去年知洪州，皆誤。

◆ 死心悟新再入洪州分寧縣雲巖禪院。

宋哲宗紹聖四年丁丑（1097）

◆ 閏二月前，慧南弟子黃龍元肅因洪州守張商英之請住黃龍山，當是。張商英於去年十月權知洪州守，今年閏二月任滿，故請元肅入黃龍之時間應在是年初離任州守之前。

◆ 張商英迎真淨克文居石門渤潭，惠洪亦隨之（《石門文字禪》卷二四，〈寂音自序〉）。真淨克文作〈寄洪帥張天覺〉二首。其一云：「雲賴德風輕舉力，飄然又寄寶山中。龍蛇每用春雷覺，草木時將法雨蒙。馬祖妙心傳不盡，渤潭靈派瀉無窮。回頭為報張居士，豈獨今生外護功。」其二云：「聞

說當年蛇虎穴，法王居後杳無蹤。庭幽寂寂深深處，山好千千萬萬重。張氏腴田圍大嶺，馬師靈塔蔟長松。勝遊輸却君先到，還屬南昌一化封。」（《古尊宿語錄》卷四五）又作〈別洪帥張左司歸渤潭〉云：「自笑年來七十三，缾盂又汲石門潭。偶迎府帥一時意，拋却雲山幾處庵。大道也知無固必，通人應亦重相諮。翻思恩德何由報，潦倒扶持強指南。」（《古尊宿語錄》卷四五）是年克文七十三歲，故云「自笑年來七十三」。

按：惠洪說：「張丞相時由左司謫金陵酒官，起帥南昌，過廬山，見師康強，盡禮力致之，以居渤潭」（《禪林僧寶傳》卷二三）當即是在此時。又石門渤潭為馬祖道一之塔所在，故云「馬師靈塔」。據說唐貞元四年正月中，他登建昌石門山，於林中經行，見洞壑平坦處，謂侍者曰：「吾之朽質當於來月歸茲地矣。」言訖而迴。至二月四日果有微疾，沐浴訖，跏趺入滅。唐德宗貞元朝之文學家權德輿（759-818）曾作〈唐故洪州開元寺石門道一禪師塔銘（並序）〉說，馬祖坐化之前，「以石門清曠之境，為宴默終焉之地，忽謂入室弟子曰：『吾至二月當還，爾其識之。』及是委化，如合符節。」乃有「馬祖終於開元寺，茶毘於石門而建塔也」之說（《景德傳燈錄》卷六）。[37]

宋哲宗元符元年戊寅（1098）

◆ 八月癸卯，黃庭堅在退聽堂作〈送峨眉章上人南游序〉，推薦章上人過鼎、澧之地時，往依有恭禪師，以其曾「作南禪師侍者二十一年，能談先達風範氣味，且往依棲，決定不虛過日月。」又推薦他往分寧之玉溪謁萬杉紹慈。紹慈是東林常總之法嗣，慧南法孫。此外又建議章上人往謁黃龍祖心、黃龍元肅、渤潭克文、死心悟新及靈源惟清首座（《黃庭堅全集・補遺》卷九）。前三位是慧南弟子，後兩位是慧南法孫。祖心及克文是年皆七十四歲，元肅不詳。死心六十五歲。

---

37 按：《景德傳燈錄》說：「按權德輿作塔銘言：『馬祖終於開元寺，茶毘於石門而建塔也。』」此實是簡化權德輿之文而言。權德輿之文雖有此說，並無此句。權德輿之文見《全唐文》卷501，頁5106。

◆ 死心悟新入黃龍山，吉州禾山方禪師來隨。閱五載，方禪師又隨死心退居隆興府祐聖院（見下文）。

◆ 黃庭堅〈洪州分寧縣雲巖禪院經藏記〉或作於是年，文中稱死心悟新為韶陽老人。而自謂謫授涪州別駕戎州安置黃庭堅，以是年謫放戎州也。其文略謂：「韶陽老人得道於黃龍祖心禪師，被褐懷玉，隱約山間，二十餘年矣。自言山野不解世事，無出山為人意。邑中賢士大夫及其耆宿商度曰：『欲興雲巖法席，必得本色道人，若是則莫宜。』若是則莫宜韶陽公。於是逼致之，韶陽公幡然受請，入居方丈之東死心寮中。」又云：「物之成壞，蓋自有數。要以有道者為所依，然後崇成。韶陽所以不得已而置藏經，是中有正法眼句，禪子自當於死心寮中求之。」（《黃庭堅全集・正集》卷一七）是年死心六十五歲，黃庭堅五十四歲。庭堅寄出此此文之後，曾在〈答叔震〉一書中表示：「〈雲巖經藏記〉如此作去，不知可死心寮中老人意否？」（《黃庭堅全集・續集》卷五）大約同時，他又有〈答清長老〉三首，是給靈源惟清的。其第二書也說：「翠巖道稍行，聞之欣慰。〈雲巖藏經記〉已作得，但老來極懶作文字，隨事仰筆墨成之，所敘不能如來論之曲折，不審已傳本到山中未？」（《黃庭堅全集・續集》卷五）書中說「翠巖道稍行」是說死心在黃龍山之道日漸為人所知。

按：薝蔔是「栀子花」。南宋詩人董嗣杲〈栀子花〉一詩中有「芳林園裏誰曾賞，薝蔔坊中自可禪。明艷倚嬌攢六出，淨香乘烈裊孤妍。」明指「薝蔔」即是栀子花，且與禪相關。南宋狀元王十朋（1112-1171）〈薝蔔〉詩云：「禪友何時到，遠從毗舍園。妙香通鼻觀，應悟佛根源。」（《古今合璧事類備要別集》卷三十二）也將薝蔔比做「禪友」。

◆ 佛印了元卒於是年，年六十七（《禪林僧寶傳》卷二九）。

宋哲宗元符二年己卯（1099）

◆ 靈源惟清之友佛鑑慧懃（1059-1117）首眾僧於五祖山法演座下（《羅湖野錄》卷下），是年四十一歲。

◆ 四月後，張商英作〈黃龍崇恩禪院記〉，以文中說：「紹聖四年，江南大饑，朝庭遣予守洪」，又說：「初開沙門者，清河張氏超慧也；再興吾院者，清河張公記也。以法考之，豈非願大時節而外護，以濟吾事耶！遣同參自光子曰，持是說，求張公記其本末，此非小因小緣。自光持其說至京，予聞而笑曰：『拙哉允平！以超慧為清河，以予謂後清河耶？』」
按：言自光至京求記，是因張商英是年四月由江、淮、荊、浙等路發運使改任權工部侍郎，已回京任職之故。是年張商英五十七歲。

宋哲宗元符三年庚辰（1100）

◆ 十一月十六日，黃龍寶覺祖心歿，年七十六。黃庭堅作〈黃龍心禪師塔銘〉，文中云：「南公道貌德威，極難親附，雖老於叢林者，見之汗下。師之造前，意甚閑暇，終日笑語，師資相忘。四十年間，士大夫聞其風而開發者甚眾。惟其善巧無方，普慈不簡，人未見之，或生慢疑謗，承顏接辭，無不服膺。」（《黃庭堅全集・正集》卷三二）

◆ 黃庭堅有〈為黃龍心禪師燒香頌三首〉，第一首云：「老師身今七十六，老師心亦七十六。夢中沈却大法船，文殊頓足普賢哭。」[38]既言「老師身今七十六」，而為其燒香，可見是於祖心歿後所作。是時，黃庭堅是年五十六歲，在戎州（今四川宜賓）。《黃庭堅全集輯校編年》將此頌繫於元祐七年至紹聖元年之間，黃庭堅丁憂於修水期間，不妥。

◆ 舒州太平寺靈源惟清赴黃龍，太平虛席，薦佛鑑慧懃於舒守，遂命之出世（《羅湖野錄》卷下）。惟清高弟長靈守卓當是此時造太平，慧勤請居第一

---

38 《黃庭堅全集輯校編年》，頁 731。

座。守卓以慧勤為知己，不固辭，眾皆疑駭。及聞說示，罔不欽服（《長靈守卓禪師語錄》）。

按：是年舒州守為游酢（1045-1115），但《羅湖野錄》卻說「舒守孫鼎臣」，疑孫鼎臣在游酢之前或之後領舒州，唯確切時間不詳。汪藻之〈朝請大夫直秘閣致仕吳君墓誌銘〉一文有「舒州守孫傑馭下如束溼」一句（《浮溪集》卷二五），可證明孫傑曾領舒州。而宋・張邦基有「孫傑鼎臣」之稱謂，可證明孫傑即是孫鼎臣。其語云：「呂溫卿為浙漕，既起錢濟明獄，又發廖明畧事，二人皆廢斥。復欲網羅參寥，未有以中之。會有僧與參寥有隙，言參寥度牒冒名。蓋參寥本名曇潛，因子瞻改曰道潛。溫卿索牒驗之，信然，竟坐刑之『歸俗』，編管兗州。未幾，溫卿亦為孫傑鼎臣發其贓濫，繫獄。」（《墨莊漫錄》卷一）似乎曉瑩「舒守孫鼎臣」之說並無誤。此外，《長靈守卓禪師語錄》說：「太守孫公（傑）聞其名，偶以甘露闕人，請師〔守卓〕主之。勤與眾咸以荒村破院，欲其無行。師曰：『政不以此為慮，顧在我者如何耳。』腰包而往，衲子歸之，各以巾橐長餘，增修堂室。舒民素號難化，至是亦翕然信向。」可見孫鼎臣與孫傑為同一人，鼎臣應為孫傑之字。又依《靈源和尚筆語》中惟清答其弟子守卓之書尺看，守卓確曾住甘露，但他在致惟清之書函上說是「迫不得已從住持」，與《羅湖野錄》之記載頗有出入。此外，曉瑩此段記載既說「舒民」翕然信向，是則甘露院確在舒州。

參考文獻

一、辭書、目錄、字典

日本・小野玄妙主編，《佛書解說大辭典》（東京：大東出版社，1932-1935）

日本・駒澤大學圖書館編，《新纂禪籍目錄》（東京：駒澤大學図書館，1962）

宋・高承，《事物紀原》（北京：中華書局，1989）

宋・善卿編，《祖庭事苑》（臺北：新文豐出版公司，《卍續藏經》113 冊，1975）

清・徐松輯，《宋會要輯稿》（北京：中華書局，1957）

民國・佚名，《古今圖書集成釋教部彙考》（臺北：新文豐出版公司，《卍續藏經》133 冊，1975）

二、經史、諸子、編年、紀傳、紀事本末

漢・伏勝，《尚書大傳》（上海：商務印書館，《四部叢刊》初編本，1934）

漢・劉向，《戰國策》（臺北：臺灣商務印書館，《文淵閣四庫全書》，1983-1986）

西晉・陳壽，《三國志》（北京：中華書局點校本，1963）

西晉・郭象，《南華真經注疏》（上海：商務印書館，《四部叢刊》初編本，1934）

唐・房玄齡，《晉書》（北京：中華書局點校本，1974）

宋・李燾，《續資治通鑑長編》（北京：中華書局點校本，2004）

宋・楊仲良，《皇宋通鑑長編紀事本末》（哈爾濱：黑龍江出版社，2006）

元・脫脫，《宋史》（北京：中華書局點校本，1997）

清・吳廷燮，《北宋經撫年表》（北京：中華書局，1989）

清・黃以周等，《續資治通鑑長編拾補》（北京：中華書局點校本，2004）

三、地方志、地方史、山志、佛寺志

宋・祝穆，《方輿勝覽》（北京：中華書局點校本，2004）

宋・陳舜俞，《廬山記》（臺北：新文豐出版公司，《大正藏》51 冊，1983）

宋・陳田夫，《南嶽總勝記》（臺北：新文豐出版公司，《大正藏》51 冊，1983）

明・李賢等，《大明一統志》（臺北：臺灣商務印書館，文淵閣《四庫全書》，1983-1986）

明・林庭㭴、周廣，《嘉靖江西通志》（臺南：莊嚴文化出版社，1996）

明・郭子章，《豫章書》（臺北：臺灣商務印書館，文淵閣《四庫全書》，1983-1986）

明・德清，《廬山歸宗寺志》（上海：上海交通大學出版社，2011）

明・鄺璠修、熊相纂，《正德瑞州府志》（上海：上海書店，1990）

明・龔暹，《嘉靖寧州志》（上海：上海書店，《天一閣藏明代方志選刊續編》，1990）

清・李元度，《南嶽志》（長沙：湖南出版社，1996）

清・杜友棠、楊兆崧等，《同治新建縣志》（臺北：成文出版社有限公司，1970）

清・許應鑅、王之藩等，《同治南昌府志》（臺北：成文出版社有限公司，1970）

清・盛元，《同治南康府志》（臺北：成文出版社有限公司，1970）

清・黃壽祺修、吳華辰等，《同治玉山縣志》（臺北：成文出版社有限公司，1970）

清・趙宏恩等，《江西通志》（臺北：臺灣商務印書館，文淵閣《四庫全書》，1983-1986）

民國・吳宗慈，《廬山志》（臺北：明文書局，1980）

民國・岑學呂，《雲居山志》（臺北：明文書局，1980）

四、禪僧詩文集、筆記、書尺等

宋・如璧，《倚松詩集》（臺北：臺灣商務印書館，文淵閣《四庫全書》，1983-1986）

宋・宗杲，《禪林寶訓》（臺北：新文豐出版公司，《大正藏》48 冊，1983）

宋・契嵩，《鐔津文集》（臺北：新文豐出版公司，《大正藏》52 冊，1983）

宋・契嵩，《鐔津集》（臺北：臺灣商務印書館，《文淵閣四庫全書》，1983-1986）

宋・惟清，《靈源和尚筆語》（南京：鳳凰出版社，影印臨川本，2012）

宋・智昭，《人天眼目》（臺北：新文豐出版公司，《卍續藏經》113 冊，1975）

宋・惠洪，《石門文字禪》（臺北：新文豐出版公司，常州天寧寺刻經處本，1973）

宋・惠洪，《林間錄》（臺北：新文豐出版公司，《卍續藏經》148 冊，1975）

宋・曉瑩，《羅湖野錄》（臺北：新文豐出版公司，《卍續藏經》142 冊，1975）

宋・道融，《叢林盛事》（臺北：新文豐出版公司，《卍續藏經》148 冊，1975）

宋・曉瑩，《雲臥紀談》（臺北：新文豐出版公司，《卍續藏經》148 冊，1975）

宋・慧南，《集洪州黃龍南禪師書尺》（東京：田中甚兵衛，延享元年刊本，1744）

宋・慧南，《集洪州黃龍南禪師書尺》（東京：小川源兵衛，寶曆十三年改訂本，1763）

宋・慧南，《集洪州黃龍山南禪師書尺》（東京：一喝社，《禪學大系》本，1911-1912）

宋・慧南，《集洪州黃龍山南禪師書尺》（東京：二松堂書店，《国訳禅学大成》第十五卷，
　　1929-1930）

清・道古，《緇林尺牘》（上海：商務印書館，1934）

日本・桂洲道倫，《黃龍山南禪師書尺集事苑》（東京：小川源兵衛，寶曆十三年，1763）

日本・佚名，《靈源筆語別考》，收於金城宇編《和刻本中國古逸書叢刊》（南京：鳳凰出版社，
　　2012）

五、佛典、燈史、僧傳、語錄

後秦・弗若多羅共羅什譯，《十誦律》（臺北：新文豐出版公司，《大正藏》23 冊，1983）

劉宋・求那跋陀羅譯，《雜阿含經》（臺北：新文豐出版公司，《大正藏》02 冊，1983）

隋・智顗，《法界次第初門》（臺北：新文豐出版公司，《大正藏》46 冊，1983）

唐・不空譯，《仁王護國經》（臺北：新文豐出版公司，《大正藏》08 冊，1983）

唐・玄奘譯，《大般若波羅蜜多經》（臺北：新文豐出版公司，《大正藏》05 冊，1983）

唐・玄覺，《永嘉證道歌》（臺北：新文豐出版公司，《大正藏》48 冊，1983）

唐・李通玄，《華嚴經合論》（臺北：新文豐出版公司，《卍續藏經》05 冊，1975）

唐・道世，《法苑珠林》（臺北：新文豐出版公司，《大正藏》53 冊，1983）

唐・澄觀，《大方廣佛華嚴經疏》（臺北：新文豐出版公司，《大正藏》35 冊，1983）

唐・裴休，《黃檗斷際禪師宛陵錄》（臺北：新文豐出版公司，《大正藏》48 冊，1983）

唐・窺基，《妙法蓮華經玄贊》（臺北：新文豐出版公司，《大正藏》34 冊，1983）

唐・窺基，《彌勒上生兜率天經贊》（臺北：新文豐出版公司，《大正藏》38 冊，1983）

五代・延壽，《宗鏡錄》（臺北：新文豐出版公司，《大正藏》48 冊，1983）

宋・子和、仲介，《寶覺祖心禪師語錄》（臺北：新文豐出版公司，《卍續藏經》120 冊，《黃龍
　　四家語錄》第一，1975）

宋・子和、仲介，《死心悟新禪師語錄》（臺北：新文豐出版公司，《卍續藏經》120 冊，《黃龍四家語錄》第二，1975）

宋・文智，《薦福承古禪師語錄》（臺北：新文豐出版公司，《卍續藏經》126 冊，1975）

宋・介諶，《長靈守卓禪師語錄》（臺北：新文豐出版公司，《卍續藏經》120 冊，1975）

宋・正受，《嘉泰普燈錄》（臺北：新文豐出版公司，《卍續藏經》137 冊，1975）

宋・守堅，《雲門匡真大師廣錄》（臺北：新文豐出版公司，《大正藏》47 冊，1983）

宋・克勤，《佛果圜悟禪師碧巖錄》（臺北：新文豐出版公司，《大正藏》48 冊，1983）

宋・思坦，《楞嚴經集註》（臺北：新文豐出版公司，《卍續藏經》107 冊，1975）

宋・自覺，《投子義清禪師語錄》（臺北：新文豐出版公司，《卍續藏經》124 冊，1975）

宋・知訥，《證道歌註》（臺北：新文豐出版公司，《卍續藏經》114 冊，1975）

宋・志磐，《佛祖統紀》（臺北：新文豐出版公司，《大正藏》49 冊，1983）

宋・宗杲，《正法眼藏》（臺北：新文豐出版公司，《卍續藏經》118 冊，1975）

宋・宗杲，《大慧普覺禪師普說》（臺北：新文豐出版公司，《卍正藏經》59 冊，1975）

宋・宗密，《法昌倚遇禪師語錄》（臺北：新文豐出版公司，《卍續藏經》126 冊，1975）

宋・宗賾，《（重雕補註）禪林清規》（臺北：新文豐出版公司，《卍續藏經》111 冊，1975）

宋・宗會等，《無準師範語錄》（臺北：新文豐出版公司，《卍續藏經》121 冊，1975）

宋・法應，《禪宗頌古聯珠通集》（臺北：新文豐出版公司，《卍續藏經》115 冊，1975）

宋・法宏等，《普覺宗杲禪師語錄》（臺北：新文豐出版公司，《卍續藏經》121 冊，1975）

宋・契嵩，《傳法正宗記》（臺北：新文豐出版公司，《大正藏》51 冊，1983）

宋・彥琪，《證道歌註》（臺北：新文豐出版公司，《卍續藏經》111 冊，1975）

宋・祖慶重編，《拈八方珠玉集》（臺北：新文豐出版公司，《卍續藏經》119 冊，1975）

宋・祖心，《冥樞會要》（東京：國會圖書館藏寬永年間刊本，1624-1643）

宋・悟明，《聯燈會要》（臺北：新文豐出版公司，《卍續藏經》136 冊，1975）

宋・師明，《續刊古尊宿語要》（臺北：新文豐出版公司，《卍續藏經》118 冊，1975）

宋・師會，《華嚴一乘教義分齊章復古記》（臺北：新文豐出版公司，《卍續藏經》105 冊，1975）

宋・惟蓋竺，《雪竇明覺禪師語錄》（臺北：新文豐出版公司，《大正藏》47 冊，1983）

宋・惟白，《建中靖國續燈錄》（臺北：新文豐出版公司，《卍續藏經》136 冊，1975）

宋・福深，《雲菴克文禪師語錄》（臺北：新文豐出版公司，《卍續藏經》120 冊，1975）

宋・惠洪，《禪林僧寶傳》（臺北：新文豐出版公司，《卍續藏經》137 冊，1975）

宋・惠洪，《臨濟宗旨》（臺北：新文豐出版公司，《卍續藏經》111 冊，1975）

宋・普濟，《五燈會元》（臺北：新文豐出版公司，《卍續藏經》138 冊，1975）

宋・普濟，《五燈會元》（北京：中華書局點校本，1984）

宋・惠泉，《黃龍慧南禪師語錄》（臺北：新文豐出版公司，《大正藏》47 冊，1983）

宋・紹隆，《圓悟佛果禪師語錄》（臺北：新文豐出版公司，《大正藏》47 冊，1983）

宋・紹曇，《五家正宗贊》（臺北：新文豐出版公司，《卍續藏經》135 冊，1975）

宋・楚圓，《汾陽無德禪師語錄》（臺北：新文豐出版公司，《大正藏》47 冊，1983）

宋・道原，《景德傳燈錄》（臺北：新文豐出版公司，《大正藏》51 冊，1983）

宋・道謙，《大慧普覺禪師宗門武庫》（臺北：新文豐出版公司，《大正藏》47 冊，1983）

宋・道誠，《釋氏要覽》（臺北：新文豐出版公司，《大正藏》54 冊，1983）

宋・賾藏主編，《古尊宿語錄》（北京：中華書局點校本，1994）

宋・賾藏主編，《古尊宿語錄》（臺北：新文豐出版公司，《卍續藏經》118 冊，1975）

宋・蘊聞，《大慧普覺禪師語錄》（臺北：新文豐出版公司，《大正藏》47 冊，1983）

宋・寶曇，《大光明藏》（臺北：新文豐出版公司，《卍續藏經》137 冊，1975）

宋・佚名，《馬祖道一禪師廣錄》（臺北：新文豐出版公司，《卍續藏經》119 冊，1975）

元・志明，《禪苑蒙求瑤林》（臺北：新文豐出版公司，《卍續藏經》148 冊，1975）

元・念常，《佛祖歷代通載》（臺北：新文豐出版公司，《大正藏》49 冊，1983）

元・宗寶編，《六祖大師法寶壇經》（臺北：新文豐出版公司，《大正藏》48 冊，1983）

元・道泰集，《禪林類聚》（臺北：新文豐出版公司，《卍續藏經》117 冊，1975）

元・德輝，《敕修百丈清規》（臺北：新文豐出版公司，《卍續藏經》111 冊，1975）

元・覺岸，《釋氏稽古略》（臺北：新文豐出版公司，《大正藏》49 冊，1983）

明・一如，《大明三藏法數》（北京：線裝書局，《永樂北藏》第 181 冊，1441）

明・大建，《禪林寶訓音義》（臺北：新文豐出版公司，《卍續藏經》113 冊，1975）

明・心泰，《佛法金湯編》（臺北：新文豐出版公司，《卍續藏經》148 冊，1975）

明・元賢，《禪林疏語考證》（臺北：新文豐出版公司，《卍續藏經》112 冊，1975）

明・如巹，《禪宗正脈》（臺北：新文豐出版公司，《卍續藏經》146 冊，1975）

明・玄極，《續傳燈錄》（臺北：新文豐出版公司，《卍續藏經》142 冊，1975）

明・朱時恩，《佛祖綱目》（臺北：新文豐出版公司，《卍續藏經》146 冊，1975）

明・宋濂，《宋文憲公護法錄》（京都：中文出版社，影印寬文六年刊本，1666）

明・林弘衍，《玄沙師備禪師語錄》（臺北：新文豐出版公司，《卍續藏經》126 冊，1975）

明・明河，《補續高僧傳》（臺北：新文豐出版公司，《卍續藏經》134 冊，1975）

明・通容，《祖庭鉗鎚錄》（臺北：新文豐出版公司，《卍續藏經》114 冊，1975）

明・圓信、郭凝之，《潙山靈祐禪師語錄》（臺北：新文豐出版公司，《大正藏》47 冊，1983）

明・道忞，《禪燈世譜》（臺北：新文豐出版公司，《卍續藏經》147 冊，1975）

明・瞿汝稷，《指月錄》（臺北：新文豐出版公司，《卍續藏經》143 冊，1975）

明・黎眉等，《教外別傳》（臺北：新文豐出版公司，《卍續藏經》144 冊，1975）

明・瞿汝稷《指月錄》（臺北：新文豐出版公司，《卍續藏經》143 冊，1975）

明・德清，《八十八祖道影傳贊》（臺北：新文豐出版公司，《卍續藏經》147 冊，1975）

清・性音，《禪宗雜毒海》（臺北：新文豐出版公司，《卍續藏經》114 冊，1975）

清・果性，《佛祖正傳古今捷錄》（臺北：新文豐出版公司，《卍續藏經》146 冊，1975）

清・紀蔭，《宗統編年》（臺北：新文豐出版公司，《卍續藏經》147 冊，1975）

清・淨符，《宗門拈古彙集》（臺北：新文豐出版公司，《卍續藏經》115 冊，1975）

清・集雲堂，《宗鑑法林》（臺北：新文豐出版公司，《卍續藏經》116 冊，1975）

清・儀潤，《百丈清規證義記》（臺北：新文豐出版公司，《卍續藏經》111 冊，1975）

清・張文嘉，《禪林寶訓合註》（臺北：新文豐出版公司，《卍續藏經》113 冊，1975）

清・德玉，《禪林寶訓順硃》（臺北：新文豐出版公司，《卍續藏經》113 冊，1975）

民國・丁福保，《六祖壇經箋註》（臺北：佛陀教育基金會，1991）

高麗・知訥，《高麗國普照禪師修心訣》（臺北：新文豐出版公司，《大正藏》第 48 冊，1983）

日本・高峰東晙（兩足院）《黃龍慧南禪師語錄續補》，《黃龍慧南禪師語錄》附（臺北：新文豐出版公司，《大正藏》47 冊，1983）

日本・龍山德見，《黃龍十世錄》，在玉村竹二，《五山文學新集》第三卷（東京：東京大學出版會，1967-1981）

六、詩文集

南朝梁・蕭統，《昭明文選》（臺北：河洛圖書出版社，1975）

唐・貫休，《禪月集》》（上海：商務印書館，《四部叢刊初編》，1929）

宋・王安石，《臨川文集》（臺北：臺灣商務印書館，文淵閣《四庫全書》，1983-1986）

宋・包拯，《包拯集》（臺北：臺灣商務印書館，文淵閣《四庫全書》，1983-1986）

宋・任淵等，《山谷詩集注》（上海：上海古籍出版社，2003）

宋・朱熹，《晦庵先生朱文公文集》（上海：上海商務印書館，《四部叢刊初編》，1929）

宋・宋祁，《宋景文集》（臺北：臺灣商務印書館，文淵閣《四庫全書》，1983-1986）

宋・余靖，《武溪集》（臺北：臺灣商務印書館，文淵閣《四庫全書》，1983-1986）

宋・洪芻，《老圃集》（臺北：臺灣商務印書館，文淵閣《四庫全書》，1983-1986）

宋・郭祥正，《青山續集》（臺北：臺灣商務印書館，文淵閣《四庫全書》，1983-1986）

宋・孫覿，《鴻慶居士集》（臺北：臺灣商務印書館，文淵閣《四庫全書》，1983-1986）

宋・陸游，《渭南文集》（北京：中國出版社，《陸放翁全集》，1986）

宋・黃裳，《演山集》（臺北：臺灣商務印書館，文淵閣《四庫全書》，1983-1986）

宋・黃庭堅，《黃庭堅全集》（成都：四川大學出版社，2001）

宋・歐陽修，《歐陽修全集》（臺北：河洛圖書出版社，1975）

宋・詹大和等，《王安石年譜三種》（北京：中華書局，1994）

宋・劉摯，《忠肅集》（北京：中華書局點校本，2002）

宋・劉弇，《龍雲集》（南昌：江西教育出版社，《豫章叢書》點校本，2004）

宋・劉克莊，《後村先生大全集》（上海：商務印書館，《四部叢刊初編》，1934）

宋・蘇洵，《蘇洵集》（臺北：河洛圖書出版社，1975）

宋・蘇過，《斜川集》（北京：線裝書局，《宋集珍本叢刊》第 32 冊，2004）

宋・蘇軾，《蘇軾文集》（北京：中華書局，孔凡禮點校本，1986）

宋・蘇轍，《欒城集》（上海：上海古籍出版社，1987）

宋・樓鑰，《樓鑰集》（杭州：浙江古籍出版社點校本，2010）

宋・樓鑰，《攻媿集》（臺北：臺灣商務印書館，文淵閣《四庫全書》，1983-1986）

宋・謝維新，《古今合璧事類備要別集》（臺北：臺灣商務印書館，文淵閣《四庫全書》，1983-1986）

清・仇兆鰲，《杜詩詳註》（臺北：里仁書局，1980）

清‧徐倬輯，《御定全唐詩》（北京：商務印書館，2006）

清‧馮應榴輯注，《蘇軾詩集合注》（上海：上海古籍出版社，2001）

民國‧傅增湘，《宋蜀文輯存》（臺北：新文豐出版公司，1974）

七、筆記、詩話、小說、戲曲、雜著

劉宋‧劉義慶，《世說新語》（上海：商務印書館，《四部叢刊初編》，1934）

宋‧吳曾，《能改齋漫錄》（鄭州：大象出版社，2012）

宋‧吳曾，《能改齋漫錄》（臺北：臺灣商務印書館，文淵閣《四庫全書》，1983-1986）

宋‧李昉等，《太平廣記》（臺北：新興書局，1958）

宋‧胡繼宗，《書言故事大全》（臺北：臺灣商務印書館，文淵閣《四庫全書》，1983-1986）

宋‧葉夢得，《避暑錄話》（鄭州：大象出版社，2006）

元‧周伯琦，《六書正譌》（臺北：臺灣商務印書館，文淵閣《四庫全書》，1983-1986）

元‧高明，《琵琶記》（臺北：學海出版社，1980）

明‧陳耀文《天中記》（臺北：臺灣商務印書館，文淵閣《四庫全書》，1983-1986）

清‧魯一同，《右軍年譜》（北京：北京圖書館出版社，北京圖書館藏珍本年譜叢刊第 8 冊，1999）

八、當代著作：

丁培仁譯，秋月觀英著《中國近世道教的形成——淨明道的基礎研究》（北京：中國社會科學出版社，2005）

王見川，〈還虛雲一個本來面目——他的年紀與事蹟新論〉，《圓光佛學學報》第 13 期（2014）

何明棟，〈江西禪宗遺跡辨誤〉，《佛教文化》1991 年第 3 期

李之亮，《宋兩江郡守易替考》（成都：巴蜀書社，2001）

李之亮，《宋代路分長官通考》（成都：巴蜀書社，2003）

余國屏，《余忠襄公年譜》（香港：龍門書店發行，1965）

岑學呂，《虛雲和尚年譜》，收入《虛雲和尚年譜法彙合刊》（臺北：新文豐出版公司，1996）

周裕鍇，《宋僧惠洪行履著述編年總案》（北京：高等教育出版社，2010）

黃啟江，《南宋六文學僧紀年錄》（臺北：臺灣學生書局，2014）

黃啟江，《一味禪與江湖詩》（臺北：臺灣商務印書館，2010）

楊曾文，〈慧南與臨濟宗黃龍派〉，《普門學報》第 13 期（2003）

戚斗勇，〈黃龍慧南開法同安考〉，《法音論壇》105 期（1993）

麥華三，《王羲之年譜》（北京：北京圖書館出版社，1999）

鄭永曉，《黃庭堅年譜新編》（北京：社會科學文獻出版社，1997）

鄭永曉，《黃庭堅全集輯校編年》（南昌：江西人民出版社，2011）

羅凌，《無盡居士張商英研究》，（武漢：華中師範大學出版社，2007）

羅凌，〈禪宗黃龍派"平實禪"禪學思想探析〉，《宗教學研究》2013 年第 4 期

羅時敘，〈王羲之生卒年及任江州刺史年代考證〉《九江師專學報》，2003 年第 1 期

九、網路資源

唐、宋・不著撰人，《洞玄靈寶河圖仰謝三十六土皇齋儀》在《正統道藏》http：//ctext.org/ library.
　　　pl?if=en&res=84197

國家圖書館出版品預行編目資料

北宋黃龍慧南禪師三鑰：宗傳、書尺與年譜

黃啟江著. – 初版. – 臺北市：臺灣學生，2015.07
面；公分

ISBN 978-957-15-1682-0 (平裝)

1.（宋）釋慧南　2. 佛教傳記　3. 學術思想

229.351　　　　　　　　　　　　　　　104010992

北宋黃龍慧南禪師三鑰：宗傳、書尺與年譜

著　作　者：黃　　　　啟　　　　江
出　版　者：臺 灣 學 生 書 局 有 限 公 司
發　行　人：楊　　　　雲　　　　龍
發　行　所：臺 灣 學 生 書 局 有 限 公 司
　　　　　　臺北市和平東路一段七十五巷十一號
　　　　　　郵 政 劃 撥 帳 號 ： 00024668
　　　　　　電　話 ： (02)23928185
　　　　　　傳　真 ： (02)23928105
　　　　　　E-mail : student.book@msa.hinet.net
　　　　　　http://www.studentbook.com.tw
本 書 局 登
記 證 字 號：行政院新聞局局版北市業字第玖捌壹號

印　刷　所：長 欣 印 刷 企 業 社
　　　　　　新北市中和區中正路九八八巷十七號
　　　　　　電　話 ： (02)22268853

定價：新臺幣四八〇元

二　〇　一　五　年　七　月　初　版

22902
ISBN 978-957-15-1682-0 (平裝)

臺灣 學生書局 出版
宗教叢書